新編中國哲學史

（三下）

勞思光 著

三民書局印行

© 新編中國哲學史（三下）

著　者　勞思光
發行人　劉振强
著作財產權人　三民書局股份有限公司
印刷所　三民書局股份有限公司
地址／臺北市重慶南路一段六十一號
郵撥／〇〇〇九九九八－五號
增訂初版　中華民國七十年二月
增訂七版　中華民國八十一年八月
編　號　S 12009①
基本定價　陸元陸角柒分
行政院新聞局登記證局版臺業字第〇二〇〇號

ISBN 957-14-0860-3（第三册下：精裝）

中國哲學史（三・下）目次

第六章　明末清初之哲學思想（上）

本章及下章將以陽明後學所引出之主要哲學問題爲線索，循此以觀明末清初諸家之理論。言明末則有東林學派及直承陽明之劉蕺山，言清初則有顧、黃、王三家及顏李學派。下文即先析論陽明學派種種演變下所引出之哲學問題，然後述各家之說之大要。

（A）陽明後學所引出之哲學問題

陽明後學，由於自身體驗之不同，及對陽明學說了解之差異，彼此間爭執頗多。然撮要言之，則所涉及之哲學問題，大致不外三點，此卽：

（一）心　體　問　題——以「無善無惡」一觀念爲關鍵。

（二）發用及工夫問題——當以「良知」之「知善知惡」與「好善惡惡」二義爲關鍵。

（三）客　觀　化　問　題——此點所涉範圍較大，可說爲「道德心與文化秩序」間之問題。

以下卽分別先對此三項哲學問題作一理論上之清理，然後可進而論明末清初之重要哲學思想。

(一) 心體問題

陽明以「良知」爲「心之體」，此點立義甚明；後學中除黃綰、李材之類，另有異說外，大致在此一立場上亦不作明顯爭論。然陽明身後，二王之徒皆主張「心體」之「無善無惡」。至明末此說遂最爲世人所詬病，而東林學派高顧二氏之說，即針對此義而作駁論。就哲學史標準看，此一爭論實爲陽明學派一大公案，故應先作清理。若就哲學問題看，所謂「無善無惡」之說，本身亦涉及一重要哲學問題，學者於此亦應先求明確了解。

案陽明四句敎中，首以「無善無惡」說「心之體」，門人如王龍溪、錢緒山等皆習聞此義。而所謂「四句敎」與「四無敎」之不同，固在後三句論意、知、物處，至首句以心體爲「無善無惡」則王錢固無異辭。錢緒山言陽明立敎有三變❶，龍溪亦有類似說法；而此三變中最後階段則是「時時無是無非，時時知是知非」。此中「無是無非」一義，亦即「無善無惡」之另一說法。而如聶雙江、羅念庵等，雖言工夫時與龍溪最多衝突，然皆承認「心體」之「無善無惡」。至於心齋一系，則傳至周汝登（海門）時，更大張「無善無惡」之論。周曾與湛甘泉後學許孚遠（敬菴）激辯；許立「九諦」之說以駁「無善無惡」，周氏則作九解以答之，其說則明儒學案皆載之❷。亦人所熟知者。周海門爲羅近溪弟子，固泰州一派之後勁也。故若就哲學史角度看，則以「無善無惡」說「心之體」，固是自陽明本人至門下各大派皆共持之通義也。

然則所謂「無善無惡」，究是何義？陽明以「無善無惡」說「心之體」，又以「至善」說「心之體」；另一方面，「良知」亦即是「心之體」❸，則此諸說如何能會通無礙？又「至善」一義與「無善無惡」一義縱能會通無礙，畢竟涵義不同；就陽明立教而論，何以不只說一「至善」義，而必說「無善無惡」義，以明「心之體」？凡此種種皆屬哲學理論問題，非僅羅舉資料證據所能論斷者。本節當撥開資料文件上之種種限制，而直接面對此中哲學問題，作一理論說明。

首先，「無善無惡」與「至善」二義本不相妨，前文論述陽明四句教時卽已言及。此處爲淸眉目，仍再撮述要旨，以通往所關之其他問題。

「良知」一詞在四句敎中原以「知善知惡」描述之；但「良知」與「心之體」本是一非二，而於「心之體」處又說「無善無惡」，此最易啓人疑猜。然學者如對此中所涉及之理論觀點先有一了解，則知此處並無難解之問題。以下分數點論之。第一：「良知」原是一能力。就此能力之發用講，卽以「知善知惡」爲功能（案此處「知」字另有確定涵義，與普通用法不同，詳見下節）。但就此能力本身講，則「良知」卽表「主體性」，而「主體性」卽「心之體」。此依舊說則可稱爲「良知」之「體」與「用」之分，然須注意者是此所謂「體」只是「主體」，非「客體」也。由此可進至第二點。

第二：「良知」作爲「主體」看，乃「善」一意義之根源，因離開此「主體」或「主體性」，則一切存有皆成爲中立性之呈現，無「善」或「不善」可說。依此「根源義」，乃可說「良知」爲「至善」，或「心之體」爲「至善」。又因良知既爲「善」一意義之根源，故「善」或「不善」卽不能轉而描述「良知」或「心之體」。此義在前解「四句敎」時已有說明，不再贅論。總之，解得「良知」是「主體義」，非「客體義」，是「活動義」，非「存有義」，則「心之體」正因是善之根源，故不可用「善」或「不善」描述。故「心之體」是「至善」，亦是「無善無惡」，不唯二義無衝突，且正相依而立也。

但如此解說，只能澄淸「四句敎」中「無善無惡」之說與「心體」是「至善」之說間之意義關係，仍未能表明何以須强調此「無善無惡」一義，欲於此問題再作探究，即須轉至第三點。

第三：以「無善無惡」描述最高主體性，原是佛教論點之一。遠自大智度論之辨兩邊，即含有此意。禪宗慧能更明言「眞性」之「不染善惡」❹。宋明儒學接觸之佛教，大抵以禪宗所傳爲主。陽明立「良知」之說時，對佛教此種觀念之理論意義，原不能不予注意；而其所了解之具體內容，則直接來自禪門之說。此處須加辨析者，是佛教所接觸或揭示之理論問題如何是一事，佛教解答此類問題所依之精神方向是另一事。後世議陽明之學爲「近禪」者，乃誤解陽明之精神方向；自屬顯然有誤。此點在總論宋明儒學時已有說明❺。約言之，即在精神方向一面，儒佛之別即明確定立於「對世界之肯定」或「否定」一問題上；陽明亦不例外。但陽明之精神方向與佛教不同（包括禪宗在內），實表示兩種「主體性」之觀念不同。故若退至「主體性」本身講，則兩方所肯定之「主體性」雖有不同，其肯定「主體性」則同；由此，禪宗及其他佛教門派闡解「主體性」時所接觸之理論問題，在陽明一面亦須加以處理。「無善無惡」之說，基本上由確立「主體性」之最高自由而來；此一確立之要求，在陽明看來，亦是立「良知」以明「主體性」時所應有之要求，故陽明之「良知」雖與禪宗六祖所言之「眞性」或「自性」內涵不同，然其强調「心體」之「無善無惡」時，固與禪宗所接觸之問題相同也。

茲當對此處所涉之理論問題作進一步之說明。何以欲確立「主體性」之最高自由，便須有「無善無惡」之說？簡言之，此處之理論關鍵在於「善惡」乃對一定之意念及行爲之描述語，而非對「主體性」之描述語。意念及行爲由主體性生出，但既經生出，則每一意念，每一行爲皆成爲一受限定之存在——亦即是成爲經驗層之對象；若學者只就經驗層面平舖而觀，則即可走入心理主義、甚至物理主義之思路，而將意念行爲皆收入經驗現象中而處理之，此即與「主體性」斷離。禪宗及陽明之學皆欲建立「主體性」，自不能如此平舖而觀；反之，必將「主體性」生出意念行爲一義作爲基本肯定（建立此肯定之理論過程又是另一事）；但此基本肯定極易流爲詭論，蓋若將「能生」與「所生」看成互相制約之關係，則由於「所生」之意念行爲皆成爲經驗層之對象，逆推之，卽可將「能生」之主體性亦牽墮而下歸於經驗層面，於是「主體性」將成爲虛立之名矣。禪宗見及此中問題，故立敎處處扣緊「主體性」之超越獨立義；換言之，「主體性」雖在經驗層面上有種種顯現發用，但此種種顯現發用，不能反轉而限定「主體性」；不受限定，卽最高自由也。「善」與「惡」作爲意念行爲之描述，卽皆是一種限定；此種限定與其他限定同樣不能施於「主體性」，故必言「眞性」乃「無善無惡」也。

禪宗爲表「眞性」或「自性」（六祖用法，非傳統佛敎所言之「自性」）之不受限定，而說「無善無惡」。陽明及龍溪等後學，亦欲確立此「不受限定」義，故言「心體」爲「無善無惡」；至此爲止，但見儒佛言心性時所同具之要求（卽要求肯定或確立「主體性」之最高自由，不使「主體性」下墮而與一一意念行爲同層），尙不見儒佛之異。

若就儒佛之異着眼，則可知由佛敎之「主體性」不含肯定世界之功能，說「無善無惡」一義時，不易引生誤解；而陽明一派之「主體性」既必含肯定世界之功能，於是曲折滋多，亦易使人誤解。

佛敎捨離世界而不在「此岸」建立任何肯定，故說「無善無惡」時，並無理論內部「不一致」（incosistency）之問題；蓋萬有皆是幻作，則對萬有之一切描述，亦可同作如是觀；一覺而登彼岸，此則無可描述。「善」與「惡」作爲意念行爲之描述語，皆可安頓於未覺前之幻作層面中；覺性非幻作，自離一切描述，善惡一對描述語，自不例外也。但陽明之學立「良知」以顯主體性時，同時立「良知卽天理」一義；此是儒學化成世界之方向，於是必對此世界有所肯定；由此，善惡之義顯爲不可不立者：否則如何能建立任何肯定乎？陽明亦嘗明說「循理」卽是「善」❻，如此，則既云「心卽理」，又云「心體」是「無善無惡」，則由此極易使人生疑，謂心如無善無惡，則理卽是無善無惡；則「循理」又如何能爲「善」，便似不可解，黃宗羲於陽明之學頗能知其指要，然對此一疑點仍不能克服，學案中屢屢言及。最有代表性者是對薛侃之評語。薛侃因陽明曾告以「無善無惡者理之靜」一義，故嘗言「所存有善，卽爲善累」❼。黃氏評薛氏爲陽明辨護諸語後，對「無善無惡」之問題自發議論云：

「……又其所疑者（案此泛指世人議陽明之言），在無善無惡之一言。考之傳習錄，因先生去花閒草，陽明言無善無惡者理之靜，有善有惡者氣之動；蓋言靜爲無善無惡，不言理爲無善無惡，理卽是善也。……獨天泉證道記有無善無惡者心之體，有善有惡者意之動之語，夫心之體，卽理也。心體無間於動靜，若心體無善無惡，則理是無善無惡，陽明不當但指其靜時言之矣。釋氏言無善無惡，正言無理也；善惡之名，從理而立耳。既已有理，惡得言無善無惡乎？就先生去草之言證之，則知天泉之言，未必出自陽明也。」❽

黃氏辯「理之靜」之「無善無惡」非「理」之「無善無惡」，其說原亦可成立，然據此以否定四句敎中語，則立論似是而非；玆卽就黃氏此論更加析辨，以襯顯陽明之本意及此中所涉問題之眞象。

陽明無論就「心之體」或「理之靜」說「無善無惡」，其主旨均在於說「動」處始有善惡可言；「氣之動」或「意之動」，雖用字不同，所指問題皆無大區別。梨洲以爲「理」不能是「無善無惡」，此則正是人所常有之疑點。「循理」卽是「善」，與「理卽是善」仍屬不同。蓋「理」本身無所謂「是否循理」，則卽不能以「善」或「惡」描述之。梨洲謂「善惡之名，從理而立」，其言甚當，然正因如此，「理」只是「善惡」成立之基礎條件或根源，而不能再受善惡之描述。此義常爲人所不解，故有疑難，而梨洲顯然亦未明白此中理論分際所在也。

但梨洲之論辨雖不能證「無善無惡」與「良知」之教互不相容，卻仍然指向一頗有理論意義之問題；此卽：「無善無惡」之說對於陽明之學或整個以成德及化成爲中心之儒學講，是否必要？是否有不可替代之功能？

此一問題與上文所澄清之語言問題大不相同；蓋當人以爲說「心體」或「理」是「無善無惡」，便有語言困難時，吾人可舉前說，表明「善惡之根源」本身原不能再描述爲「善」或「惡」，將表面上之語言困難消去，然若問：此一無語言困難之說，究竟對「良知」說及成德之學，化成之精神有無必要性？此說是否不可用另一說法替代？則此處所涉已非語言意義之澄清，而涉及理論內容矣。

黃梨洲强調「釋氏之所謂心，以無心爲心」，又「釋氏言無善無惡，正言無理也」[9]卽顯出梨洲心目中實有此進一步之問題。佛教言「無善無惡」，甚爲自然，蓋對於否定世界之精神講，此說明有助成其遮遣分別相之作用。陽明及其後學則立「良知」以言成德及化成，持肯定世界之精神方向；然則何以須說「無善無惡」義？此非語言是否有困難之問題也。梨洲原將兩問題連說，此自有誤；然吾人澄清第一問題後，仍不能解消第二問題。

就第二問題講，上文吾人已指出「無善無惡」一義可以顯出「主體性」之不受限定；卽所謂「不著」於善惡之意。然順儒學肯定世界之精神方向看，建立「主體性」時是否必須依此「超善惡之限定」一義以顯此主體性之最高自由，則實是一未決之問題，陽明及其後學亦未能扣緊此一關節。證立「無善無惡」義之必要性也。

以上所論，亦可簡說如下：

「心體」是「至善」，卽「心體」爲「善」之根源。「心體」既爲「善」之根源，則可說爲「無善無惡」，因「善之根源」不能再說是「善」或「不善」，正如推理能力爲邏輯之「眞」之根源，推理能力本身不能再說爲「眞」或「不眞」也。故「善之根源」說爲「無善無惡」，並無不可解之語言困難。然以「心體」爲「至善」時，不說「無善無惡」，是否卽必有將「心體」化爲「受限定之對象」之後果，則須涉及「無善無惡」之說可否爲另一種同樣能確立心體之最高自由之說所代替一問題；再進一步，又涉及此二說之比較問題，而此一「比較」又將落實在「否定世界」與「肯定世界」兩種精神方向之殊異上。蓋若「否定世界」，則說「無善無惡」以確立「主體性」之「不受限定義」，極爲自然；但若「肯定世界」，則依「至善」以建立「主體性」，反較自然，而如此說時，亦未必不能確立「主體性」之「不受限定義」。此是「無善無惡」一問題之要義。

陽明說「心體」是「至善」，亦說「心體」是「無善無惡」；後學中則盛倡「無善無惡」一義，以爲是最高究竟之義，於是引出種種誤解，種種流弊。而明末之東林學派則面對上述之問題，而强調「心體」之「至善」一面。故以此一哲學問題爲線索，卽可通往東林顧高二家之說矣。另一面，學者如欲順此心體至善之義，而另組理論以顯示「主體性」，視爲陽明學說之修改，則卽是劉宗周之方向。此則應從陽明及其後學所引出之另一哲學問題着眼。至此，乃可轉入下節。

(二) 發用及工夫問題

此一問題可由四句敎中「知善知惡是良知」一語說起。「良知」作爲「體」而論，標示最高自由之主體性；由此層面看，涉及如何安立此最高自由之問題；此可由「無善無惡」說之，亦可由「至善」說之，卽上節所論。若就「用」一面講，則陽明自身屢以「知善知惡」作爲「良知」之發用或功能所在。後學中議此說者，主要根據皆在於「良知」發用是否對意念之成立爲落後之問題。此意應先稍作解釋。

所謂「知善知惡」，倘只指對已成立之意念作價值判斷言，則意念成立後，「良知」方發用。意念如惡，「良知」可否定之，但此種惡意念之生出，似乎卽非「良知」所能照管。倘「良知」果不能使自覺心不生惡意念，則所謂「致良知」之功夫，皆只落在意念成立後之省察上講。如此處取一「自我」觀念爲中心，則可說「自我」在「致良知」後，仍不能必無善意念，則「致良知」之「自我」，固未能眞實轉化，不過在意念出現後追加判斷而已。此點劉宗周（蕺山）議之最切，所謂「半個小人」之說是也。黃梨洲在「姚江學案」案語中謂如只就分別善惡處言「良知」，則「良知已落後著，非不慮之本然」⑩，亦是此意；但黃氏將此問題與「心體」之「無善無惡」一問題連說。遂使此問題之特性不能突出。實則合而觀之，「良知」之體用自可合說，分而觀之，則專言「心體」處之問題，與言發用處之問題，自可析別，析別後其特性卽顯出矣。

「良知」之發用，說爲「知善知惡」時，所以會引出上述之問題，並非由於陽明之說有病，而由於學者誤解陽明之「知」字之確定意義。陽明之「知」，非觀察認知之意，實指作肯定及否定之能力。故「良知」本身有一定方向，而此方向卽與純粹意志之方向同一。此義前章論陽明之學時卽已說明。茲再撮述數語，以清除可能或向有之誤解。

當陽明說「知善知惡」時，蓋將價值自覺與意志方向合言。故所謂「知」善惡之「知」，卽作迎拒之活動；故陽明常借「如惡惡臭，如好好色」二語以說之；氣味與顏色通過感性經驗而被人所「知」，但此非陽明所說之「知」，唯當感知「臭」與「色」時，同時即有一「好」或「惡」之意志活動——亦即一種肯定或否定，此方是陽明所謂之「知」。蓋陽明之「知」非了解事物在感性或理解中所呈現之屬性關係之謂，而指意志之肯定或否定；任何事物——包括吾人自身之已成意念及行爲——當爲吾人所認知時，自必通過一定認知能力而呈現其認知屬性，然僅如此呈現，尚未涉及價值及意志問題；價值自覺或意志決定，乃對於已通過認知而呈現之事物屬性，再作一迎拒之決定，此決定乃價值活動，本身非認知活動，而陽明之「知」則正落在此處也。

既明「良知」一詞中「知」字之確解，則可知陽明說「良知」時，「知善知惡」與「好善惡惡」之義實一同成立；蓋若無對「善」之肯定及對「惡」之否定功能，則「良知」即無所謂「知善知惡」，而將墮爲認知觀照之能力，即只能顯現中性之萬有；另一面，「知善」時即有肯定「善」之自覺，「知惡」時即有否定「惡」之自覺，此肯定及否定亦不能離開對「善惡」之自覺說。無「善惡」之察別，即無迎拒活動，有「善惡」之察別，亦必有迎拒活動，此所以就陽明用語說，「知」與「意」發用不二；而陽明所以言「知行合一」，其根據亦在此也。

此義凡深究道德理性之功能者，皆不能忽視。如西方康德以「理性」爲主而建立其系統，然在「實踐理性批判」中，即明言「理性意志」即「純粹意志」。蓋意志本身只是一形式意義之有關能力，以情緒、欲求、形軀之感受爲其內容，則有具體之經驗意志出現，「純粹意志」即對「經驗意志」而立名；當意志不以情欲及感受爲內容時，即與「理性」合一——可說以「理性」爲內容，亦可避免用「內容」一詞——而成爲「理性意志」，而「理性意志」即一切道德活動之基礎也。以此理論與陽明之說比觀，則陽明之意益明。陽明以「存天理，去人欲」教人，即求意志純粹化之努力，此是實際上之道德實踐工夫之根本；陽明以「知善知惡」說「良知」，卽强調心靈本有察別理性與非理性之異之能力；陽明借「如惡惡臭，如好好色」二語說「良知」時，謂「好」與「惡」在自覺到「好色」、「惡臭」時便已發動，則是强調主體之價值自覺與意志之迎拒一齊發用。卽「知」與「意」發用不二，亦卽「致知」與「誠意」有一貫性也。

依此，陽明之本旨如明，則純粹意志卽以「良知」爲方向之意志，故「致良知」之功，向外看雖表現在「格物」上（卽表現在「正」一切行爲意念之「不正」者上——而向內看則落在意志自身之純粹化上）。致得良知，卽使內在意志歸於良知之統率，則惡意念之淘除，卽在意志純粹化時完成。蕺山棃洲所疑，皆可消融矣。

以上乃就陽明本旨說，重在闡明此處所涉之哲學問題在陽明學說中原有解決之道。但若就字面說，則陽明用「知」字顯然與「意」字分開。二者在發用上之不二，陽明只在論「好善惡惡」時說及，四句教中未顯此義。且「知善知惡」之「知」字，與通常日用語言所說之「知」字涵義之不同，亦未單獨說明。由此，後學者未能完全了解此中理論線索時，仍不免疑「知」之不足以淨化意志。此卽劉蕺山所以對陽明學說不滿，而另立「誠意」之說之故。學者倘只隨蕺山之說以解陽明，固是大謬，但既知陽明本旨之後，亦不妨另觀蕺山立說之思路及其特色。蓋蕺山立論固亦有至精處，實宋明儒學中之殿後人物；其評陽明雖不當，其立說亦自有特長也。

蕺山立「誠意」之說，重點自是在工夫及發用上；但由於蕺山另行組織一理論，故其說涉及「體」時，說法亦大有不同。下節論蕺山之學時當詳及之。

此是明末儒家由陽明後學所爭之第二哲學問題所生出之理論，亦談明末清初哲學思想時一重要論題。

(三)「客觀化」問題

茲進至影響明末清初哲學思想之第三問題。

前節所論之心體問題及發用工夫問題，皆由陽明學說內部引出，可說與陽明之特定理論有直接關係。陽明後學對此二類問題種種爭議，雖常涉及對陽明學說之誤解，然此類誤解亦皆與陽明自身所用之某些特殊詞語有關；故無論就「無善無惡」之說講、或就「良知」是否因其爲「知善知惡」之能力故後於意念之成立一問題講，總是專對陽明學說而立論。現在將討論之第三問題則不同，所謂「客觀化問題」並非陽明學說獨有之問題，而實是整個儒學思想內部向有之問題。自先秦儒學成立以來。所謂「客觀化問題」從未獲得確定處理，倘吾人承認此一問題之重要性，則卽應說，對「客觀化」問題之未能處理，乃整個儒學傳統之內在缺陷，非某一儒者之學說之病痛也。

關於「客觀化」問題之確定涵義，下文當卽作一闡釋。此處有須先加說明者，是此一問題何以適在此一時期出現。蓋「客觀化」問題既是儒學內部向有之缺陷，則何以恰在陽明學說盛行之後乃爲人所注意，而成爲影響明末清初思想界之一大問題，而不在其他階段出現，似應有某種解釋。

此點雖一部份與歷史外在因緣有關，但專就儒學精神內部也發展演變講，亦非全無可說。吾人若了解儒學思想本身之歷史，則應知先秦孔孟立說之後，荀卿已不解孟子之心性論；秦火之後，漢儒雜揉古代各種不同傳統之觀念而建立其「宇宙論中心之哲學」，其說本身既粗陋可嗤，又全離孔孟立說原旨，故嚴格言之，漢以後儒學思想實卽進入衰落時期；此與漢代在政治上之成就非爲一事，不可混同也。自漢末至於隋唐，就哲學思想一層面說，儒學始終在衰落中；但此時期中佛教之另一種「心性論哲學」則已大行。因此，世人雖不解儒學之心性論，然已逐漸對心性問題之重要性有所覺察，遂亦發覺漢儒哲學思想之粗陋，此所以南北朝以後之知識份子，在哲學思想上多少皆傾向佛教。而中國佛教大成於隋唐，亦正是中國心靈在本有之心性哲學衰落時，自寄於外來之心性哲學之表現也。

爲本書前章所示，唐末至宋初中國思想界卽漸漸轉入重建儒學之階段。然北宋諸儒皆不能擺脫秦漢以來僞書託古之影響；於是濂溪以下諸家，雖皆以重建儒學爲己任，然皆未能眞正回歸於孔孟之心性論，反爲易傳中庸大學等等雜亂文獻所籠罩，徘徊於宇宙論及形上學之間。「天道觀」及「本性論」之出現，皆是宋明儒學之成果，但與孔孟心性論比觀，則皆屬異說，非原旨所在也。南宋朱熹收周張二程之說構成其綜合系統，可視爲北宋儒學之總結，然以歸於孔孟之學爲標準看，則其系統與心性論哲學之殊異，亦由此益顯。陸象山承孟子而立說，遂不能不有朱陸之爭矣。晚期之宋明儒學自以陽明爲代表。陽明雖未能完全擺脫後出僞託之書之影響，然其主旨確已歸於「心性論」。故縱觀儒學自身之歷史時，可說陽明學說方代表宋明儒學之成熟期。而至此時期，儒學本身之優勝處及缺陷處，便同時顯出。蓋某一學說所代表之精神方向，愈成熟則其特性愈顯，而此類特性卽包含優勝與缺陷兩面也。⑪

本節所論之「客觀化問題」，原屬儒學內部之缺陷所在；孟子時儒學初盛，此缺陷亦稍稍透露，故荀卿稍見及此問題而形成孟荀之對立。此後儒學旣衰，內在缺陷反而不顯，故魏晉玄談，隋唐佛教攻儒之說雖多，皆未能接觸儒學之眞缺陷所在；甚至北宋儒者紛紛立說時，派內派外所爭亦皆未進至此一層面。獨南宋朱陳事功之辯，稍觸及此問題；然龍川本人於此中理路亦只恍惚見之，而朱熹亦未嘗由陳之挑戰而反省儒學精神本身之缺陷，但視爲謬論妄說而已。陽明立說，正因其成熟，故亦最能顯出儒學之特性；而此類特性中卽包含「客觀化問題」；換言之，儒學之內在缺陷，正在最成熟之系統中顯出。此是陽明後學所以會覺察此一問題之內在解釋。

至於外在解釋則甚明顯。陽明生當明之衰世；其說日行，明政亦日衰。最後明亡於滿族。此種歷史上之挫敗，自使知識份子於其所承之學統及精神方向不能不先有所疑而繼有一番反省，反省處便可揭露此種內在缺陷問題。此點世之論者已多，不再贅述。

以上交代已明。玆卽進而析論「客觀化問題」之涵義，並說明此一問題對此階段之哲學思想之影響。

所謂「客觀化」問題，原指「主體性」之「客觀化」而言，倘離開「主體性」則無所謂「客觀化」；譬如日常用語中所謂「簡單化」，自指某種「複雜」事物之「簡單化」，倘根本無所謂「複雜」，則「簡單化」卽無從說起。故所謂「客觀化」，應視爲「主體性之客觀化」之縮寫，方可避免誤會。世人濫用「客觀化」一詞，時時可見；皆因不知「客觀化」一觀念，須附於「主體性」一觀念而成立也。

又與此相連者又有「客觀精神」一詞，其誤用情況亦復類似。「客觀精神」一辭，自是黑格爾之用語；而黑格爾系統中，「主觀」、「客觀」、「絕對」三觀念相依而立，與正、反、合相應；倘不先明「主觀精神」之意義，而但言「客觀精神」，則其說卽不可解。此點雖不如「客觀化」一詞預認「主體性」之明顯，其理則一。玆將說明「客觀化」之確定意義，故先對此類基本了解略說數語。

以下卽分數點闡釋「客觀化」問題：

（a）「客觀化」之活動義

對於「客觀化」作最明顯易知之解釋，可由主體之活動說。此可稱爲就「活動義」解釋「客觀化」。如上節所指出，所謂「客觀化」原指「主體性之客觀化」，故若將「客觀化」視爲主體之一種活動，而與主體之其他活動分開，則「客觀化」之涵義卽可由此顯出。

今先就「道德理性」講。「道德理性」作爲主體性看，則相應而言，此處主體性之活動卽爲作道德價值肯定及否定之活動，可簡稱爲「道德活動」（此自是取廣義說，下文另有解釋）。道德活動如何可有「客觀化」與「非客觀化」之區別？此可舉事例作初步說明。

玆以政治事務爲例。道德活動落在政治事務上，自是要求政治事務之合理；若專就政治事務之處理結果講，則其處理結果或合理或不合理，似與個人事務亦無大異。如只順此觀點說，則只能將政治事務與個人事務視爲同層之兩部份；於是政治生活中之是非或善惡問題，遂亦將視爲與個人生活中此類問題完全同質。其區異卽不能顯出。但吾人如進一步考慮「政治事務如何能合理」一問題，則將發現有兩種極爲不同之可能情況；於此着眼，卽可看出政治事務上之道德活動另有其特色，而「客觀化」問題卽可由此步步透顯。蓋此種特色卽標示「客觀化」與「非客觀化」之分界也。

此處當用更具體之事例說明之。例如，懲罰罪犯而保護善良，乃主要政治事務之一。此種司法性之事務，若就其實際處理講，則結果自總以能使罪人得罰，而善良者不蒙誣爲「合理」。而在此種處理上求「合理」之活動，似亦與在其他個人事務上求「合理」之活動，同爲道德意義之活動。蓋某人在此種事務上，若不能「合理」，則將與在個人事務上不合理時同樣遭受道德之譴責。但吾人若不停留此一最普遍之層面上，而逼進一步問：人當如何達成司法事務之「合理」？則顯然有兩種可能：

第一：純依處理者之道德意志，智慧及勤勞等等條件而達成「合理」：簡言之，卽純依賴執行審判權力之個人之主觀條件而求其處理之「合理」。在此情況下，司法事務之能「合理」，卽完全依賴某些個別心靈之優越能力（包含道德自覺及意志等）。往者中國民間流傳之「包公」一類故事，卽充分顯現此種想法。在此情況下，此類政治事務之「合理」，純由當事者或主持者之道德及智慧直接發用而決定，因此卽不見其與個人事務之區異。

第二：另一種情況是：人當肯定懲罰罪人等等司法事務應求「合理」後，注目於一種脫離特定個人之軌道或秩序之建立，以使此類事務必通過此種軌道秩序而獲得「合理」之處理。其所謂「合理」在內容上與前一情況固無不同，然其達成「合理」所依之條件則迥異。前者依賴特定之個人或個別心靈之優越性；此一情況下，則達成「合理」須依賴軌道秩序之優越性。此種軌道秩序可統稱之爲「制度」或「法制」。制度或法制如能「合理」（注意：此是另一意義層面上之「合理」），則一切納入此制度下之事務，卽可依賴此制度之「合理」而獲得「合理之處理」；不必依賴特定之個人，或個別心靈。二者之分別實甚明顯。

試想：若司法之「公正」或「合理」，全依賴主持者之優越性，則此類事務之能得「合理之處理」，不能離開此種特殊人物而獲保證。世有「包公」一類之公正司法者，則司法事務卽由此類司法者之活動而獲得「合理之處理」；「包公」死去，則「人亡政息」；世人只能希望再有一「包公」出現。此卽顯示，在此情況下，司法事務之「合理」，並無客觀保證。無客觀保證卽是求司法合理之精神未能「客觀化」也。

至此可知，以司法事務爲例，人可只依賴特定之司法者而求其「合理」，又可依賴司法制度而求其「合理」。此種制度本身乃人之自覺創造之成果；而從事此種創造時，由於其自覺方向仍以道德理性所要求之「合理」為定向，故仍可稱為廣義之道德活動。然此種道德活動與個人道德意志之淨化等內在工夫不同，而是落在客觀世界上去創造某種秩序，以使客觀世界中事象之運行納入此秩序中。如此，通過此一創造活動，客觀世界本身即有一改變，此改變即是受道德理性之鑄造而由自然存在漸化為文化性之存在（此處用一「漸」字以表此種轉化並非可完全圓滿者）。道德理性轉化客觀世界，故即稱為「道德理性之客觀化」，蓋「客觀化」者，謂「道德理性」使自身成為客觀世界之一部份而已。當客觀世界受道德理性之轉化而增多其存在內容，成為文化世界時，其所增者即道德理性客觀化自身之成果也。

解說至此，吾人可知，純就「活動」解釋「客觀化」時，則可說，求一一事務之「合理」，乃道德理性之「直接活動」；而創造制度或秩序，以使事務能通過此種形式性之鑄造而成為「合理」則是道德理性之「間接活動」，「間接活動」即「客觀化」之活動也。

上節只以司法事務為例以說明此兩種活動之殊異；擴而言之，整個文化秩序皆可作如是觀。倘回到「客觀化」一詞本身說，則應知解釋「主體性之客觀化」時，原可就不同層面或角度着眼。政治事務與個人事務之對比，乃最淺近之解釋進路。「直接活動」與「間接活動」之分劃，亦是在此種解釋下方為有用。吾人倘更進而探求此處「直接」與「間接」之別何以會定立，則又須涉及進一步之解釋。**於此吾人乃可論及「客觀化」之「境域義」。**

（b）「客觀化」之「境域義」

由於「客觀化」原不能離「主體性」而言，而「主體性」又必依活動而立，故取「活動義」以解釋「客觀化」，最易下手。但只就活動之不同以說「客觀化」，其義蘊尚多未盡，故現再取「境域義」以作進一步之解釋。

前說「活動義」，曾舉「直接」與「間接」之分，以表明「客觀化」與「間接活動」相應；今試再追問此種「間接活動」成立之理據何在？則卽不能再用上節所論者答覆；蓋此問題之提出，正在上節之劃分已作出之後也。

欲答覆此問題，須先提出「境域觀念」。

所謂「境域」，乃相應主體活動之情況而立。茲仍就道德理性說，則道德理性之活動，旣有直接與間接兩種情況，則與此相應，卽有兩個「境域」。吾人倘能進一步確定標示出此兩境域之特性，則對兩種道德理性之活動卽可有更明確之了解，而「客觀化」問題之涵義，亦卽可更趨明朗。

爲表述之方便，現仍承上文以政治事務爲例以進行此處之探究。

前文已言，「政治事務」之「是非」或「善惡」，應分爲兩層面看。其一是具體之處理結果；就此而論，不見政治事務與其他個人事務在價値決定上之殊異。其二則是事務獲得處理時所通過之形式；就此而論，乃見道德理性之「間接活動」。然則政治事務何以多此一特性？其答案卽落在「主體」之「單一」或「眾多」上。

就道德理性而言，當吾人專就「單一主體」看時，則道德理性之發用純依自覺與意志狀態而定；若有循理之自覺，意志卽取此方向，由此而決定向外之行爲，此處便無「惡」或「非」可說（至於行爲內容則屬另一類問題）。但若就「眾多主體」看，則此處「眾多」之「主體」旣皆爲「主體」，便成爲一種「並立」關係。於是此時道德理性之發用，首先卽落在「使此眾多主體不喪失其主體性」一要求上，蓋若使「主體」喪失其「主體性」，則用儒學常用詞語說，卽是不能「盡性」，亦卽是不能「如理」，即成爲一「惡」或「非」矣。

就「主體」與「對象」說，「主體」能循理以處理此「對象」，即無「惡」可言；但就「主體」與「主體」間講，若將某些「主體」只當作「對象」看，則此處即已違理。而此處之「違理」問題，在「單一主體」統攝「對象」時並不能出現，只在「眾多主體」成爲「並立」時方出現。於此乃可透出兩「境域」之不同。

此兩境域即可稱爲「單一主體之統攝境域」與「眾多主體之並立境域」。政治事務本指公共事務而言，故必涉及眾多個人；而言德性或理性時，既須肯定人之有道德理性一層之「主體性」，則此眾多個人即不能不皆視爲「主體」。於是使主體盡其性之要求亦必出現。而欲滿足此一道德理性之要求，即必須各個主體超越其「個別主體性」而昇入一「共同主體性」；此即所謂「主體性之客觀化」也。

倘再求淺明，則可如此說：每一人有自由意志，又有求「如理」之理性能力，故每一人皆有「主體性」。當眾多個人同時以「主體」身份出現時，每一個別之人當自覺到其他人之「主體性」若被「我」之「主體性」吞沒，則是一違理之事（此「違理」與其他活動中之「不如理」實無不同），因此，若每個「主體」皆以「實現理」爲其活動方向，則當面對其他並立之主體時，即須要求其他主體亦不失其「主體性」；此種要求即引生某種共同活動形式之創造；而此種創造活動即是「主體性之客觀化活動」，而創造之成果，即是「客觀化」之「形式」也。

由此可知，道德理性在主體面對一組對象時，即只在主體處理對象之活動上要求循理；此成爲一境域。而當主體面對其他主體時，則在眾多主體互保其主體性上要求循理；此成爲另一境域。後者即表所謂「客觀化」。

再回到政治事務上。則可知個別政治事務獲得某種處理是一事，而此種政治事務通過何種形式而獲得處理則是另一事。倘此形式能與互保「主體性」之要求相符，則表道德理性在此種境域中之實現；故此形式卽道德理性客觀化之成果；否則縱使此形式下所作之具體處理爲「合理」或「如理」，就互保「主體性」之要求說，道德理性仍有所缺欠，蓋未能在「眾多主體之並立境域」中實現其「理」也。

以上純就理論角度闡釋「客觀化」之涵義。畢竟此一問題與儒學及中國文化傳統有何關係？又與明末清初之思想傾向有何關係？此乃吾人必須解答之問題；故既論「客觀化」之「活動義」及「境域義」後，下文卽回到儒學及中國文化傳統上，以觀此問題在中國哲學思想及文化傳統之演變中居何地位；明末清初一階段亦可包於此中而得說明。

（c）「客觀化問題」之遺落及顯現

就中國古代哲學思想而論，南方傳統之道家思想，以超離意義之主體自由爲價値，本無在當前世界中建立文化秩序之意向，可說根本不涉及所謂「客觀化問題」。周人文化意識則代表北方傳統；在孔子興起以前，北方傳統雖不可說有正式哲學思想出現，然自周人移入中原建立帝國時開始，原以强調人之自覺改造世界爲精神方向。孔子承周文而建立儒學，可說自始卽是以「化成世界」或建立「文化秩序」爲旨趣。就此而言，似乎在原則上儒學應對「客觀化」有所肯定，蓋「客觀化」之主要意義正在某種客觀性之秩序之建立也。然在原則上，儒學之「化成精神」應涉及「客觀化問題」是一事；實際上儒學一派之哲學家及思想家能否察覺此問題，解答此問題，又是另一事。此在理論上分別甚明。若再觀歷史之實際情況，則吾人所發現者是：「客觀化問題」在長久之儒學思想史中，實是一「遺落之問題」。

試就孔孟以降之儒學思想，作一簡要之回顧，則此種「遺落」甚爲明顯。孔子立說，所面對者爲早期文化社會；其主要旨趣，在於揭示「文化秩序歸根於自覺心」一義，故仁義禮之說之精要乃在於「攝禮歸義」、「攝禮歸仁」；「義」觀念之透出，雖有某一層面之客觀性，然距所謂「主體性之客觀化」尚遠，蓋孔子立說時，方極力透顯「主體性」，而尚未能完成此種工作；「主體性」之透顯尚未完成，實難進至「主體性之客觀化問題」也。

孟子立「性善」之論，以建構儒學系統之模型，可說已初步完成透顯「主體性」之工作。但孟子同時卽以此「道德主體性」直接統攝一切文化秩序問題；故以「不忍人之心」作爲「不忍人之政」之基礎，而政治問題根本皆化爲道德問題；此正見孟子全未察覺「客觀化問題」本身，而其理論模型反有取消此問題之傾向。

荀卿重「禮」，强調傳統（所謂「積」）及外在改造（所謂「學」）等觀念，因此後世評論頗有以爲荀子代表「客觀化」之精神者，然此種說法在嚴格意義上實難成立；蓋荀子學說中根本未能透顯「主體性」，尤其對「道德主體性」全無安頓，則强調外在意義之「秩序」等等，未足稱爲「客觀化」。若更進而言之，則荀子對政治事務及制度之觀點，仍未能越出以個人爲主之思路，如謂「有治人，無治法」，以爲「法」必依人而「行」，而不能「自行」，此皆表現荀子之觀點正與「客觀化」之要求相反也。

對孟子而言，荀卿思想顯屬於儒學之旁支一類。若對孔子而言，則荀卿所承當較近於孔子早期以「禮」爲主之思想；此思想雖强調制度，然其代表之階段乃「主體性」建立以前之階段，非「主體性」建立後之「客觀化」。此處分寸，固不難辨。

戰國時期，中國各家思想原有互相影響之勢；及秦漢統一，則各種傳統觀念更日趨混合。就儒學而言，易傳及禮記中之中庸，卽代表南方形上學思路與孔孟思想之混合；而西漢儒者更進而雜取陰陽五行之說（卽燕齊方士之觀念），以建立其「宇宙論中心之哲學」。於是孔孟之心性論本旨已晦，至於就透顯「道德主體」進而立「客觀化」之理論，自更無從說起。蓋漢儒走入宇宙論思路，則「主體性」已不能透顯，何況「主體性之客觀化」乎？故無論就中國哲學史或儒學史而言，「客觀化」問題至漢代卽可謂完全遺落。

自漢末經兩晉及南北朝，中國之哲學思想或以部份道家思想爲主——卽所謂「玄學」及「清談」，或以印度佛教教義爲主。佛道之說雖有殊異，其不欲肯定文化世界則同，故根本上不涉及「客觀化」問題，蓋佛道二家之「主體性」，皆根本不能要求「客觀化」也。隋唐時代，佛教仍居中國哲學思想之主流地位。其間雖有韓李作復興儒學之努力，然所觸及之問題仍只在於「肯定世界」與「否定世界」之優劣分判；自未能達到「主體性之客觀化」一層面。且就思想內容而言，韓李諸人尙未能確知孟子之心性論，則更何能言及拓充心性活動，補孟子之未及？「客觀化」問題之遺落，自孟子已然；非韓李粗淺之學所能接觸者也。

宋氏儒學運動，在理論成就上自非韓李之說可比。然由於周濂溪以下諸家，無不誤用資料，而以易傳及中庸爲所依之經籍，故其說經周張之混合系統，轉至二程之形上學系統，再轉至朱熹之綜合系統，其理論似頗詳備，而與孟子之心性論仍甚有距離。只南宋陸九淵自謂直承孟子，頗有歸向心性論之趨勢，然其立說，於透顯主體性一面，尙未能明徹，對於「客觀化」問題自更不能正式顯出。

宋明儒學直至陽明立「良知」之說，始眞正歸於孔孟之心性論。陽明於「道德主體性」之透顯安立，立說精透，自無可疑。然於「客觀化」問題仍無交代。且因陽明學說代表孟子一系之心性論之成熟階段，原有之病至此益顯，此點前文已論及，不再贅述。

總之，就儒學之基本意向而言，自孔子起卽以肯定世界爲精神方向，故應有「要求客觀化」之趨勢；但孔子本人未及就此一境域立說，孟子及陽明雖在透顯主體性一面能確立道德心或道德理性，然對「客觀化」問題皆未能正式提出。故成德之學雖成爲中國傳統哲學思想之主流，肯定世界雖爲儒者所堅持之精神方向，畢竟道德理性只在自我之轉化昇進處顯其功能，而未能在歷史文化之客觀推進上確顯其大用。此卽所謂「客觀化」問題之「遺落」也。

以上是就嚴格意義講；在此意義下，透顯主體性而不能進至「主體性之客觀化」之境域時，固是遺落「客觀化」問題；另一面若只注目於文化之盛衰，歷史之治亂興廢，而根本未能先透顯主體性者，亦不足稱爲見及「客觀化」問題。然若退一步，就較寬泛之意義着眼，則吾人可說，凡因感及成德成聖之學對實際客觀世界之文化秩序不能作有效之統攝，而有所疑，有所追問，或有所嘗試者，依較廣義之說法，亦可稱爲觸及「客觀化」問題。就此義言，吾人乃可說及此一被遺落之「客觀化」問題在中國哲學思想史上之「顯現」。

前文已提及，先秦之荀子雖注重文化傳統，尙不能說爲觸及「客觀化」問題；漢唐儒士，更於此毫無體會。宋儒在理論上可謂全未接觸此一境域；但南渡以後，國勢衰危，因之在感受上遂有人疑成德成聖之學不足以救世。此中最顯著之實例，卽陳龍川之肯定漢唐事功之說。

陳龍川本來旨趣在於求國家之復興，由此而强調事功本身之價値。蓋「成敗」本身另有一理，則倘逆溯而追問其理論根源，則最後必達至一重要分別；此卽：道德心本身之明昧是一事，而已明之道德心如何能統御客觀事勢又是另一事。由此，成德或成聖之學倘若只落在道德心之明昧上說，則此心既明後，仍只有事在；蓋已明之道德心必須在另一境域中發用，方能建立客觀軌道以統御事勢也。此義自非陳亮或其他言事功者所知，然在理論上龍川之論點既可逆溯至此一分別，則寬泛言之，仍可謂「客觀化」問題在朱陳之爭論中一度顯現也。⑫

儒者因危難感而疑成德成聖無補於救時救世，自不僅龍川爲然。明之由亂而亡，且亡於文化甚低之滿族，對於當時儒者或思想界，所構成之震動，更屬史無前例。蓋中國自漢以來，雖屢困於外患；然論衰亡之前，聖賢之學之盛行，則未有過於明代者。成德成聖之學如此盛行，而在實際歷史上，則對於內憂外患毫無作用；此在後世觀之，固可有種種解說；然在當時儒者，則不能不痛切反省而致疑平日推尊之學。由是，明末淸初之哲學思想界中，遂時時有人議及政治制度之原則，歷史演變之方向等問題。而「客觀化」問題遂再度「顯現」矣。

下文論及梨洲船山之學時，卽可見此諸人對「客觀化」問題之努力。此處先須說明者，是「客觀化」問題並非眞正獲得解答，不過此問題確在此一階段之思想中時時「顯現」。下文所述諸家之學，其涉及「客觀化」問題者，亦只能視爲一種未成功之嘗試，不可以爲彼等眞能解決此重大問題也。

× × × ×

本節至此爲止，下節開始卽分論明末淸初各家之思想，大致之劃分卽與以上所擧各問題相應。故本節所論卽可視爲了解此一階段中各派思想之總線索。其有須另加解說者，則隨時補成之。

（B）東林學派之調和理論

東林學派之立說，原以「心體問題」爲重，而其精神方向別頗偏重於社會風氣之建立。就前者言，東林學派對陽明後學所謂「無善無惡」之說，卽力加抨擊，而强調「性善」之義；就後者言，東林學派遂倡氣節，關心世道。此乃其特色所在。然此學派之代表人物，如顧憲成、高攀龍，雖頗攻王學之弊，而尊崇朱熹之學，其立場又非歸於程朱之形上學系統者。二人皆對朱王兩方有所評議，亦常代兩方有所辯解；就二人自己立說之方式看，又常兼重形上學與心性論之進路，故約而言之，在哲學理論一層面看，東林學派之理論實立於程朱與陸王兩支思想之間，而爲一調和者。此亦學者觀東林學派時所應有之了解。

東林學派由講學而形成一種社會勢力，在明末影響甚大；然其組成份子亦頗複雜，故其影響亦有正負兩面。黃梨洲在「明儒學案」中，論東林一派時盛稱東林人物「忠義之盛，度越前代」⑬，然此中功罪殊未易言。本書亦不能詳論此類問題。下文只述顧高二氏之學，以代表明末時期此一學派之哲學思想。

（一）顧憲成之哲學思想

顧憲成，字叔時，生於明世宗嘉靖二十九年，卒於明神宗萬曆四十年。以公元推之，其生卒年代爲1550—1612 A.D.。

顧氏師薛應旂。薛氏在梨洲明儒學案中，列於「南中王門」，爲歐陽南野弟子，故專就師弟淵源言，顧氏亦應屬王門後學。然薛應旂與王龍溪不合，王門諸儒亦深排之，故薛氏後修訂宋端儀之「考亭淵源錄」，卽已傾向朱氏之學。顧氏曾引薛氏論朱陸異同之語云：

「善乎，吾師方山先生之言之也，曰：朱子之言，孔子敎人之法也；陸子之言，孟子敎人之法也。此兩語闡明兩先生之異而同，同而異處，最爲精確，庶幾足以折紛紛之論矣。」⑭

實則此說全不識朱學特性，可謂最欠精確，而顧氏深贊之，蓋顧氏得是薛氏者，正屬此種調和意見也。

顧氏重要著作有：小心齋劄記，證性編，涇臯藏稿，東林會約，東林商語等。由於顧氏在萬曆三十六年重建東林書院，會同人而講學，故成爲東林領袖。然就其學說言，則似乎常欠深透。玆取其立說之要點，分別論述，以表明其立場所在。

（a）「無善無惡」問題

顧氏最關心之哲學問題，乃心體是否可說爲「無善無惡」。此點亦通至顧氏最基本之主張，故先略述其要。

「無善無惡」一觀念，源自四句敎；故龍溪一派最喜言之。然陽明固兼說「至善」與「無善無惡」二義，以明「心體」。後學不知陽明取「根源義」言「至善」，故說「無善無惡」時只顯「心體」之超越性而不得其爲「善」之根源，遂模擬禪宗意境以談「無善無惡」，流弊極大。顧憲成遂力反「無善無惡」之說，而自陽明本人着手批評。其言云：

「大學言致知，文成恐人認識爲知，便走入支離去，故就中間點出一良字；孟子言良知，文成恐人將這個知作光景玩弄，便走入玄虛去，故就上面點出一致字，其意最爲精密。……獨其揭無善無惡四字爲性宗，愚不能釋然耳。」⑮

觀此，可知顧氏對陽明言「良知」之大旨，固頗知其意義所在，然總以爲言「無善無惡」是一大病。故又以爲陽明旣持「至善」之說，不應又言「無善無惡」，而謂：

「至善者性也。性原無一毫之惡，故曰至善。陽明先生此說極平正，不知晚來何故卻主無善無惡。」⑯

蓋顧氏以爲「心體」之爲「至善」卽與「無善無惡」一義不相容，故不解陽明何以言此四字。顧氏不解「至善」之爲「根源義」，遂以爲陽明自相矛盾矣。以上是就陽明說。至於論「無善無惡」一說之弊，則云：

「所謂無善無惡，離有而無邪？卽有而無邪？離有而無，于善且薄之而不屑矣。何等超卓！卽有而無，于惡且任之而不礙矣。何等脫洒！是故一則可以擡高地步，爲談玄說妙者樹標榜，一則可以放鬆地步，爲恣情肆欲者決隄防。宜乎君子小人咸樂其便，而相與靡然趨之也。」⑰

案此節譏王門後學之流弊，可謂深切。龍溪以下，言及「無善無惡」者，其病大致皆在此兩面見之。然如此解「無善無惡」固與陽明本意不合，此則顧氏未能深辨也。

以上所述，尙屬於顧氏之態度及意見，未進入其正面理論。若就正面理論言，則顧氏之立場，乃揭「性善」一義以排「無善無惡」之說。其論孟子之言「性善」云：

「告子之徒，或以無善無不善言性，或以可善可不善言性，或以有善有不善言性；他們何嘗不自性立宗？但只就各人意思兩下揣摩，故其說往往眩于影響，沒個著落。點出善字正示性有定體，不可以歧見淆也。」⑱

此中「性有定體」一語是重要論斷，由此以表明言「性」必須連「善」說，方不亂於揣摩猜想之歧見。又云：

「楊墨之徒，或以兼愛言仁，或以爲我言義，或以兼愛爲我之間言中，他們何嘗不自善立宗？但各就自家意思一邊認取，故其說往往滯于枝節，沒個頭腦。提出性字正示善有大原，不可以局見窺也。」⑲

此中「善有大原」一語，又是另一重要論斷，由此以表明言「善」必歸於「性」，方有頭腦。就表面看，上引之資料仍屬顧氏評孟子與諸家之論爭之意見，然此中「性有定體」、「善有大原」二語，合而觀之，卽顧氏之正面理論所在。

顧氏對形上意義之「性」，與自覺意義之「性」等等分別，似未深究，且其立場原欲調和朱王，故若就嚴格意義看，則顧氏書中對所謂「性」與「善」皆可謂無究竟解釋。然若取其大意觀之，則顧氏言「性有定體」、「善有大原」時，其立論概要亦不難見。茲從其論「性」之言着手析述。

顧氏對「性、情、才」三字自提一解釋，其言云：

「性，體也；情，用也；曰知曰能，才也，體用之間也。是故性無爲而才有爲，情有專屬而才無專屬。惟有爲則仁義禮智一切憑其發揮，有似乎用，所以說者謂之用也；然遂舉而概諸四端，恐兩下尚不能無毫釐之別。惟無專屬則惻隱羞惡辭讓是非一切歸其統率，有似乎體，所以說者謂之體也；然遂指而名之曰性，恐究竟且不免有千里之謬矣。陽明先生揭致知，特點出一個良字，又曰，性無不善故知無不良。其言殊有斟酌。」⑳

觀此節歸於引述陽明，已可知顧氏此論是針對王學而發。實則顧氏此中用語及論旨，若不通過顧氏所涉及陽明一派之問題看，亦無從確切了解。此處分數點作一說明。

第一：顧氏此處論「體用」，原針對陽明身後學者或以「體」說「良知」，或以「用」說「良知」之種種議論而言。而所謂「知」、「能」，則又指孟子所謂「良知」、「良能」說。此段之主旨，在於論「才」與「性」及「情」之分別。

第二：專就此段看，顧氏顯然以「良知」歸於「才」，而說爲「體用之間」。觀其所謂「有似乎用」及「說者謂之用」，「有似乎體」及「說者謂之體」等，可知此「才」只應是指「良知」，蓋此類「體用」之爭辯，本屬於對「良知」之兩種解釋也。

第三：顧氏此處雖以「才」說「良知」，但另一處又以「良知」爲「通性情才而言之者」。故欲確切說明顧氏對「性」之觀點，則必須作進一步之析解，方能作結論。

現即先引顧氏另一段議論，以作比較。顧氏答人問陽明致良知之說時，云：

「竊惟仁義爲性，愛敬爲情，知愛知敬爲才。良知二字蓋通性情才而言之者也。乃主良知者旣曰，吾所謂知是體而非用，駁良知者又曰，彼所謂知是用而非體；恐不免各墮邊見矣。」㉑

案此處所說「性、情、才」之分，本可以補充上引一節之說；但此處明言「良知」是「通之」而者言之，則「良知」不能屬「才」；如此，顧氏之本意如何，卽成一問題。

細看顧氏在前引一節中，原說「才」因「有爲」而「似乎用」，然不能與「四端」同；蓋以「四端」爲屬於「情」，故與「才」不同也。在以「良知」爲通性情才而言一段後文，亦論及此義云：

「夫良知一也，在惻隱爲仁，在羞惡爲義，在辭讓爲禮，在分別爲智。非可定以何德名之也。」㉒

此則表示「良知」表現於「四端」中，自可見與「四端」不同，另一面又於不同之表現中顯不同之「德性」，故「良知」亦與任何一特定德性不同。依此，「良知」與「性」與「情」皆不同，然未說「良知」與「才」不能合一。且既以「知愛」、「知敬」說「才」，則此分明正是「良知」之「知」，則「良知」似仍與「才」相應也。

然則何以又說「通三者」？此處顧氏用語固有欠明確處，然學者倘扣實顧氏對「性」及「情」之講法，則此種表面上之衝突，未嘗不可消解。

試先就「性」說，顧氏明言「性有定體」，又以「仁義」爲「性」，以與「愛敬」及「四端」等屬「情」者相區別。則所謂「性」，乃指自存之理或定而不變之規範本身言。如此，「性」乃形上之理，非視爲此自覺心之性，故顧氏又屢說：「性，太極也。」㉓從此一關鍵着眼，乃可知顧氏之哲學思想，基本上仍取伊川路數（案此非謂顧氏自覺如此，見後文）；故顧氏盛稱伊川「性卽理」之說，而謂：

「伊川曰，性卽理也，此一語極說得直截分明，亘古亘今，顚撲不破。」㉔

「性」既是形上自存之「理」，則與人心之意念自是二事。「四端」屬人心所發，故歸諸「情」，此在伊川朱熹一系，皆當如此說，不待細論。但如此言「性」與「情」後，顧氏又欲安頓一「良知」觀念，則程朱之說無此義，必須自立一說法。於此顧氏乃以「體用之間」說「才」，而以「知」與「能」歸諸「才」矣。

「良知」如專就「知善知惡」說，則似卽與「知愛，知敬」之「才」爲一事。然顧氏又說爲「通之者」，似「良知」又不等於「才」。此則涉及顧氏對「良知」之了解問題。

觀顧氏論「良知」之話，有一要點必須注意者，卽：顧氏以「良」爲「良善」之意；而不知孟子原文之「良知」、「良能」，原作「本有之知」、「本有之能」，故讚許陽明所說「性無不善故知無不良」一語，蓋陽明此說亦以「良善」釋「良」也。但陽明雖在字面上有此誤解，其論「良知」之理論系統，畢竟以「心卽理」之義爲主，故未嘗別求一形上之根源以解「良知」。而顧氏則不然。顧氏以「良」爲「知」之描述語，則「良知」之所以爲「良」，便當別有所據；於是遂以形上意義之「性」爲「良知」之所以爲「良」之根源，故「心」與「性」分開，而「理」、「善」等等規範皆落在「性」上講。顧氏曾與唐仁卿論所謂「心學」，卽明白說及此義。蓋唐仁卿深惡「心學」，顧氏爲之解，而提出以「性」主「心」之主張。其言云：

「只提出性字作主，這心便有管束；孔子自言『從心所欲，不踰矩』，矩卽性也。」㉕

此卽以「性」爲「心」之規範矣。心自身不能有規範，而以「性」爲規範。此「性」自非自覺意義之「心性」，而爲形上意義之「理」矣。

顧氏如此了解「性」，故以「性」爲「天道」㉖，而卽將「善」與「性」在此層面上合一，如云：

「自昔聖賢論性，曰，帝衷；曰，民彝；曰，物則；曰，誠；曰，中和；總之只是一個善字。」㉗

如此，可知顧氏以「善」與「性」合一，而「性」爲形上意義，亦卽「天道」意義。「良知」之「良」卽「性」之「善」表現於「知」中之謂，故記伍容菴語云：

「心既無善，知安得良？」㉘

此雖在「心」上說，然以「性」爲「心」之規範，故「性」之善落在「心」上，而「知」之「良」卽由此出。此顧氏對「良知」之了解也。

顧氏對「性」及「良知」之講法，既如上述，則其所謂「良知」通性情才三者而言，命意所在亦不難知。蓋就「知」本身言，乃一能力，故應屬「才」；而「知」上承「性」而成爲「良知」，下則顯於情中，遂爲四端之主；如此，則「良知」上承乎「性」，下貫乎「情」，而本身爲「才」，是故說爲「通三者而言之者」。固無難解之義也。

知顧氏對性、情、才及良知之了解及講法是如此，則所謂「性有定體」、「善有大原」亦可得確解。蓋顧氏之「性」既是形上意義之天道，則所謂「定體」卽指此有一定方向之天道言；而「善」與「性」又在天道處合一，所謂「大原」亦卽指天道爲「善」，而決定其他層面上之「善」而言。合而觀之，可知顧氏雖喜談王學及朱學，其哲學思想則屬於「天道觀」一型，反與周濂溪最近。此所以顧氏屢稱濂溪。如云：

「孔孟既設，吾道不絕如線。至宋而始一光。發脈得一周元公，結局得一朱晦翁。」㉙

此以周朱爲儒學正傳所言。又云：

「周元公，三代以下之庖犧也。當時二程先生親受學于門，猶未能盡元公，則知元公者鮮矣。」㉚

蓋謂周之學尚在二程之上也。此類說法他處尚多，不再具引。總之，顧氏本人思想之歸宿在「天道觀」，故極尊周氏。然顧氏自身對陰陽五行等宇宙論觀念，又頗爲輕視，曾謂：

「性，太極也。諸子百家非不各有所得，而皆陷于一偏，只緣認陰陽五行爲家當。」㉛

顧氏不喜談陰陽五行，而推尊濂溪：蓋其與濂溪之契合，只在其天道觀念，對於「太極圖說」之以陰陽五行爲主要觀念，則未留意也。

至此，吾人乃可回到心體問題上。顧氏取天道意義言「性」，故此「性」與「至善」不可分；由此深惡「無善無惡」之說。至於陽明之以根源義言「至善」，故許「無善無惡」一義成立，則顧氏迄不能解。於是顧氏只强調「性善」，但顧氏之「性善」，依「天道觀」之思路而立，明與陽明之「良知」不同；然顧氏對「超越實體」及「超越主體」之辨不明，對「天道觀」與「心性論」兩型之別亦不知，故自揭「性善」爲宗時，又以爲與陽明之說相通，可救王門後學之弊。如云：

「陽明先生之證道天泉也，嘗爲之折衷矣。四無之說，接得上根，接不得中下根。四有之說，接得中下根，接不得上根。誠欲通上下而兼接，舍性善一宗其奚之？此卽陽明所謂良知也。」㉜

此處言「性善」而從天泉證道說起，蓋以其揭「性善」爲宗，本旨卽在糾龍溪一派之弊也。而最後謂「性善」卽陽明之「良知」，此則表示顧氏自以爲所見合於陽明。實則陽明之「良知」可與孟子之「性善」合；而顧氏就天道觀言「性善」，則與陽明之說大有難合之處，然顧氏未深辨之。

顧氏以爲心體只能說爲「至善」，又以爲「無善無惡」與「至善」二義互不相容，故一面視「無善無惡心之體」一語爲陽明立言之病，一面又以爲陽明之「良知」仍可接受。於是力排「無善無惡」之說時，仍承認陽明之「良知」。此所以顧氏在王學與朱學間遂取一調和妥協之態度。此點後文當另加論述。此處論顧氏對心體問題之觀點，可作一簡單結論如下：

第一：顧氏實以天道意義之「性」爲第一序之「體」；「心」當以「性」爲其規矩，故陽明一派所說之第一序意義之「心體」，在顧氏思想上實不能出現。

第二：顧氏不知「至善」取根源義講則與「無善無惡」並不衝突，故力排後一說法。而只主張立「至善」義；而此「至善」又須收到「性」上說，此「性」又非「自覺心性」義，乃形上實體義；於是顧氏只能先就天道觀思路言「性善」，再就此以說「良知」而落在「心」之「善」上。在其本人，以為如此是善解陽明，實則離陽明之「主體性」觀念愈來愈遠。

第三：在理論上看，顧氏雖未能眞實了解陽明，更不能補正王學之失，但在顧氏個人態度上看，顧氏仍以調和王朱兩方為主，但由於顧氏對「心體問題」未有嚴格了解，故其調和自亦不能成功耳。

吾人得此結論後，乃可再看顧氏之工夫理論。

（b）悟與修

顧氏論工夫或「學」之問題，主旨在於悟修並重。在「虎林書院記」中卽謂「重修所以重悟也。夫悟，未有不由修而入者也。」㉝而在劄記中則更有明確斷定。其答問之言云：

「學不重悟則已，如重悟，未有可以修為輕者也。何也？舍修無由悟也。學不重修則已，如重修，未有可以悟為輕者。何也？舍悟無由修也。曰：然則悟修雙提可乎？曰：悟而不落于無，謂之修；修而不落於有，謂之悟。」㉞

此段問者原以或主修、或主悟為言，顧氏之答語則一面言悟修當並重，另一面更言悟修兩種工夫本身實亦互通。悟修並重原不難解，蓋顧氏不過就下學與上達而言。然顧氏如此立論時，其立意亦有應加說明者，玆分述如下：

第一：顧氏對於當時學人之尚修尚悟而互相排斥，至為不滿，故提出悟修並重以矯此弊，如謂：

「尚解悟的，不無露出個脫灑相來；尚修持的，不無露出個莊嚴相來。這是習氣。尚解悟的聞說脫灑話便喜，聞說莊嚴話便厭；尚修持的聞說莊嚴話便喜，聞說脫灑話便嗔。這是習情。須盡數拋入大海洋中，莫留些兒影響方好。」㉟

此即指尚悟者排斥修，尚修者排斥悟而言。在顧氏眼中，一味言修而輕悟或一味言悟而輕修，皆自陷於習氣之中，而以習情應人，乃一大病，故須「拋入大海洋中」，方能眞正爲學。由此可知，顧氏雖常詆王門後學之不言修，不能在經典中用功，然其本旨並非輕視悟或反對言悟，不過認爲有所偏廢便成惡習，阻害人之成德耳。近人有謂顧氏重修輕悟者，實屬誤解。㊱

顧氏主悟修並重，自對於偏向一方者皆視爲病痛。然其言論中確常有痛切批評尚悟廢修者之語。此則與當時學風有關。於此可進入第二點。

第二：顧氏原是先受陽明學說影響，後乃有所改變者，故一面對陽明始終有一定程度之尊崇（此點見後文論顧氏調和朱王一節），另一面對陽明後學如龍溪一派之玄談虛論，亦最有反感。蓋顧氏心目中之陽明，雖或立說有病，然自有踏實修持之功，而後學談玄說妙，則正違反陽明之敎，故曾謂：

「陽明先生之揭良知，本欲人掃除見解，務求自得；而習其說者類喜爲新奇，向見解中作功課，夫豈惟孤負良知，實乃孤負陽明也。」㊲

所謂「新奇」，所謂「見解」，皆指王門後學種種玄談而言。由此，在「東林會約」中特捉「尊經」一點，而嚴斥「枵腹師心，目空千古」者，亦卽針對此類時弊說㊳。今觀顧氏之言論，雖應注意此種傾向，然不可以爲顧氏只見此一面之弊端，而遂謂顧氏不重「悟」也。

然顧氏之論「修」，又有兩層意義。就「尊經」或朱熹之「格物」講，是就具體努力一層說「修」；

此外又可就形式意義說「修」，此卽以「用力」爲「修」。取後一層意義，方可說「悟修互通」之義。前文引劄記中所謂「悟而不落于無，謂之修；修而不落於有，謂之悟」二語，卽顧氏論「悟修互通」之說。此處如取尊經格物之義說修，則「修而不落于有」一語，便成爲難解之語；蓋無論講習前賢之學或窮究事物之理，皆不能離開某種「有」之認定，於此何能說「不落于有」？然若知顧氏說「悟修互通」時，本取形式意義說「修」，則卽可豁然看出此中之分別。

蓋「悟修並重」是一義，此處可就尊經格物說修；「悟修互通」是另一義，只能就自覺心之活動本身講，而非就活動所涉及對象講，故可說爲形式義。

顧氏說此義時，每就孟子所謂「不學而能」、「不慮而知」之說下手；蓋此二語原是孟子用以說「良能」、「良知」者，而王門後學中一味重悟者每喜引用此等話頭以自解，而顧氏之立論則又正針對此類時弊也。顧氏論不學不慮之語甚多。大意則相同。如云：

「良能不學而能，概以不學而能爲良能又不得；良知不慮而知，概以不慮而知爲良知又不得。何也？孩提之童，無不知愛親也；及其長也，無不知敬兄也。是固不學而能，不慮而知也。乃孩提之童，無不知甘食也；及其長也，無不知悅色也。是亦不學而能，不慮而知也。二者幾無以異矣。」㊴

案此段先指出人之價值意識固可說爲不學而能不慮而知者㊵，但人之形軀欲求亦是不待學慮者，故若僅就不學不慮說，則價值意識與欲求將混而不可辨。然此中正是自我昇降之樞機，有必須辨者在。故續謂：

「然而自愛親敬長充之，則爲聖爲賢，至于與天地同流；自甘食悅色充之，則爲愚爲不肖，至于違禽獸不遠。其究有霄壤之判焉。夫豈得一一而良之？況乎知誘物化，日增一日，則甘食悅色，日熟一日；向之所謂不學不慮者，非惟無益而反有害。甘食悅色，日熟一日，則愛親敬長，日生一日；向之所謂不學不慮者，絕不見分毫之足恃也。今欲轉生爲熟，轉熟爲生，將必由學而入邪？抑亦可以安然無所用力而致邪？將必由慮而入邪？抑亦可以漠然無所用心而致邪？有志者願細參之。」㊶

案此卽針對不學不慮之俗解而力言「用力」、「用心」之必要也。蓋世俗言及不學不慮，不知簡別人之「本性」與人之「動物性」；其弊至於反對「用力」、「用心」，以爲一切任其自然，便是「良知良能」；結果只走入縱情任欲一路，全喪其理性或價值意識。顧氏於此痛切言之，指出人有動物性之本能亦有價値意識；人「充」何種能力，卽決定其成爲聖賢或禽獸；而此處之擇別，正是必用力用心所在。此種用力用心卽所謂「學」，卽所謂「修」也。

就此意義言「修」，則「修」乃自我之取向問題；故自我取一定向時雖有外發之活動，然就自我而論，不可反黏附在此種活動上，而須時時作不息之自覺以保持意志方向。於此卽見所謂「修而不落于有」之義；蓋黏附於已有之活動上，便是落於「有」上矣。譬如，我立一尊理大公之心，故在面臨權力威脅及利益引誘下能不爲所動而堅持「理」之所在，作出某事。此固表現我之德性力量或工夫，然若作出此事後，心思時時落在此事上，以此自誇自滿，則此時卽著於「有」，而自覺心將轉失其光明主宰矣。此處顧氏之言，與體驗有關；學者不可忽視也。

「修而不落于有」之義既明，「悟而不落于無」之義亦不難解。蓋所謂「悟」者，卽自覺到理性與非理性之殊別方向之謂。倘「悟」到自我之理性主宰，但不能擴充貫徹此理性於意念行爲等活動中，而只求不動，以爲由此可以不迷失，則此種「悟」即成懸空之「悟」，即「落于無」。「悟」而「落于無」，則無工夫可言；故必「悟而不落于無」，始足言「工夫」。另一面在活動中理性之主宰及方向雖須時時用力用心以求擴充貫徹，但一一活動過後，此心必須時時回到不息之理性主宰及方向上，故又必「修而不落于有」，始足言「工夫」。總之，「修」與「悟」互通互補，遂形成一內外貫徹之工夫過程。此顧氏工夫論之要旨所在也。

以上已述顧氏對「心體問題」及「工夫問題」之基本理論。下節再略論顧氏評議朱王之學之說，以顯現其調和兩家之立場。

（c）對「心學」及「理學」之評論

顧氏時，所謂「心學」、「理學」之名已漸流行。如劄記中即謂唐仁卿「痛疾心學之說」㊷。所謂「心學」主要即指陽明之學也。玆清理顧氏評朱熹及陸王一系之學之說，即涉及當時所謂「心學」與「理學」之爭。㊸

顧氏雖於王學流弊嘗痛切言之，然對於陸王一系之所謂「心學」，並非持完全否定之態度；另一面，顧氏雖推崇濂溪晦翁，但亦不因此而完全同情朱學一派排斥陸王之態度。此點在顧氏言論中有明確證據。例如當顧氏論及朱陸本人之爭執時，即云：

「朱子之闢象山，自今日看來，委似乎過當。」㊹

其下再謂「自當時看來」，朱氏所以深惡象山，乃以象山排周張之說之故。蓋顧氏雖表示了解朱氏之用心，然似認爲朱之闢陸，實屬「過當」，即不以爲陸氏之說全無是處，亦不以爲朱氏之評陸學爲

「得當」也。且顧氏對朱陸之不合，總認爲是一憾事，故云：

「朱子祖周程，宗張邵，師延平，淵源最確；所交張廣漢、呂金華，並極一時之選。觀其往來參證，不爲苟同，不爲苟異，其得諸兩先生者，良不少矣。獨於象山先生，似乎交一臂而失之，以致紛紛之疑，迄今未已。」㊺

此謂朱氏得益於師友最多，然獨不能取象山之長，以爲乃「交一臂而失之」。則顧氏不否定象山之學，其意甚明。

如就顧氏自己立說之理路看，顧氏與陸王之學自有一大隔閡（卽不解「心外無理」一說之本旨），但此處只就顧氏自覺所持之態度說，則顧氏固未採取否定「心學」之態度。蓋是否了解陸王之學是一事，是否在自覺態度上否定此學派則又是另一事也。

其次，專就王學而言，則顧氏早年原先讀「陽明文粹」而好之㊺，其後雖對陽明屢有評議，尤其於後學之流弊有痛切抨擊，然終不認爲朱王之學一正一誤；每比較雙方理論時，或認爲二者皆有弊，或認爲雙方論旨可以互通，總之，是持某一程度之調和態度。如論朱王臨終遺言云：

「朱子疾革，門人請敎。朱子曰：須要堅苦。是說工夫。陽明疾革，門人請敎。陽明曰：此心光明，亦復何言。是說本體。」㊻

其下又以曾子臨終之言爲「本體工夫和盤託（當作「托」）出」；蓋謂朱王各有偏重，非有上下高低之別也。至於論王學之長及其流弊，則云：

「陽明先生開發有餘，收束不足。當士人桎梏於訓詁詞章間，驟而聞良知之說，一時心目俱醒，恍若撥雲霧而見白日，豈不大快？然而此竅一鑿，混沌幾亡，往往憑虛見而弄精魂，任自然而藐兢業。陵夷至今，議論益玄，習尚益下，高之放誕而不經，卑之頑鈍而無恥。仁人君子又相顧裴回，喟然太息，以爲倡始者殆亦不能無遺慮焉，而追惜之。此其所以遜元公也。」㊼

案此謂陽明後學有玄虛放縱之病，乃王學之墮落；而使人惜陽明立說未能預慮及此。其要點落在後學之弊上。而對於此種流弊是否全應歸咎於陽明學說本身，則顧氏此處未明言，但其意自是認爲王學只就「心」而說「理」有此缺點，觀前文所論可知。然雖確認王學有弊，亦非謂朱學無弊；故下文卽說此意：

「然則朱子何如？曰：以考亭爲宗，其弊也拘；以姚江爲宗，其弊也蕩。拘者有所不爲，蕩者無所不爲。拘者人情所厭，順而決之爲易；蕩者人情所便，逆而挽之爲難。」㊽

依此，則王朱之學各有其弊，但王之弊較朱之弊更爲難防，更爲危險；故此段下文卽以「與其蕩也寧拘」爲結論。此雖見顧氏較偏向朱學一方，然畢竟認爲雙方皆有弊，並非正誤邪正之別也。

以上皆就反面或消極面着眼。若就正面說，則顧氏每表示王學與朱學有相通處。如論「知行問題」一段，卽明表此意。原文云：

「或問：知行是一是二？以爲二者，朱子也；以爲一者，陽明也。孰當？曰：朱子云，論先後，知爲先；論輕重，行爲重。陽明云，知者行之始，行者知之成。君姑無論知行是一是二，試看兩先生之說是一是二。」㊾

案「知行合一」乃陽明獨有之說，其關鍵在於「知」表「良知」而「行」表意志之取向；此義前述陽明學說時已詳言之。朱氏之「知」與「行」則分別指「知解」與「實踐」講；故全非一事。而顧氏則以爲朱氏之論「先後」、「輕重」，與陽明之言「行之始」、「知之成」，實無根本殊異，故反質問者二說「是一是二」，其意明謂二說不是二。就理論問題本身講，此處顧氏顯有根本誤解。然正因顧氏有此類誤解，遂以爲二說可以相通。而視朱王之學爲相通，卽顧氏對所謂「理學」與「心學」持調和態度之基本理由也。

由於顧氏未能實見「心性論」一型與形上學兼宇宙論意義之「天道觀」及「本性論」諸型之確切分別所在，故認爲朱王之說相通；由此屢屢就關鍵性觀念上極力求雙方可相通之處；上舉知行問題一節，是其一例。較此更爲明確者，則爲顧氏論朱氏「格物」之說時所持之態度。

顧氏早年，原於朱氏之「格物」理論深有所疑，故在寄高攀龍書中屢屢言之。此類書札日後雖不載於「涇皋藏稿」中，然在「高子遺書」中尙可考見[50]。蓋顧氏原先習陽明之說，故不重視在「一草一木」處「格物」也。但在劄記中，顧氏則改變態度，雖仍謂朱氏解「格物」非「大學」本義，然深讚朱氏四項工夫之說。其言云：

「朱子之釋格物，特未必是大學本指耳。其義卻甚精。語物則本諸帝降之衷，民秉之彝，夫子之所謂性與天道，子思之所謂天命，孟子之所謂仁義，程子之所謂天然自有之中，張子之所謂萬物之一原；語格則備舉程子九條之說，會而通之。至于呂謝諸家之說，亦一一爲之折衷焉。總而約之以四言曰：或考之事爲之著，或察之念慮之微，或求之文字之中，或索之講論之際。蓋謂內外精粗，無非是物，不容妄有揀擇于其間。」[51]

案顧氏所述，卽朱氏論格物窮理之說；此處四項皆指窮理工夫而言。顧氏旣引此說，大表推重之意，然後又極力說明陽明之工夫亦不離此四者。其言云：

「陽明特揭良知，可謂超然自信，獨往獨來，了無依傍矣，今考年譜，則謂：其謫龍場也，日夜端居澄默以求靜一，久之，胸中灑灑，因念聖人處此，更有何道。忽中夜大悟格物致知之說，寤寐中若有人語之者，不覺呼躍，從者皆驚。是亦未嘗不從念慮入也。」[52]

以上又續引年譜資料，分別表明陽明工夫「未嘗不從事爲入也」、「未嘗不從文字入也」、「未不從講論入也」等等。原文冗長，茲不備引。最後則作結論云：

「……故夫陽明之所謂知，卽朱子之所謂物。朱子之所以格物者，卽陽明之所以致知者也。總只一般，有何同異？可以忘言矣。」[53]

觀此，顧氏之調和態度，可謂表露無遺。彼竟直以陽明之「知」等同於朱氏之「物」，而將窮理意義之「格物」與「致良知」意義之「致知」視爲並無同異。此處實已蹈入一觀念上之大混亂矣。

朱氏綜合「天道觀」與「本性論」所成之系統，與陽明之「心性論」系統，根本屬於不同類型之理論。此種分別，前文已屢屢說明，故顧氏之混亂觀念，此處不再析證。唯有一點應作補充者，卽顧氏所舉事實，欲以證陽明工夫與朱氏四項之說相合者，實未觸及二人所達之悟境及所立之基本肯定之不同。譬如，有某甲由讀前人之書而有所會悟，遂立甲說；有某乙亦由讀前人之書而有所會悟，遂立乙說。於此，若謂甲乙二人皆「由文字入」、「總只一般，有何同異」，則對「甲乙二說」本身全未觸及，所說者只是「甲乙二人」經如何之過程各立其說而已。其所經之過程縱相似，豈能推出所立之說無異乎？此理至爲淺明，不待辯而明也。

總之，顧氏原習王學，然未能徹悟其要旨，後因見王門後學之弊（其中以「無善無惡」之說爲最著），遂又轉而取程朱之說。在態度上，顧氏確欲調和雙方；在理論上，則顧氏對雙方立說理據之精微處，皆有未察未解。此所以顧氏所創之東林學派，雖在歷史影響方面甚爲重要，然就哲學史標準言，則並不能代表宋明儒學中一重要學說也。

最後當略說顧氏及東林學派之救世精神，以結束此節。

（d）救世精神

顧憲成與其弟允成俱爲東林領袖。顧氏之立說，如上所述，大旨不外以「性善」說「本體」，以「小心」說工夫，總皆是針對王學流弊而設[54]。允成雖亦有「小辨齋箚記」，然發揮義理之處，實不如憲成之詳備可觀。但二人有相同者，則是兄弟講學皆以救世爲志。此即顧氏及承其影響之東林學派之另一特色。茲略作論述。

案顧氏箚記雖以評論儒學各家爲主，對於救世之主張，亦偶言及。如云：

「官輦轂，念頭不在君父上；官封疆，念頭不在百姓上；至于水間林下，三三兩兩，相與講求性命，切磨德義，念頭不在世道上。卽有他美，君子不齒也。」[55]

此處所謂「官輦轂」、「官封疆」等，不過就不同職分而言；總之是說從政者必須就自己之職分而求有所補益於國家人民。最可注意者是後段論講學之語；蓋宋明儒者頗多只以講學明道爲唯一大事者，非皆以救世爲主。而顧氏則直謂，講求性命道德之學而不關心世道，則無可取。此是明白表現其以擔荷文化歷史之責任爲主。講學本爲爭文化歷史之興衰，亦卽爲世道而講學也。在顧氏其他文字中，又有更明確之說法，如「贈鳳雲楊君令峽江序」中卽云：

「士之號爲有志者，未有不亟亟於救世者也。夫苟亟亟於救世，則其所爲必與世殊。是故世之所有餘，矯之以不足；世之所不足，矯之以有餘。矯非中也，待夫有餘不足者也。是故，其矯之者乃其所以救之也。」56

此則不僅標示「救世」一詞爲儒者立志所在，且進而提出一「矯」字以表明所謂「救世」之具體重點。有餘或不足皆是一弊，矯其弊卽救世之重點也。

顧氏此種主張不僅作爲一理論在言論中提出，且實際上亦依此主張而有種種行動。此類行動大致皆與政治直接相關。所謂「東林」之「淸議」，固於人才進退，政策得失，時有主張；其後之流弊雖不可掩，然就顧氏本人之倡救世言，則其精神方向固在於使講學不流於遊戲言詞一路，亦不歸於遺世自安一路；蓋仍直承儒學化成世界之精神，自有其超乎門戶毀譽以上之意義也。

顧允成於此救世精神，表現益强。如黃宗羲「學案」記顧氏兄弟之言云：

「……一日喟然而歎，涇陽曰：何歎也？曰：吾歎夫今之講學者，恁是天崩地陷，他也不管，只管講學耳。涇陽曰：然則所講何事？曰：在縉紳只明哲保身一句，在布衣只傳食諸侯一句。涇陽爲之慨然。」57

案「明哲保身」、「傳食諸侯」云云，自屬允成譏評俗儒之語，然「只管講學」，視天下治亂蒼生疾苦爲不干己事者，則確是多數知識份子之大病，而宋明儒生犯此病者亦在在可見。故後人有「無事袖手談心性，臨危一死報君王」之譏也。允成旣急於救世，故惡鄉愿、倡節義，於東林風氣影響甚大。鄒元標晚年不喜談氣節，允成卽深議之。其言云：

「南臯最不喜人以氣節相目，僕問其故，似以節義爲血氣也。夫假節義乃血氣也。眞節義卽理義也。血氣之怒不可有，理義之怒不可無。理義之氣節不可亢之而使驕，亦不可抑之而使餒。以義理而誤認爲血氣，則浩然之氣且無事養矣。近世鄉愿道學往往借此等議論以消鑠吾人之眞元，而遂其同流合汙之志。其言最高，其害最遠。」[58]

允成此段議論，原不過謂儒者心存義理，則必須有眞是非。而對於是非標準之堅持不苟，卽是氣節所在；此與血氣之勇不同。人若一味强調平和圓融而不問是非，則成爲鄉愿一流，終必與小人同流合汙而已。此意固以淺明，然可注意者是：允成點出「浩然之氣」一觀念，則顯現允成倡氣節時背後固有一明確理論根據。此卽孟子「養吾浩然之氣」之說。孟子自謂善養「浩然之氣」，而以「至大至剛」及「配義與道」解說此「浩然之氣」之特性。蓋孟子此說主旨卽在於說明「生命力」之「理性化」，以解答道德心如何能實際發揮力量之問題。此是道德哲學及文化理論中一重大問題，亦是儒學內部一重要主張。就理論層面講，此義自是宋明儒者所共同承認者，但就工夫實踐言，則宋明儒者或由於强調形上之理之觀悟，或由於强調心體之超越自由，每每只重視不使生命情欲影響理性一面，而忽視理性統攝生命力及運用生命力以改變現實世界一面。此問題如再推遠一步，加入掌握客觀規律一義，便通往以理御勢之問題。但此一領域非顧氏兄弟及東林諸人所見及者。然卽就允成所已見及之層面言，顯然允成正以爲人須以其理性運用生命力，而養成「浩然之氣」；故倡「義理之氣節」。蓋如此方使義理不落於空談，而在人生態度上落實也。

總之，合顧氏兄弟之主張而觀之，可知顧氏兄弟及東林學派，皆重救世之志；不願「袖手談心性」，尤反對儒者走入鄉愿一路。而倡氣節之本意，卽在於要求道德理性運用生命力以發揮力量，以供救世；此固與東林流弊無關。學者觀顧氏兄弟講學立論之根本意義所在，於此等分際亦必須善辨也。

以上述顧氏之學，旁及於其弟允成，乃因允成於氣節之說主張最力，足以補憲成言論所未詳及者。茲卽作一結束。以下當略述高攀龍之說。

(二)高攀龍之哲學思想

高攀龍爲東林學派另一主要人物。東林一派日後常以「顧高」並稱,然年幼於顧氏十二歲,生於明世宗嘉靖四十一年,卒於明熹宗天啓六年。以公元推之,其生卒年代爲 1562—1626 。其生平見華允誠著「高忠憲公年譜」。

高氏初字雲從,後字存之,別號景逸。其先人高孟永始居無錫,六傳而至高氏[59]。高氏二十五歲,因羅止菴與顧涇陽講學無錫,而始志於學。三十三歲,因聞陸古樵談白沙之學,遂以見道實悟自矢。是後,在汀州旅舍中猛有所悟,從此遂立說講學。

高氏所著說、辨、序數十篇,及語錄、論學書等,皆在「高子遺書」中。遺書共十二卷,門人陳龍正所輯也。

高氏因受閹黨迫害,自沈而死;故世以節烈目之。其學說則頗與顧涇陽相近。以下當分項述其大要。然論述其學說之前,對高氏思想之特色尚須稍作說明。

高氏雖顯然受顧氏之影響甚大,然二人有極不同處。顧氏原是先接受陽明之思想,而後因惡王門流弊遂轉而推崇朱熹,故對陽明良知之學在根本上未持反對態度;其論朱王思想之言,皆力求調和,如上節所述。高氏之深惡王門後學「無善無惡」之說與顧氏同;然有大不同者,即高氏對陽明之學本身亦無所契合。高氏本由讀明道語錄而有悟(見下談「汀州旅舍之悟」一節)。此前僅與白沙一派之陸粹明稍有談論,又聞李材(見羅)修身之說於羅懋忠(止菴)。白沙主靜之旨本已與陽明之學不同,至李見羅則極力反陽明而排拒「以知爲體」之基本立場者。故高氏可說從未與陽明之學有相契處。由此,高氏日後立說，雖亦屢屢言及「心」，然其正面肯定總落在「格物」及「修身」上。而對所謂「心學」與「理學」之分別，亦未能見其理論模型上之殊異，只就工夫層面上作一種混合說法。其意雖欲綜合「心學」與「理學」，實則未明陽明之學之眞旨趣所在也。由於高氏對「主體性」之義未能正視，不唯於陽明有所隔，卽於儒學內部之理論分合，亦不甚明，故在其論心性理義之說中，時而透露心性論之傾向，時而透露天道觀或本性論之傾向。下文當再說明。

高氏之理論雖頗龐雜，然在實踐工夫一面，則其主張大抵皆歸於儒學之通義，尤與顧氏接近。黃梨洲評高氏臨終遺書，引劉宗周語以爲高氏在境界一面仍近乎禪。此似不確。下文亦當辨之。

(a)「困學記」之說

高氏在「困學記」中，自述其進學進德之歷程，以汀州旅舍之悟爲大關鍵。後世論高氏之學者亦常偏重此點。然「困學記」所述，並非限於此一悟；其間頗有須作解釋之處。玆卽據原文逐步清理，以見其本意所在。

「困學記」先述早年工夫過程云：

「看大學或問，見朱子說入道之要莫如敬，故專用力于肅恭收斂，持心方寸間；但覺氣鬱身拘，大不自在，及放下又散漫如故，無可奈何。久之，忽思程子謂：心要在腔子裏。不知腔子何所指，果在方寸間否邪？覓註釋不得，忽于小學中見其解曰：腔子猶言身子耳。大喜，以爲心不耑在方寸，渾身是心也，頓自輕鬆快活。適江右羅止菴來講李見羅修身爲本之學，正合于余所持循者，益大喜不疑。」⑥⓪

案就此段言，高氏最初對超越義之自覺心全無所悟。其於朱熹所言之「敬」，亦只能當作經驗中之特殊活動看，而不解程門所傳「涵養」之意，故不能眞在意志純化上用工夫，而只能事事强求「肅恭收斂」，則其「大不自在」，固屬當然。又其對「心要在腔子裏」一語，亦不知乃戒心意外馳之說，而斤斤於是否在「方寸間」之疑，誠爲可笑。蓋此時高氏於成德之學尙無基本體會也。至由「身子」一觀念而自覺脫去拘守之苦，又以爲此種見解與李見羅止修之說相合，則尤屬朦朧之見。蓋說「身子」或「腔子」，總是心不爲外物所役之旨；其義亦非特與李說相合也。

高氏甲午赴揭陽，先在武林與陸粹明等談論，方對自己之不「見道」有較深切之感受，於是乃在旅途中作工夫。其始仍不外學朱熹之路數。自述云：

「明日，於舟中厚設蓐席，嚴立規程，以半日靜坐，半日讀書。靜坐中不帖處，只將程朱所示法門參求。」[61]

高氏於此乃以苦行態度，行程朱工夫。如此反覆行之，漸有進境，故云：

「……心氣淸澄時，便有塞乎天地氣象，第不能常。」[62]

此後方有汀州之悟。其自述云：

「過汀州，陸行，至一旅舍。舍有小樓，前對山，後臨澗；登樓甚樂。手持二程書，偶見明道先生曰：百官萬務，兵革百萬之衆，飮水曲肱，樂在其中。萬變俱在人，其實無一事。猛省曰：原來如此，實無一事也。一念纏綿斬然遂絕，忽如百斤擔子，頓爾落地；又如電光一閃，透體通明，遂與大化融合無際，更無天人內外之隔。至此見六合皆心，腔子是其區宇，方寸亦其本位。神而明之，總無方所可言也。平時深鄙學者張皇說悟，此時只看作平常。自知從此方好下工夫耳。」[63]

案此所謂汀州旅舍之悟，實則不過落在「其實無一事」一語上；而程氏此說不過就萬有各有其「性」，各有其「理」講；此「心」但盡物之性，故無强爲。「性」或「理」自存不變，故「萬變」是在「人」之覺或迷處。此皆非難解之義。高氏張大其詞，以說此「悟」，似嫌過甚；然就高氏自身之體驗看，則此當是高氏首次悟到超經驗層面之理境，其震動欣悅，亦不爲怪。

其次，尙有可注意者，卽高氏雖有此悟，且極力渲染之，但高氏並未以爲如此一悟便得究竟，反之，卻以爲是工夫之始。此點顯出高氏對「悟」之看法近於顧憲成，而大異於龍溪一派也。

由於高氏雖重汀州之悟而並非止步於此，故其自述中又再言及進一步之發展：

「甲辰，顧涇陽先生始作東林精舍，大得朋友講習之功；徐而驗之，終不可無端居靜定之力；蓋各人病痛不同。大聖賢必有大精神，其主靜只在尋常日用中。學者神短氣浮，便須數十年靜力，方得厚聚深培。」[64]

此則表示高氏在汀州悟後十年，受顧氏影響下，對變化氣質之工夫方有實在體認。蓋悟見一理境原與自我生命之眞轉化不同。高氏於此乃强調此悟後工夫，而云：

「余以最劣之資，卽有豁然之見，而缺此一大段工夫，其何濟焉。所幸呈露面目以來，纔一提策，便是原物。」[65]

案此所謂「豁然之見」及「呈露面目」，皆指其悟見理境說；悟見理境後，欲轉化自我以成德，尙須大段工夫，此處卽見高氏眞正注意處仍在悟後方有工夫一點。而此點就理論意義看，卽涉及「性（或理）之超越肯定」與「性（或理）之充足實現」間之問題。故高氏述及此後三年對程門學說之了解，乃云：

「丁未，方實信程子鳶飛魚躍與必有事焉之旨；謂之性者，色色天然，非由人力。鳶飛魚躍，誰則使之？勿忘勿助，猶爲學者戒勉；若眞機流行，瀰漫布濩，亘古亘今，間不容息。于何而忘？于何而助？所以必有事者，如植穀然；根苗花實，雖其自然變化，而栽培灌溉，全在勉强問學。苟漫說自然，都無一事，卽不成變化，亦無自然矣。」[66]

案此段最能代表高氏宗旨，其後高氏雖自述有辛亥年實信大學，壬子年實信中庸等語，實則在此解程說諸語中大體已有定見。此可分兩點說：

第一：就「理」之自存言，萬有各有其本性，卽各有其理；此爲不待强爲，故說：「色色天然，非由人力」。超越意義之「理」在此與「事」分開看，故其自存非經驗意義之呈現。悟得此理，卽所謂「實無一事」。高氏於此卽就宋儒習用之「勿忘勿助」一語發揮其義[67]。所謂「亙古亙今」，卽此「理」不受時空限定，而爲超越意義之自存者也。

第二：就「理」在「事」之領域中實現說，則萬有之「本性」，皆非必能「盡」；故「理」之實現須待自覺之努力；而一切工夫以及文化上之活動，皆須在此意義下說。此處緊扣實現義，則又不可說「實無一事」。高氏於此卽就「必有事焉」一語發揮。所謂「勉强問學」，就專就工夫一層說自覺努力以實現「理」之必要性也。

合而觀之，可知高氏自汀州悟後，逐漸形成之定見，大體皆與程門之「本性論」一支學說相符。至於陸王言「心」之一支，則高氏原未有所體會；此所以高氏生平總不能眞見到陽明「良知」之根本義也。

高氏自己之造境，既全契於程門，故對「格物窮理」之論，最爲重視。而其講解「大學」，亦最足代表其立說特色。故下節即以此類資料爲主，進一步描述高氏之思想。

高氏雖尊崇朱熹，獨對於朱氏之「大學補傳」以及改訂原文次序之工作，深不謂然，而以爲古本原無闕文，但其中引詩經淇澳一段，當移於誠意章前。此一說法，原出自崔銑（後渠）；其正誤亦難作客觀斷定，蓋崔氏此種想法，亦不過就自己對文義作解釋時之便利而言，並無客觀考訂根據。高氏取崔說，亦持此種態度。對此一改訂意見，本書不作詳論，但此處應留意者，則是高氏所以不以朱氏之改訂爲然，則與自身之理論立場有關。朱子將「此謂知本，此謂知之至也」二句自大學原文首章剔出，而以爲「此謂知之至也」乃釋「格物致知」之文之殘簡；此在訓詁考訂方面看，自屬無據，然高氏所注意者不在於此類客觀標準問題，而在於朱氏如此改法，即使「知本」與「知之至」分開，而高氏自己釋大學之說，則以「知本」、「知至」、「知止」合而爲一也。茲當由此處着手析述，以顯出高氏立說之主旨。

(b) 釋「大學」

高氏之學重格物窮理，前已言之，但其言「格物」，卻與「知本」不分，此則大異程朱之意。案大學原文本是以「物有本末，事有終始」爲中心觀念；而其所謂「本」，又指「身」而言，此可從「壹是皆以修身爲本」一語見之。則其所謂「末」，自當指家、國、天下種種外在領域而言。由此，則致知格物，在大學本文中，原不能離本末之義而說。程門之窮理之說而託於「格物」一詞以講之，自非大學原意。故王心齋所提出之「淮南格物義」，卽是堅認大學之「格物」不能離「物有本末」之「物」說，而在「致知」一面，則以爲「物格，知本也。知本，知之至也」(68)。換言之，卽不唯不取程朱以「窮理」

解「格物」之說，亦大異於陽明「正物」之說。其後，李材倡「止修」之學，「止」即指「知止」，「修」即指「修身」，其議論固未越出心齋所見也。今高氏之立場正近於此一路數。但高氏自身因深惡泰州學派，對不屬陽明門下之李材，尚有承認或稱許之意，對王心齋則從無尊崇之言。吾人觀高氏之全盤思想，自亦與心齋之學殊途異轍；然專就解大學而言，高氏之說固承「淮南格物」之說也。

高氏以爲「知本」、「知至」、「知止」爲一事，則即可不再涉及「致知」是否「致良知」一問題；而「格物」與「致知」亦不取程朱解法。其釋大學遂一面以「知止」、「知本」與「至善」合，一面以「格」與「致」合。如云：

「止至善者，明德之極至處也。然不知止，德不可得而明，民不可得而新，何者？善即天理；至善即天理之至精至粹，無纖芥夾雜處也。不見天理之至，便有人欲之混，明德新民，總無是處，故要在知止也。」⑥⑨

「止」原是歸宿之意；如「至善」取形式意義，則可指任何層面或段落上之圓滿，則「止於至善」自可依此意說，而「知止」亦即成爲「知」此「圓滿」義矣。

高氏答問又有論「知本」與「知止」之不可分者。其文云：

「曰：物有本末一節，何謂也？曰：此正敎人知止之法也。人心所以不止，只緣不知本；千馳萬騖，無所歸宿，大學當下便判本末始終，下文詳數事物，使人先于格物而知本也。」⑦⓪

案此謂大學立本末始終之義，即在於敎人「知止」或「知」所「歸宿」；換言之，所謂「知本」，即包含知一切本末始終而言；而人心之歸宿亦即落在此「知」上；故「知」本末之義，亦即「知」所謂「至善」；而另一面此又即是「知之至」。故高氏又就「格物」言之：

「曰：何謂格物？曰：程朱之言至矣。所謂窮至事物之理者，窮究到極處，卽本之所在也，卽至善之所在也。……格物是直窮到底，斷知天下之物，無有本亂而末治者，無有薄其身反能厚于國家天下者。知到本處便是至處。故曰：此謂知本，此謂知之至也。」[71]

高氏解大學原不用程朱改訂之本，但此處在理論立場上則又與程朱一致。此節以程朱之「窮理」說「格物」，又以「本」與「至善」合一而作爲所應「窮」之「理」。「直窮到底」之「窮」字卽承程朱「格物窮理」之「窮」字說。「知」本末之義，卽是「窮理」；則再推一步，「致知」亦卽是達成此種對本末之義之「知」；於是此外不須再言「格物」，而朱氏之補傳卽爲贅餘，然朱氏之理論仍可收入此說中爲其要旨之一部也。高氏對此點又曾設問而作答，其文云：

「曰：釋格物而不見格物字，何也？曰：格物卽致知也。書不云乎？格知天命。格卽知也。格訓至，致訓推極，格卽致也。大學格物卽是致知，故釋知至不必釋物格；大學知至卽是知本，故釋知本不必釋知至也。」[72]

至此，格物，致知皆與知本，知止合爲一事。再進一步，遂將大學此義與中庸合觀而謂：

「大學修身爲本之本，卽中庸天下大本之本，無二本也。故修字不是輕易說，是格致誠正著實處；本字不是輕易說，是心意知物著實處。本在此，止在此矣。明德者此，新民者此，至善者此；無二物也。」[73]

案中庸所謂「天下之大本」，涉及形上學意義，與大學所謂「壹是皆以修身爲本」之爲踐履工夫意義，原不相同；但高氏所以如此立說者，則因高氏全注目於成德工夫，故不唯將大學中之重要觀念合而爲一，且將中庸之重要觀念亦收入此一大混合中。學者由此着眼，高氏思想之特色亦卽可見其大概矣。

總之，高氏之釋大學，卽以强調「知本」及「知止」爲主旨；「知本」卽通往一切本末終始之義，而以「修身爲本」作爲具體之肯定；「知止」原順「止於至善」說，但由此又通往「知之至也」一語；於是，所謂「致知」，卽是完成此「知」本末終始之「知」，亦卽所謂「知之至」；而「格物」亦不外指能知由「身」以至「家」、「國」、「天下」之次序言，故說「格物卽致知」。高氏雖對李見羅有所批評，但觀其立說大要，正不外以「止」與「修」二觀念爲中心。然將「致知」、「格物」諸義均化入此二觀念中，則與李見羅不同也。⑦③

以上由高氏之釋大學，已顯出其思想之大要；然此中純說工夫，對於「心」、「性」、「理」、「氣」等觀念，皆未正面說及。以下當據高氏其他論著，對此類理論作一概述。

(c) 心、性、氣

高氏論「性」，大致承程門「性卽理」之說，如云：

「聖人言性所以異于釋氏言性者，只一理字。理者，天理也。」⑦④

此卽是說，儒學之「性」與「理」爲一事，而佛敎不然。又云：

「性者何？天理也。天理者，天然自有之理，非人所爲，如五德五常之類，生民欲須臾離之不可得，而二氏不知也。」⑦⑤

此仍是持「性卽理」之立場；此段以五德五常爲例，似只就人之道德規範說，然下文又云：

「聖人因物付物，處之各當，而我無與焉；所以經世宰物，萬物各得其所。」⑦⑥

依此，則萬物亦皆有「性」有「理」，「性」非專指人講，全與程伊川之說無異矣。

但高氏言「性」雖承伊川之說，其論「心」、「性」、「氣」之關係時，則謂三者可以合而爲一。此點應稍加解說。

案高氏在「氣心性說」一文中，說「性」即「天理」後，即說二氏外性以言心言氣爲不當，而儒學則將三者合一。其言云：

「聖人氣則養其道義之氣，心則存其仁義之心；氣亦性，心亦性也。」77

高氏之意蓋謂「仁義」或「道義」等規範，均屬於「性」；儒學在「氣」一面使氣歸於「性」，在「心」一面亦使「心」歸於「性」，如此即是所謂「氣亦性，心亦性」。此處理論分寸不甚明確，茲當稍作析解如下：

第一：若就「心」、「性」、「氣」本身講，則三者顯然不能合一；蓋若說「性即理」，則氣非必然歸於「理」，心亦非必然循「理」，故須「養」氣、「存」心。倘三者本來是一，何存何養？高氏既言存養，則即不能認爲三者本來是一。

第二：倘就工夫境界言，則可說成德工夫最終在於能以「理」化氣，以「理」主心，使心氣皆攝於此「理」之下；如此說「心」與「氣」皆歸於「性」（即「理」），則自可成立。然此在嚴格意義上，只能表示心與氣之運行可統攝於理，非三者爲一也。而高氏在「氣心性說」一文中，開始即說：

「氣也，心也，性也，一也。」78

則在文義言，似謂三者本來是一，不唯在理論上不可通，且亦非高氏自己立說之本意矣。

觀高氏如此講「心」、「性」、「氣」，又可順此指出其思想中之要點如下：

第一：高氏之「心」，非萬理之本，而只有見理之功能，故與朱熹之「心」相近。即是「形而下」

者。

第二：高氏之「氣」，詞義不明確。但亦爲「形而下」者。

第三：高氏論「心」、「性」、「氣」亦只能從工夫着眼，對所謂「本體」意義未有定見。

以上三點應再據高氏其他言論略作解釋。

關於第一點，高氏云：

「人心放他自繇不得。」⑲

此卽表人心須以「理」正之；心本身非能生「理」；故不能任其「自繇」也。然心有見理之功能，心見理卽與理合，故又云：

「人心明，卽是天理，不可騎驢覓驢。」⑳

人心之所謂「明」，卽指「知性」而言；高氏依此角度以解孟子之「盡心」與「知性」，而云：

「此心廣大無際；常人局於形，囿於氣，縛於念，蔽於欲，故不能盡。盡心則知性，知性則知天。」㉑

此所謂「盡心」，卽指「盡心之明」而言。心能不拘於形氣物欲而發揮其「虛靈不昧」之功能，則卽能「明」，卽能見理。此亦卽高氏所謂「反求」之意。高氏云：

「孟子心之官則思，思則虛靈不昧之謂。」㉒

又云：

「一念反求，此反求之心卽道心也。」㉓

可知高氏但以「虛靈」爲心之功能，而又以心能發揮此功能爲「道心」——以別於「人心」。如此則「人心」與「道心」亦非分立，故高氏在「中說」中又云：

「惟此心精明純一，則允復于喜怒哀樂未發之中，而人心皆道心矣。」[84]

案此處又有將「本體義」與「工夫義」相混之病，後文再論之。現須指出者，是高氏如此言「心」時，「心」之意義功能，皆與朱熹之說相近。朱熹在說「心」能見萬理時，亦未嘗不說「心」能統萬理；高氏有時亦說心是萬理之統會處，然此非陽明「心卽理」之義，蓋心能生「理」與心能見「理」決不可混爲一說也。

又朱熹在論「心」之「體」時，卽與「性」合一，而以爲此「性」卽與「天道」或「太極」相應。換言之，理爲形上之理，心爲形下之虛靈之氣；但在存有性上說，「氣」由「理」生出，故「心」之存有性亦受此形上之理決定。就此而論，可說「心」以「性」爲其「體」，而「性」卽「理」。朱氏此意，高氏亦承襲之而爲說。如云：

「心之與性，謂之一則不可混；謂之二又不可分。心之用可言，心之體不可言。性者，心之體也。可言者，仁義禮智耳。」[85]

此所謂「性者心之體也」，亦取朱氏義也。然此外尚有應注意者，是高氏在將工夫境界義與本體義相混時，又說「心」與「理」爲「一」。如云：

「心與理一而已矣。善學者一之，不善學者二之。」[86]

此所謂「一」，只是「善學者」在工夫圓滿處「心」能與「理」合之境界，非謂心與理本來是一。觀其「理義說」可知。其言云：

「……故君子不從心以爲理，但循物而爲義。」[87]

案「理義說」原就「在物爲理，處物爲義」二語發揮，以描述「心」在「寂」與「感」兩面之境界，但說「不從心以爲理」，正表明高氏之「心」須循形上之「理」，而非自生萬理之主體也。

關於第二點，「氣」爲形而下者，自不待辯。其立論欠明確處，則在於一方面承認氣質之萬殊，一方面又似以爲氣無殊別。如云：

「人與物，同一氣也。惟人能集義，養得此氣浩然，其體則與道合，其用莫不是義。」⑧⑧

此是釋孟子語。依此處所說，則「氣」似指人物所同之質料條件；養氣所生出之不同，則在人之「集義」上而已。順此而推，似應主張「氣」無所謂殊別。但高氏之「氣質說」則立論大異。其言云：

「張子曰：形而後有氣質之性。天地間性有萬殊者，形而已矣。……形異而氣亦異，氣異而性亦異。非性異也，弗虛弗靈，性弗著也。」⑧⑨

依此，則人彼此形異即氣異，氣既異則性之能否顯現亦異；則不可謂「人與物，同一氣也」。此足見高氏論「氣」，詞意尙欠分明也。

關於第三點。高氏既大體從朱熹之說，故亦以爲一切工夫皆只能落在「心」上講。如云：

「學有無窮工夫，心之一字乃大總括。」⑨⓪

其下又以「敬」爲心之工夫之大總括；此自仍是程門之說，偏重未發之涵養言。至於發用處則仍取伊川「在物爲理，處物爲義」論之。但屢說「心在物爲理」、「心處物爲義」；後一句純屬發動處之工夫，無甚問題。前一句則可涉及存有性或本體問題。此類話頭，如爲人誤解，則可能將高氏之意牽往「心卽理」甚至「理卽心」一面。然吾人統觀高氏對心、性、氣之立說，則可知此等語意欠明之處，只顯示高氏對「主體性」、「存有性」等等第一序之哲學問題未有定見而已，非高氏眞有肯定「最高主體性」之思想傾向也。

以上所述，雖已涉及高氏之工夫理論，然於其對進學成德之具體主張，尙未詳及。茲再就修悟問題，一述高氏之理論，以結束本節。

(d) 修悟問題

高氏論修悟，自亦針對當時學風而言。此點與顧憲成之說固極相近。其立論則以言二者互相補成之義爲主。

其序朱熹近思錄云：

「默而識之曰悟，循而體之曰修。修之則彝倫日用也。悟之則神化性命也。聖人所以下學而上達，與天地同流，如此而已矣。」[91]

案此固是統說修悟之語，然其意似以見道明理爲「悟」，以踐履爲「修」，實與當時爭論修悟問題者觀點不同。蓋陽明以後，重修重悟之異，並非在於實踐與見道之分。言「悟」者但主張「悟」後自能如理踐履，卽所謂磨鏡之喩是也。言「修」者則主張在「修」中方能見道明理，而偏於內外交磨之義。言「悟」者不能廢踐履，言「修」者亦未嘗不重見道也。

高氏此說固頗有病，然其本意在於修悟並擧，則甚明白，亦與顧憲成之說相近。

高氏序黃雲翼重刊唐荆川所輯「諸儒語要」時，則又强調見道非空論玄談之意。其言云：

「夫道，人所自道也。譬之適長安者，聖人第示以至之之塗，示以至之之具爾。塗不辨不可得而至，用不具不可得而至；及其至，則長安自見，不以言而見也。後之敎者不然，每修言長安而學者亦宛若身親其地，然而心遊千里，身不越跬步也。彼其侈言長安者，夫豈身至之者乎？以爲言塗與具非長安也，乃不知徒言長安者之非眞長安也。」[92]

案此處高氏以親證實悟與空談玄論相對而言。其意蓋重在糾空談最高境界而不講工夫過程之病。徒言長安而不言至長安之塗與具，則教者學者皆陷於語言概念之玩弄中，自我不能昇進轉化，故是「身不越跬步」。此正是龍溪言悟一派之通病。故高氏此論又可視爲專對只知悟而不知修者而發。然此處之眞問題落在必實修方能見道上；其立論固與序近思錄之說不同，對當時學風之病反更爲貼切矣。

又高氏因於陽明本旨無所契合，又不能確辨程朱系統與陸王系統在哲學理論上之基本殊異，故總以爲陽明「心卽理」之說在程朱系統中亦可成立，因之，對陽明之評朱學皆認爲誤解；再進而論及後學之弊，便以爲陽明之學本身有病。其「陽明說辨」[93]，皆就枝節處着眼，不必備述。茲但引「王文成公年譜序」及其序「會語」之說以表高氏對陽明之學所持態度。高氏序年譜云：

「夫聖賢有外心以爲學者乎？又有遺物以爲心者乎？心非內也，萬物皆備于我矣。物非外也，糟糠煨燼無非敎也。夫然則物卽理，理卽心，而謂心理可析，格物爲外乎？」[94]

案此是高氏之基本了解。高氏不知「心」有超越義及經驗義之別，又不知「理」可依主體性而立，亦可純作爲一外在之形上存有而立；故泛言「物卽理，理卽心」，而不見此中之嚴格理論問題。由此，遂以爲朱氏未折心理爲二，未以格物爲外，則自然不解陽明所面對之基本問題。高氏既不解陽明本旨，乃只見其後學之流弊。故云：

「當文成之身，學者則已有流入空虛，爲脫落新奇之論，而文成亦悔之矣。至于今乃益以虛見爲實悟，任情爲率性。易簡之途誤認而義利之界漸夷，其弊也滋甚，則亦未嘗反而求之文成之說也。」[95]

案此所謂「以虛見爲實悟」，正是前引文中所謂「長安」之喻也。高氏雖未說此是陽明本人之病，然其意實以爲陽明誤解朱氏而立說，以致有此種流弊也。

高氏之不契於陽明，亦曾明言。如「虞山書院商語」云：

「夫學者誰不學孔子？自陽明先生提挈良知以來，掃蕩廓清之功大矣。然後之襲其學者，既非先生百年一出之人豪，又非先生萬死一生之學力，往往掠其便以濟其私。人人自謂得孔子眞面目，而不知愈失其眞精神。攀龍少卽疑之。」[96]

案此段雖表面推尊陽明本人，然亦明言其說之弊甚大。蓋高氏總以爲陽明良知之說，太輕視工夫，故不可以敎人。此點在「崇文會語」序中言之最明。「崇文」原指推崇朱熹而言，故序中評陽明之語特爲直率。其言云：

「姚江天挺豪傑，妙悟良知，一破泥文之弊，其功甚偉。豈可不謂孔子之學？然而非孔子之敎也。今其弊略見矣。始也掃聞見以明心耳，究且任心而廢學，于是乎詩書禮樂輕而士尠實悟。始也掃善惡以空念耳，究且任空而廢行，于是乎名節忠義輕而士尠實修。蓋至于以四無敎者弊，而後知以四敎敎者，聖人憂患後世之遠也。」[97]

案觀此段可見高氏對陽明之學之流弊，固痛切言之；且明說其弊最後使學者既無「實悟」，又無「實修」；此蓋較通常責王門只重悟不重修者又進一步矣。至於最後以論語之「四敎」與「四無之敎」對比，則明以王學爲有悖孔子之敎，且又以「四無之敎」代表王學。其誤解王學不可謂不深矣。

總之，高氏對工夫之了解，原近於朱氏一路；而於此中根本問題無所了解；故其言修悟，皆順朱說而發揮。其評陽明則正見其不解「心性論」與「形上學」之區異，故只見王學之弊而不見王學之精要。此亦可說是東林學派顧高二人共有之思想方向；不同者只是涇陽較知陽明本旨而高氏全不能知耳。

高氏雖力排陽明後學，但其理論則以爲陽明之說與程朱系統本可相容。此雖是一大誤解，然在高氏本人，固確持此觀點。因之，高與顧仍同可視爲調和朱王者也。

× × × ×

高氏之學，敍述至此爲止。東林調和之論大意亦已說明。下節當另述陽明後學中別立新說以期承陽明而改變其系統者。此卽劉宗周之哲學思想。

(C) 劉宗周之學說

劉宗周，字起東；其父秦臺早死，劉氏以遺腹子依於外祖章南洲而長成，故又別號念臺，志亡父也。生於明神宗萬曆六年；崇禎十七年清兵入關，改元順治，而福王立於南京；翌年清兵南下，劉氏絕食殉國；時清順治二年閏六月初八日。以公元推之，劉氏之生卒年代爲 1578—1645 A. D.。

劉氏原屬東林人士，然其立說至中年後而別有規模；乃陽明後宋明儒學中能自立系統者，亦可謂宋明儒學之殿軍。黃宗羲出其門下，極推重其學說。卽就黃氏明儒學案一書而言，實以陽明與劉氏之學爲兩大中心。劉氏後定居蕺山，故學者稱爲蕺山先生，黃氏學案卽以「蕺山學案」結局，蓋視爲明代儒學最後之代表人物，不徒以其死於明亡之際也。[98]

黃氏與董瑒，姜希轍合力校訂「劉子全書」而爲之序，頗以爲劉氏之學甚少解人；而自謂能見其本旨精義。黃氏除在學案中述劉氏之說外，另在「子劉子行狀」中述劉氏獨到之見。其說常爲後世論蕺山學者所依據。玆先以黃說與年譜資料比較，以見劉氏治學之大概；再分論其說之要旨。

(一) 概說

案黃宗羲述劉氏之說，以爲「發先儒所未發者」有四項。玆分列如下：

第一：靜存之外無動察。

第二：意爲心之所存，非所發。

第三：已發未發以表裏對待言，不以前後際言。

第四：太極爲萬物之總名。[99]

案此四點中，第一點屬工夫理論，與劉氏所言「愼獨」之義直接相關；第二點則涉及劉說中對「意」與「念」之分別，及其本體理論；而劉氏與陽明之異同，亦特重此點。第三點則涉及性情，中和等觀念在劉氏系統中之特殊解釋。第四點則通至劉氏合「道與器」、「理與氣」、「道心與人心」等等對別概念而爲一之特殊觀點。此種觀點可視爲劉氏說中之最大特色；下文爲敍述方便，卽以「合一觀」一詞名之。而述劉氏之學者，必須對此「合一觀」之確定意義能有所決定，然後方能眞見劉說之特色及得失所在也。

案黃述師說，標此四義，固不可謂不得要。然所舉皆劉氏晚年定說，於其思想發展之過程，則未有說明；僅言劉氏於王學有：始疑、中信、終而辨難三階段[100]，尙不足使人了解劉氏思想之發展形成。故本節先取劉氏「年譜」資料，略述其思想歷程，然後再作析論及評定。

案「年譜」乃劉氏之子劉汋所作。其中記劉氏思想著作甚詳。玆取其重要者分列於後。

萬曆三十一年，劉氏二十六歲；是年見許孚遠（敬庵）問學，許固承朱熹之說者也。年譜於此條下，附記云：

「先生蚤年不喜象山陽明之學，曰：象山陽明直信本心以證聖，不喜言克治邊事，則更不用學問思辨之功矣。」[101]

依此可知劉氏治學原不自陸王心性論入手。然劉氏雖學程朱，在中年時已開始悟到「心」（或「主體性」）之重要。年譜在萬曆四十二年下記云：

「先生以羣小在位，給假歸，闔門讀書。……久之，悟天下無心外之理，無心外之學；及著論曰：只此一心，自然能方能圓，能平能直。」[102]

案此處所引之「論」，卽「心論」，載於文編中[103]，另本則載於「學言」中[104]。其文長數百言（與年譜所載有小異）。有云：

「只此一心，散爲萬化；萬化復歸一心。」[105]

蓋此是蕺山最早肯定「心」之最高地位之著作。然其作此議論只是自己悟見心爲萬化之本而已，固與陸王之學說無關。其有契於陽明之說，則在天啓六年之後。年譜記是年蕺山讀書韓山草堂，而記云：

「每日晨取有明諸儒文集傳記考訂之，蓋有意於道統錄也。」[106]

案是年劉氏已四十九歲，上距著「心論」時已十二年。劉氏由於欲輯「皇明道統錄」，方遍讀明儒各集。其詳讀陽明集，當亦在此年，故次年（天啓七年），輯成「皇明道統錄」時，卽推尊陽明矣。年譜云：

「通錄中無閒辭者，自遜志康齊外，又有曹月川、胡敬齋、陳克庵、蔡虛齋、王陽明、呂涇陽六先生。」[107]

又云：

「先生讀陽明文集，始信之不疑；爲論次曰：先生承絕學於辭章訓詁之後，一反求諸心而得其所性之覺，曰良知；因示人以求端用力之要，曰致良知。良知爲知，見知不囿於聞見；致良知爲行，見行不滯於方隅。即知即行，即心即物，即靜即動，即體即用，即工夫即本體，即上即下，無之不一；以救學者支離眩鶩之病，可謂震霆啓寐，烈耀破迷，自孔孟以來，未有若此之深切著明者也。」[108]

案劉氏此時對陽明可謂推尊至極，然同時亦覺陽明教人似有某種遺憾處，故又云：

「特其急於明道，往往將向上一機輕於指點，啓後學躐等之弊有之。天假之年，盡融其高明跱絕之見而底於實地，則範圍朱陸而進退之，有不待言矣。」[109]

此則表示劉氏雖極推崇陽明之高明，然對於王學之弊終不能放過，且在初契陽明之學時，即以爲「後學」之「躐等之弊」實與陽明輕易點出「向上一機」有關，換言之，劉氏心目中不獨王門後學有流弊，且深信此種流弊亦由陽明教法未妥有以致之也。

劉氏所謂躐等之弊，所指正是只重最高境界之體悟而不肯確立踐履工夫之病。案陽明日後，世稱二王能傳其學；然龍溪心齋立說原有不同。顧羅近溪周海門以下，二支卽有混合之勢。羅近溪原師事顏山農，可謂出於泰州一支，但其學實無常師。晚期以道體人人具足爲說，其意顯與龍溪所言之現成良知相近；至其言工夫，則總以不強求爲要義，則亦近於龍溪所謂無工夫中眞工夫也。由此觀之，近溪已有揉合龍溪心齋之傾向。周海門原出近溪之門，而其堅持「無善無惡」之義，則分明更偏向龍溪一邊，蓋天泉證道原與心齋無涉也。海門以後，世所謂王學之弊，大抵卽落在此一混合二王之路數上。而此路數之特徵又卽在於侈談最高境界而放鬆踐履工夫。蕺山所見之弊，亦正在此。此點關係學者對所謂王門後學流弊之基本了解，故順釋數語。

玆可再回到蕺山思想之發展上。蕺山五十歲時既契於陽明而又不滿於後學之弊，故五十四歲時，與陶石梁會講於陶石簣祠，便透露糾正王門後學流弊之方向，於是有「證人社」之立矣。

案年譜於崇禎四年下記云：

「先生於三月三日率同志大會於石簣先生祠，縉紳學士可二百餘人；同主事者爲石梁先生。石梁，石簣先生之介弟也。初登講席，先生首謂學者曰：此學不講久矣。文成指出良知二字，直爲後人拔去自暴自棄病根。今日開口第一義，須信我輩人人是個人；人便是聖人之人，人人可做。於此信得及，方是良知眼孔。因以證人名其社。」[110]

案此段所記，僅見劉氏立證人社時，仍揭陽明良知爲宗旨；而於劉氏與陶石梁立說之異並未言及。而黃宗羲「子劉子行狀」則云：

「證人之會，石梁與先生分席而講，而又爲會於白馬山，雜以因果僻經妄說，而新建之傳掃地矣。」[111]

黃氏深譏石梁，其所以如此，則因石梁承石簣之學，混雜禪門之說也。故行狀前段謂：

「當是時，浙東之學新建一傳而爲王龍溪畿，再傳而爲周海門汝登陶文簡，則湛然澄之禪入之，三傳而爲陶石梁奭齡，輔之以姚江之沈國謨、管宗聖、史孝咸，而密雲悟之禪又入之。」[112]

案黃氏此處議論，重在說禪學之侵入王門，故自龍溪海門說至石簣石梁；其所謂「一傳」、「再傳」不過指時間先後相承而言，非指宗派授受。海門原屬泰州後學，但在思想上則接近龍溪，石簣又從海門處得其宗旨，石梁則承石簣之說。就思想傾向言，此一系人物皆雜取禪宗之說，故黃氏卽視之爲王學流弊之代表，且明言至陶石梁而王學宗旨全失，所謂「新建之傳掃地」是也。

劉氏與石梁之爭辯，主要在於工夫問題。石梁以爲「識本體」卽不須再有工夫，劉氏則堅持在日常踐履工夫中方能眞識本體。故黃氏云：

「石梁言，識得本體，不用工夫。先生曰：工夫愈精密，則本體愈昭熒；今謂既識後遂一無事事，可以縱橫自如，六通無礙，勢必至爲無忌憚之歸而已。」[113]

年譜則於次年方記此等辯論語，蓋證人會後，陶石梁一派又別會於白馬巖（行狀稱「白馬山」），儼然另立一門戶；劉氏與陶派之辯爭，大致皆在此後，應卽是崇禎五年也。

年譜崇禎五年下記云：

「按越中自陽明先生倡學後，其門人最著者爲王龍溪，由龍溪而傳及周海門，海門同時爲陶石簣，俱本良知爲宗，而遞衍遞失其旨。石梁先生固嘗從事於斯而有得，是時會講，仍揭良知以示指歸，每令學者識認本體，曰：識得本體則工夫在其中，若不識本體，說恁工夫？先生曰：不識本體，果如何下工夫；但既識本體，卽須認定本體用工夫。工夫愈精密，則本體愈昭熒。今謂既識遂一無事事，可以從横自如，六通無礙，勢必至猖狂縱恣，流爲無忌憚之歸而後已。」[114]

案此段所記，大意與行狀中黃氏之說相同。蓋在證人會中，石梁與劉氏之論旨已不合，然進一步之辯論則在白馬巖。年譜同條續記云：

「諸生王朝式，秦弘祐、錢永錫等奉石梁先生爲師模，糾同志數十人，別會白馬巖居，日求所謂本體而識認之。先生閒嘗過從。一日，座中舉修悟異同，復理前說以質，弘祐曰：陶先生言識認本體，識認卽工夫，惡得以專談本體少之？先生曰：識認終屬想像邊事，卽偶有所得，亦一時恍惚之見，不可據以爲了徹也。且本體只在日用常行之中，若舍日用常行，以爲別有一物，可以兩相湊泊，無乃索吾道於虛無影響之間乎？又與弘祐書曰：學者宜時時凛乎若朽索之馭六馬，說不得我且做上一截工夫，置卻第二義不問。須看作一個工夫始得。」[115]

此段議論，行狀中亦記之而稍略。劉陶會講雖已見宗旨上有殊，然其直接爭論，實見於白馬巖陶氏門徒與劉氏之議辯中；故年譜載於會後第二年也。

劉氏與陶門之爭，依上引資料看，可分兩步解釋。

首先，就陶氏所倡之宗旨說，實卽以悟得主體性自身爲唯一工夫，此處用「良知」一詞，亦只是指此主體性而言。以爲此「悟」之外別無工夫可說，自正是龍溪一脈之傳。就理論意義講，此一肯定亦不可謂全誤，蓋主體性之顯現透出，原是大關鍵所在；然若說工夫到此爲止，則所謂成德之學，似亦只是一覺便了，踐履化成等等活動全視爲可有可無之餘事。此所以有一大缺漏。

其次，就劉氏之批評說，又不只限於上述問題。蓋劉氏不僅認爲陶氏之說不能肯定「主體性之客觀化」，而且認爲此主體性本身之建立，亦不可專恃一悟，而必須在踐履中完成。故一面固强調陶說有流入「猖狂縱恣」之病，另一面更强調徒言「識認本體」之不可靠，而直說「本體只在日用常行之中」也。此處劉氏所持之觀點亦分兩層，第一是：不能只在悟得本體處言工夫；第二是專就本體言，亦不可專靠「識認」或內悟。寄秦弘祐書所謂：「須看作一個工夫始得」，卽包此二義而言。此不僅表示劉氏不贊同龍溪一派之說，且亦顯出劉氏自己晚期立說之大旨所在矣。

劉氏所反對之理論，原不可視爲陽明之本旨，但劉氏受當時風氣影響，總通過王門後學看陽明，於是雖亦知流弊非陽明本旨，但同時認爲陽明之學須作改造或補正，否則難避此種流弊。於是劉氏之說與陽明之距離亦當以此爲樞紐而觀之。故此處先作論析如上。

崇禎五年，劉氏不僅與石梁一派辯「識認本體」問題，且著「第一義說」、「求放心說」以及「氣質說」、「習說」等九篇，如年譜所記；全書中又附以「讀書要義說」及「養氣說」，合爲十一篇。而於「第一義說」下註云：「崇禎壬申，以下十一篇一時作」[116]，蓋編全書時加後二篇也。此諸說皆論工夫問題，而立「性善」爲第一義，又就「一點靈光」時時克去人欲之私說「致良知」之工夫，蓋劉氏此時立論仍以印合陽明爲主。

崇禎七年，輯「聖學宗要」，而特重周濂溪「主靜」及「立人極」二觀念，此時劉氏心目中之「聖學」，已不專在陽明一路矣。同年著「人譜」，末附以「紀過格」，蓋仍以陶門秦弘祐之「遷改格」爲抨擊對象也。

崇禎八年，輯「五子連珠」，與天啓六年所輯「孔孟合璧」合爲一書，仍附以「喫緊三關」，可知自四十九歲至此年五十八歲，對成德工夫之關鍵，固無不同之說。

崇禎九年在京師（案劉氏於八年十月抵京，九年七月出京，九月在德州上疏陳時事而被「革職爲民」），劉氏閒中講學，始以大學之「誠意」與中庸之「已發」及「未發」敎人。年譜云：

「先生在官多暇，有所得輒次第記之，名獨證篇。」[117]

「獨證篇」之內容，今見全書「學言」。其論以「誠意」爲中心，特揭「意」爲「心之所在」而非

「所發」之旨，而不取朱熹舊解。由此建立「心、意、知、物」合觀體用之說。另一面又以喜怒哀樂之「表裏對待」言「中和」。總而言之，本體工夫皆收於「意」之「獨體」及「意」之「誠」上說。此時劉氏立說規模大備矣。[118]

崇禎十年有答金鋐書論「獨體」，又有辨「太極」之說，合「道」與「形」，「理」與「氣」，「義理之性」與「氣質之性」等等觀念而論其不離之義，蓋劉氏之學之特色於此逐漸定型。十一年刪定「陽明先生傳信錄」而駁「天泉證道記」，其對王學之取捨亦漸確定。

崇禎十五年答董標十問，暢論「意」觀念，可視爲講劉氏誠意說之重要資料。同年又著「原心」、「原性」、「原道」、「原學」等文，乃劉氏晚年思想之代表作。

十六年有「證學雜解」及「良知說」，其不滿於陽明學說者皆見於此類最後文件。是年，又書「存疑雜著」，案劉氏系統既立，自覺與宋明諸儒皆多不合，故直述其「合一觀」而稱爲「存疑」，自謙之語也。年譜云：

「先生平日所見，一一與先儒牴牾，晚年信筆直書，姑存疑案，仍不越誠意，已未發，氣質義理，無極太極之說，於是斷言之曰：從來學問只有一個工夫，凡分內分外，分動分靜，說有說無，劈成兩下，總屬支離。」[119]

可知劉氏之學最後歸於此「合一觀」。次年，崇禎死於煤山，清人入關。又一年福王敗亡，劉氏亦絕食而死矣。

總上所述，可知劉氏思想發展之大略。下節即分論其學說之要旨。

(二) 蕺山學說要旨

蕺山之學說可說始於其工夫論，終於其合一觀；中間則通過對「良知」、「誠意」之體會。而當誠意之說立，視「意」爲「獨體」，其合一觀亦卽逐步形成。故以下先論蕺山中年工夫理論，然後再分述其論「良知」、「誠意」之說，以及對「中和」、「性情」之觀點，最後則歸於其「合一觀」。

(a)「愼獨」與「存養省察」

蕺山早年，曾師許敬庵；三十五歲謁高攀龍問學。許氏承紫陽一派，而高氏亦深契於程門之學者；故蕺山早年所學，皆不外程朱路數，其工夫理論之開始形成，則應以三十七歲之悟爲轉捩點；蓋此前皆習程門朱學之言，而此時忽悟「天下無心外之理，無心外之事」⑫⓪，遂在理境上轉向陸王心性論一面，而工夫體會亦漸不同矣。

然劉氏在四十八歲以前，自身體悟雖已趨向心性論一面，其學力知識則仍限於程朱一派之傳。故三十八歲講學時，仍以「學禮」爲重，而主張由此處著力以「收放心」⑫①。注意在「收放心」，固已透露對「心」之重視，然講「學禮」之語，大致皆近紫陽一派口吻；蓋蕺山此時尚未能自立說法也。

四十八歲立「愼獨」之說時，蕺山始可說有自立之工夫理論，此後多年，總力標「愼獨」一義說一切工夫，直至崇禎十五年答葉廷秀問「誠意」時，仍歸於「愼獨之功必於斯爲至」一語⑫②，可知「愼獨」一觀念，在蕺山固爲工夫論之中心所在。年譜於崇禎九年記蕺山「始以大學誠意中庸已未發之說示學者」，附記其說，而末謂「自此專舉立誠之旨，卽愼獨姑置第二義矣」，實則未確⑫③。蓋蕺山誠意之說固成立稍晚，然落在工夫問題上，「誠意」之「誠」，固非與「愼獨」相異之工夫，而「誠意」正所謂「愼獨」之功效也。

然則蕺山所言「愼獨」之義，畢竟有無特色？如有，應如作析述？此是本節須首先處理之問題。

案大學原文所謂「故君子必愼其獨也」，原是解「誠意」時所說，其原意乃承上文之「勿自欺」而言。所謂「愼其獨」，卽指在不爲他人所見所知時必須能嚴正自守；故其意甚淺明，只是說人之進德，不可陷於對他人表現一層面上而已。此點觀上文言「勿自欺」，下文又舉小人之「揜其不善而著其善」爲說，固極明顯。此並未涉及自我或主體性之超越義，蓋就日常生活中之僞飾問題着眼而已。中庸依「不睹」、「不聞」言「愼獨」，注重在隱微處之反省。後世言「愼獨」者，則皆與某種工夫理論或自我境界相連而說。如程門言「主敬」之工夫，每每卽將「愼獨」與「敬」連說，而因「主敬」重在「內」，與「窮理」之重「外」相對而立，故程氏之言「愼獨」，大抵皆偏於內在義。朱熹又偏於「省察」處言「愼獨」，遂轉向「致和」一面。陽明門下如東廓南野，皆特重「愼觸」之義，東廓更强調「愼獨」兼內外而言，卽所謂「愼獨」無二功，故以雙江之「歸寂」爲遺外。然東廓所謂兼內外之義，仍分就已發未發兩面講，不過謂發處亦當以戒愼恐懼爲工夫而已。蕺山之言「愼獨」，則重在「獨體」之觀念。所謂「獨體」，卽是主宰，亦卽指超越意義之自我或主體。故蕺山之「愼獨」工夫，卽於此靈明主宰之無所走失上如實建立。由是一面將「存養」及「省察」統攝爲一，另一面卽由此「獨體」通往所謂「意」之肯定，前者屬工夫理論，後者屬本體理論，而貫通其間者卽此「主體性」或「主宰」一義也。

由於蕺山四十九歲已立「愼獨」宗旨而其言「誠意」則在十年後，故論者或以爲蕺山之學有此兩階段可分，實則蕺山思想雖有發展階段可說，然其分劃不應在此。四十九歲後之蕺山，即進入逐步立說之階段。雖始於「愼獨」之說，終於「合一觀」之建立，其間亦有演變，但總屬於同一大階段，且前後所立各義亦皆貫通爲一體也。

蕺山論「愼獨」之語甚多。玆先取「學言」資料述其大要，再以其他資料補充。年譜在四十九歲條下所記蕺山對「愼獨」之議論，今載於「學言」中。其說則明白表示反對朱熹之主張。

「愼獨之功，全用之以立大本，而天下之達道行焉。此亦理之易明者也。乃朱子以戒懼屬致中，愼獨屬致和。兩者分配動靜。豈不睹不聞與獨有二體乎？戒懼與愼獨有二功乎？致中之外復有致和之功乎？」(124)

案此雖駁紫陽之言，然以「立大本」言「愼獨」，即是其以「獨體」爲主宰性之意。而既力反朱氏以「愼獨」屬「致和」之說，又强調不應有「二體」或「二功」，則蕺山即以此主宰爲唯一之體，即以存此靈明主宰爲唯一工夫。故蕺山即先將工夫收歸「靜存」一面，然後再將「動察」收入「靜存」。年譜云：

「謂獨只在靜存；靜時不得力，動時如何用工夫？」(125)

其下又注云：

「先儒以愼獨爲省察之功，先生以愼獨爲存養之功。」(126)

此種說法雖不悖事實，然其意未見明確。蓋若不追進一步看蕺山對「存養」及「省察」之特殊說法，則因「只在靜存」一語，又可誤解蕺山之旨，以爲同於雙江之「歸寂」矣。實則對此處問題，蕺山自另有主見。學言記關於此問題之問答云：

「問：愼獨專屬之靜存，則動時工夫果全無用否？曰：如樹木有根方有枝葉。栽培灌溉工夫都在根上用，枝葉上如何著得一毫。如靜存不得力，纔喜纔怒時便會走作，此時如何用工夫？苟能一如其未發之體而發，此時一毫私意著不得，又如何用工夫？若走作後便覺得，便與他痛改，此時喜怒已過了，仍是靜存工夫也。」[127]

案此段仍只重「立本達用」之義，只能使人見「靜存」是「立本」工夫，仍不能不涉及雙江所謂「格物處無工夫」之舊病。且卽就此段言論看，亦有語意欠明之處。卽如著不得私意處何以非工夫？何以不能卽以此「不著私意」爲工夫？此處蕺山均未有善解。然蕺山本意乃欲將「省察」收入「存養」中，此點在晚年答葉廷秀（潤山）第四書中方確定提出。其言云：

「意誠則心之主宰處止於至善而不遷矣。止善之量雖通乎身心家國天下，而根據處只在意上，蓋謹其微者而顯者不能外矣。知此，則動而省察之說可廢矣。省察只是存養中最得力處。不省不察，安得所謂常惺惺者？存又存個何物？養又養個何物？今專以存養屬之靜一邊，安得不流而爲禪？又以省察屬之動一邊，安得不流而爲僞？」[128]

案此處「省察只是存養中最得力處」一語，是蕺山工夫論樞紐所在，亦「愼獨」宗旨之確解所在。茲當稍作析述。

首先須注意者是：蕺山並非欲廢一切省察工夫，而是說「動而省察之說可廢」；蓋所謂「動而省察」實卽指「動後之省察」，換言之，卽在活動（包括意念行爲）出現後，方照之以吾心之「靈明」或「良知」。而蕺山則於此指出一重要問題，此卽：若靈明或良知皆只能在吾心之活動後方有功用，則活動由未有至有時，豈非一片混沌乎？倘是心在混沌中活動，則如何能說「存養」？故問：「存又存個何物？養又養個何物？」

其次，倘有所存養，則所存所養者卽當是此心之靈明。由此，當存得靈明時，則卽能省察；而靈明愈得「存養」而愈能朗照，亦卽愈能有「省察」之功能，故說「省察只是存養中最得力處」。倘「存養」工夫不能使吾心之靈明朗照，則「存養」卽全不「得力」。總之，所謂「存養」正是存此養此能朗照之靈明，故不能在「存養」外另求一事後之「省察」也。

依此，則「存養」與「省察」通而爲一，皆可以「愼獨」或「誠意」說之。以「愼獨」說之，則重在以「獨」爲「獨體」，而「獨體」卽此靈明之心，所謂「愼」卽就不失此靈明之工夫講，遂亦卽可攝所謂「存養」之義，而能「愼獨」亦卽能保此靈明而不失，自能時時朗照，不待事後省察矣。以「誠意」說之，則重在以超越主宰性言「意」，而卽以此主宰性之純粹不雜說「誠」。於是此表超越主宰性之「意」卽吾心之靈明，而「誠」其「意」卽是恒保靈明之工夫。亦可統攝「存養」與「省察」矣。

關於「誠意」之講法，下節再作論述。此處仍歸到「愼獨」說。蕺山之「愼獨」旣統攝「存養」及「省察」二種工夫，則在蕺山眼中，「愼獨」一觀念卽可籠罩全部工夫理論。此點蕺山亦曾明言之。如「書鮑長孺社約」云：

「君子之學，愼獨而已矣。無事，此愼獨卽是存養之要；有事，此愼獨卽是省察之功。獨外無理，窮此謂之窮理，而讀書以體驗之。獨外無身，修此謂之修身；而言行以踐履之，其實一事而已。知乎此者之謂復性之學。」[129]

案此一段書後，文雖甚簡，論「愼獨」與「存養省察」之義最明。此中所謂「無事」、「有事」，卽指意念行爲等活動之未生及已生講。就「無事」說「存養」，就「有事」說「省察」，其實皆「愼獨」工夫。而「獨外無理」一語中之「獨」，卽指「獨體」而言。此「獨體」卽靈明之心，故不可外此以求理（此卽「心外無理」之另一說法耳）。而所謂「修身」，亦只應就此「獨體」或「心」說，不能取形軀義，故「修身」亦卽是修此「獨體」。學者於此處倘確知其旨，則亦可知蕺山此說正遙對心齋「安心」、「安身」等等議論而發。依蕺山之說，則心齋在「安心」之外言「安身」，卽全無意義，蓋言「修身」時，所「修」者只能是「心」，不能是形軀也。

上引「書鮑長孺社約」一文，作於崇禎丁丑年，前一年丙子序五子合刻之文中另有一段，亦可作補充。其文云：

「夫天卽吾心，而天之託命處，卽吾心之獨體也。率此之謂率性，修此之謂修道，故君子愼獨，而曰：戒愼乎其所不睹，恐懼乎其所不聞，所以事天也。此聖學之宗也。」⑬⓪此明言「心」卽「獨體」，且直斷「天卽吾心」，「愼獨」統包一切工夫。事天修心亦是一事也。

蕺山論「愼獨」之大旨至此大明，其工夫論之要義亦不外以上所論。就此工夫理論範圍而言，「愼獨」與「誠意」原亦可通而爲一。然蕺山之論「誠意」又有屬於所謂本體理論一面，此則非「愼獨」觀念所能收攝。故下節卽專述蕺山「誠意」之說。

(b) 誠意與良知

蕺山之論「愼獨」，重在攝「省察」歸「存養」，而使內外動靜之工夫通而爲一，此固是其所持「合一觀」之表現。當其論「誠意」時則先自一定區分下手，然此亦不得其說之終歸於「合一觀」，蓋種種區分，皆不過用於批評他人理論，最後所建立之學說，仍重在「合一」也。

蕺山所提出之區分，可分兩面說。其一爲「誠意」與「致良知」之區分，主旨在於評論陽明而由對王學之疑議而轉至己所持之義。其二爲「意」與「念」之區別，此則泛對一切言「意」之說法而立。其主旨在於將已往對「意」字之用法重新解釋，而將「所發」看作「念」，以立一超越意義之「意」觀念。本節卽先述此二種區分，再步步展示蕺山之理論。

蕺山中年深契陽明之學，然自始卽對陽明之敎法有所疑，上節極說中已言及。然最初之疑難，不過仍落在「無善無惡心之體」一語上，此自與東林學派有關，蓋顧高皆以此說爲王學大病，而蕺山原曾問學於高攀龍也。在五十九歲著「獨證篇」時，卽立「意者心之所在，非所發也」之說，遂進而疑陽明四句敎中「有善有惡意之動」一語矣。自此以後，時時辨「誠意」與「致良知」二敎之異，至六十六歲作「良知說」，遂謂陽明之說「良知」，非「究竟義」，又謂陽明「將意字認壞」，「將知字認粗」云云[131]。此卽梨洲著行狀中所謂「終而辯難，不遺餘力」者是也。「獨證篇」今收入全書「學言」中，作爲「上」，「學言」另有「中」、「下」二部，皆五十九歲後之言論。茲卽先據「學言」資料一論蕺山對陽明之批評，以揭明其立說之主旨，然後再補以其他資料述其區分意念之理論。

案「獨證篇」（卽「學言上」）中，卽立「意」爲「心之本」之說。其言云：

「大學之敎，只要人知本。天下國家之本在身，身之本在心，心之本在意。意者，至善之所止也，而工夫則自格致始。」[132]

又云：

「格致者，誠意之功。功夫結在主意中，方爲眞功夫；如離卻意根一步，亦更無格致可言，故

格致與誠意二而一，一而二者也。」(133)

此皆非針對陽明學說而立論，然既以「意」爲「心之本」，又謂「功夫結在主意中，方爲眞功夫」，則在本體與工夫兩面，皆以「意」爲中心，又以「格致」爲「誠意之功」，可知此時已不從陽明以「良知」爲體而以「致良知」爲工夫總綱之說矣。

蕺山既以「意」表超越性主宰能力，遂謂「意」即「心之所以爲心」。如此，「意」乃心之本性所在，故亦極力反對朱熹以「意」爲心之「所發」一說，而謂：

「意者，心之所存，非所發也。朱子以所發訓意，非是。」(134)

以「意」爲心之所存，故有「意念之分」。此點下文另述。此處須先點明者，是蕺山雖在此時開始反對陽明，然其思想方向決未偏往程朱一邊，而是在心性論中另立系統。此蕺山與顧高二氏大不相同之處。明乎此，則知自此以後，蕺山之學說愈來愈不與所謂「先儒」之說相合，亦不足怪，而蕺山後學中種種疑議皆屬多事矣。

茲當回至對陽明之批評一面。蕺山既以「意」爲德性根源，故即拒陽明「有善有惡意之動」之說，而云：

「意爲心之所存，則至靜者莫如意。乃陽明子曰：有善有惡者意之動，何也？意無所爲善惡，但好善惡惡而已。」(135)

案觀此語即可知蕺山蓋以「意」爲「善惡」之根源，或使善惡成爲可能之能力，而以「好善惡惡」說之，則即指「純粹意志」，以與「經驗意志」互別。若學者果知陽明本旨，則可看出此處蕺山與陽明之分別，似成爲一語言問題，蓋「好善惡惡」在陽明即說爲屬於「良知」之功能。同一「好善惡惡」之能力，陽明稱之爲「良知」，蕺山稱之爲「意」，則豈非用語不同乎？然蕺山之論「意」與「良知」雖確有此問題，蕺山立說之所以如此，則尙涉及語言之外之理路問題。此須待述蕺山之學後作評結時方能詳及也。

蕺山旣以「好善惡惡」屬之「意」，於是只就「知善知惡」一義說「良知」，而另立四句云：

「有善有惡者心之動，好善惡惡者意之靜，知善知惡者是良知，爲善去惡者是物則。」[136]

此處顯見蕺山之「心」反乃指經驗心言，故其動有善有惡；此又與其論「念」之說相通。而蕺山只保留四句教中「知善知惡是良知」一句，於是全不問陽明所持之良知之體性義，而遂由此力攻陽明「致良知」爲究竟工夫之說矣。

然蕺山非反對言「良知」，而是力持以意爲體而收攝良知於意中；故以爲四句敎以「意」爲有善有惡，而只說「良知」知善知惡，有絕大弊病。蓋若意之生總是有善有惡，則致良知只是事後檢點，遂有所謂「落後著」之病矣。蕺山在學言下中於此義所說最明。其言云：

「古本聖經而後，首傳誠意，前不及先致知，後不及欲正心，直是單提直指，以一義總攝諸義。至末又云：故君子必誠其意。何等鄭重。故陽明先生古本序曰：大學之道，誠意而已矣。豈非言誠意而格致包舉其中，言誠意而正心以下更無餘事乎？」[137]

案此段先說大學本旨以「誠意」爲「總攝諸義」者，而陽明亦未嘗不承認此點。然後遂指出陽明之立「致良知」爲宗旨與大學本旨不合。故續謂：

「乃陽明宛轉歸到致良知爲大學宗旨。大抵以誠意爲主意，以致良知爲工夫之則，蓋曰：誠意無工夫，工夫只在致知；……乃質之誠意本傳，終不打合。」[138]

其下更將「致知」收入「誠意」中，而云：

「及考之修身章，好而知其惡，惡而知其美，只此便是良知。然則致知工夫不是另一項，仍只就誠意中看出。如離卻意根一步，亦更無致知可言。」139

此段是蕺山自述其主張，實與大學原意相去甚遠，蓋所引二語在原文中本是釋「修身」與「齊家」之關係，故其意不過强調人應不受私情支配而能持公正態度而已，與「良知」之涉及價值根源問題不在同一理論層次上也。但蕺山原不過託經立說；此類毛病姑不多論。

蕺山既認爲「致知」應收入「誠意」中講，故進一步卽謂「知」與「意」不可分。其言云：

「予嘗謂好善惡惡是良知，舍好善惡惡，別無所謂知善知惡者。好卽是知好，惡卽是知惡，非謂既知了善，方去好善；既知了惡，方去惡惡。審如此，亦安見其所謂良者。乃知知之與意只是一合相，分不得精粗動靜。」140

此處須注意者，是蕺山另立四句，原以「好善惡惡」歸之「意」；故此處說：「舍好善惡惡，別無所謂知善知惡者」，實卽是說：離開意別無所謂「良知」。案陽明言「良知」，原有「好善惡惡」一義，但蕺山則認爲陽明之「良知」僅說爲「知善知惡」，故遂以爲只自己方以「好善惡惡」說「良知」也。「知」與「意」合，則自不能合於陽明對「意」之說法，於是蕺山遂攻陽明之說云：

「……今云有善有惡意之動，善惡雜揉，向何處討歸宿？抑豈大學知本之謂乎？如謂誠意卽誠其有善有惡之意，誠其有善，固可斷然爲君子，誠其有惡，豈不斷然爲小人？吾不意良知既致之後，只落得做半個小人。」141

至此，方見蕺山批評陽明之眞論點所在。蕺山以「意」爲「好善惡惡」之能力，故不能接受「有善有惡意之動」一句。而對「誠」字之解釋，則只取貫徹之義，故說，若意有善有惡，則貫徹時卽於善惡無所擇別，遂有「半個小人」之妙語。而此一論點，推進一步看時，卽與自我轉化問題相連；蓋蕺山以爲，若意有善有惡，而良知又僅能知善知惡，則自我之轉化（或成德）永不能完成，此則是「半個小人」一語更進一步之涵義，正蕺山反陽明之主要理由之一。此點觀蕺山另一段議論，則更爲明確易見。蕺山云：

> 「有善有惡意之動，知善知惡知之良二語決不能相入，則知與意分明是兩事矣。將意先動而知
> 隨之邪？抑知先主而意繼之邪？如意先動而知隨之，則知落後著，不得爲良，如知先主而意繼之，
> 則離照之下，安得更留鬼魅？若或驅意於心之外，獨以知與心，則法惟有除意，不當誠意矣。」[142]

案蕺山所舉三種可能說法，第一卽「落後著」之說，乃蕺山强調之重點。第二則相當於陽明「致良知」後之自我境界，然其時之「意」乃「已誠之意」（卽已純化之意），非四句教中所說一般之「意」。第三則無人有此說，蕺山自己亦謂「自來經傳無有以意爲心外者」，固非以爲眞有此說，不過列舉各種可能時姑如此假設耳。

蕺山認爲「知善知惡」之「良知」，不足以表主體性或主宰性，其主要論據總在「落後著」之說。此意在最後數年著作中反覆言之。如崇禎十六年之「良知說」中卽另就「知爲意奴」一義闡述此一論點。其言云：

> 「……且所謂知善知惡，蓋從有善有惡而言者也。因有善有惡而後知善知惡，是知爲意奴也。
> 良在何處？」[143]

所謂「知爲意奴」，卽指「知」在意念生後方發用，卽不能主宰意念，故爲「奴」。此卽「落後

著」一語之確切詮釋也。

蕺山對陽明此種批評，是否有當，則須另作討論。但此中有一先決問題須加注意者，卽蕺山之說與陽明之說所用語言同異之問題。玆卽就此點稍作清理，以引至蕺山分別「意」與「念」之理論。

案蕺山最不滿於陽明之說者，顯在於陽明以「意」爲「有善有惡」。然陽明所謂「有善有惡」乃指具體意念而言，故以「意之動」說之。蕺山則以爲「意」卽是自覺心之定向能力，而以具體意念爲「念」；於是「意」只能說爲「好善惡惡」之自覺，而「有善有惡」者只是「念」。如此用「意」與「念」二字，卽只以「意」表主宰性或自覺之定向能力，而將一切經驗內容抽去；另一面，凡有經驗內容之意皆名爲「念」。依蕺山如此用法，自不能說「意」爲「有善有惡」，然此是蕺山之語言，非陽明所用之語言也。

依陽明所用之語言看，則主宰性及定向能力諸義，皆當歸於「良知」，而「良知」卽「心之體」，就其發用言，固是「好善惡惡」，但就此能力本身言，則「良知」旣爲「善」及其所關一組詞語（包括其否定——卽「惡」或「不善」）獲得意義之根源，「良知」本身卽不能再以此類詞語描述之；倘不然，則似另有一「善」之標準在「良知」一能力之外成立，而「良知」不過符合此標準而已。如此「良知」卽不成爲「善」之根源矣。在此意義上，陽明說「無善無惡心之體」，以保住「良知」之根源意義。另一面，道德之「二元性」必須建立（此爲一切涉及道德之學說之共同條件），故陽明說「有善有惡意之動」，卽就「意之動」處安頓此二元性。而此所謂「意」自指一切經驗意念而言。今若以陽明之語言與蕺山之語言比觀，則可知：

第一：陽明之「意之動」相當於蕺山之「念」。

第二：陽明之「良知」包含「好善惡惡」及「知善知惡」二義，故其中一部份相當於蕺山之「意」。

第三：蕺山以為陽明之「良知」只指「知善知惡」言，而自己又強調「好善惡惡」應屬「良知」，於是「好善惡惡」之意與「好善惡惡」之「良知」又似不可分別。此是蕺山語言中交代不清處。

然作以上之比觀後，固可見二人語言有轉換改寫之可能，但此中仍有一問題，不能由語言改寫解答者。此卽：陽明既以「主宰性」歸於「良知」，則「意」是否只停止經驗層面上，而為「良知」所對治？換言之，陽明之「意」是否亦有純粹化（或超經驗內容）之意義？

此卽涉及陽明學說中「致知」與「誠意」之一貫性問題。蓋依陽明本意，「良知」本身卽有定向（好善惡惡），而人之意志活動則雜有經驗成分，故非必然依循「良知」之方向，因此是「有善有惡」，但意志純化時卽只循良知之方向，此是「意」已「誠」之狀態。故「致良知」必至於「誠其意」而獲全功。當「意」能「誠」時，此意卽是「好善惡惡」之意；正相當於蕺山所謂之「主宰」。然其不同處是：純粹意志在陽明乃工夫之成處，亦可說是「歸宿義」，而在蕺山則似認作「根源義」。

由於陽明說「良知」取「根源義」，說「誠意」則取「歸宿義」，故在究竟境界上雖是純粹意志與「良知」合一，在工夫上則須由「知善知惡」之用反照於「意之動」處，而「格而不正以歸于正」，以使意志活動步步純化。蓋唯有「良知」之「知善知惡」處是工夫下手關鍵，而致知格物之說以及四句敎所言，皆不外此義也。

今蕺山則先將主宰性歸於「意」，以「好善惡惡」為「意」之定向能力，則「意」是「根源義」。而同時又認為「良知」是「好善惡惡」（見上引學言下語），於是「良知」收入「意」中，而二者皆成為「根源義」，然則工夫何處下手，歸宿何在？至此，蕺山遂不得不落在「念」上說。但嚴格言之，此所謂「念」仍不外陽明所說之「意之動」，不過蕺山強執「純化意志」之義，故不能不分別意念耳。

分別「意」與「念」，原非創自蕺山。泰州門下王棟（一菴）即有此說。王棟論「意」，以爲非「心之所發」，其言云：

「舊謂意者心之所發，教人審幾於動念之初。竊疑念既動矣，誠之奚及？蓋自身之主宰而言謂之心，自心之主宰而言謂之意。心則虛靈而善應，意有定向而中涵；非謂心無主宰賴意主之，自心虛靈之中確然有主者，而名之曰意耳。」[144]

此與蕺山之說大致皆同，然蕺山未見一菴遺集[145]，學者不可以爲蕺山抄襲王棟語也。王氏既以「意」爲「心之主宰」，說之以「定向而中涵」，則此「意」自不能與方向無定之經驗意念合爲一事，故其論「謹念」一義時，即隱然作「意」與「念」之區分。其言云：

「謹念是戒其莫動妄念，非於動後察善惡也，亦是立定主意，再不妄動之義。」[146]

此即是以妄動者屬於「念」。王氏在「誠意問答」中告李梴之語，亦屢說「邪念」、「惡念」等，蓋一旦以「意」爲定向之主宰力，則凡違此定向者皆不能不另以「念」字解說矣。

蕺山之論「意」實大段與一菴相同，且其重「愼獨」，以爲是「誠意」工夫，亦相同。但論「念」處則較一菴爲詳。玆取「學言」資料及崇禎十五年所著「治念說」爲主要依據，略述其說。

蕺山先將「知」收歸於「意」，然後分別「意」與「念」。其言云：

「知善知惡之知，即是好善惡惡之意。好善惡惡之意，即是無善無惡之體。此之謂無極而太極。」[147]

案此與另一條論「無善無惡」之語合看，可知蕺山對陽明之本意亦未嘗不有所接觸，此點留俟後論。此處應注意者只是「意」既與「知」合爲一，則不得不另以「念」表「意之動」或「所發」矣。故學言云：

「意者，心之所存，非所發也。或曰：好善惡惡，非發乎？曰：意之好惡，與起念之好惡不同。意之好惡，一機而互見，起念之好惡。兩在而異情。以念爲意。何啻千里？」[148]

案此段爲人所常引之資料。此中要旨只在「一機而互見」與「兩在而異情」二語。蓋蕺山之「意」乃價值意識本身，故只是一能作肯定及否定之自覺能力，就此而言「好善惡惡」，皆不過說此能力之功用而已，並不涉及所好所惡之具體內容，此所以只是「一機」，且肯定與否定之功用，乃用時運行者，故謂之「互見」。至於具體之「念」，則有具體內容，因之，或「好」或「惡」，皆成特殊之念，故「兩在而異情」也。

「念」既爲具體意念（此取常用語義），則卽統指當前經驗意識之活動。經驗意識中之一一意念，自有善有惡，或昏或明。此全是在「所發」一層上。就此而言，蕺山之「念」似恰相當於陽明所謂「意之動」或「氣之動」[149]。但落在工夫上，蕺山之主張則與陽明頗有歧異。依陽明本旨，「意之動」有善有惡，乃「未誠之意」，而致良知工夫正落實在意志之純化上，故「致知」之功卽落在「誠意」上。當「意」能「誠」時，卽成爲純化之意志，亦卽全歸於「良知」之方向，此卽「致知誠意之一貫性」，亦近乎康德所謂，純粹意志與實踐理性合一之義。如此，則陽明之工夫，在於使「意之動」能全以「良知」之定向爲方向，並無消除此「動」之意。蕺山既分「意」與「念」爲二，遂以念之生起爲一病，而有「化念歸心」之說。換言之，蕺山宗旨在於「無念」，則與陽明對「意之動」之態度又大不同。而蕺山工夫論之純重內斂，喜言主靜等等特色，皆可在此關鍵上顯出矣。

學言中論「化念歸心」云：

「心、意、知、物是一路，不知此外何以又容一念字？今心爲念，蓋心之餘氣也；餘氣也者，動氣也，動而遠乎天，故念起念滅，爲厥心病，還爲意病，爲知病，爲物病（還字下依新本補入）。故念有善惡，而物卽與之爲善惡；物本無善惡也。念有昏明，而知卽與之爲昏明；知本無昏明也。念有眞妄，而意卽與之爲眞妄；意本無眞妄也。念有起滅，而心卽與之爲起滅；心本無起滅也。故聖人化念歸心。」[150]

此段直說「化念」之主張。蕺山以「今心」釋「念」，就文字學言，自是一錯誤，蓋「今」是聲符，原非義符。「念」字本非會意字也。然蕺山解字雖可笑，其論旨則大可注意。蕺山以經驗意識中種種活動說「念」，故「念」卽人當前意識中起滅無定之內容，此原與文字上之本義無關。經驗意識層面之活動，原皆可歸於「氣」，故卽以「動氣」說之，此又與陽明所謂「氣之動」相近。氣之動可以不循本然之理，此所謂「遠乎天」。「天」只是本然之理而已。氣旣可不循本然之理，故成爲病。而除去此病，卽須「化念歸心」。換言之，自覺心自己超越經驗意識，方是歸宿也。

此所謂「化念歸心」，在「治念說」中則說爲「化念歸思」，且明言「無念」一義。其說作於六十五歲時，蓋在上引資料之後，故其說亦較詳。玆引原文如下：

「予嘗有無念之說，以示學者，或曰：念不可無也。何以故？凡人之欲爲善而必果，欲爲不善而必不果，皆念也。此而可無乎？曰：爲善而取辨於動念之間，則已入於僞。何善之果爲？」[151]

案此文設爲問答以明其「化念」之旨。開始卽明言有「無念之說」，卽表示自覺心超越經驗意識之要求。其下設問，以爲欲爲善或欲不爲不善皆是一種意念活動，何可無念？蕺山之答覆，則提出一

「僞」字，蓋動念始求其善，則自覺心或自我實未眞正轉化，不過在一一念上求善。在一一念上求善，在別家看來，原屬實踐工夫所在，然蕺山只以自我之眞正轉化爲工夫，故認爲在「動念之間」求善，乃自我未能眞正轉化之證據。轉化既未達成，則所謂「爲善」亦只屬浮面表現，故云「僞」。此所謂「僞」，針對「眞正轉化」而言，與通常所謂「作僞」不同。學者宜注意分辨。

念乃經驗意識中之具體意念，故旋起旋滅；蕺山認爲善惡應在自我本身講，自我能從經驗意識之混雜狀態中轉至超經驗之「純粹意志」，則發念自然皆善。此「純粹意志」本身即善之根源也。如自我停於經驗意識之混雜狀態中，則縱使在一一起滅不定之念上求善或去惡，則念念流逝，善終無着落，惡亦不能眞去。原文下節之問答即表明此意：

「然則爲善去惡奈何？曰：欲爲善，則爲之而已矣，不必舉念以爲之也。欲去惡，則去之而已矣，不必舉念以去之也。舉念以爲善；念已焉，如善何？舉念以不爲惡；念已焉，如惡何？」152

此處所謂「念已焉」，即指念之起滅講。念本身乃流逝不定者，當其過去（所謂「已」）即無可把捉。故在流逝之念上說善惡，譬如水面作書，字終不成也。蕺山原文於此稍加發揮後便轉至「思」與「念」之分別，仍是先設問而後答。其言云：

「然則不思善，不思惡乎？曰：思者，心之官也。思則得之，得無所得，此謂思善；不思而得，失無所失，此謂至善。夫佛氏之言，似之而非者也。吾病其以念爲思也。然則念與思何別？曰：念有起滅，思無起滅也。或合之，或離之，一而二者也。愼思者，化念歸思；罔念者，轉引思以歸念，毫釐之差，千里之謬也。」153

此針對禪宗而言。禪宗說「不思善，不思惡」之意，自六祖即有之。蕺山則首先據孟子之意，說

「思」乃「心之官」，卽以「思」指自覺心之功能本身，然後以「起滅」說「念」，而以「無起滅」說「思」；蓋所謂起滅卽是經驗界中之呈現，「思」本身作爲自覺心之功能，則是超經驗意義，故「無起滅」。如此，成善之工夫在心本身，思本身，而不在念上；蕺山卽依此義說佛氏「以念爲思」。然後落到「化念歸思」之說。此處所謂「思」，若依孟子意，應與陽明之「良知」相近，但依蕺山意，則當合指「意」與「知」。此種功能雖發用於經驗中，表現於一起一滅之念上，然本身自是主宰，不隨念之起滅而有起滅。由是可知，所謂「無念」，仍是權說，只指工夫不在念上，自我不應自繫於經驗意識中而已。所謂「歸心」或「歸思」中之「歸」字，正指向「心」或「思」之主宰義。主宰之立方是眞工夫所在。而主宰旣立後，則自能下貫於經驗意識中，於此，念念皆歸於此主宰功能。一一念雖流逝無定，而皆表現此主宰功能；故「化念」亦非屏除萬念之謂，而只重於「歸心」與「歸思」之「歸」字耳。蕺山原文卽以此意收束：

「然則念可屏乎？曰：不可屏也。當是事，有是心，而念隨焉，卽思之警發地也。與時而舉，卽與時而化矣。」[154]

此所謂「思」之警發地，卽指有經驗意念時，此心之功能之貫注說。「念」有經驗內容，故在一定經驗條件下生起，此所謂「與時而舉」，擧念處已爲「思」之功能所貫注，故「與時而化」，不須在屏念處說工夫也。蕺山最後乃作結論云：

「夫學所以治念也。與思以權，而不干之以浮氣，則化念歸思矣。化念歸思，化思歸虛，學之至也。」[155]

此處再加「化思歸虛」一語，不過强調「思」或「心」不可誤求對象化，並非另有一工夫。學者不可誤會。倘由此生誤會，必又牽涉道家甚至道敎之觀念，非蕺山本意也。

至此，蕺山「化念」之說大致已明。尙有涉及「心」、「意」、「念」之其他問題，則可於蕺山與門人之問答中見之。此中首須提及者爲答董標「心意十問」之資料。

案此問答亦作於崇禎十五年，而在十二月，則是著「治念說」以後之事。蓋是年六月著「治念說」，十二月則辭朝而居於接待寺，與諸人之問答皆寺中所作也。

蕺山答董標之問，最重要一論點卽「意」不可以「有無」言，此卽堅持主體性觀念之要義所在。其言云：

「人心之有意也，卽虞廷所謂道心惟微也。惟微云者，有而未始滯於有，無而未始淪於無。蓋妙於有無之間而不可以有無言者也。以爲無則墮於空寂，以爲有則流於習見，正如前敎所云者是，而又何以語心體之本然乎？」156

此處所引僞古文尙書語，於史自有未合；但此乃宋明儒通用說法，且蕺山亦不過借此發揮其說，無關本旨。蕺山明標「意」不可以「有無」言，則意非經驗意義之心理現象，而表純粹主體性；其意甚明。故其下卽續說「意」亦不可以「有無之時」言；蓋在時間中起滅者乃「念」非「意」也。然則「意」與「心」究竟有何關係？蕺山答董問另一條云：

「意者，心之所以爲心也。止言心，則心只是徑寸虛體耳。著個意字，方見下了定盤鍼，有子午可指。然定盤鍼與盤子終是兩物。意之於心，只是虛體中一點精神。仍只是一個心，本非滯於有也，安得而云無？」157

此又以「意」爲「心」之本性，而以指南鍼喩之。蓋所謂「心」只是就此能自覺之「體」說（案此處「徑寸」二字，大有語病），而此體之特有本性卽在於此能定向之「意」，故「意」如定盤鍼，而「心」則如盤子也。此依一般理論詞語之用法說。若依蕺山自己之用語說，則卽將「意」視爲「心」之「體」，此「體」自指「意」之爲「主體性」而言。由此，蕺山所說「心」與「意」之體用關係，似與通常說法有異。如董問心意是否分「本體」及「流行」，蕺山則答之云：

「來示似疑心爲體，意爲流行，愚則以爲意是心之體，而流行其用也。但不可以意爲體，心爲用耳。」158

案此處所謂「其用」，就文義言，應承上語「心之體」而來，則卽應解爲「心之用」。換言之，「意」爲「心之體」，而流行乃「心之用」。其下又續謂不可「以意爲體，心爲用」。再與上引一段合觀，則已明言「心」爲「虛體」矣，則心不可作爲「用」看，似無問題。但此段答語之末又云：

「凡五經四書之言心也，皆合意知而言者也。獨大學分意知而言之，故卽謂心爲用，意爲體，亦得。」159

案此處詞意欠明，應加疏解。蕺山前後說法，似有反覆；實則其主旨只是不就「發用」處言「意」，而轉就「心」之能起念處說「發用」。故此必本有之定向，卽「意」所指，此是鍼盤之喩。專就鍼盤之關係看，盤自不可說爲「用」，而只能說爲「虛體」。故「心」與「意」合說，則不可以「心」爲用。然此心除能依意而活動外，尙可離意之定向而有經驗中起念之活動；大學就此一層面說「正心」，所「正」者非本來之「心體」，而是心在經驗中之活動。取此一層面看「心」，則是「心」與「意」分說；如此分說時，「意」仍是無動變起滅之主體性，故是「體」，而經驗活動中之「心」，反是「用」矣。故說「以心爲用意爲體亦得」也。疏理至此，可知蕺山所用語言中，對經驗心描述不足，故易啓人疑惑，其本旨實非難明也。

總之，論「心」與「意」之關係，則有合說分說兩可能。若合說，則心爲虛體，只以意爲其體；故謂：

「人心之體，存發一機也。心無存發，意無存發也。」[160]

此卽是合說。若分說時，則所言之「心」，如大學正心一段所論，卽是就心之經驗活動講。而「意」取主宰定向之義，則不在經驗對象界中，而「意」之爲「體」反較「心」爲顯著無疑，而經驗心轉似「用」矣。

此上就「心」與「意」說。至於說「意」與「念」之不同，則答問中之言前引「治念說」等資料中所見之說大旨皆同。如董問：「一念不起時，意在何處？」，答語云：

「一念不起時，意恰在正當處也。念有起滅，意無起滅也。今人鮮不以念爲意者。嗚呼，道之所以嘗不明也。」[161]

因「意」本身卽定向之自覺能力，故雖不涉及經驗內容時，其定向力固無變易，且正全無失誤可能，依此說爲「恰在正當處」。而以有否起滅分別「念」與「意」，則仍是一向所持之區分標準也。原文此段下續說「念」與「意」有不同用法，如「主意」不可謂爲「主念」之類，玆不贅引。

蕺山言「意」，原指主體性言，故强調主宰或定向之義，而董標對於超有無義，非對象義之主體性，總不能悟得，故總就存有義發問。如問：「事過應寂後，意歸何處？」此卽以爲「意」必有所「歸」矣。故答語云：

「意淵然在中，動而未嘗動，所以靜而未嘗靜也。本無來處，亦無歸處。」[162]

「意」既是主體性，自不可作爲對象描寫，無動靜可說，亦無去來可說。董問正見其不解此根本義也。蕺山自身未能另立一套較明確之語言以表其所持之主體義，故解說時每每只能仿佛敎雙是雙非說法，頗見吃力。答問最後一條論及「從心不踰」之義，乃云：

「如定盤鍼在盤子中，隨盤子東西南北，此鍼子只是向南也。」163

案此卽說「定向」之義。其下又謂「並將盤子打碎，鍼子拋棄」云云，則指從特殊之自覺心，升至普遍自覺心而言，然其說欠明，玆不備論。但最末云：

「此個主宰，要它有，又要它無；惟聖人爲能有，亦惟聖人爲能無。有而無，無而有，其爲天下至妙至妙者乎。」164

此種說法，總是望主體性一面講話，若只就字面求解，則不免茫無頭緒矣。

蕺山論「意」之說，至此大致敍述完畢。然其所謂「化念」，尙可有進一步之問題。

如上文所引資料所顯示，蕺山既以「念」爲「化」或「治」之對象，則「念」卽表某種反面意義之活動。又「念」與「意」及「思」之不同，皆在於「念有起滅」而「思」與「意」不然，則有起滅者之當治當化，似已爲一先立之斷定。依此再推進一步，卽涉及蕺山如何對「情」一問題之特殊見解。

人之情緒活動，乃有起滅者，似不待辯。然則當蕺山力主對治有起滅之活動時，是否卽意味對「情」之排斥。學者如順已往宋明各家之理路而作揣想，極易以爲蕺山必肯定代表「理性」之「思」而否定「情」。但此全不符蕺山論「情」之說，蓋蕺山論「情」之見解，別有一說，與其前各大家皆不同。下節卽專以此點爲中心，一述蕺山對「中和」及「性情」之理論。

（c）中和與性情

蕺山論「情」之說，大抵皆在論「中和」時提出。此因中庸原就「喜怒哀樂之未發」及「發而皆中節」而立「中」與「和」二觀念也。依此，本節即將「中和」及「性情」等問題合併析述。

案蕺山五十九歲始有「獨證篇」，而始以「誠意」之說教學者，然其對「情」之特殊理論，則在五十七歲時已形成。是年所作之「聖學宗要」案語，實爲蕺山最早論「喜怒哀樂」之資料，其後續有發揮，然宗旨固無改變。以下即先觀「聖學宗要」案語中之說，再以其後之言論補之。

「聖學宗要」之編成，在崇禎七年甲戌，早於「獨證篇」二年。書後案語乃就「獨」（即所謂「獨體」）說「喜怒哀樂」。其言云：

「獨中具有喜怒哀樂，四者即仁義禮智之別名。在天爲春夏秋冬，在人爲喜怒哀樂，分明一氣之通復，無少差別。天無無春夏秋冬之時，故人無無喜怒哀樂之時，而終不得以寂然不動者爲未發，以感而遂通者爲已發，可知也。」[165]

此處最根本之論點，乃謂「喜怒哀樂」皆是此獨體所本有，獨體即指主體而言，故「喜怒哀樂」四種能力皆主體本有之能力。此即使「喜怒哀樂」諸「情」皆成爲此心在未發處即有者。由此，「情」亦有超越經驗之義。此不唯與朱熹以「已發」屬「情」之說大異，實與宋明各家之觀點皆不同矣。

蕺山將「情」視爲超經驗之心靈能力，故即與四德相配，而另一面必須將「已發意義之情」與此「未發意義之情」分開。此義即就「四德」與「七情」不同而闡說之。如「學言」云：

「中庸言喜怒哀樂，專指四德言，非以七情言也。」[166]

「四德」原指「仁義禮智」，是「性」非「情」，然蕺山既以「喜怒哀樂」屬未發義，則與「仁義禮智」同爲此心所本有，故既將「喜怒哀樂」與「七情」分開，其下卽暢說其與四德之相配，以及「性」與「情」之相應。其言云：

「喜，仁之德也；怒，義之德也；樂，禮之德也；哀，智之德也。而其所謂中，卽信之德也。一心耳，而氣機流行之際，自其盎然而起也，謂之喜；於所性爲仁，於心爲惻隱之心，於天道則元者善之長也，而於時爲春。自其油然其暢也，謂之樂；於所性爲禮，於心爲辭讓之心，於天道則亨者嘉之會也，而於時爲夏。自其肅然而斂也，謂之怒；於所性爲義，於心爲羞惡之心，於天道則利者義之和也，而於時爲秋。自其寂然而止也，謂之哀；於所性爲智，於心爲是非之心，於天道則貞者事之幹也，而於時爲多。」⑯⑺

案蕺山以「喜怒哀樂」與四德、四端，甚至易之「元亨利貞」，四時之「春夏秋多」相配，其說舊亦有之。牽强難通，自不待言。然此處學者應注意者，則在於如此立論時，蕺山將「性」與「情」一同收入心或主體之內在能力中，因此，「情」卽非心感於外始有者。此種超經驗意義之「情」觀念，乃成爲蕺山學說中一大特色。若欲批評蕺山思想，則此處亦重要關鍵所在也。

中庸之「喜怒哀樂之未發」一語，在往昔解者皆以此心尙無喜怒哀樂說之，而視喜怒哀樂爲已發中之事。今依蕺山之說，則此心本有「喜怒哀樂」，「未發」非言「尙無」。就訓詁而論，已屬大異成說。若就理論意義看，則如此以喜怒哀樂配仁義禮智時，如何解釋「中」與「和」，更屬嚴重問題。蓋說喜怒哀樂有「中節」或「不中節」之發則其意甚明，而說本與仁義禮智相配而又有「中節」或「不中節」之問題，則似以爲「仁義禮智」本身非價值規範而可「好」可「壞」，此則與「四德」之觀念相悖。

蓋四德本身必須爲價值規範，不可說又另有價值規範爲四德所服從也。蕺山對此問題之解答，則訴於流行或運行之觀念，因而另提出一中氣觀念，配以後起之「信」（此非孟子言四端時所有，故爲後起）。其言云：

「乃四時之氣所以循環而不窮者，獨賴有中氣存乎其間而發之，卽謂之太和元氣。是以謂之中，謂之和；於所性爲信，於心爲眞實無妄之心，於天道爲乾元亨利貞而於時爲四季。」[168]

案此段「而發之」三字，或有屬下讀者，成爲「而發之卽謂之太和元氣」，然案文意應屬上讀，蓋所謂「發之」，卽推動四時之氣之循環運行之意，屬下讀則「發之」二字意轉不明，故今屬上讀。

蕺山以統四氣之運行說「中」及「和」，仍就「存」與「發」講，故下文又有「自喜怒哀樂之存諸中而言，謂之中」及「自喜怒哀樂之發於外而言，謂之和」二語。合而觀之，則蕺山之意不外以爲人心本有四德，亦有四情，故所謂「中和」，不能分屬於性情。性與情皆有未發義。至於「已發」，對「未發」言，只是表裏之關係，非先後之關係也。

言心意時，蕺山强調「意」非「所發」，言性情時，亦强調「情」非所發。然意作爲超經驗義，故另有「念」字以表經驗義之意念（此「意念」取常用語言意義，非蕺山用法）。然則對於「情」之經驗表現又如何說法？蕺山於此乃說「笑啼詈罵」與「喜怒哀樂」之不同。此點在答史子復語中最爲明顯。史子復質疑第六條以爲「朱子以未發屬性，已發屬情，亦無甚謬」，而蕺山答之云：

「天無一刻無春夏秋冬之時，人無一刻無喜怒哀樂之時；如曰：喜怒哀樂有去來，而所以喜怒哀樂者未嘗去來，是謂春夏秋冬有去來，而所以春夏秋冬者未嘗去來也；則亦並無去來之可言矣。今曰：人有絕然無喜怒哀樂之時，必待感而後有，正以笑啼詈罵爲喜怒哀樂也。以笑啼詈罵爲喜怒哀樂，則是以風雨露雷爲春夏秋冬矣。」[169]

此卽見蕺山以「春夏秋冬」喻「喜怒哀樂」，而謂在經驗中此諸情之表現或顯現是一事，諸情本身又是另一事。此中分別卽說爲「形上」與「形下」之分。故同條續云：

「雖風雨露雷未始非春夏秋冬之氣所成，而終不可以風雨露雷爲卽是春夏秋冬；雖笑啼詈駡未始非喜怒哀樂所發，而終不可以笑啼詈駡爲卽是喜怒哀樂。夫喜怒哀樂卽仁義禮智之別名，春夏秋冬卽元亨利貞之別名。形而下者謂之器，形而上者謂之道是也。」[170]

案蕺山以爲「情」本身亦是「形而上」，「情」之表現始是形而下；而以春夏秋冬喻之。「春夏秋冬」如何能視爲「形而上」，此中大有問題。然此處蕺山之意只重在點明此形上形下之分，以立「情」之超越性，其四時之觀念有何困難，留俟後文評論時再作析解。

蕺山既以「情」爲有超越性者，故反對朱熹分未發已發說性情，而欲將性情合而言之。此處須注意者是：蕺山雖將「喜怒哀樂」與七情分開，然非不承認「喜怒哀樂」是「情」，但此「情」旣爲獨體所本有，而屬形上，則與「性」卽非屬於兩不同領域，於是遂必有合性情之說。此亦見於答史子復語。其言云：

「心意之辨明，則性情之辨亦明。心與意爲定名，性與情爲虛位。喜怒哀樂心之情，生而有此喜怒哀樂之謂心之性；好惡意之情，生而有此好惡之謂意之性。蓋性情之名，無往而不在也。」[171]

此處明說「喜怒哀樂心之情」，而以心本有此四情爲「心之性」；但用「生而有」一語，則大有語病，蓋如眞執此三字以論「性情」，則一切成爲形下，而上引第六條之形上形下之分將忽然迷亂。然蕺山對此種詞義上之嚴格界限不甚明白，而其論旨則未嘗不明顯。學者於此「生而有」三字，視爲誤說可也。而此種「誤」亦與蕺山用「春夏秋冬」作喻時之困難同一類型，均俟後評。

蕺山以心本有此能力為「性」，而以此能力自身為「情」。則「性」字已是「虛位」。又因「情」只是心能如此活動時所顯之能力，故「情」亦是「虛位」。只「心」與「意」為「定名」，「性情」不過依「心意」而得其意義及指涉也。

「性」與「情」既合觀，「中」與「和」亦遂合而言，故云：

「未發以所存而言者也，蓋曰：自其所存者而言，一理渾然，雖無喜怒哀樂之相，而未始淪於無，是以謂之中。自其所發者而言，泛應曲當，雖有喜怒哀樂之情，而未始著於有，是以謂之和。中外只是一幾，中和只是一理，絕不以前後際言也。」[172]

又云：

「性者，生而有之之理，無處無之。如心能思，心之性也；耳能聽，耳之性也；目能視，目之性也。未發謂之中，未發之性也；已發謂之和，已發之性也。」[173]

此處乃以萬有本具之「本性」為「性」，而取殊別義，故「中和」亦即說為「未發」與「已發」之性。由此言之，則「中」與「和」自亦成為「虛位」；此與他處所言「指其體謂之中，指其用謂之和」[174]，似不甚符合。然揆其本意，則蕺山本以「四氣」之運行說「中和」，則雖有「中氣」之名，此「中氣」本與「四氣」不同層次。就心之四德或四情言，「中和」所居之理論層次亦應類似。則所謂「指其體」、「指其用」，正是說此「獨體」在「未發」處及「已發處」而言，而「中」是「未發之性」，「和」是「已發之性」，其義仍是以「中和」為「虛位」，蓋「中和」只是表「獨體」或「意」在未發及已發處之「性」，於是不應另有「中體」可說，「中體」者只可作為「在中之獨體」之簡稱，亦卽「在中之意」也。故答董標時曾云：

「一念未起時，意恰在正當處也。」⑰⑤

「在正當處」之「意」，卽「在中之意」。若就意有所發而不累於念說，則卽可有「在和之意」。此二「在」字，卽涵「致中和」之工夫，而此「正當」卽遙遙與「性」字相應矣。

至此，蕺山立論，似又有「本性論」之傾向。蓋以「中」爲「未發」之「性」，「和」爲「已發」之「性」，更以心之思、耳之聽、目之視喻之，明是取殊別義之「性」言，其思路卽絕似伊川朱熹。然蕺山雖攝取此種思路於其系統中，其學說之歸宿及起點，仍皆與其他各家不同。就其起點言，則有「獨體」及「意」二觀念；此在上文已分別論及；就其歸宿言，則另有一「合一觀」。下文卽析述此一論點，以結束對蕺山學說之敍述。

(d) 合一觀

所謂「合一觀」，非舊有之用語，乃本書爲描述蕺山學說之歸宿而約定之詞語。此點應先申明。

蕺山學說，分而言之，內容甚繁，以上所述，亦不過撮取要點，不能詳備。然統而觀之，則其最大特色有二：第一卽將「意」與「心」、「念」等分開，而表「獨體」或最高主體性，第二則是將一切分立或對立之觀念合爲爲一。前一點已在上文各節中分別論述，後一點卽本節所論述之主題也。

蕺山於崇禎十六年十二月作「存疑雜著」。年譜在此條下作案語云：

「先生平日所見，一一與先儒牴牾，晚年信筆直書，姑存疑案，仍不越誠意，已未發，氣質義理，無極太極之說；於是斷言之曰：從來學問只有一個工夫，凡分內分外，分動分靜，說有說無，劈成兩下，總屬支離。」[176]

案此卽否定一切「分」，而主張「合」也。續云：

「又曰：夫道一而已矣。知行分言，自子思子始；誠明分言，亦自子思子始；已未發分言，亦自子思子始；仁義分言，自孟子始；心性分言，亦自孟子始；動靜有無分言，自周子始；氣質義理分言，自程子始；存心致知分言，自朱子始；聞見德性分言，自陽明子始；頓漸分言，亦自陽明子始。凡此，皆吾夫子所不道也。嗚呼，吾舍仲尼奚適乎？」[177]

此明言「道一而已矣」，蓋其所以反對一切區分，正因在其思路中，有一求「合一」之方向也。原案語下有註云：

「按先儒言道分析者，至先生悉統而一之。先儒心與性對，先生曰：性者，心之性。性與情對，先生曰：情者，性之情。心統性情，先生曰：心之性情。分人欲爲人心，天理爲道心；先生曰：心只有人心，道心者，人心之所以爲心。分性爲氣質義理，先生曰：性只有氣質，義理者，氣質之所以爲性。未發爲靜，已發爲動；先生曰：存發只是一機，動靜只是一理。推之存心致知，聞見德性之知，莫不歸之於一，然約言之，則曰：心之所以爲心也。」[178]

案此註文與梨洲所撰「行狀」中語略同，主旨在於點明蕺山將前人說中種種區分皆統而一之，此卽本書所謂「合一觀」也。然註文雖點明蕺山思想歸宿於此「合一觀」，顧未說明其「合一」之確切意義，則僅可作爲學者硏討此問題之線索，而不足作爲析論之依據。今欲揭示蕺山此說之確切意義，則須分兩層淸理。第一步應先闡明「統于一」或「合一」本身之涵義，此處之重點在於「一」何所指而言。第二步則應就其消除種種區分時立論之具體內容着眼，一一予以疏解；換言之，卽將其作「統」或「合」時之種種思路論點分別清理，以期學者能獲一全面了解。而當學者能對蕺山之「合一觀」有全面了解時，則卽可說蕺山之學要義不外於此矣。

先就第一步了解而論。註文中謂「約言之，則曰：心之所以爲心也」，恰是下手線索。

案此語在「存疑雜著」中並未單說。但在解「性」時，說「性卽心所以爲心也」，在論及「人心」與「道心」時，說「心之所以爲心也，可存可亡，故曰危；幾希神妙，故曰微」[179]，皆另有上下文脈絡；又在獨證篇中論動靜時有「性之所以爲性也」及「心之所以爲心也」等語，亦非單說此句。故註文獨標此一句，似以爲蕺山自身以此語總罩上引各說，實易使人誤會。然就此語之理論意義言，則蕺山所不斷統合以尋求之「一」，正可由此解釋。蓋此意蕺山在他處每每言及也。如學言中論「萬統於一，一統於萬」之義後，出「大統會」一詞，而云：

「有萬物而後有萬形，有萬形而後有萬化，有萬化而後有萬心，以一心納萬心，退藏於密，是名金鎖鑰，以一恕推萬恕，偏置人腹，是名玉鑰匙。持匙啓鎖，强恕而行，但見邦家無怨，終身可行。止此一心，名爲大統會。」[180]

案此條亦所謂「新本無」者，或以用語稍嫌欠明，故曾爲後人刪去。然此處標明「止此一心」，而以之釋所謂「大統會」，正可作蕺山心目中所求之「一」之明確說明。

蕺山之「統于一」既只是統於「一心」，則所謂「統一」或「合一」之涵義已可初步決定。其次當觀蕺山取消種種區分時之個別論點，以求進一步了解蕺山如何建立此「合一觀」。

今欲作第二步之了解，則應分由三方面着手清理：

(1) 工夫論方面

宿所在矣。

(2) 對工夫基礎之解釋方面

(3) 對存有之解釋方面

學者由以上三方面了解蕺山如何取消區分而建立其「合一觀」，然後合而論之，即可知蕺山學說歸宿所在矣。

(1) 工夫論之合一觀

就工夫一面說，蕺山求「合一」之主張，即顯於其統合「存養」與「省察」之說。此點上文述蕺山所言「愼獨」之義時，已屢引其言論作提要之解釋。此處只對蕺山此種主張之理論意義及歷史意義略作說明。

案蕺山合「存養」與「省察」爲一之說，乃四十九歲讀書韓山草堂所立，實卽所謂「愼獨」宗旨之確解。蕺山就靜存說「愼獨」，是初步說法；故聞者每多疑議，以爲如此立敎，是說動處無工夫。然蕺山之工夫論，與雙江不同。雙江主歸寂而以爲格物處無工夫[181]，乃視動處爲工夫之自然後果，故對於程朱所論「省察」之義，全未照顧。此在蕺山看，正是分動靜之「支離」說法中之一種型態。蕺山先將「愼獨」收在「存養」處說，正因欲破除兩套工夫之舊說，則自己所立之工夫論，自必不能仍分動靜，而取其一另舍其一也。故蕺山標「愼獨」爲工夫宗旨時，從理論意義看，卽必不能於動靜有所偏執或偏廢，而對存養省察亦必不能取一舍一。初立說時，表面似偏於主「靜存」之工夫，然其意向所在斷不如是。顧如何能先就「靜存」處說「愼獨」，而又將「動察」一段工夫收入此中，則蕺山初立說時尚未能有明確說法。至崇禎十五年答葉廷秀第四書中始明言「省察只是存養中最得力處」。同時指出，「專以存養屬之靜一邊」則此所存所養者似與省察之自覺分開，卽成一無靈明、無定向之空心，故謂必將「流而爲譎」。另一面「以省察屬之動一邊」，則此省察只是經驗中之檢點；而此種檢點只落在具體行爲之外在表現上，故謂必將「流而爲僞」。合此兩面以觀之，蕺山統一「靜存」與「動察」之工夫論主旨即可顯出。蓋「存養」卽存此養此靈明定向之心意，而「省察」正是此靈明定向之主體之自覺所照，則時時「存養」卽時時「省察」，非有一不「省察」之「存養」，亦非有一離所存所養而運行之「省察」也。如此，蕺山工夫論上之合一觀遂能成立。此說一立，則不能分內外動靜言工夫，所謂工夫，只是此所謂「獨體」之自明自覺，自主自照。而其歸宿或完成，卽是「心之主宰處止於至善而不遷」⑱，亦卽蕺山所謂「意誠」之境界也。

以上乃就蕺山所立之工夫論本身說明其理論意義。若就歷史意義看，則蕺山此說不僅在表面上已推翻程朱之成說，而且在儒學思想之演變歷程中亦有一極特殊之地位。此點仍當以宋明儒學運動之全象作爲配景而說明之。

宋儒自濂溪以下，言及成聖工夫，皆有分動靜之假定，蓋皆可溯源於中庸之言「中」與「和」、「未發」及「已發」也。諸儒立說又自各有主見。如濂溪不唯明言「主靜」，且點出一「幾」字，「幾」取始動或先兆之意，則正處於動靜之間。而濂溪之工夫亦遂有「主靜」與「知幾」（或「明幾」）兩面，蓋知善惡之「幾」正所以控制「動」也。至伊川立「主敬」及「致知」爲工夫宗旨，則內外動靜之分更爲明顯；蓋「敬以直內，義以方外」原屬二程所同持之義；而「主敬」自直接與「敬以直內」爲一事；另一面「致知」與「窮理」直連，而「在物爲理，處物爲義」又是伊川通「理」與「義」二觀念之定說，於是「窮理致知」卽使「義以方外」獲得確解。合而言之，「涵養須用敬，進學則在致知」正是雙線之工夫論也。朱熹平生立論雖多改變，然其體會最明切處仍在伊川之宗旨，故朱熹時有讚歎伊川之言。但朱熹自身對「未發」及「已發」工夫反覆思索，遂有種種較細之分別。就工夫而言，其歸宿乃爲「靜存」及「動察」之雙舉；至「致知窮理」則又在「存養」及「省察」之外屬於另一層面，而爲動靜兩面工夫之動力。此種理路與伊川之不同處，根本上在於伊川仍明謂「心與理一」，但「人不能會之爲一」而已；是故伊川之工夫論乃以實現或顯現問題爲中心。而朱熹則以爲「心」屬於「氣」，故其工夫落在「心」本身之轉化問題上。此轉化之動力在於「窮理」之「知」；「心」卽恃此「知」之能力，以觀理而轉化自身。而此轉化之步步成果，皆在動靜兩面落實。此中大有曲折，此處不能詳說。總之，動靜內外之分，至朱熹之工夫論而最明確。然由陸王之「心性論」立場觀之，則此種分劃正是大病。

象山强調「本心」及「先立乎其大者」，立場雖甚明朗，工夫論則甚簡單。陽明立「良知」以顯主體性，而由「心卽理」，「知是心之本體」諸義，將昔人所講之存有意義之「理」悉攝歸於主體活動中，由此其工夫論遂落在「致知」與「誠意」之一貫上；此中「致知」外展而通「格物」，「誠意」內收而通「正心」；內外動靜，已發未發各種分別悉由「致良知」（卽主體性之充足顯現）一義收盡。若客觀言之，則日後蕺山之工夫論，實已先攝於此一理論規模中。然就蕺山自己之觀點說，則蕺山始終對陽明之「知」觀念把握不定，有時卽以陽明所謂「良知卽是獨知時」一語爲據，而取其「獨」字以與自己之「獨體」觀念相合，而極贊其「易簡直截」，爲「吾黨今日所宜服膺而勿失」[183]。其後又拘於四句敎之表面意義，而深譏陽明不應以「有善有惡」說「意之動」，認爲陽明之「良知」，只是「知善知惡」之能力[184]；於是乃以「意」觀念爲中心，而將一切工夫收於「誠意」中。蕺山之「意」卽超經驗主體之自覺定向能力（其實正同於陽明之「良知」之體性義），「誠意」亦卽此能力之充足顯現也。蕺山如此建立之工夫論，亦是將動靜內外之分一齊消去，與陽明之工夫論原則上相類；其不同處只是陽明雖以

「致良知」貫通一切工夫，而並不以爲各種分別爲非；蓋陽明心目中似覺此種種「分」亦不碍「合」。而蕺山則以爲應「合」而不應「分」；故蕺山之學可用「合一觀」表其歸宿，而論陽明之學則不須强調此點也。

總上所論，可知以宋明儒之工夫理論之演變爲配景而言，蕺山之說，乃强調「只有一個工夫」之說之極端形態。此卽爲其工夫上之「合一觀」之歷史意義所在也。

工夫上之「合一觀」，只是蕺山之「合一觀」最顯著之表現。若就理論關聯着眼，則此種主張又與其對「心」、「意」、「知」、「物」，以及「性」、「情」等觀念之特殊見解不可分割，蓋言「工夫」時，正須以此等觀念作爲基礎也。至此，卽可轉至對工夫基礎之解釋一層面之合一觀。

(2) 工夫基礎解釋之合一觀

凡工夫論必依某種基礎觀念而成立——如：心、性、情，等等皆是。例如朱熹以「心」爲「氣之靈」，乃其對「心」之解釋，由此遂有一套工夫論依之而成立。今論蕺山之合一觀，則上文所述之工夫論上之「合一觀」，自亦依此類解釋工夫基礎之合一觀而成立。此中首須注意者卽蕺山對「性、情」及「心、意、知、物」之解釋。

前引年譜註文，曾述及先儒以性與情對，而蕺山則謂「情者性之情」；又舊說「心統性情」，而蕺山謂「心之性情」云云。此卽蕺山解「性情」時所持之「合一觀」。玆當略作解說。

所謂「情者性之情」，卽指「喜怒哀樂」爲心所固有之功能而言。蓋蕺山認爲「卽以未發爲性，已發爲情，尤屬後人附會」⑱，遂將「四情」與常言所謂「七情」分開；斷言中庸所說之「喜怒哀樂」指心之「四德」，而非「七情」。如此，則此意義下之「情」，正是屬「心」本有之發用形式；與「意」

比觀，則「意」爲定向力，故有所肯定，有所否定，卽所謂有「好惡」；此「好惡」卽「意」本有之發用形式。故就「四情」爲心所本有言，卽可說屬於「心之性」，就此「本有」之確定所有者爲何而言，則說有此「情」。故蕺山答史子復語遂云：「意者，心之意也；情者，性之情也」，又謂：「喜怒哀樂心之情，生而有此喜怒哀樂之謂心之性。好惡意之情，生而有此好惡之謂意之性。」[186]

總之，「情」當作本有之形式義看，則卽屬於「性」。至於感物而動之七情，則當與「念」看作同一層，另是一事矣。由此，所謂「心之性情」之意亦不待再解；蓋所謂「性」，無論就「仁義禮智」說，或「喜怒哀樂」說，在蕺山看來，皆是指「心」之本有之形式，卽所謂「四德」；故性情不可對分爲兩列。而其所以不可分者，乃因說「性」說「情」，總是在不同角度上說「心」，則纔謂「心統性情」，便似將「性」與「情」分立對看，不如說「心之性情」，則直表心之本有此各形式也。

若依上所述之意追進一步，則又可見「性」、「情」皆是說「心」時之用語而已，非「有心」之外，又「有性」、「有情」，故蕺山又言「心與意爲定名，性與情爲虛位」也[187]。此處「心」與「意」並舉，本因原文下面卽說「心」與「意」各皆以「性」與「情」說之。然吾人旣知「心之性情」一詞之本意，卽可由此「定名」與「虛位」之辨，轉而討論另一組觀念。

「性情」在「心」上合一，對「性情」二字言，「心」是「定名」，然「定名」不僅歸於「心」。「心」、「意」、「知」、「物」皆是「定名」。故論「性情之合一觀」後，卽可進而論「心意知物之合一觀」。

案學言下云：

「心無體，以意爲體；意無體，以知爲體；知無體，以物爲體。物無用，以知爲用；知無用，以意爲用；意無用，以心爲用。此之謂體用一原，此之謂顯微無間。」⑱

此是蕺山明說「心意知物」之「合一」之言。全書今本此條下有註云：「合後身者天下國家之統體一條看」。然案全書今本中「身者天下國家之統體」一條並不載於「學言下」，而見於「學言上」，則不在「後」而在「先」矣。此當由於全書所據舊本之編次或與今所定本編次不同。此外又有所謂「新本」之殊異等等問題，今皆不能考定。然此處有一問題不可不留意者，即「學言上」即崇禎九年之「獨證篇」，而「學言下」乃崇禎十六年之「存疑雜著」；其間相距七年。就思想發展而論，「存疑雜著」始可作爲晚期最後定說；今「身者天下國家之統體」一條既載於「學言上」，則此處之析述，仍當以上引「學言下」之語爲基本根據，而視此條爲補充材料。如此，即無不妥。

蕺山就「心意知物」四觀念，順而說後一層爲前一層之「體」，而前一層爲後一層之「用」；此種說法與通常說法頗異，須稍加疏解。

案蕺山在學言上論「身」一段，原文云：

「身者，天下國家之統體，而心又其體也。意則心之所以爲心也，知則意之所以爲意也，物則知之所以爲知也。」⑲

案此處「所以爲」三字，可作蕺山所用「體」字之註脚。蓋說「意則心之所以爲心」即是「心」之「以意爲體」也。專就此段而論，其論旨與前引「學言下」一段，又稍有不同。「學言下」重在說「心意知物」之體用關係，此條則自「天下國家」說起。其意實謂天下國家以身爲體，身以心爲體，其後再層層下推，而言意、知、物等。此其不同者一。又如此層層說「體」，至「物」則不能再下推，於是原文續云：

「物無體，又卽天下國家身心意知以爲體，是之謂體用一原，顯微無間。」⑲⓪

此處多出一斷定，以爲「物」以由天下至知各層之全程爲「體」。此是與「學言下」一段下同者二。將「天下國家」收歸於「身」，再將「身」收歸於「心」，此在理論上尙與其下言「意」、「知」、「物」之意無衝突，故可說無大困難；最後忽將「天下」至「知」七層合視爲「物之體」，則此中大有語言困難，蓋以上七層，步步下收，至「知」則以「物」爲其「體」矣，何能又反將以上七層再說爲「物之體」？若就蕺山本意順說，自非全不可通，然語言之困難則無法代爲諱飾也。

觀此段末以「體用一原，顯微無間」八字作結，而「學言下」言「心意知物」之體用關係時，亦以此八字作結；可知此兩段皆因蕺山解伊川序其易傳時所說此二語而說者。伊川本意乃就「理」與「象」言「顯微」，由此而說「體用一原」，自與蕺山此處所論者全不契合；蓋伊川自是解易，而蕺山則是借此二語講大學，全非一事。但此種借題發揮之事，在蕺山是常有者，玆不深論。仍當回至「心意知物」之體用問題。

所謂「心無體，以意爲體」者，「體」字卽指「心」之本性意之內容言，故又云「心之所以爲心」。「心」之內容，卽是此主宰定向之功能，故是「以意爲體」。

而「意無體，以知爲體」，則意謂此種主宰定向之功能，卽以能作價值之肯定及否定爲內容。蕺山此「知」字，仍承陽明之用法。將「知善知惡」、「好善惡惡」等義收在一起，卽此「意」之本性義之內容，故「意」卽「以知爲體」。

再進而說「知」是「以物爲體」，則此「物」字須加解釋。蓋如依常用語義者「物」，則「物」卽指事物或存在講，則「知」不能以此爲「體」，固甚顯明。然蕺山之「物」字，亦是承陽明用法，指具體自覺活動言；故蕺山此語，實卽謂「知」以內外一切活動爲內容也。但此處須加說明者，則是蕺山由於將「喜怒哀樂」收歸心意中，故其論一切具體活動時，重點卽在此「四情」或「四德」之運行上。故追進一步說，「知」之「以物爲體」，卽是說作一切價值肯定或否定之功能，卽以此四情之運行爲內容；得「中」卽有肯定，失「中」卽有否定。離此卽無所施其肯定否定，故卽以此四情運行爲「體」也。

此點黃梨洲頗能了解，故其「答萬充宗論格物書」中卽云：

「夫心以意爲體，意以知爲體，知以物爲體。意之爲心體，知之爲意體，易知也；至於物之爲知體，則難知矣。……人自形生神發之後，方有此知。此知寄於喜怒哀樂之流行，是卽所謂物也。」⑲

此處梨洲「方有此知」之語，似對蕺山通過「意」與「知」所立之超越性不甚明白，然就「知」之「寄於喜怒哀樂之流行」而說其「以物爲體」之義，則大致不誤。

以上說明「心」、「意」、「知」、「物」何以說層層以後者爲「體」。至於「用」，則不過對「體」而言，說「知」是「心之體」，卽涵「心」是「知之用」，不待一一疏解。然由於蕺山「體」字用法特殊，故套入習用語言中之「體用」觀念時，亦未嘗無解說上之困難，但學者如將此處所言之「體用」視爲蕺山之特殊語言，則既定其所用之「體」字之意義，卽可推定其「用」字之特殊用法；不必求其必合於舊有之用法，則亦可避免語言困難矣。

「心意知物」既合一，下一步當進至更大範圍之「合一觀」。此仍當先以上文所提及之「學言上」一段作爲線索。

案「學言上」論「天下、國、家」皆以「身」爲體，然後又以「心」爲身之體。再順次說「心、意、知、物」。由「心」以下三層說「體」之涵義，已疏解如上文；然此種疏解能否適用於由「心」反溯往「身」以及「天下、國、家」各段落之體用關係，則尙須小心檢查。

解「心」以「意」爲「體」等語時，上文之疏解乃取「本性義之內容」說「體」字，換言之，自心之本性或本有之功能言，其內容只能是此能主宰能定向之「意」；其下解「意」以「知」爲「體」等語，亦皆可取此一貫之詞義爲說。但今說至「心」爲「身之體」時，卽似稍有困難，因此「身」若作爲一事實之存在看，則「身」之「內容」似難說只有此「心」。然此種困難尙不算嚴重，因吾人仍可說個別之人有其個別性之存在，此存在卽名之爲「身」；而人之存在原以「心」爲其「本性義之內容」，此外一切物理、生理及心理因素皆可視爲「偶加之內容」，故專取「本性義」言「身」之「內容」，仍不妨說此內容只是「心」。此處雖不若說心意知物時之暢順，尙無不能克服之困難。今若再推至「家」、「國」、「天下」，則問題之嚴重性顯有不同。蓋自「家」以上，皆必涉及外在世界，又必涉及「他人」；此處如直接用上文之疏解，卽有明顯困難，蓋說一心之活動時，由於「意」、「知」等本與「心」不可離，故於其間論「體用」（仍依蕺山自己之用法說），既無內外相隔之問題，亦無一心與衆心之問題，而說及「家、國、天下」時，則處處有此兩面問題出現，非可輕易跳過也。

然則蕺山說「身者天下國家之統體」時，是否有意對「體」字另選一用法？此則又極不近理，蓋蕺山之學說最後歸於「合一觀」，乃無可疑者，此點有「存疑雜著」及其他最後言論爲證據；而若一面追求「合一」，另一面將「體」字又分爲兩種，則「體」已有二義，如何「合一」乎？故此一假定全不可立。

蕺山若不能不以同一意義之「體」，既說「心意知物」，又說「身家國天下」間之體用關係，則蕺山對「家、國、天下」之爲事實之存在以及涉及他心兩點，取何種態度，卽成爲學者了解或講述蕺山之學時，必須面對之重大問題。

此一問題，在已往解說蕺山學說者，似從無明確解答。玆但取一理論析解之態度以試作解答，則先須指出以下兩點：

第一：就「他心」問題說，此卽涉及「衆多主體之並立界域」之觀念，此觀念一向爲儒學所缺，故蕺山實亦未覺察此問題；吾人今日亦不能强說蕺山對此問題有何態度。

第二：就客觀存在或事實世界之地位講，則蕺山實有一確定態度；此一態度，簡言之，卽是將「事實世界」或「存在」全部收入一心靈語言說之。而此亦正是吾人講解蕺山之「合一觀」時最後應加論析之重點所在也。⑲²

下節卽以「存有方面之合一觀」爲題，專論蕺山如何將一切存在及存有收入其心靈語言中。此處先承上文對上文述及之「家、國、天下」之「體用」關係問題，預作一簡單交代。此卽：當蕺山將存在及存有皆收入其心靈語言時，則所謂「家、國、天下」，實皆化爲「此心在家、國、天下等等層面上之活動」，而將「家、國、天下」之客觀存在性消去。而當如此看「家、國、天下」時，則自可仍循前解說「身」爲其「體」，蓋此各層面之活動，皆不外此身之活動，離此「身」，則亦無其他內容可言矣。但此解雖與解「心意知物」之說時一致，然必須在已將存在及存有化歸心靈語言後方能成立，故如何化法，方是關鍵；由此又可知蕺山此一思路亦是其整個學說中必不可缺之重要環節也。

(3) 對存有之解釋之合一觀

上文屢言「存在」及「存有」，因此二詞涵義不同。但「存有」可包括「存在」（因「存在」可視爲「時空中之存有」，或用其他限制語加於「存有」上亦卽可得「存在」之概念），故此節只以「對存有之解釋」爲題。

蕺山解釋「存有」之理論，主要在於崇禎十六年所著之「讀易圖說」及崇禎七年所著「人譜」。「讀易圖說」代表蕺山晚期思想，自不待言；「人譜」雖較早，然亦在蕺山殉國之年改訂[193]，自亦代表其最後意見。但「人譜」正篇只有「人極圖」，所謂續篇中則以論工夫爲重；故其解釋「存有」之理論，仍當以「讀易圖說」爲主要資料。但觀此「圖說」之前，尚有數點應先提及者。

案蕺山論「理氣」，原常有「合一」之說，如「學言中」云：

> 「理卽是氣之理，斷然不在氣先，不在氣外；知此則知道心卽人心之本心，義理之性卽氣質之本性。千古支離之說可以盡掃。」[194]

所謂「理卽是氣之理」，最須愼作解釋。蓋此語若單獨看，則可表不同之思想傾向。例如，就「理」之不能自存言而說只是「氣之理」，則卽有「虛名論」（Nominalism）之傾向。又如以「氣」爲第一序觀念，而將「理」視爲「氣」所涵有或所呈現之規範條理，則卽是以宇宙論爲中心之思想傾向。蕺山之後，如王船山、顏習齋等人皆取此類哲學立場。而蕺山此語之本旨則大異。蓋合蕺山其他著作言論觀之，則蕺山之思想傾向在於將天地萬物收歸一心；而其言「理」時，則一面說「性卽理也」[195]，另一面說「凡所云性，只是心之性」[196]，則「理」亦只是「心之理」矣。其言「氣」時，則說「盈天地間，一氣也，氣卽理也」；則「氣」亦只是「心之氣」。合而言之，「理卽是氣之理」總因「理」與「氣」皆不能離此「心」而成立。換言之，蕺山此語，只是說「氣」不能離「理」，「理」亦不能離

「氣」，二者皆統於「心」而已。

此種旨趣，在蕺山先後言論中雖屢屢顯出，但蕺山立論時時輕重不同，故每易令人誤解。故稍作解釋。

除將「理」與「氣」合一外，又常將「心」與「天」合一。如云：

「天者，無外之名，蓋心體也。」[197]

而其釋中庸「天命之謂性」三句，乃云：

「心生之謂性，心率之謂道，心修之謂敎。」[198]

此則將「性、道、敎」三觀念皆統於一「心」，而「天命」竟以「心生」代之矣。又解詩經云：

「詩云，維天之命，於穆不已，蓋曰：心之所以爲心也。」[199]

此皆明以「天」與「心」合一也。

但此處所說之「天」，乃形上意義之「天」，若與「地」對舉之「天」，則視爲萬有之一，而其論「心」與萬有之關係，則斷言萬有皆是「心」之所包。其言云：

「身在天地萬物之中，非有我之得私；心包天地萬物之外，非一膜所能囿；通天地萬物爲一心，更無中外可言；體天地萬物爲一本，更無本之可覓。」[200]

依此，則「心包天地萬物之外」，顯然「天地萬物」皆在「心」之「內」；而所謂「氣」本即指萬有之存在內容而言，萬有皆在「心」內，亦即「氣」不外「心」而立之義。另一面則謂「天下無心外之性；惟天下無心外之性，所以天下無心外之理也。」[201]如此，「理」與「氣」皆統歸於「心」，「天」無論取形上義或自然義，亦皆必攝歸於「心」矣。故「天」與「心」之合一，實「理氣合一」一斷定之當有之論果也。

「理氣合一」導致「天」與「心」之「合一」；再推而言之，則所謂「道」亦皆與「心」合一，故蕺山在「原道」上篇，即將形上觀念、德性觀念、存在觀念及文化觀念皆統於「道」，而攝於「心」。其言云：

「道其生於心乎！是謂道心，此道體之最眞也。而惟微者其狀耳。微而著焉，兩端見矣。立人之道，仁與義是也。仁義其道之門乎！仁其體也，義其用也。一體一用立，而易行乎其間矣。生生之謂易，化而裁之謂之變，推而行之謂之通，舉而措之謂之事業，上而際謂之天，下而蟠謂之地，中而蕃殖謂之物，積而無窮謂之世，明之爲體樂，幽之爲鬼神，治之爲刑賞，布之爲紀綱，成之爲風俗。類而推之，莫非道也；約而反之，莫非心也；踐而實之，所以成人也。」[202]

案此文以言「道」與「心」之「合一」爲主旨；其列舉各觀念中，最可注意者是「易」一觀念，蓋「生生之謂易」一句，正宋儒以來言「天道」者之依據；凡說形上義之「天」者，皆落在此一「易」觀念上，倘將此觀念收於「心」中，則由此觀念所衍生：一切宇宙論觀念以及文化歷史觀念，亦將自然皆收歸於「心」矣。至此，吾人乃可轉而觀蕺山之「讀易圖說」，蓋收「易」於「心」，正是此「圖說」由「心」言「太極」之論旨也。

「讀易圖說」作於崇禎十六年正月，代表蕺山對存有問題所取之「合一觀」。「圖說」前蕺山有序云：

「余嘗著人極圖說，以明聖學之要，因而得易道焉。盈天地間皆易也，盈天地間之易皆人也。人外無易故人外無極。人極立，而天之所以爲天此易此極也，地之所以爲地此易此極也。故曰：六爻之動，三極之道也；又曰：易有太極，三極一極也。人之所以為人，心之所以為心也。」203

案此卽申明自作「人極圖」卽有「人外無易」、「人外無極」之宗旨。而「讀易圖說」乃更進一步之發揮耳。故續云：

「惟人心之妙，無所不至，而不可以圖像求；故聖學之妙亦無所不至，而不可以思議入。學者苟能讀易而見吾心焉，盈天地間皆心也。任取一法以求之，安往而非學乎？因再述諸圖而復衍其說於後，以補前說之未盡。總題之曰：讀易圖說，誠亦自媿瞽見矣，殆繇是發軔焉，庶存跬步之一跌云。」204

案蕺山自謂此「圖說」是推衍「人極圖說」，卽所謂發揮之意。然自今觀之，則「人極圖說」首言「無善而至善，心之體也」，卽以此「心體」為「太極」，固已有攝萬有於一心之意，但重點在「善」上。最末說至「盡人之學」，仍是工夫為主205。而「讀易圖說」則第一圖卽示「人心妙有之象」，其下論太極、陰陽、天地，及先天、後天、四氣、十二象等等，皆冠以「人心」字樣；第十、第十一兩圖則分表「人心六合一體之象」及「人心萬古無窮之象」，總之，皆示萬有在「心」之中；其重點正在於收攝「存有」於一「心」。此正是「人極圖說」中所未有之義。故蕺山所謂「以補前說之未盡」，正落在「收攝存有」一義上；而「讀易圖說」在此意義上，卽為完成蕺山「合一觀」之著作，非「人極圖」只重言「善」、言「工夫」者所能限制矣。

「讀易圖說」最後一圖（第十二）示所謂「人心六十四卦三百八十四爻之象」；而云：

「造化之理，新新故故，相推而不窮；如草木之榮枯，昆蟲之起蟄，日月之晦明，四時之盛衰，氣運南北之往來，陵谷之遷徙，莫不皆然。」206

此說卽將易經所標示之萬有生成變化之過程皆收歸「心」中。此處應注意者是：蕺山言此種「造化之理」，并不就人之意志思想說，而就自然世界說，蓋其主旨正在於將通常所謂「客觀世界」收於一「心」中。觀此，蕺山對存有問題之最後斷定亦卽顯豁無疑。一切存有皆收入一「心」；天人、理氣等等區分，皆視爲權說，此所以爲「合一觀」也。

年譜記「著讀易圖說」條下，有註云：

「按太極圖說謂天以陰陽五行化生萬物，物鍾靈有人，人合德爲聖，似一一有層次。先生獨言人卽天卽地，人心中具有太極陰陽五行萬化之理。人極圖說與語錄中備言此意，至讀易圖說則發揮無餘蘊矣。」207

濂溪舊說，乃以形上學及宇宙論混合而立者，故在哲學模型上看，是一「天道觀」系統，卽所謂由「天道」以下貫「人道」之系統。蕺山所立之「合一觀」，則萬有合於一「心」，在哲學模型上看，是一「心性論」系統，正承陽明路數。學者於此種大關目如能正視，則可說蕺山生平雖常議陽明之說而對濂溪反多有推許之言，其自立之系統實乃濂溪系統之倒轉，而爲陽明系統之極度擴張。今卽可用此論斷以結束對蕺山學說之敍述。

(三) 簡評

蕺山學說要旨已如上述。茲當對其中所涉理論問題，略作評論。

首先，就蕺山學說之發展歷程言，蕺山最初只主「愼獨」一義，後轉至「誠意」宗旨，而歸宿則在「合一觀」；此中之主脈只是一工夫論。蓋蕺山之所謂「聖學」，確只是所謂「內聖」之學；說心說意，說中和，說性情，皆為解釋此「成德」、「成聖」之工夫而立，至於對萬有之觀點，亦皆繫歸於此工夫觀點。總而言之，一切觀念皆以工夫論為中心，故對於所謂「客觀領域」，實未嘗承認其獨立意義。此卽蕺山學說之最大特色；欲評其得失短長，亦當注目於此。

若具體言之，則可就「知識問題」及「制度問題」着眼。

陽明以「良知」說「知」字之意義，已將認知活動之獨立領域置諸不問，對於與認知問題相連之「存有問題」，則陽明只說「此是乾坤萬有基」而已。此固透露陽明以為一切客體依於主體之義，然未詳說。畢竟陽明如何解釋「世界」之建構，仍可視為一未作決定之問題。蕺山則不僅承陽明之意，而以「知」為「良知」，且將「心、意、知、物」層層收攝。於是，一面說：「心卽天、卽地、卽萬物」[208]，另一面以「意」為「心之體」。而此「意」卽主宰定向之純自覺。在此意義下，所謂「物」只能統指此「心」（或此「人」）之一切活動，故說「物無體，卽天下國家身心意知以為體」矣[209]。此點在蕺山平生言論中，雖偶有不同之說[210]，然就其主旨及歸宿看，「物」實只能如此解也。

依此，則所謂「物」并非具客觀意義之「外物」，於是「認知問題」及「存有問題」在此一語言系統中皆被排去。此則較陽明之說更為徹底；然同時陽明學說之遺「客觀化問題」而不論之弊，在此亦更為明顯矣。

再就制度問題而論，陽明雖未肯定此種「客觀化」之領域，但強調「親民卽所以明明德」，則對客觀義之文化制度，尚可有某一程度之肯定態度。蕺山則只說「人」、說「心意」、說「覺」，至論「明德」時，則以為「己之明德」直接「與天下國家并無二體」[211]。此純就「內聖」一面說，固無不可通處，然其不承認政治生活之獨立領域固甚明顯；於是只能以「身」為「天下國家之統體」，而更不能對

「制度問題」之獨立領域有所注意矣。

總之，蕺山學說在發展歷程中，雖對某種問題有畸輕畸重之語，然就其總方向與歸宿而論，則完全排除「客觀領域」，是其系統之特性；不僅離主體而言時，一無可立，卽就主體性而言時，蕺山之主體性（意）亦只有「定向」之功能，而無「建構」功能，故亦不能有所謂「客觀化」矣。

蕺山以後，王夫之、顏元及更後之戴震等，雖立說層次迥殊，而皆有強調「客觀領域」之傾向，正與蕺山之學相映成趣。從哲學史觀點講，陽明所代表之「心性論」模型之哲學，至蕺山已發揮至極。此後若無一大躍升，則勢必回轉至其反面，故此種演變亦屬易於想見者也。

以上乃就蕺山整個學說立論；若涉及學說內部之問題，則可供評論者殊多。但此處不能一一詳及。然此中有頗關重要者，茲再略舉一二，以提醒學者留意。

蕺山之思路有一最大特色，卽喜消滅理論上種種區分。此點原未必是病；蓋一切區分原依語言思辯中之功能而立，非有任何自存之實在性也。然立說中必不能不取某種區分，故若於應作區分處強去此區分，則結果必有大弊。蕺山忽視之區分，最重要者在於經驗意義與超驗意義一層。欲說明此點，最佳證據莫過於蕺山論「四情」之說。

以「喜怒哀樂」爲獨體所本有，故不取「已發義」，此是蕺山之說。然若如此說，則「四情」當屬於超驗心中之四種形式，此點蕺山亦未嘗不屢屢言之。但蕺山論及「四情」時，卻以之配「元亨利貞」及「春夏秋冬」。「元亨利貞」作爲四個形上觀念，尚不妨礙「四情」之超驗性，「春夏秋冬」則明明屬於經驗觀念，如何能與四種超驗形式相配乎？天體之運行是一經驗事實，既無必然性，亦無恒常性。「喜怒哀樂」如視爲有超驗性之形式，則如天體運行有變，應亦不受影響。今蕺山以「四時」配「四情」，顯然混亂「經驗」與「超驗」之區分；憑空多出一極脆弱之論點矣。朱熹以其宇宙論立場，亦曾有此種四四相配之說，正是其理論弊病之一；蕺山取心性論立場，更不應承此錯誤觀點而立說也。

此種忽視理論區分而招致理論混亂之病，在其他問題上亦屢屢可見。此處姑不詳說。

其次，蕺山之用語又常另有一病；此卽隨意借用佛教語言是也。講哲學問題而利用已有之哲學語言，本屬當然；但此中分寸在於理論意義之相應與否。倘佛教語言中某種詞語或表述方式果有與自己面對之理論問題有相應處，則自不妨借用以供闡釋。否則，隨意借用，則原有詞語所攜帶之某種色彩卽無端侵入自己之理論，不能使己說借之而明，反致生出多餘之混亂矣。蕺山論「意」，原指主體性言，故言「獨體」、言「本覺」、言「心」中之「主宰」，均無不當；然蕺山則屢屢用「意根」一詞，而不顧及「根」字在佛教語言中乃指述經驗義之官能，決無超驗之主宰性也。蕺山濫用「意根」一詞，遂致謂「愼獨」之學，乃「向意根上討分曉」[212]；另一面又責佛教不應以「意」爲「粗根」，不應「以意夷之六根」[213]，其實何必借用此「根」字，生出種種詞語上之雜亂乎？借用此字，實於闡釋「誠意」無補也。此外，如借用佛教之「識」字，亦同此病。學者自讀其書，不難發現，不必備論矣。

此外，蕺山述及他人之學說，每每隨己意以詮釋，故全書中此類問題極多。學者但能了解此點，不通過蕺山以解說前人之學，卽不致有誤。

以上皆就蕺山學說之缺失而言，然最後應申明者，是蕺山學說之重要性及其價值，幷不因此而動搖。蓋就缺去「客觀領域」及「客觀化」觀念而言，此原是儒學之通病。蕺山純以「成聖」或「內聖之道」爲其宗旨，亦屬儒學之通義所在；由此通義而導生此通病，亦非蕺山特有之過失。不過蕺山系統極力收攝萬有於一心，於排除「客觀領域」一點最爲徹底，故此通病在蕺山系統中爲特顯耳。學者倘以廣大心胸，縱觀各家學說，則當知一切既定之說必皆有其限制，亦卽有某種缺失。就哲學及文化思想之進展言，則人自當步步克服已有之傳統學說之缺失而求發展，然此非謂「絕對完全之學說」可以獲得也。且發展正以已往之成績爲基礎，故求發展時，今人雖當致力於補前人之缺，正前人之失，但此非謂前人之成績可以抹煞。知此，則學者無論觀整個儒學傳統或一家之說（如蕺山學說），皆當取其長而知其短，以求哲學思想之確定發展，而不可因見得前人之缺失，遂棄前人之成績也。

蕺山所立之系統，乃陽明一支思想中最後出亦最徹底之系統；只此一點，已足使學者了解蕺山學說之重要性，至其論性情及工夫時種種獨到之見，則不待贅論。梨洲學案終于蕺山，而視蕺山之學爲能決千古之疑者；就「心性論」而言，梨洲之說亦非過譽。本書對蕺山之評述卽在此結束。

至於清儒因反陽明後學，而涉及對蕺山之疑議者，則多屬隔靴搔癢，不待論析也。

註釋

❶：見錢著陽明文集序。
❷：九諦九解之文，見明儒學案卷三十六周海門一節。卷四十一許敬菴一節亦可參看。
❸：陽明屢謂：「知者心之體」，而此「知」字自卽指「良知」。
❹：見六祖壇經，懺悔品。
❺：參看本書第二章。
❻：參看本書第五章述陽明學各節。

❼：見明儒學案，卷三十載薛氏語錄。
❽：同書，同卷，黃氏案語。
❾：同上。
❿：見明儒學案，卷十。
⓫：參看本書第二章對宋明儒學之總說。
⓬：關於朱熹與龍川之爭論，可參閱本書第四章，朱熹之敵論一節。
⓭：見明儒學案卷五十八，東林學案前黃氏案語。又在「南雷文定」中黃氏此類言論屢見不鮮，學者可參閱。
⓮：見顧著：小心齋箚記，卷七。
⓯：見小心齋箚記，卷四，與唐仁卿談良知一節。
⓰：同上書，同卷。
⓱：同上書，同卷。
⓲：同上書，卷二。
⓳：同上。
⓴：同上。
㉑：同上。
㉒：同上。
㉓：在箚記卷二、卷四中均有此語。
㉔：小心齋箚記，卷十一。
㉕：同書，卷五。
㉖：同書，卷九有「性，天道也；學，人道也」二語，此外類此說法尚多，不備引。

㉗：同書，卷三。

㉘：同書，卷十五。

㉙：同書，卷一。

㉚：同書，卷三。

㉛：同書，卷四。

㉜：見涇皐藏稿，卷十一，虎林書院記。

㉝：同上。

㉞：小心齋劄記，卷十八。

㉟：同書，卷九。

㊱：如容肇祖在其「明代思想史」第九章中，卽有此說；蓋容氏未了解顧氏之全盤思想，故有此誤也。

㊲：小心齋劄記，卷四。

㊳：參閱遺書中「東林會約」關於「四要」一節。

㊴：小心齋劄記，卷十。

㊵：案所謂「愛其親」、「敬其兄」等，原是孟子用語。此自與特殊社會結構及風習有關。孟子以此爲例，不過欲表明人除有動物性外，尙有尊規範，離開形軀滿足而愛他人之能力。今以「價值意識」解之，取孟子之本意，不拘於其所涉之具體事例。此點學者宜詳辨其分寸所在，則不致誤解前人理論矣。

㊶：同註三十九。

㊷：見小心齋劄記，卷五。

㊸：案「心學」與「理學」分爲二系，本非一可取之觀點。此點可參看本書前章論宋明儒學之分派一節。

㊹：見劄記，卷八。

㊺：劄記，卷七，記有或問顧氏少時喜陽明說亦喜談禪，後仍稱陽明而於禪則絕口不言等語，可參看。
㊻：劄記，卷六。
㊼：劄記，卷三。
㊽：同上。
㊾：劄記，卷五。
㊿：案高子遺書，卷八上載有二人論格物之資料，其中顧氏屢疑朱氏於「一草一木」處「格物」之說；蓋顧氏其時不信求經驗事物之理於成德有何重要性也。
51：劄記，卷七。
52：同上。
53：同上。
54：小心齋劄記，卷十八，最末一條卽謂：「語本體只是性善二字，語工夫只是小心二字」。此卽涇陽立說之大宗旨也。
55：見劄記，卷十一。
56：見涇皐藏稿，卷八。
57：見黃宗羲著明儒學案，卷六十，顧涇凡先生傳文。
58：同書，同卷所載顧涇凡論學書。
59：見華允誠著「高忠憲公年譜」嘉靖四十一年條。
60：高子遺書，卷三，困學記。
61：同上。
62：同上。

㊸：同上。

㊹：同上。

㊺：同上。

㊻：同上。

㊼：「勿忘勿助」，語出孟子，其本意涉及訓詁問題，可參看本書第一卷論知言養氣一節。宋儒以兩端之義說「忘」與「助」，雖與孟子原文之意不同，但成爲一習用說法，高氏於此亦只沿用成說以發揮自己之見解，非必合於孟子之原意也。

㊽：案此卽心齋答人問大學之語，見語錄。明儒學案卷三十二亦載此段。

㊾：遺書，卷三，大學首章廣義。

㊿：同上。

71：同上。

72：同上。

73：案高氏在廣義之末評李見羅之說，卽謂李輕視「格物」，蓋李說固未將「致知」與「格物」皆收入「知本」一觀念中也。

74：遺書，卷三，心性說。

75：同書，同卷，氣心性說。

76：同上。

77：同上。

78：同上。

79：遺書，卷一，語。（此爲高氏自訂而編入「就正錄」者；因非弟子所錄，故不名爲「語錄」）

80：同上。
81：同上。
82：同上。
83：同上。
84：遺書，卷三，中說。
85：遺書，卷三，心性說。
86：遺書，卷二，語。
87：遺書，卷三，理義說。
88：遺書，卷一，語。
89：遺書，卷三，氣質說。
90：遺書，卷一，語。
91：遺書，卷九，重鍥近思錄序。
92：遺書，卷九，重刻諸儒語要序。
93：遺書，卷三。
94：遺書，卷九，王文成公年譜序。
95：同上。
96：遺書，卷九，虞山書院商語序。
97：遺書，卷九，崇文會語序。
98：案黃氏學案之分卷，非只依時間次序，而以學派爲主，故「姚江學案」在卷十，而與陽明同時之湛甘泉，則在卷三十七。又明末之方孝孺以列於「諸儒學案」故，在卷四十三。凡此皆不依年次之例也。

99：參看黃宗羲：子劉子行狀。劉子全書。卷三十九附錄。
100：同上。
101：見全書，卷四十，年譜，萬曆三十一年條。
102：同上，萬曆四十二年條。
103：見全書，卷二十三。
104：參閱：全書，卷十，學言上，首段之註文。
105：參閱：註一〇二，及全書卷二十三，心論。
106：年譜，天啓六年條。
107：年譜，天啓七年條。
108：同上。
109：同上。
110：年譜，崇禎四年條。
111：見劉子全書，卷三十九，附錄，黃宗羲著：子劉子行狀。
112：同上。
113：同上。
114：年譜，崇禎五年條。
115：同上。
116：參閱：全書，卷八。
117：見年譜：崇禎九年，「始以大學誠意中庸已未發之說示學者」條下註語。
118：案年譜此段註語末云：「自此專舉立誠之旨，卽愼獨姑置第二義矣」，其實劉氏晚年亦未嘗不講「愼獨」工夫，第早年言「愼獨」時，未立自家系統；此後則系統已立，「愼獨」亦納入此系統中而說。其分別在此。

⑪⑨：見年譜：崇禎十六年，十二月「書存疑雜著」條下註語。

⑫⓪：參閱本書前節，及年譜：萬曆四十二年條。

⑫①：參閱年譜：萬曆四十三年條。

⑫②：見年譜：崇禎十五年六月條附記。又全書，卷十九，答葉潤山第四書。

⑫③：參閱年譜：崇禎九年條。

⑫④：全書，卷十，學言上。

⑫⑤：見年譜：天啓六年條。

⑫⑥：同上。

⑫⑦：學言上。

⑫⑧：同註一二二。

⑫⑨：全書，卷二十一，「書」部，書鮑長孺社約。

⑬⓪：全書，卷二十一，「序」部，宋儒五子合刻序。

⑬①：可參看：全書，卷八，良知說。

⑬②：全書，卷十，學言上。

⑬③：同上。

⑬④：同上。

⑬⑤：同上。

⑬⑥：同上。

⑬⑦：全書，卷十二，學言下。

⑬⑨：同上。
⑬⑨：同上。
⑭⓪：同上。
⑭①：同上。
⑭②：同上。
⑭③：全書，卷八，良知說。
⑭④：王一菴先生語錄。明儒學案卷三十二。
⑭⑤：案蕺山未見一菴集，董瑒在「劉子全書抄述」中言之甚詳。學者可參閱全書，卷首，抄述中談「學言」一段。黃氏學案中亦言及。
⑭⑥：王一菴語錄。
⑭⑦：全書，卷十一，學言中。
⑭⑧：同上。
⑭⑨：陽明四句敎中以「心之體」與「意之動」對說。另一處則以「理之靜」與「氣之動」對說。皆分別定立「無善無惡」及「有善有惡」之境域之語也。參看，傳習錄答薛侃語。
⑮⓪：全書，學言中。
⑮①：全書，卷八，治念說。
⑮②：同上。
⑮③：同上。
⑮④：同上。
⑮⑤：同上。

156：全書，卷九，問答，答董生心意十問。
157：同上。
158：同上。
159：同上。
160：同上。
161：同上。
162：同上。
163：同上。
164：見答董生問最末一段。
165：見全書，卷五，聖學宗要末案語。
166：全書，卷十一，學言中。
167：同上。
168：同上
169：全書，卷九，商疑十則，答史子復第六條。
170：同上。
171：答史子復，第五條。
172：答董生心意十問。
173：全書，卷十一，學言中。
174：見學言上。
175：答董生心意十問。

176：全書，卷四十，年譜，崇禎十六年「十二月書存疑雜著」條。

177：同上。

178：同上，註文。案此節大義亦見於「行狀」。

179：皆見全書，卷十二，學言下。案學言下即所謂「存疑雜著」，猶學言上即「獨證篇」，蓋「學言」之名，原屬編書諸人所加也。

180：全書，卷十一，學言中。

181：參閱本書第五章論王門後學一節。

182：此語亦見答葉廷秀第四書。

183：此說見於崇禎五年（壬申）寄秦履思第六書，載全書，卷十九。

184：此點見全書，卷十二，學言下。前文已引及。可參看。

185：全書，卷十二，學言下。

186：參看全書，卷九，商疑十則，答史子復。

187：同上。

188：學言下。

189：學言上。

190：同上。

191：南雷文定，前集，卷四。

192：此處所用「心靈語言」一詞，係本書作者所擬定者；如與現代哲學中所謂"Thing-Language"比觀，則所謂「心靈語言」即指"Mind-Language"，非「心理語言」之謂，學者不可誤會。

193：全書，卷首，抄述云：「……首人譜，如王子全書首傳習錄。劉子於乙酉五月改訂……。」又年譜於乙酉年五月記「改訂人譜」，下記云：「先生於譜中未當者再加改正。是書凡三易稿始定」。可知現有之「人譜」定本，實蕺山最後訂正者也。

194：學言中。

195：同上。

196：學言下。

197：學言中。

198：同上。

199：同上。

200：學言上。

201：全書卷七，原旨，原學中。案原旨各篇皆崇禎十五年作，皆指向「存疑雜著」中種種結論，故可互證。

202：全書卷七，原旨，原道上。

203：全書卷二，讀易圖說自序。

204：同上。

205：參閱：全書卷一，人譜正篇，人極圖說。

206：全書卷二，讀易圖說第十二圖。

207：見年譜，崇禎十六年條。

208：見全書卷六，證學雜解，解一。

209：見學言上。

210：如原旨七篇中之原心篇，謂「盈天地間皆物也，人其生而最靈者也。」又似以常識觀點說「物」，而以「人」爲萬物之一。然此種觀點只是過渡時期之說法。至「合一觀」完成，則太極陰陽天地皆收歸於一「心」而說，則「物」終非「外物」矣。

211：見全書卷三十六，「大學古文參疑」解語。

212：見全書卷六，證學雜解。

213：見全書卷九，商疑十則，答史子復。

第七章　明末清初之哲學思想（下）

——清初哲學思想之代表人物

上文述劉蕺山之學，蕺山於福王事敗時自盡，故劉氏之學說眞乃明末最後一家。明亡後，清初儒者有所謂三大家，卽黃宗羲、顧炎武及王夫之是也。以當時聲名而論，顧黃均遠出王氏之上，然專就哲學思想言，則顧氏實無特殊理論。黃氏則承蕺山心性之學，而在政治哲學一面別有卓見。至於王氏，則其在世時名雖不彰，其立說則遙承橫渠而別立系統，就哲學史標準言，其重要性固過於顧氏也。本節卽先論黃宗羲之思想，再對顧氏治學之態度及其歷史影響略作陳述，然後再析論王夫之之學說。

三大家以外，又有顏元李塨，號稱「顏李學派」；其說雖未臻高明之境，然亦頗有應加敍述之特色。本書雖不作詳介，亦將於論三家之後，略述其要。而本章以「明末清初之哲學思想」爲題，亦卽在述顏李後結束。

（A）黃宗羲

黃宗羲，字太沖，晚號梨洲。生於明神宗萬曆三十八年，卒於清康熙三十四年，以公元推之，其生卒年代爲 1610—1695 A. D.。

黃氏父尊素，爲東林重要人物，天啓間爲魏忠賢所害，故黃氏幼負家仇，時人目之爲忠烈之後。黃氏師事劉蕺山，亦承父命也。

黃氏治儒學雖宗蕺山，然其人興趣廣泛，於經史之學無所不通，尤精於曆法。明亡後從魯王抗清，曾於行朝中任左副都御史；又組織四明山寨，推動民間之反清運動。魯王事敗後，梨洲乃流亡四方，續圖興復。及桂王再敗，始絕意興廢之事，而講學浙東。門下人才頗盛。清廷屢欲徵召梨洲入京，梨洲皆拒之，僅於修明史時，遣弟子萬斯同參與其事，然萬斯同亦仍是以「布衣」身份參與修史也。

梨洲晚年與呂晚村不合，故呂氏於梨洲頗有譏議，然以客觀眼光論之，則梨洲終不出仕於清朝，其大節無虧，固無可疑。

梨洲長於史學，博覽宏識，在在見於其著作中。本書以哲學思想爲限，不能詳及其他，以下僅取其最關重要之著作，一論其思想之特色。

梨洲思想就其涉及哲學內部問題一面言，在於重視哲學思想之流變；故梨洲雖宗陽明蕺山，而於明代儒學思想之種種分歧變化，皆至爲留意。此種特色即表現於其「明儒學案」中。其次對中國傳統文化之弊，梨洲亦有一種反省工作；雖在表面言，梨洲亦如其他儒者之崇古，然就其反省所至言，實發現傳統文化中之大缺漏。此種特色則表現於其「明夷待訪錄」中，蓋梨洲對中國政治制度之基本問題，反省最爲深切也。此外，梨洲雖承王劉心性之學，然極不以俗儒之空疏不學爲然；故其論學，重經史之客觀了解。此點雖與日後乾嘉學風下惡言心性之態度不可混爲一談，然乾嘉考證訓詁之學，未嘗不受梨洲思想此一方面之影響。梨洲此種思想特色，固無一專書可作代表，然於其論說書札中則在在可見也。

由此，以下卽分三項論述梨洲思想。先就「明儒學案」觀其哲學思想，再以「明夷待訪錄」爲據，觀其政治思想，最後一述其論學之言。

（一）「明儒學案」中表現之思想

本節所論，重在「明儒學案」一書所表現之梨洲哲學思想，故不詳述其書之內容。又梨洲曾編著「宋元學案」而未成，後由黃百家、全祖望諸人陸續補成之。其書又遠不及「明儒學案」之有條理亦有斟酌，故不在此論及。蓋欲觀黃氏之哲學思想，「明儒學案」方是基本資料也（以下稱「學案」）。

學案最初由許酉山及萬貞一各刻數卷，未竟全書；其後賈若水錄其全稿，而由其子醇菴刊印。賈刻本與萬刻本又頗有不同處。故至道光元年又有莫氏重刻本，以抄本爲據，依萬刻本另加訂正，此卽今傳之本也。賈刻本成於淸康熙三十二年，梨洲已老病，然猶爲賈本作一短序。序文中對其哲學觀點及著學案之宗旨頗有明確陳述。序文開始卽謂：

「盈天地皆心也；變化不測，不能不萬殊。心無本體，工夫所至，卽其本體。故窮理者，窮此心之萬殊，非窮萬物之萬殊也。」❶

按此段含有兩論點，應稍加析述。

第一：言「盈天地皆心」，是從蕺山所謂「盈天地間皆道也」❷及「盈天地間一氣也」❸等語化出，然命意所重又有不同。蕺山前一語意在說道與事之不離，後一語意在合理氣爲一，皆是其「合一觀」之表現。梨洲此處則意在確指「理」不外於「心」而自存；蓋梨洲極反對以「理」爲存有而以「心」爲觀理之能力之法，故其所重者在以「窮此心之萬殊」一語。此一立場在答萬充宗書中亦明言之。其言云：

「夫自來儒者，未有不以理歸之天地萬物，以明覺歸之一己，歧而二之，由是不勝其支離之病。陽明謂良知卽天理，則天理（或作「性」）明覺，只是一事，故爲有功於聖學。」④

旣以爲以理爲心之所觀所對爲「支離」，則梨洲言「理」皆視爲「心之理」，固直承陽明之敎，而與荀卿之論「心」，朱熹之論「理」皆直接排斥矣。

「理」只是「心之理」，故萬物所呈現之萬殊，只是心之理之萬殊之外化，故一本萬殊不分就心與物說，而收歸一心說。此亦合符蕺山之理論立場。蕺山亦謂「止此一心」也。

又蕺山本合「人心」與「道心」爲一，而梨洲旣只言「心之理」，則亦不能立「道心」於「人心」之外。故於宋儒所謂虞廷十六字之傳，絕不尊信。梨洲晚年，閻若璩「尙書古文疏證」一書脫稿乞黎洲爲序，梨洲卽於序文中痛切辨析，以「十六字」爲「理學之蠹」。其言云：

「憶吾友朱康流謂余曰：從來講學者，未有不推源於危微精一之旨，若無大禹謨，則理學絕矣，而固僞之乎？余曰：此是古今一大節目，從上皆突兀過去。允執厥中，本之論語；惟危惟微，本之荀子。論語曰：舜亦以命禹，則舜之所言者，卽堯之所言也。若於堯之言有所增加，論語不足信矣。」⑤

案梨洲因閻書證古文尙書之爲僞作，影響前代儒者之立論根據，故先引朱康流語而爲之答。蓋宋儒最喜用所謂「十六字」之說，後人因襲其言，遂似將此僞書資料作爲理學立論之依據。今證此「十六字」乃僞作，似乎卽使大部宋儒理論發生問題。其實此是歷史標準一面之問題，可推翻朱熹所造之「道統」觀念之一部，原與理論得失無決定關係。然梨洲卽借此淸理僞書之機會發揮其在理論一面之主張。

更進一步指出此種根據僞作資料而立之理學理論，在方向上亦由其依據之乖謬而成爲乖謬。此處之理論關鍵則在於「十六字」中「危」、「微」等觀念原出於荀子，故依此而論「人心」、「道心」，則根本上已肯認荀子之「心」觀念，而與孔孟之方向不同矣。故梨洲在序文中續云：

「人心道心，正是荀子性惡宗旨。惟危者以言乎性之惡，惟微者，此理散殊，無有形象，必擇之至精，而後始與我一，故矯飾之論生焉。於是以心之所有，唯此知覺，理則在於天地萬物；窮天地萬物之理，以合於我心之知覺，而後謂之道，皆爲人心道心之說所誤也。」❻

此卽說所謂「十六字」，基本觀念來自荀子；此種觀念，扣實言之，卽是以「理」爲外在之存有，「心」爲觀照之能力，故「窮理」亦成爲外向求天地萬物之理。宋儒言「人心」與「道心」，種種議論皆以此「心外有理」之觀念爲基本認定，而其說在理論標準一面看，梨洲以爲大誤。若在歷史標準一面看，則梨洲亦指出違異孔孟之說之方向。故下文續云：

「夫人只有人心，當惻隱自能惻隱，當羞惡自能羞惡，辭讓是非，莫不皆然。不失此本心，無有移換，便是允執厥中。故孟子言求放心，不言求道心；言失其本心，不言失其道心。夫子之從心所欲不踰矩，只是不失人心而已。然則此十六字者，其爲理學之蠹甚矣。」❼

梨洲此論，可謂透徹明快。蓋蕺山以前諸儒，對宋儒所依據之經籍眞僞問題，尚未注意。梨洲長於史學，對眞僞之辨，其識度及能力又皆超邁前人。閻百詩原受業於梨洲，其說正符梨洲之見。旣在經籍考證一面，有客觀證據而知古文尚書之爲僞作，於是梨洲卽援用此種考證成績以駁除宋儒舊說。其言旣有確據，其意遂無保留矣。

合上所論，可知學案序文中所言，正是梨洲哲學思想中心所在；「理」不外於「心」，「道心」亦非在「人心」外另有可立者；一切「理」皆統歸於此「本心」；正是陸王之傳，亦正是孟子本旨。而蕺山之「合一觀」，最後亦不能不在此義上落實也。

第二：梨洲謂「心無本體，工夫所至，卽其本體」，此表明梨洲對「心」之了解。「心」作爲一純自由自主之主體性看，則其自身「如何活動」，卽決定自身「成爲如何」。當自覺活動達至某一層面，則此「心」卽成爲此一層面上之心，然此正是如此活動所決定者，非「心」只屬於此一層面或必屬於此一層面也。故「心」徇物則爲物化之心，「心」奉神則爲依神之心；「心」與理對則爲觀理之心；「心」反照自主則爲絕對自由之心。凡此昇降迷覺之異，皆非「心是如此」或「心是如彼」之問題，而爲「心如此活動」或「心如彼活動」之問題。此卽所謂「心無本體」，蓋「心」非被決定之存有也。而活動在梨洲卽以「工夫」名之，故又云「工夫所至，卽其本體」也。

梨洲此說，實能見主體之大本義；惜平生著作對此根本問題發揮不多；在學案中評述他人學說時，雖亦偶及此義，終不如此處序文中所說之明確。且有時多作朦朧語，反易使後人誤會。蓋梨洲雖見此根本義，其興趣傾向總偏在具體實踐一邊，故對此純哲學問題亦未嘗詳爲析論也。

合以上兩點觀之，梨洲肯定「心」之絕對主體性，又肯定此主體性爲萬理之源，故其批評佛教，便只重在「心」是否含「理」一點；而不以佛教之强調「主體性」爲病。此是梨洲之見遠過宋儒舊說處。然蕺山曾謂「釋氏之學本心，吾儒之學亦本心」⑧，而不取伊川以「本心」爲佛學、「本天」爲儒學之說，則梨洲此意固仍承蕺山之學說也。

明儒學案歷述各家之言，然其評斷皆依序文所揭示之哲學立場，固頗有一貫性。而就黃氏著此書之宗旨言，則本意卽在於將陽明之學置於一歷史背景中，從正反各面闡明陽明之大方向、大主張所在。故學案以陽明爲中心，而以蕺山爲結局。其間清理王門後學之種種異說弊端，亦皆以陽明之說隱爲標準。合而觀之，此書固非純客觀之抄錄註釋之作，而是以明確之哲學觀念爲基礎以評述諸家之哲學史著作也。倘以嚴格哲學史標準繩之，則梨洲之析解殊未臻嚴密，其敍述各家亦未能一一清理其理論結構。然此書已屬中國傳統儒學中空前之作；不唯非周海門孫鍾元之作所及⑨，且亦遠勝於未完之「宋元學案」也。

（二）「明夷待訪錄」

梨洲之哲學思想，如上節所論，略見於「明儒學案」中。梨洲之政治思想，則見於「明夷待訪錄」（以下稱「待訪錄」）。

案待訪錄作於清康熙二年（癸卯）。蓋辛丑十二月永曆帝被清人所俘而殉國，南明遂亡，梨洲在壬寅年得聞此耗，知興復無望，故著此錄，於中國傳統政治制度之大弊痛切言之，留俟後世復國者之用。此所謂「待訪」，非指清廷而言；評者或以梨洲自比箕子，遂謂欲効力於異族，則是故作曲解也。⑩

待訪錄分十三題，始於「原名」篇，終於「奄宦」篇；其中「取士」篇分上下，「田制」、「兵制」、「財計」各篇又分一二三節，「奄宦」篇亦分上下，遂成二十一篇。此中如論田制兵制等作，皆針對明政之弊而言，自今日觀之，時勢久改，僅有史學上之參考價值。但「原君」、「原臣」、「原法」諸篇，則代表梨洲對傳統政治制度之批評，意義至爲深遠，實爲中國政治思想史中之奇作。次如「置相」、「學校」等篇，亦表露梨洲對政府組織，及知識學術對政治權力之限制等問題所持之主張。了解梨洲政治思想時，此等文件亦有確定之重要性。本節卽以此各篇爲主，撮述其內容並闡明其理論意義。

在敍述梨洲政治思想前，尙有兩點應先作說明：

第一：儒者向有尊古託古之傳統。孔子欲恢復周文，故其評論當時政治之衰亂，卽每每有今不如古之意；孟子則盛稱堯舜，對殷周之事亦皆取一種理想化態度以作評述。此是儒者尊古託古之風之起源。擴而言之，先秦諸子皆面對一衰亂世界而立說，故大半皆將理想寄於古代，固不僅儒家爲然。此種風氣至漢以後竟無改變；後世儒者總喜談堯舜三代等等。談及政治時，遂照例以「古」代表理想所在。梨洲思想之內容原可視作對中國傳統政治之檢討批判，然在立論方式上，仍不脫此尊古之窠臼。如其論「君」之職分時，卽分別以「古者」如何如何，「今也」如何如何相比而言。若學者只就表面着眼，則不免誤以爲梨洲只持一種復古主義之立場。但若分別梨洲之論旨及其語言習慣，則卽不致有此種誤解矣。

第二：漢代以下，儒學成爲官學或國教，原是一歷史事實，無須諱亦無須辯。但此與儒學是否偏袒統治者則非一事。孔子本人論政之宗旨，卽是以「理分」限制權力，至孟子則明言民貴君輕，天意見於民意；實無衞護絕對君權之意向。但漢代儒生信從五德終始之說，遂開始以爲政權興廢，人民不能操其柄；另一面又以「宇宙論中心」之哲學爲基礎，而將「君」上達於「天」，由此君權益尊而民意漸輕。此種思想演爲白虎通三綱之說，民權觀念及民本觀念皆不可見。然此種儒學變質問題與儒學本旨問題固不可混爲一談。此點前文亦屢屢論及。

「君權」問題原可分兩層看。從「制度」層面看，則此問題應以「政權轉移之理性化途徑」爲主，蓋如無一正常合理之途徑以決定政權之轉移，則所謂「君權」永遠爲暴力陰謀之產物，則整個君主制度在基本上屬於非理性者。此是中國傳統政治之最大缺點。歷代儒者及其他思想家，對此問題皆罕能正視。惟孟子一人曾以「民意」之歸向作爲政權歸屬及轉移之決定條件，然其說旣未進入「制度化」層面，則只是一待發展之主張而已。後世既無人發展其說，此處之缺點亦無從補正矣。

其次，從「理分」層面論君權，則涉及「君」之「職分」問題。此則原是孔子宗旨，然後世儒者只視「君」爲「人主」，反與原始觀念相承，而離孔子宗旨。於是「君」似擁有一產業之主人，而天下百姓遂只能順從人君之意，爲人君所用，而人君一面有何應盡之職分，反無人過問。此是君主制度下君權之極度惡化之情況。對此問題，漢代以下儒者大抵只能訴之於「天」之權威，借「天意」、「天象」等以警告「人主」，對以「理分」觀念決定「君之職分」而限制「君權」之儒家宗旨，反不能深體力持。此則是中國傳統政治更進一步之墮落面也。

梨洲之批評傳統君權，重點只落在「君之職分」問題，亦卽是在「理分」層面上論君權，非在「制度」層面上論「君權」，故對於「政權轉移之理性化途徑」一大問題，未能直接有所論斷，然如順此「理分」觀念追進一步，則自可觸及政權轉移問題。蓋「君」若有必須完成之「職分」，則當其不顧「職分」時當如何？此是言「理分」及「職分」時所必涵有之問題。孟子卽由孔子之「理分」觀念進至「民意」觀念者。今梨洲之說尚未能直接涉及「政權轉移問題」，然其强調「君」有「職分」，天下非君之私產，則亦可說間接指向制度層面之基本問題矣。

以上乃學者觀待訪錄思想前應先具之了解。以下卽析述待訪錄之內容。

（a）論「君」

「君」作爲政權之掌有者，有何應盡之職分？梨洲以爲其職分在於使天下獲利免害，故「君」乃爲「天下」服務者，而非以「天下」供自身之享受者。原君篇開章卽先明此義云：

「有生之初，人各自私也，人各自利也。天下有公利而莫與之，有公害而莫除之。有人者出，不以一己之利爲利，而使天下受其利；不以一己之害爲害，而使天下釋其害。此其人之勤勞必千萬於天下之人。」⑪

此卽謂以「君」爲興公利、除公害之人，故爲「君」非一逸樂之事，而是須完成沉重任務而爲「天下」服務者。然人如不知此根本義，則以爲「君」擁有「天下」爲產業，以供享受，則卽是梨洲所痛責之「後之爲人君者」（梨洲於上段之後，曾謂「古之人君」皆知此義，故以「後之爲人君者」與「古之人君」相比而論）。梨洲之言云：

「後之爲人君者不然，以爲天下利害之權皆出於我，我以天下之利盡歸於己，以天下之害盡歸於人，亦無不可。使天下之人不敢自私，不敢自利；以我之大私爲天下之大公。始而慙焉，久而安焉。視天下爲莫大之產業，傳之子孫，受享無窮。」⑫

案梨洲此處極言君權之弊，而其問題關鍵卽在於公私之別。人君倘以公心自處，則自當爲天下人求利除害；反之，人君以私心視天下爲產業，則結果責天下人以「公」，其實乃欲使天下人皆爲「我之大私」服務。於是「君權」之下，遂可以無惡不作矣。而此種公私之辨，再進一步看，又以政治生活之目的何在爲關鍵；此卽梨洲所謂「主客」之分，故云：

「此無他，古者以天下爲主，君爲客；凡君之所畢世而經營者，爲天下也。今也以君爲主，天下爲客；凡天下之無地而得安寧者，爲君也。是以其未得之也，屠毒天下之肝腦，離散天下之子女，以博我一人之產業，曾不慘然；曰：我固爲子孫創業也。其既得之也，敲剝天下之骨髓，離散天下之子女，以奉我一人之淫樂，視爲當然；曰：此我產業之花息也。然則爲天下之大害者，君而已矣。向使無君，人各得自私也，人各得自利也。嗚呼，豈設君之道固如是乎？」⑬

所謂爲主爲客，卽指政治生活之目的何在而言。倘視政權之掌有者爲「客」，則「天下」爲主；亦卽天下人民之利害爲政治生活目的所在。反之，以政權之掌有者爲「主」，則「天下」爲客。換言之，統治者或統治集團之利害，成爲政治生活目的所在；而天下人皆役於統治者之私利私害矣。如此，非「設君」之道，亦卽謂非政治生活之正軌也。

此處尙有一極可注意之論點，卽梨洲論政治生活之目的時，並不就道德着眼，而直言「利害」。蓋政治之功能正在於爲天下人處理現實生活中之問題——卽所謂求利除害。掌有政權者倘知政治本來是此種性質之活動，則不以一己之私干擾此種活動，卽是正軌所在。就此而言，在執政者或人君固有存心公私之問題（此是道德問題），但對於天下人而言，則天下人之利害所在卽政治之課題，不可離天下人之利害而另立一課題也。梨洲此種思想，基本上自仍與孟子論政宗旨相近，然與宋儒天理人欲分指善惡之說不能全符。宋儒論政，無明確之理論原則；其實際主張多落在道德敎育上，蓋其心目中固無獨立之政治問題。梨洲則雖承陽明蕺山心性之學，而對政治問題之理論領域，則有明確觀念。此所以梨洲雖未正式解答「政權轉移」問題，其思想仍已透露對「客觀化」之理性秩序之某種了解，而爲宋明其他儒者所不及也。

在政治層面講，不可要求天下人成爲聖賢；在道德層面講，則必有此要求。此卽涉及理論領域之劃分問題。政治生活之領域，原以「衆多主體之並立關係」爲基本條件，故有其獨立性。而在此獨立領域中之某種原則，與道德領域（另一獨立領域）中某原則之不同，亦不可說爲「矛盾」或「衝突」；蓋「矛盾」或「衝突」須在同一領域中說始有確定意義也。至於此各領域各自作爲整體看，是否彼此間又另有一種統攝之關係，則又屬另一問題，與內部原則之同異全非一事。此種理論問題，自不能在此詳說。學者但知政治生活之領域應自有其內部之原則，卽不致在此種重大問題上構成誤解矣。

梨洲論政治問題，不諱言利。此點在後世學者亦頗有承之者。如清代之戴震喜言「遂民之欲」，卽屬此類觀點，然戴氏又不知此乃政治領域中之原則，而欲以此種觀念處理道德問題，又屬另一種混亂領域之病，而梨洲則未犯此病，因梨洲深知「成德」或「成聖」原非政治功能所在，故論政時卽專就政治領域立說，未嘗有所混雜也。

若順梨洲重視天下人之利害之意推之，則此中似涵有尊重個體之觀念。蓋凡統治者以「國家」或其他集體意義之詞語作爲號召，而要求天下之人爲此號召而服役時，每每卽正是「以我之大私爲天下之大公」。置人民生死疾苦於不顧，而標榜另一政治目的，實卽違棄政治生活本來之目的。就政權掌有者而言，亦卽是不明自己之「職分」矣。

「君」原以爲天下興利除害爲職分，違此職分，卽是悖理失道。此乃梨洲對政治生活之目的所立之大論斷。由此，梨洲又進而言不能盡職分之「君」，卽應爲天下人所反對，而極議俗論所謂「君臣之義」爲無理，終歸於力贊孟子。此處卽顯示梨洲對「政權轉移問題」已間接觸及，如上文所言。茲引梨洲此一段議論以結束本節。梨洲云：

「古者，天下之人愛戴其君，比之如父，擬之如天，誠不爲過也（案此指能盡其職分之『君』說。『古者』云云，乃語言習慣問題）；今也，天下之人怨惡其君，視之如寇讎，名之爲獨夫，固其所也。而小儒規規焉以君臣之義無所逃於天地之間，至桀紂之暴，猶謂湯武不當誅之；而妄傳伯夷叔齊無稽之事，使兆人萬姓崩潰之血肉，曾不異夫腐鼠。豈天地之大，於兆人萬姓之中，獨私其一人一姓乎？是故，武王聖人也，孟子之言聖人之言也。後世之君，欲以如父如天之空名禁人之窺伺者，皆不便於其言，至廢孟子而不立，非導源於小儒乎？」⑭

至此，梨洲之政治思想，可謂全與孟子同調；其主要論點卽謂不能盡職分而造福天下之「君」，卽應被推翻，正是孟子之意。至於譏後世統治者之以私念反孟子，則學者如稍知明史，當知此正指明太祖而言。梨洲以明之遺老，不事異族，然論及大是非，卻無袒護明室之意；此亦足見梨洲眞非小儒俗儒可比矣。

梨洲之政治思想，最重要之宗旨實在上述「原君篇」中。但「原臣」篇自另一面論政治應以天下人之利害爲目的之義，可作爲補充資料。「原法」篇又就「法」之意義別作發揮，亦極可注意。以下再分述其要旨。

(b) 論臣

論「君」時，梨洲係以政權之掌有者爲對象；而其論點則在於「天下爲主」而「君爲客」，故强調「君」之職分在爲天下興利除害。論及「臣道」，則指一切從事政治工作者而言。掌有政權者固不可以「天下」爲私產，從事政治工作者亦當知自己乃爲「天下」而工作，非爲「君」而工作。於是「原臣」篇之主要論點卽在於指出「臣」並非爲「君」而設，而力斥世俗忠於一姓之說。

「原臣」篇首先指出「臣道」不在於順「君」之意或爲「君」而犧牲，而應知自己從政之目的乃爲天下萬民求「治」。故先舉俗論爲例而駁斥之，其言云：

「有人焉，視於無形，聽於無聲，以事其君；可謂之臣乎？曰：否。殺其身，以事其君；可謂之臣乎？曰：否。」⑮

案此二說皆世俗所謂「事君」之道，一以能順「君」之意爲主，一以能爲「君」犧牲爲主；梨洲皆直謂此非臣道所在。其下乃提出其正面之論斷：

「……則臣道如何而後可？曰：緣夫天下之大，非一人之所能治，而分治之以羣工；故我之出而仕也，爲天下，非爲君也；爲萬民，非爲一姓也。吾以天下萬民起見，非其道，卽君以形聲強我，未之敢從也；況於無形無聲乎？非其道，卽立身於其朝，未之敢許也；況於殺其身乎？不然，而以君之一身一姓起見，君有無形無聲之嗜慾，吾從而視之聽之。此宦官宮妾之心也。君爲己死而爲己亡，吾從而死之亡之，此其私暱者之事也。是乃臣不臣之辨也。」⑯

此謂「臣道」在於以治天下爲目的；故從事政治工作，非爲統治者之僕役，亦與私情關係無干。而此處有一重要論斷，卽「臣」與「君」皆是爲治天下而工作。因天下之大非一人所能治，故不能只有一掌有政權之領袖或統治者，而必須有一羣工作者；領袖或統治者與此一羣工作者間，非主僕關係而是一種合作關係。君臣合作，以治天下，此彼此理分或職分之實義也。故其下特抒此義云：

「夫治天下猶曳大木然。前者唱邪，後者唱許。君與臣，共曳木之人也。若手不執紼，足不履地，（曳木者）唯娛笑於曳木者之前，從曳木者以爲良，而曳木之職荒矣。」⑰

案「足不履地」下「曳木者」三字似屬衍文，不然或其上別有脫字；故置括弧以明之。然此段文意，則仍甚明白。君與臣乃合力求治天下者，正如合力曳大木之人。故從事政治工作之「羣臣」，當知職分在於「曳木」，不在於取悅或順從爲首之人，不然，則客觀上之工作（「曳木之職」）反將荒廢矣。

如此觀「臣道」，則知「臣」之職分，基本上與「君」之職分相同，皆爲治天下；而從事政治卽不可視爲作人君之僕從。由此再推一步，則凡從事政治工作者，皆當以「天下之治亂」爲重，而不可只顧「一姓之興亡」；梨洲於此痛切言之，云：

「蓋天下之治亂，不在一姓之興亡，而在萬民之憂樂。是故，桀紂之亡，乃所以爲治也；秦政蒙古之興，乃所以爲亂也；晉宋齊梁之亡，無與於治亂者也。爲臣者，輕視斯民之水火，卽能輔君而興，從君而亡，其於臣道固未嘗不背也。」⑱

此處梨洲將「治亂」與「一姓之興亡」作明確區分。某一皇朝之興亡，於「治亂」固可有種種不同之關係。若有一代表暴政之皇朝衰亡，則其亡正使天下走向「治」一面；若有一代表暴政之皇朝興起，則其興又正使天下走向「亂」；此外，某種政權上之變換，亦可與治或亂無一定關係。由此，從事政治工作者，只應注目於「萬民之憂樂」，以求萬民之安樂爲目的，而不應只爲「一姓」工作。作如此區分後，梨洲眼中之政治生活之目的，亦已顯出。此卽求「萬民」實際生活中之安樂是也。

以上論「臣道」之義，與前引論「君道」之說合觀，則立可見梨洲之根本立場，乃對「家天下」之觀念之否定。梨洲雖未提出另一制度，尤未語及「民權」觀念，然「君」與「臣」皆爲天下萬民而設，「君」不能以「天下」爲私產，「臣」亦不能只爲「君」工作，則「天下」之「治亂」方是政治生活之客觀目的。以「君」爲承「天命」而「有天下」之傳統觀念，至此已完全棄去。此卽梨洲政治思想之所以爲卓越也。

合「原君」與「原臣」二篇，梨洲政治思想之大要已備。以下「原法」篇則另有可注意之論點，下文略述之以作補充。

（c）論「法」

梨洲論「法」，認爲有正當之「法」——卽是爲處理客觀問題而立之一切制度。此在梨洲，卽稱之爲「三代以上之法」。又有不正當之法，乃統治者專爲鞏固其權力利益而設之制度。此卽稱爲「一家之法」。此種「一家之法」，旣非爲天下而設，故在嚴格意義上實無「法」之地位，故是「非法之法」。原文云：

「三代以上有法，三代以下無法。何以言之？二帝三王知天下之不可無養也，爲之授田以耕之；知天下之不可無衣也，爲之授地以桑麻之，知天下之不可無教也，爲之學校以興之，爲之婚姻之禮以防其淫；爲之卒乘之賦以防其亂；此三代以上之法也，固未嘗爲一己而立也。後之人主，旣得天下，唯恐其祚命之不長也，子孫之不能保有也，思患於未然以爲之法。然則其所謂法者，一家之法，非天下之法也。是故秦變封建而爲郡縣，以郡縣得私於我也。漢建庶孽，以其可以藩屏於我也。宋解方鎭之兵，以方鎭之不利於我也。此其法何嘗有一毫爲天下之心哉？而亦可謂之法乎？」⑲

此卽謂正當之「法」，須以客觀上人或民之需要爲基礎；如純爲統治者之利益而立「法」，則此種「法」不可謂之眞「法」。學者於此應注意梨洲所論者全在「法」之內容一面，並未涉及「法權」或「合法性」之理論根源問題，故仍假定「法」乃由掌有政權者所頒立，不過內容有「公」與「私」，或「爲天下」與「爲一家」之分；實未觸及人民之立法權觀念；不可與民權法治之說相混也。

梨洲肯定「爲天下」而立之「法」，而否定「爲一家」而立之「法」；前者以客觀理由爲據，故說爲「藏天下於天下」；後者只以主觀私利爲據，故說爲「藏天下於筐篋」。前者爲理想所在，梨洲卽以「三代之法」稱之；後者乃實際歷史上之弊病，梨洲卽以「後世之法」稱之。而此種爲統治者私利而立之「法」，卽所稱「非法之法」也。

此種「非法之法」，就其性質看，原不應爲後人所遵守；但傳統君主制度下，又有一「祖宗之法」之俗說，使人君不能革弊以立正當之「法」。梨洲於此種俗說又痛斥之云：

「論者謂一代有一代之法，子孫以法祖爲孝。夫非法之法，前王不勝其利欲之私以創之，後王或不勝其利欲之私以壞之；壞之者固足以害天下，其創之者亦未始非害天下者也。乃必欲周旋於此膠彼漆之中，以博憲章之餘名，此俗儒之勦說也。」⑳

梨洲之意蓋謂凡爲私利而立之「法」，無論是否「祖宗之法」，皆無可取；故俗儒爭辯何者是「祖法」，何者有違「祖法」，又以爲人君必須「法祖」，皆屬無意義之說。

最後，梨洲卽依上文所提出之「法」觀念——卽正當之「法」，而說「有治法而後有治人」，其言云：

「卽論者謂有治人無治法，吾以謂有治法而後有治人。自非法之法桎梏天下之手足，卽有能治之人，終不勝其牽挽嫌疑之顧盼；有所設施，亦就其分之所得，安於苟簡，而不能有度外之功名。使先王之法而在，莫不有法外之意存乎其間；其人是也，則可以無不行之意；其人非也，亦不至深刻羅網，反害天下。故曰：有治法而後有治人。」㉑

案此處梨洲所論「治法」與「治人」，皆以前文所說之兩種「法」爲根據。蓋若不能革除「非法之法」，則雖有人才，亦只能在極小範圍中發揮作用；若革「非法之法」而立正當之「法」，則雖無特殊人才，亦可免於禍民。故梨洲此說承上文言「爲天下」之「法」與「爲一姓」之「法」之分別而提出，非泛論「法」與「人」孰重者。近代解釋其說者每每舉此段以表示梨洲重視「法治」，實不甚確。蓋言「法治」者重在「法」之形式義，而梨洲全文則皆重在「法」之內容義，二者迴不相同也。

以上爲「原法」一篇之主要內容，與「原君」、「原臣」二篇合看，則梨洲論旨益明。此外，對於君主制度內部問題，梨洲則强調「相權」之重要性。此點對中國傳統政治特性之了解，亦大有關係。故下節再略述梨洲之「置相」篇，以結束本章對梨洲政治思想之評述。

(d) 置相

案中國君主制度，表現中國政治生活有非理性因素，此是第一序之問題；然如專就君主制度內部而言，則中國傳統君主制度，至少在理論上確有限制君權之規法，又爲他國之君主制度所無者。除「君主立憲」乃現代民權思想之產物，自不能屬於此類外，其他國家之君主制度，在此意義下，卽皆不如中國君主制度。中國君主制度此種優點，雖無補於第一序問題之解決，但本身原有一定歷史意義。此原爲熟悉中國歷史者所熟知。至於中國歷代君主極力破壞此種限制君權之規法，則又屬於另一事；只表示此種優良規法久已敗壞而已。學者亦不能因其敗壞卽謂其從未存在也。就此種限制君權之規法而言，最重要者爲「相權」及「諫權」。關於「諫權」，非本節所應涉及，茲不具論。「相權」問題則與梨洲論「置相」之思想直接相關，故應略作解釋，以引至梨洲之說。

所謂「相權」，卽管理政府之權。中國自漢代成一統之局，「君」與「相」之地位及權力，卽有一理論上之劃分。「君」爲天下之主，但政府則由「相」管理。「君」可以誅「丞相」，可以任免「丞相」，但不能直接管理政府。「君」所能直接管理者，只限於皇族及宮廷。此所謂「內朝」與「外朝」之分。「丞相」爲「外朝」之首領，其施政行事，皆有全權。在理論上，「君」不通過丞相卽不能干預政事。因此，就禮儀而論，漢制原以「相」爲「君」之賓客；故「君」不能待「相」以僚屬或僕從之禮。此亦顯示「相」在法理上之地位非臣僕一流也。然卽在漢代，此制已開始爲人君所破壞。而「相權」之敗壞過程亦卽「內朝」勢力之擴張過程。蓋「君」與「相」爭權，開始卽由提高「內朝」官屬之權力着手。自漢以降，此種演變日甚一日，終至內外朝漸不可分，而君權之限制亦不可見矣。

明太祖初定天下，欲行「古制」，故曾以胡惟庸爲「丞相」，後乃殺之，同時廢「相」，而天子自領六部，卽直接管理政府。所謂「內閣」，不過一「秘書處」而已。故明制之排斥「相權」又特爲明顯。蓋六朝至於唐宋，「相權」雖已大衰，然其遺意尙有某一程度之保存；至明廢「相」後，則君權全無限制矣。

梨洲之立論，原以此種歷史傳統爲背景；然其重點在於論明政之失，又未嘗詳考「相權」之演變；故其說大旨只强調「君」與「相」皆屬政治上之職位，不應將「君」單獨視爲主人；又亟論明廢「相」後政府權力歸於宦官爲大病。對於「內朝」、「外朝」之分劃，則未論及。梨洲論「置相」，劈頭卽謂：

「有明之無善治，自高皇帝罷相始也。」[22]

此處梨洲並未論及歷代君相關係之演變，但注目於明之廢「相」而已。其下則申述其論點云：

「原夫作君之意，所以治天下也。天下不能一人而治，則設官以治之；是官者，分身之君也。……蓋自外而言之，天子之去公，猶公、侯、伯、子、男之遞相去；自內而言之，君之去卿，猶卿、大夫、士之遞相去；非獨至於天子遂截然無等級也。」[23]

以「官」爲「分身之君」，卽包括一切政治工作者，此與「原臣」篇之觀點相連。如此，知梨洲雖於此篇論「相權」，然其基本旨趣不在於專說「相權」限制「君權」之義，蓋梨洲只自抒所見，非從政治制度史立論也。又梨洲此處雖有「自外而言」、「自內而言」等語，其所謂「外」、「內」乃分指封國與中央政府而言，與「內朝」、「外朝」不同。此亦應加注意者。

梨洲主旨，只是說「天子」或「君」，亦只是政治職位之一，並非高居於政治結構之上。仍非專就「相」說。但其下則述漢制中君相之禮儀，轉至論「相」之功能。其言云：

「古者君之待臣也，臣拜，君必答拜。秦漢以後，廢而不講。然丞相進，天子御座爲起，在輿爲下。宰相既罷，天子更無與爲禮者矣。遂謂百官之設，所以事我，能事我者我賢之，不能事我者否之。設官之意既訛，尚能得作君之意乎？」㉓

案此處所說「御座爲起」等語，卽指漢制而言，但梨洲未考論唐宋諸代之變遷，其下卽直轉至明代，謂明既罷「相」，人君遂以僕役視百官，而百官之本來意義全失。其下再論「相」之功能，謂置「相」以才能爲標準，不似君位之世襲，故有補救作用。其言云：

「古者不傳子而傳賢，其視天子之位，去留猶夫宰相也。其後，天子傳子，宰相不傳子。天子之子不皆賢，尚賴宰相傳賢足相補救，則天子亦不失傳賢之意。宰相既罷，天子之子一不賢，更無與爲賢者矣，不亦並傳子之意而失者乎？」㉔

此處梨洲所言，與其他言及「古」者，自皆非根據客觀歷史而說；所言「傳賢」一節，亦未足說明「相」之重要；然其注重言明代君主絕對專制之弊，則甚明顯。故其下續論明代政治另一大弊，卽宦官專權是。其說云：

「或謂：後之入閣辦事，無宰相之名，有宰相之實也。曰：不然。入閣辦事者，職在批答，猶開府之書記也。其事既輕，而批答之意，又必自內授之而後擬之，可謂有其實乎？吾以謂，有宰相之實者，今之宮奴也。蓋大權不能無所寄；彼宮奴者，見宰相之政事墜地不收，從而設爲科條，增其職掌；生殺予奪出自宰相者，次第而盡歸焉。」[25]

由於無「相」以輔「君」，「君」遂倚宦官爲助手；此是明政之大病，但亦顯示一普遍性問題。此卽：在制度上若只有「君」掌握絕對權力，則結果「君」之左右親近必以不合法之身份而竊取大權。擴而言之，一切極權專制之制度亦皆有此病，不徒明政爲然也。

本篇末，梨洲又提出簡略之建議；其內容要點只在於天子與宰相對一切章奏應「同議可否」，又宰相自己亦可批章奏，下六部施行而已。對於法理方面之「內朝」與「外朝」之區分，則未言及。故依此篇議論看，梨洲雖意在提高相權，然對於傳統制度最初之設計，似未詳考。其建議亦只是雜取漢唐之制而構想，未嘗觸及法理上之基本問題也。

此外，梨洲又論「學校」，有提高「士權」以限制「君權」之意。但其設計，雖似頗細密，實則對此種「士權」如何獲得保障，則無制度上之確定原則。茲不備論。

梨洲處於破國之際，故其政治思想實始於對明代政治之批評及反省；然其發展結果，則歸於孟子「民貴君輕」之觀點。故立「天下爲主」之說，而反「家天下」之觀念。卽此一點，已足表示梨洲政治思想之卓特，蓋漢唐以來諸儒所未及也。至於晚近論梨洲者，每據此種資料而逕謂梨洲提倡「民權」，則又失之輕率。學者如明辯「民權」與「民本」二觀念之差異，則此處亦不須多加辯解矣。

最後當略說梨洲對於治學之態度及其影響，以結束本章對梨洲思想之評述。

（三）論學之主張

梨洲無論學之專著，故言及此點，只能據其零星言論略作陳述。

梨洲對「學」之態度，約可分三層觀之：

第一，就陽明學派之宗旨及流弊言，梨洲對於王門後學之混合儒佛，沉迷玄說之中以及狂肆之風，極爲厭惡，故一面承陽明宗旨而言陽明義之「致知格物」，更輔以蕺山之學說，另一面對於此類流弊之由來，詳作剖示，此即見於「明儒學案」之種種言論。此處涉及「學」之根本態度，即成德立極之問題。梨洲在此一層面上之主張，即以蕺山之愼獨、誠意與合一觀爲依歸，而特重排除佛敎之影響。此點前文已屢屢言之，不再贅論。

第二，就整個宋明儒學傳統看，則梨洲頗不以宋儒以來專立「義理之學」爲然；而認爲儒者必須通經史、能文章；尤重經之地位。此種言論散見於文集及其他著作中，茲略引數則以明其旨。

關於反對專立「義理之學」一點，梨洲在「移史館論不宜立理學傳書」中，所說最明。其言云：

「夫十七史以來，止有儒林；以鄒魯之盛，司馬遷但言孔子世家、孔子弟子列傳、孟子列傳而已，未嘗加以道學之名也。儒林亦爲傳經而設，以處夫不及爲弟子者，猶之傳孔子之弟子也。歷代因之，亦是此意。周程諸子，道德雖盛，以視孔子，則猶然在弟子之列，入之儒林，正爲允當。」㉖

案元修宋史，而立「道學傳」以別於「儒林傳」；此中自有一門戶之見在內。梨洲於淸初修明史時，聞有立「理學傳」之議，遂函主事者力阻之。此書前半亦論及門戶問題，然其最基本之論點，則在於以儒者爲「傳經」之人；由此，無論重視義理與否，皆應歸入「儒林」；而不應視「義理之學」爲一獨立領域，又別立「道學」或「理學」一門也。梨洲持此觀點，故不僅反對以程朱爲「正統」之說，而且根本反對有「道學」及「儒林」之劃分，故書末云：

「某竊謂，道學一門，所當去也。一切總歸儒林，則學術之異同皆可無論，以待後之學者，擇而取之。」㉗

蓋不在「儒林」以外別立「道學」或「理學」，則講義理之學者與其他儒者之間，即只有「學術異同」問題矣。梨洲此書爲後世所熟知，但論者多以此代表梨洲對修史之審愼客觀；其實，此處所透露之觀點，實是梨洲對儒學之整個看法，不僅涉及修史之態度。

梨洲以爲儒者皆傳經之人，儒學即傳經之學；故言義理固是儒者應有之事；博通經籍，考訂制度，亦是儒者應有之事。將儒學限於談義理一途，在梨洲眼中即成爲一錯誤，且有嚴重之流弊。此點梨洲在他處另有談論，皆可互作補充。如「留別海昌同學序」中云：

「嘗謂學問之事，析之者愈精，而逃之者愈巧。三代以上，祇有儒之名而已。司馬子長因之而傳儒林。漢之衰也，始有雕蟲壯夫不爲之技，於是分文苑於外，不以亂儒。宋之爲儒者有事功經制，改頭換面之異，宋史立道學一門以別之，所以坊其流也。蓋未幾而道學之中，又有異同。鄧潛谷又分理學心學爲二。夫一儒也，裂而爲文苑，爲儒林，爲理學，爲心學，豈非析之欲其極精乎？」㉘

案此所謂「析」之「精」，乃指儒學之分門別派而言。分別精細，似可鼓勵專門之學。然其流弊則是學風反壞。故下云：

「奈何今之言心學者，則無事乎讀書窮理；言理學者，其所讀之書不過經生之章句，其所窮之理不過字義之從違。薄文苑爲詞章，惜儒林於皓首，封己守殘，摘索不出一卷之內；其規爲措注，與纖兒細士不見長短。天崩地解，落然無與吾事；猶且說同道異，自附於所謂道學者，豈非逃之者之愈巧乎？」㉙

案「逃之者愈巧」卽指學風敗壞而言。儒者以「義理之學」自命，或如王門後學溺於玄虛，根本不讀書窮理，或如程朱一派，只讀經生章句，只研究經籍中一字一句。結果反而一面輕視文章之事，一面輕視作客觀研究之窮經；而其實際生活中處理人生問題之能力，實與世俗之人無別。對文化歷史之與衰亦全無作爲，正如顧允成所謂：不管天崩地裂，只是「講學」也。此種人表面上以「義理之學」自飾，實則是一種逃避而已。故說「逃之者愈巧」。

觀此，乃可見梨洲對儒學所持之態度。梨洲以爲儒者之工作在於通經明道而指導歷史方向，建立文化秩序，故講心性之學，或研經治史，甚至發爲文章，皆屬儒學之一部份。倘只取「義理之學」爲正統儒學，則結果只使人逃於空疏玄虛之中，反使儒學喪失價值。由此，梨洲眼中，不只王門後學有空疏之弊，卽宋儒亦不能考制度，知「實治」、「實行」之道，皆有大弊也。此意爲梨洲屢屢說及者。茲再舉其言論以證之。序萬充宗「學禮質疑」云：

「六經皆載道之書，而禮其節目也。當時舉一禮必有一儀，要皆官司所傳，歷世所行，人人得而知之，非聖人所獨行者。大至類禋巡狩，皆爲實治，小而進退揖讓，皆爲實行也。」㉚

此固仍是將古代予以理想化之口吻；然「六經皆載道之書」，及「實治」、「實行」等語，皆可見其宗旨所在。其下則言古制衰落，漢儒但作零星工作，亦無補於事，然後轉至宋儒云：

「有宋儒者繼起，欲以精微之理，該其麤末；三代之彌文縟典，皆以爲有司之事矣。」㉛此卽謂宋儒只講理論上之種種原則性問題，而不能知制度之詳況，且視之爲不足重。此意與前引評理學之語合觀，則其責宋儒處卽不難見矣。

至於儒學之正面解釋，則亦嘗論及。如吳弁玉墓誌銘中，卽云：

「儒者之學，經緯天地，而後世乃以語錄爲究竟；僅附答問一二條於伊洛門下，便厠儒者之列，假其名以欺世。治財賦者，則目爲聚斂；開閫扞邊者，則目爲麤材；讀書作文者，則目爲玩物喪志；留心政事者，則目爲俗吏。徒以生民立極，天地立心，萬世立太平之濶論，鈐束天下。一旦有大夫之憂，當報國之日，則蒙然張口，如坐雲霧；世道以是潦倒泥腐，遂使尚論者以爲立功建業別是法門，而非儒者之所與也。」㉜

此卽謂儒者本應「經緯天地」，而學者只知作語錄，以爲如此是從事「義理之學」，卽爲儒者，反而將一切實功實學視爲低下，以致自身則一逢事變，卽茫然束手。此種學風下，人遂以爲儒者根本不能立功建業，使儒學之本來功能完全失去矣。

儒學在梨洲眼中，乃平治天下，建立文化秩序之大學問，故以「經緯天地」說之。而宋明儒之講義理，梨洲以爲不過是儒學之一部份；梨洲自非排斥「義理之學」，但不承認只有此種學問方是儒學，此所以力反立「道學」或「理學」傳，而主張總歸之於「儒林」也。

至於對文章之事之觀點，則梨洲仍取「文以載道」之說；故認爲人有成德工夫時，則通經能文，皆是「載道」，不可鄙文章爲不足爲㉝；非特重文辭也。

總之，梨洲以爲通經史爲治學之正道，而視「義理」、「考證」、「訓詁」之學皆爲通經之事；而學之目的則在於治平天下，故不能排事功於學之外。由此言之，梨洲不僅對宋儒之獨重哲學問題不滿，且實有倡事功之意向，則與儒學之整個傳統之偏重成德成性，亦稍有不同矣。於此，乃可進至第三點。

第三：梨洲思想雖不脫尊古之窠臼，因而凡所主張皆說為「古者」是如此，或「古」已有之，但其思考感悟所觸及之問題，則每每在實際內容上越出傳統，顧梨洲似無此自覺，仍認為自己所思所說總不外是「三代」或「三代以上」之「道」。上文述梨洲對宋明儒學之種種批評，梨洲自認為皆屬重新申述儒學本來宗旨，而非別有新創。然論及「事功」問題時，畢竟原始儒學之態度，與人在實際歷史及生活中面對之成敗問題，是否相應，則大有可疑。即如，儒學自孔子起，即以引導社會入於一「正道」為目的，固甚明顯；然孔子所尋求者顯然仍只重在德性或應然意義之「正當」，而非實然意義之「成功」。當孔子謂「道」之興廢，皆屬於「命」時，其將「是非」與「成敗」分開，亦甚顯然。後世如董仲舒言「明其道不計其功」，仍承此態度。而此種態度本身在理論上雖當然成立，卻與實際上之成敗問題顯不相應。人一言及「事功」，必涉及如何駕馭客觀形勢之「理」，而此「理」即「成敗之理」。孔子以來，似無重視「成敗之理」之說。宋代唯陳亮與朱熹之辯，似觸及此問題，然亦無甚明確理論；而另一面「成德」之觀念則一直為儒學思想之主脈。而「成德」與「成功」顯然不能混為一事也。

故是否「成德之學」外另有「成功之學」，乃一大問題。探究此一問題時，吾人之思考實已越出儒學本身之範圍；而對此問題之解答，亦必須訴之於另一層面之某種理論標準，而不可於儒學內部求之。梨洲重視「事功」，然似未知「事功問題」另有領域，故一面越出儒學傳統而不自覺，另一面又欲以儒學傳統思路說「事功」；因之，當梨洲論「事功」時，雖在客觀上已涉及儒學所未能涵蓋之問題，在主觀上仍以為所論是儒學。梨洲雖無專著論及此一問題，然其論事功之語則足以表明其觀點所在。例如，序「明名臣言行錄」云：

「古之君子，有死天下之心，而後能成天下之事；有成天下之心，而後能死天下之事。事功節義，理無二致。……夫事功必本於道德，節義必原於性命。離事功而言道德，考亭終無以折永康之論；賤守節而言中庸，孟堅究不能逃蔚宗之譏。」[34]

案梨洲此文極力强調「事功」之重要，然其論斷，一則曰：「事功節義，理無二致」；再則曰：「事功必本於道德」，可知梨洲思想中並無視「事功」爲獨立領域之意；亦未嘗於「成德之學」外另求「成功之學」。然就問題本身看，「道德」至多只能視爲「事功」之某種條件，決非「事功」之充足條件。「成德」固不依賴「成功」；「成功」亦不能由「成德」直接生出。因此，在客觀意義上，梨洲既重「事功」，原已觸及儒學領域以外之問題，倘由此窮究，必當有某種對儒學整個傳統之批評意見；然梨洲在主觀了解上，仍以爲「事功」可繫歸「德性」之下，於是「成敗之理」或「駕馭事勢之理」並未成爲梨洲思想中之獨立論題，而梨洲之論「學」，在此一方面亦未開出一新方向也。

關於梨洲對治學問題之觀點，略如上述。梨洲自身長於史學，故論者每强調此點。然總觀梨洲之思想，則並非傾向於客觀史學之研究；其治史大抵一面用以輔助經學，另一面欲求實用。前者卽表其重視治經之立場，後者卽表其重視事功之立場；非此外另有一重史學之立場。此乃梨洲與清代乾嘉學人之不同處，學者亦不可不辨也。

總上所述，對梨洲之思想，可得結論如下：

第一：梨洲在成德之學或義理之學方面，遠承陽明而近宗蕺山；於宋儒頗多不滿。若謂梨洲批評宋儒，又深斥王門後學，則合乎事實。若謂梨洲反宋明儒學，則實不然；蓋至少陽明蕺山皆爲梨洲所推崇也。梁啓超氏於其「清代學術概論」中，謂顧黃王顏，「皆明學反動所產」㉟，又謂其中年以後變其方向而反「明學」云云，殊不精確。梨洲終身未嘗譏陽明蕺山；其批評明儒者，大抵皆指王門流弊而言。梁氏未深察耳。

第二：梨洲在政治思想方面，則直承孟子。「明夷待訪錄」中之主要觀念，大抵皆可溯源於孟子，實與「民權」及「共和」等觀念距離甚遠。清末梁啓超、譚嗣同等人借此書以宣傳「民權共和」㊱；論述梨洲政治思想者，又或以爲此書代表梨洲之「民主學說」㊲；實皆屬於假託或誤解。然梨洲反「家天下」之觀念，而對傳統君權有確定之批評，則實見其卓識。在此意義上，梨洲又確有超出宋明諸儒之處。此亦無可爭議者也。

第三：就治學態度而言，梨洲雖尊信蕺山心性之學，但認爲治學應以通經史爲主，另一面因重事功，故認爲「學」須可致「用」。此一態度對清初學風亦頗有影響。然若就梨洲本人之意向言，則梨洲無論言治經治史，或言事功，皆無意排斥心性義理之學；不過認爲儒學應包括此種種部門而已。蓋梨洲始終對儒學本身之限制未能體察到，卽其論「事功」時，亦未嘗越出儒學而求解答也。

至於眞正排斥心性義理之學，而欲以史學性質之研究代替整個儒學者，實非梨洲而爲顧炎武。下節卽論述顧炎武之思想。

(B) 顧炎武

顧炎武，原名絳，三十三歲時改名炎武，字寧人，江蘇崑山人。後世稱亭林先生，顧氏生於明萬曆四十一年，卒於清康熙二十一年，以公元推之，其生卒年代卽爲 1613—1682 A. D.。

顧亭林少於梨洲三歲，而逝世則早於梨洲十三年；二人同時負重名，然晚年始多交往。亭林與梨洲同爲明室遺民，皆有意於匡復之事。但梨洲自清順治八年（公元一六五一）四明義師失敗後，卽未再從事反清之實際活動；其流亡期間亦只是避禍而已。亭林則終身作反清活動，往來南北，在民間作種種規畫組織，欲形成反清之力量，直至六十七歲，卜居華陰，方有歸隱之意，後三年卽逝世矣。故亭林中年至晚年，可說完全獻身於反清運動，與梨洲中年後卽專心著述者不同。然亭林才高而精力過人，雖一面從事政治運動，另一面仍能治學著書，開一代之學風。此則非常人可及也。

王國維氏論清代之學風，謂亭林乃所謂「國初」之「經世之學」之領導人物，而視乾嘉之學爲「經史之學」㊳，似重在辨別亭林之學與乾嘉之學之不同處。其說自不爲無據。然若回望明代儒學而立論，則吾人當注重者，正在於亭林所代表之學風轉向問題；而此一轉向卽直貫清代中葉以下之學術思想，則亭林之重要性正在於開清代考證訓詁之學風；且進而爲近百年之中國史學發展舖路。故約言之，亭林在中國學術史上之重要性，卽在於以廣義之「史學」觀點治學。就此意義看，清人之所謂「樸學」、「實學」皆當溯源於亭林；而清代學人大抵皆欲以「史學」代替「哲學」，亦亭林之治學觀點有以啓之。此點在論中國哲學思想之演變時，最爲重要。至乾嘉之學與亭林本人宗旨之某種殊別，則反屬內部之「小異」而已。

梁啓超氏以爲顧黃王顏之學，皆屬對「明學」之反動；此語施之於梨洲，大有未妥處，前文已言之；然施之於亭林，則大致不差，蓋亭林眞正反對心性之學及形上理論；其論學則全以「通經致用」爲宗旨，確與明代儒學之精神方向迥然不同。卽對宋儒而言，亭林亦只尊重朱熹，其理由仍在於認爲朱熹能重經學也。

亭林既不講義理之學，故嚴格言之，原無一「顧氏之哲學」可說。但學者仍有理由在中國哲學思想之論述中對亭林思想有所涉及，此可解釋如下：

第一：亭林之不講義理之學，正因對宋明儒學有某種確定意見而來。此種意見可視爲反對義理之學之說。義理之學自屬「哲學」，對義理之學之否定論點亦不能不說涉及某種哲學問題。故亭林對宋明儒學之評論議議以及所據之了解，仍應爲作哲學史者所留意。

第二：亭林反義理之學，而另倡「明道」與「救世」之學，則其所「明」者是何「道」，又如何「救世」，皆可作一種哲學問題看；因之，亦可作爲儒學中某種變異品種看，則仍是中國哲學史中所可涉及之課題也。

以下論亭林之學，卽先述亭林對宋明儒學之批評，再述其論學之正面主張；資料皆以亭林本人之言論爲據。

案亭林著作甚多；如「音學五書」等皆與哲學思想無關，唯「日知錄」中頗有涉及哲學理論問題之意見，此外則文集中亦多可用之資料。以下各節之論述，卽以「日知錄」與「文集」爲主要依據。

(一)對宋明儒學之批評

亭林生於明末，對當時王門後學之流弊，其痛惡亦與其他許多儒者相同。故其批評亦常偏重明代心性之學，然對於宋儒亦另有批評。茲先述其一般性之議論，再觀其對宋明儒之特殊評論。顧氏於「日知錄」中評當時學風云：

「劉石（鈔本作「五胡」）亂華，本於清談之流禍，人人知之。孰知今日之清談，有甚於前代者。昔之清談談老莊，今之清談談孔孟；未得其精而已遺其粗，未究其本而先辭其末；不習六藝之文，不考百王之典，不綜當代之務。舉夫子論學論政之大端一切不問，而曰一貫，曰無言。以明心見性之空言，代修己治人之實學。股肱惰而萬事荒，爪牙亡而四國亂。神州蕩覆，宗社丘墟。」[39]

案此乃亭林對明代學風之批評；其意蓋謂有明一代亦以「清談」亡國，不過「清談」之資料不同而已。謂明亡於學風之務虛而不務實，固亦是明末清初許多學人所常道之語，然對亭林言；則特爲重要；蓋亭林眞持此見解，且進而欲改正學風以救世。關於其正面主張，留俟下文；此處首須指出者，是亭林之反明儒心性之學，並非先從理論上有所見，而是先從明代衰亡之事實着眼；而反溯其成因，歸罪於此種學風。換言之，亭林非從哲學理論上批評明儒，而是從後果一面着眼。至於何以能判定此種種不幸之事實，皆確是此種學風之後果，亭林亦未有具體說法。其評明儒之最顯著之具體意見，則謂明儒之學非孔孟之學而已。如「論學書」中云：

「……竊歎夫百餘年以來之爲學者，往往言心言性，而茫乎不得其解也。命與仁，夫子之所罕言也。性與天道，子貢之所未得聞也。性命之理著之易傳，未嘗數以語人。其答問士也，則曰：行己有恥；其爲學，則曰：好古敏求；其與門弟子言，舉堯舜相傳所謂危微精一之說，一切不道，而但曰允執其中，四海困窮，天祿永終。嗚呼，聖人之所以爲學者，何其平易而可循也！」[40]

案亭林此種議論，主旨在於欲說明孔子不談性命天道，然於易傳之非孔子所著，尚未能了解，故立論似甚弱。然其意向則甚明白，下文卽評明儒云：

「今之君子則不然；聚賓客門人之學者數十百人，譬諸草木，區以別矣，而一皆與之言心言性，舍多學而識以求一貫之方，置四海之困窮不言，而終日講危微精一之說，是必其道之高於夫子，而其門弟子之賢於子貢，祧東魯而直接二帝之心傳者也。我弗敢知也。」㊶

亭林亦不知世傳古文尙書之爲僞作，故於所謂「危微精一」之說，遂不能否定；故此段立論亦弱。然合前段觀之，其意蓋只就孔子之敎法非明儒之敎法而辨明儒之不同於孔子而已。原文下又言孟子之敎人，注重出處去就辭受取與等實際行爲，而明儒則不談實行，只談玄虛之理。總之，亭林眼中，明儒之學本身爲「空虛之學」，而不重行爲操守，則使人亦成爲「無本之人」，故其結論云：

「以無本之人而講空虛之學，吾見其日從事於聖人而去之彌遠也。」㊷

此可視爲亭林對明儒之一般批評。而其所指大致仍屬王門後學也。此外，亭林又力攻陽明之「朱子晚年定論」；引陳建「學蔀通辯」之說，以證陽明說之非。若專就資料而言，則陽明所用資料，確不足以證朱熹「晚年」同意象山之學；且朱熹思想自有其「定論」，而與陽明所設想者迥異；故亭林之反對意見亦確可成立。然此處所應注意者，則是亭林所以特重此一問題之理由。亭林並非純就客觀考訂立場談此問題，而實以其反對「從王氏而詆朱子」之態度爲背景。蓋據所謂「晚年定論」以虛構一朱熹晚而自悔其學之故事，正明儒詆程朱之一法，而亭林則推崇朱熹而攻陸王也。

亭林本旨在攻王學，故此段前面所談，雖似是關於「朱子晚年定論」之客觀考訂問題，而後文則轉而痛詆王學之弊。其言云：

「……故王門高第，爲泰州龍溪二人。泰州之學，一傳而爲顏山農，再傳而爲羅近溪、趙大洲；龍溪之學，一傳而爲何心隱，再傳而爲李卓吾、陶石簣。昔范武子論王弼何晏二人之罪，深於桀紂，以爲一世之患輕，歷代之害重；自喪之惡小，迷衆之罪大。而蘇子瞻謂李斯亂天下，至於焚

書坑儒，皆出於其師荀卿高談異論而不顧者也。困知之記，學蔀之編，固今日中流之砥柱矣。」㊸

案亭林述二王之傳，而以何心隱等人爲龍溪一派，似不知何心隱之學出於顏山農，正屬泰州一派。又下數至於陶石簣，而漏去一周海門，遂將陶氏亦列入龍溪之傳；錯亂可笑。蓋亭林對王門流派實不甚了了也。此段大意力詆王學，以爲遺害後世；而推崇羅欽順及陳建之駁「朱子晚年定論」，以爲「中流之砥柱」云云。則亭林之反王學，可謂至烈矣。又此段將李卓吾亦列於龍溪一派；而同書另段論「李贄」一條，附有小注；其末段在刊本中被刪去，鈔本中則保存。有云：

「然推其作俑之繇，所以敢於詆毀聖賢而自標宗旨者，皆出於陽明龍溪禪悟之學。」㊹

可知亭林始終以爲李卓吾出於龍溪，而李氏之謬說亦皆視爲出於陽明龍溪一派矣。

亭林對陽明之學本無所知，對王門流派亦不知其實況，但憑一己之感想而發議論，固不待辯。但亭林對王學只如此了解，而又持反對態度，則據以上資料已足表明。

然亭林固常推崇朱熹，若據此謂亭林只反王學而實崇宋儒之學，則又不然。亭林對「理學」亦另有譏議。如文集中「與施愚山書」云：

「……然愚獨以爲理學之名，自宋人始有之。古之所謂理學，經學也。非數十年不能通也。故曰，君子之於春秋，沒身而已矣。今之所謂理學，禪學也；不取之五經，而但資之語錄，校諸帖括之文而尤易也。」㊺

案宋人稱「道學」，不稱「理學」；「理學」自是後起之名，亭林以爲出於宋人，亦誤。至謂「古之理學」即「經學」云云，尤不可解。蓋已謂古無「理學之名」矣，又謂有「古之理學」，實乃語言之混亂矣。揆亭林之意，蓋謂儒學在「古」原即經學，以別於後世之「理學」。「經學」何以能同於「理學」？其說更爲可疑。茲不及詳論。總之，亭林之說法雖亂，其意則以爲儒學應爲經學，而反對語錄；此則甚明。而語錄正是程朱之學，則亭林對宋儒固亦持反對態度矣。

且亭林之攻王學，亦嘗溯之於程門之傳。如「下學指南」即據黃氏日鈔而謂後世入禪之儒者皆受程門謝上蔡等人之影響。其序文云：

「今之言學者，必求諸語錄。語錄之書，始於二程；前此未有也。今之語錄，幾於充棟矣，而淫於禪學者實多。然其說蓋出於程門。故取慈谿黃氏日鈔所摘謝氏、張氏、陸氏之言，以別其源流，而衷諸朱子之說。夫學程子而涉於禪者，上蔡也；橫浦則以禪而入於儒。象山則自立一說，以排千五百年之學者；而其所謂收拾精神，掃去階級，亦無非禪之宗旨矣。後之說者，遞相演述，大抵不出乎此。而其術愈深，其言愈巧，無復象山崖異之迹，而示人以易信。苟讀此編，則知其說固源於宋之三家也。」㊻

案亭林此論，竟以爲「淫於禪學者」出自程門矣。朱熹評程門諸人，亦確有此意。亭林擴大其說，不僅謂程門後學有入於禪者，且謂後世陸王一派皆由此生出。蓋亭林於陸王之學之正面意義全無了解，故有此論也。

亭林對宋明儒學之理論及其流派，皆無明確了解；然其反對「理學」及「心學」則是一明確態度。總而言之，亭林對宋明諸儒，似只推重一朱熹；又因朱承程門之學，故雖一面謂之禪之病出自程門，另一面仍對所謂伊洛之傳保持敬意。此點在其言論中亦處處可見。如晚年居華陰時作「朱子祠堂上梁文」，即云：

「惟絕學首明於伊雒，而微言大闡於考亭；不徒羽翼聖功，亦乃發揮王道。啓百世之先覺，集

諸儒之大成。」㊼

其推崇朱氏甚至。吾人倘追問：何以顧亭林一面極力反對「理學」、「心學」、「語錄」等，另一面又尊朱熹？則須轉至亭林治學之基本態度及基本主張，蓋亭林對朱熹之哲學理論實亦不甚明白；其所以推崇朱氏，不過以為朱氏之論學與己說相近而已。至此，乃可述亭林論學之正面主張。

（二）論學之正面主張

亭林以為「理學」應以「經學」代之，此是人所常言者；然此說太嫌籠統，未足以表達亭林之宗旨。欲知亭林論學之確定主張，則須逐步清理其說。

首先須說明者，卽亭林對於傳統所謂「尊德性」與「道問學」之看法。

案朱陸之異，後人多喜以「尊德性」與「道問學」二語說之，蓋因朱熹本人曾謂陸只知「尊德性」，而自己門下則「道問學」一面較勝也。其實，嚴格言之，以此二語分別程朱一系與陸王一系之說，極為可疑。無論程朱或陸王，其所講者本皆係「成德之學」；就其以「成德」為唯一目的言，兩派皆「尊德性」。另一面若就「成德」卽是一種「學」言，則兩派亦皆「道問學」。若以「道問學」與「尊德性」分立，則此處用「學」字已非宋明儒之通義；而由此卽生出一語言問題，徒多紛擾，無益於辨朱陸之異同也。此是就嚴格意義說。然世俗之論則對語言意義問題常未稍作省察，僅憑朦朧之想像，自易據朱氏偶然議論而遂持此二語以分指朱陸之學，且進而以此二語分別兩種儒學。亭林此處正取此態度。故「日知錄」中卽云：

「彼章句之士既不足以觀其會通，而高明之君子又或語德性而遺問學，均失聖人之指矣。」㊽

依此，可知亭林所謂「問學」，與「德性」分開；而在「成德」之外另有其所講之「學」。然則亭林所謂之「學」，畢竟何指？此則應分三點解說之。

第一：亭林强調「知識」之重要，而不以專言意志工夫爲然。此點有最明顯之證據，卽其論孟子「求其放心」一語時所提出之說法。其言云：

「孟子之意，蓋曰，能求放心，然後可以學問。使奕秋海二人奕，其一人專心致志，惟奕秋之爲聽；一人雖聽之，一心以爲有鴻鵠將至，思援弓繳而射之，雖與之俱學，弗若之矣。此放心而不知求者也。然但知求放心，而未嘗窮中竅之方，悉雁行之勢，亦必不能從事於奕。」㊾

案亭林此論，卽認爲意志狀態只是爲學之必要條件，而非充足條件。其說依孟子原文而發，故卽以奕爲例。學奕者倘意志不能專一，自不能學而有成，然「但知求放心」，只在意志上用工夫，亦不能由此而獲得對事理之認知。無認爲活動，則所學之內容無由掌握，學亦不能有成也。

此點涉及行爲之方向及內容問題，亦卽涉及道德行爲與認知內容之關係問題。亭林雖未能深加剖析，然實已表示一明顯態度；故此點仍是亭林論學時最有哲學意義之重要觀念也。

意志之純化卽宋明儒學所謂「誠意」之大工夫，此在陽明蕺山固是中心觀念，卽在伊川朱熹，亦是根本工夫——卽與「敬」觀念以及所謂「未發」之工夫等說相應。但人如只關心內在之自我境界，則固可以將一切工夫收攝於此；若涉及具體之道德行爲，再擴至外在之生活秩序，則卽見非有認知內容不可，否則，行爲不能成立，秩序更無從說起。此義在程朱陸王固非不知，故伊川以下各家，皆有某種說法以安頓認知，以配成德之活動。然自王門後學染於佛敎之說，遂漸漸只談一「虛靈明覺」之心，而不問掌握事理之認知活動。另一面排佛敎如蕺山者，在工夫上卻將萬有收歸一無建構活動之「心」中，亦對客觀之理、客觀之知無所安頓。此是宋明儒學內部之問題。亭林於此未必有眞切了解。但只由外面觀其流弊，已發覺止據「求其放心」之義而言一純化意志之工夫，決不能成知識，亦決不能掌握事理，故亭林有此論調。其說雖未能深入，亦可說觸及一重大問題矣。

就此點而論，亭林心目中之「學」，重在認知一面；至於德性問題，亭林固非反德性者（見下），然其了解只限於外表之生活行爲，對意志內部工夫則無甚體會；於是「尊德性」之事在亭林眼中化爲極簡單之問題，而其用心遂全在「道問學」一面；至於「成德之學」之特色，在亭林亦完全不能掌握矣。

然則亭林所重之知識，確定言之，指何種知識？此則是論亭林思想時最有關鍵性之問題，於此可轉入第二點。

第二，亭林謂「古之理學」即「經學」，蓋即以對傳統經書之研究爲主要知識。而其所以重經者，又因亭林以爲治學之目的在於「致用」，而「通經」以「致用」，在亭林又視爲當然也。

倘問：通經如何致用？則牽涉客觀問題甚多。茲先就亭林之意說，則亭林固以爲通經即足以建立制度，此即所謂「文」與「禮」。亭林云：

「君子博學於文，自身而至於家國天下，制之爲度數，發之爲音容，莫非文也。品斯節斯之謂禮。」㊿

此即合「文」與「禮」二觀念以指一切制度儀節，故此條下文又雜引易禮等書以說「文」之廣義用法；最後以所謂「經緯天地曰文」與「學詩書六藝之文」相別，蓋亭林所謂「文」，即統指一切制度及文化秩序，較「禮」之義更廣，自與「詩書六藝之文」不同也。

亭林以「博學於文，行己有恥」八字敎人，此爲後世所熟知。「行己有恥」乃涉及道德行爲及社會風氣問題者，留俟下文論之；所謂「博學於文」，則卽與其重視制度儀文之主張不可分，而其重視經學之主張亦卽以此「文」觀念爲基礎也。

知亭林所求者主要爲對經之知識，而目的又在於致用，則可知亭林治學之態度實與所謂科學態度大異；蓋科學研究之求客觀知識，正以「知」本身爲目的，與致用之學不同。另一面，就知識之成立之標準說，持科學方法者必須立某種客觀之方法理論，而不能依一信仰而言眞僞。而亭林則顯然以所謂「經」爲標準，則其治學之第一假定卽在於經書之權威地位，此與所謂科學精神距離極遠。學者不可忽視此種重要分別，而輕易隨俗諸而謂亭林倡「科學方法」或具「科學精神」也。

亭林雖重求知識，其所了解之知識，並非客觀科學知識；已如上述。其次，就亭林之信古尊經講，亭林蓋眞認爲通經卽可以解決政治社會種種問題。此卽所謂「明道」與「救世」之學之確解所在。其「與人書」云：

「君子之爲學，以明道也，以救世也，徒以詩文而已，所謂雕蟲篆刻，亦何益哉！某自五十以後，篤志經史，……而別著日知錄，上篇經術，中篇治道，下篇博聞，共三十餘卷。有王者起，將以見諸行事，以躋斯世於治古之隆，而未敢爲今人道也。」[51]

觀此可知，亭林眞以爲其學足以明道而救世。至其根據，此處雖未明言，合他處各種言論觀之，可知仍在於尊經信古。以古代爲理想所寄，以經籍爲古代文制之紀錄，於是其所謂救世或致用，總不外以復古爲主。此種態度如只從歷史標準看，則亦不足異，蓋傳統儒者向有此種尊古之傾向也。然若就理論標準看，則不必涉及現代知識，卽以當時之政治社會及歷史問題爲對象而論，亭林之主張亦顯然不能成立。明末淸初之中國所面臨之種種政治文化問題，豈能從詩書三禮及春秋三傳中求解決之道乎？則顧氏此種主張，對於所標揭之「救世」或「致用」之宗旨而論，亦屬過度簡化矣。

亭林因專尊經學故，不唯言廣義之「文」時，認爲學者應通經以博文，卽在談狹義之「文」（卽「文辭」之文）時，亦認爲文辭必須供解經或治事之用，曾云：

「文之不可絕於天地間者，曰：明道也，紀政事也，察民隱也，樂道人之善也。若此者，有益於天下，有益於將來，多一篇，多一篇之益矣。」52

此卽謂爲文必須「有益」，而不承認有不計功效之純粹文學藝術也。又云：

「唐宋以下，何文人之多也？固有不識經術，不通古今，而自命爲文人者矣。……而宋劉摯之訓子孫，每曰：士常以器識爲先，一號爲文人，無足觀矣。然則以文人名於世，焉足重哉？」53

此則進而譏「文人」，以爲人若「不識經術，不通古今」而以文名，則不足重視；其引劉摯之言，亦後世所熟知者。由此，亭林遂自謂非有關經術治道之文則不作，其「與人書」云：

「孔子之刪述六經，卽伊尹太公救民於水火之心，而今之註蟲魚，命草木者，皆不足以語此也。……愚不揣，有見於此，故凡文之不關於六經之指，當世之務者，一切不爲。」54

依此而論，不僅純粹文學藝術之作不足重視，卽零星考證——如註蟲魚，命草木之類，亦爲亭林所鄙視矣。此點涉及亭林與乾嘉學人之不同，學者亦宜留意。

綜上所述，可知亭林尊經信古而以救世爲目的。此種「救世精神」自與東林一派相近，然其論學重知識，又只重將經籍及典章制度之知識，則非提倡科學知識一路。至於對救世之具體主張，則仍歸於通經致用。故亭林之學，簡言之，卽所謂實用之學、經世之學。然此只是就宗旨言。若就其學之內容言，則是否果能有救世之用，則至爲可疑。倘知前文所言之「過度簡化」，則對此一層面之問題，亦不須再作討論矣。

亭林既只講一實用之學，而對於「成德之學」一觀念無所了解，故反明代之心學，亦疑宋代之理學；雖尊重朱熹之治經史，言格物，然於朱學之哲學意義亦未嘗眞有所知。此皆與亭林以「道問學」自許有關；蓋其所謂「問學」，原只是如此意義也。但學者又不可據此而以爲亭林對「德性問題」全無主張；蓋亭林說「道問學」之義，雖似針對「尊德性」而言，其本身對於道德生活、社會風氣等等，仍不能不重視。但亭林所重者只在表面事實一層耳。欲論此義，即須進至本段之第三點。

第三：亭林不解「成德之學」，但仍重視人之道德生活及社會之風氣，故一面提出「行己有恥」之說，另一面盛談「節義」與「名教」。蓋將此類問題皆收於其「救世」一觀念中，故割離一切有關價値德性根源義之重大問題，而依常識提出此類主張，亦未自覺此中涉及之理論困難也。

亭林以「博學於文，行己有恥」爲教人宗旨，上文已言之。「行己有恥」即亭林對於立身或修身之主要主張。此點平生言論屢屢涉及，玆引數條於下：

日知錄中論「廉恥」云：

「禮義治人之大法，廉恥立人之大節；蓋不廉則無所不取，不恥則無所不爲。人而如此，則禍敗亂亡亦無所不至。」[55]

案此即據管子書而言「禮義廉恥」爲「四維」之意；而以下則特別强調「恥」之重要云：

「然而四者之中，恥尤爲要；故夫子之論士曰：行己有恥。孟子曰：人不可以無恥。……人之不廉，而至於悖禮犯義，其原皆生於無恥也。故士大夫之無恥，是謂國恥。」[56]

依此，人之一切道德生活上之過惡，皆視爲由「無恥」而致。此作爲一種日常格言，固無不可；若作爲一理論看，則「恥」何以能視爲最根本之德性，殊欠理據。然亭林談德性問題，原只是在常識層面上說話，對有關道德哲學之理論則無甚了解。而亭林持此種主張，則明確無疑也。

此種主張亦見於文集中，如「與友人論學書」中卽曾謂：

「愚所謂聖人之道者如之何？曰，博學於文，曰，行己有恥。自一身以至於天下國家，皆學之事也。自子臣弟友，以至出入往來，辭受取與之間，皆有恥之事也。不恥惡衣惡食，而恥匹夫匹婦之不被其澤，故曰，萬物皆備於我矣，反身而誠。嗚呼，士而不先言恥，則爲無本之人，非好古而多聞，則爲空虛之學。以無本之人，而講空虛之學，吾見其日從事於聖人，而去之彌遠也。」㊼

案顧氏此種議論，直欲以一「恥」字統括一切德性，而將一切理分問題皆化爲「有恥」之事；且卽以此與「博學於文」相配而講「聖人」。「有恥」固是道德生活中一重要關鍵，然不過表現價值意識在排拒或否定一面之功能；與孟子所謂「羞惡之心」相當，亦卽「好善惡惡」中「惡惡」之意。今欲以此統括一切德性，則所遺者甚大，所闕者甚多；非可立之說也。

亭林論及「救世」問題時，其說已有過度簡化之病；今論道德生活亦然。由此，其論社會風氣，人心趨向時亦只就表面效果着眼。故其論「名敎」，則以爲常人皆受習俗支配，在上者應提倡「名」，以使人求「名」而舍「利」。換言之，卽以「名敎」爲一種工具，欲用以改正社會風氣也。其言云：

「今日所以變化人心，蕩滌汚俗者，莫急於勸學獎廉二事。」㊽

此處要點在「勸」與「獎」二字，蓋皆指在上者之提倡而言。故又云：

「……故昔人之言，曰，名敎；曰，名節；曰，功名。不能使天下之人以義爲利，而猶使之以名爲利。雖非純王之風，亦可以救積潦之俗矣。」㊾

此意作爲一種政治措施看，固非無理，然與儒學對「教」之觀念，相去甚遠。依儒學觀點看，如只靠外在之獎勸而改變風俗，則結果將使天下人相率而成爲僞飾之徒，反不能正視是非，其病至大也。

至此，亭林論學之宗旨已明。而哲學史中對亭林思想之論述，亦當以此範圍爲限；蓋亭林考古音、釋經籍之著作雖繁，皆不屬哲學思想；本書不能涉及也。

(三) 結語

總觀亭林思想，可作評斷如下：

第一：亭林最基本之態度，爲「尊經」與「信古」；故不唯與近代所謂「科學精神」異趣，且本身有極濃之傳統主義色彩。第在解史解經時，頗勤於考證，似有作客觀研究之意趣。然亭林對於漢唐以來種種僞書，仍無徹底檢查之決心。古文尚書之僞作，易傳之僞託孔子，以及大學中庸之僞託曾子子思等，此在後世，皆不難考定其爲僞，亭林則仍信舊日傳說而不疑。則卽在史學（廣義）範圍講，謂亭林重考證之客觀，亦不甚確也。

第二：昔人每以「大」贊亭林之學，如王觀堂以亭林爲所謂「國初之學」之首領人物，而以「大」爲其學之特色(60)。徐世昌輯「清儒學案」，於「亭林學案」之案語中，亦謂：「此其學之所以大也」(61)。其意皆同。然若以「大」指廣博而言，則亭林說經考史，推究典章制度，更旁及於音韻訓詁之學，其所謂範圍誠極廣，所知亦甚博；但若就思想系統之能涵蓋種種理論問題而言「大」，則亭林思想中對許多重大理論問題皆以一極度簡化之態度處之，遺漏者正極多，非眞能立一「大」系統也。

第三：亭林論學原以「致用」爲本旨，然其所揭以示人者則實亦太嫌簡陋。此種缺點在當時已多有譏議之者。如毛西河對亭林以「行己有恥」一語，配以禮樂觀念，便欲籠罩所謂「聖學」，卽有明顯之譏評。其與馮山公書云：

「學者不體會聖人立教精意，妄執臆見；甚至以行己有恥與節文禮樂舖張盛大，以壓勝之。夫行己不過躬行耳，有恥不過四端之一，神樂不過六藝之兩耳，夫子本舉春秋極猥瑣者爲人士榜樣，而學者必欲張大而壓勝之，則亦小人之腹矣。」㊷

案西河好罵，以上云云，未免有措詞過重之處；且此書原以「論孟」中可疑之文爲論題，不過順便譏亭林之說，亦未詳作析論。然謂「行己有恥」一語不足以統括儒學成德成聖之義，則固非偏激之言也。又亭林言「博學於文」，而深信如此治學可以致用，可以救世；此亦大有問題。若所謂致用與救世，專就建立制度一面說，則博通經術，善考古制，亦未必卽能應當世之急。若就修身立身說，則視心性義理爲玄虛，而一味尋求外在知識，更未必能供安身立命之用。此點李二曲（顒）卽曾明言。如其寄顧氏書云：

「假令辯盡古今疑誤字句，究與自己身心有何干涉？程子有言，學也者，使人求於本也；不求於本，而求於末，非聖人之學也。何謂求於末？考詳略，採異同也。……區區年逾知命，所急實不在此。」㊸

案二曲此書原答亭林論禪宗之說與參同契之關係者；卽論及「體用」之第二書也。二曲以陽明爲宗，而取宋明諸說互補以講學，其治學宗旨自與亭林迥殊。然此書所强調之聖學在本不在末之說，固儒學之通義，在亭林亦難否認。二曲與亭林相晤論學時，亦曾特說此義，而亭林固未有駁論也。惠玉虹「歷年紀略」云：

「顧甯人博物宏通，來訪。先生與之從容盤桓；上下古今，靡不辯訂。顧而歎曰：堯舜之知而不徧物，急先務也。吾人當務之急，原自有在；若舍而不務，惟騖精神於上下古今之間，正昔人所謂：抛卻自家無盡藏，沿門持鉢效貧兒也。顧爲之憮然。」64

此所謂「急務」，正可與前書所謂「所急實不在此」合看。蓋二曲治成德之學，故以身心性命爲急務所在，而引陽明良知詩以誚亭林，亭林雖實非治成德之學，然又仍言「聖學」，故於此亦無可辯爭也。

客觀言之，亭林之思想原已離開儒學以「成德」、「成聖」爲主之學統，而別有趣向；但亭林在自覺層面上仍堅持所講是「聖學」，於是種種理論困難皆無法避免矣。

總上所述，可知亭林思想之特色，只在於重視制度、關心治亂一面。此雖亦非不合孔子精神，然與宋儒以下之「成德之學」，確有歧異。而「成德之學」又不能不視爲孔孟之學。亭林立說對此中分寸亦從未辯明，以致尊之者竟謂亭林方是承孔孟學統者，疑之者則縱不如西河之謾罵，亦難免爲二曲之譏嘲。實則，亭林自己如何自處是一事，其思想學術在客觀上之意義又另是一事。亭林以爲所標宗旨方是「聖人之學」，此自難成立。然若就廣義之史學言，則亭林治學之方向，正可引出「以史學代哲學」之學風。此所以乾嘉學人無不推重亭林，而吾人今日亦當自此角度以定亭林思想之地位。至於「致用」、「救世」云云，則反屬不可持也。

亭林與梨洲同爲關心治亂，喜言制度之儒者；第梨洲於心性之學所入遠較亭林爲深，故未離開「成德」之學統。而較二人稍後之王夫之，則另立系統，與二人大異。下節卽論述王氏之學。

(C) 王夫之

王夫之，字而農，號薑齋；先世為江蘇高郵人，明永樂間遷于湖南衡陽，遂定居。王氏晚歲於石船山下築草堂以終老，故世稱船山先生。

船山生於明萬曆四十七年（己未），卒於清康熙三十一年，以公元推之，其生卒年代為：1619—1692 A. D.。

船山幼於梨洲九年，幼於蕺山四十一年。除一度因抗清事敗（清順治五年事），而遠走兩廣，仕于永曆朝中之外，平生踪跡多在兩湖；故與當世學人殊少交往。船山思想固有許多特色，然其了解他人理論處每多隔閡，卽與此種經歷上之限制有關。學者不可不知。

以下先略述其著作，再析論其思想之要旨，最後當略作評論以結束。

(一) 船山之主要著作

船山生平遍註經籍，又解老莊、論史事，故著作繁多。玆略依年代次序，一述其主要著作。

船山於崇禎十五年，曾應鄉試，中第五名；是年承父命與長兄王介之同赴公車，嗣以流寇阻擾而中途歸家，時十六年正月也。同年張獻忠侵入湖南。船山與介之同匿於衡山雙髻峯下。後雖屢次出入，仍以山中為常居之地。崇禎十七年李自成陷北京，繼而清兵入關，福王又立於金陵。國事大壞。船山遂于是年在雙髻峯營「續夢菴」居之。廿八歲，清順治三年，卽在續夢菴中始註周易；此後一切著述，大抵皆成於荒山遯居之中矣。

清順治五年，船山三十歲；是年十月與管嗣裘舉兵於衡山，未幾，事敗，遂度嶺入粵，赴肇慶；此時船山尚無終隱之意，而欲致力於匡復，故其後雖一度返衡侍母，不久又重至肇慶。清順治七年，再往梧州，受任爲行人司行人，然以永曆朝中又有黨錮攻訐之風，船山以嚴起恒事幾及於禍，於是離梧州往桂林。迨桂林又爲清兵所陷，船山遂間道返湖南。此後即再無問世之心，雖流徙湘中而開始從事正式著述。

清順治十二年，三十七歲，寓于晉甯山寺中，作「周易外傳」七卷，同年又作「老子衍」：此船山最早之學術作品。

清順治十三年，三十八歲，作「黃書」七篇，其言以政治理論爲主，極力强調「夷夏之辨」，其所謂「黃」，正指中國而言；故此書所代表之思想，主要可說是一民族主義之理論；書中雖曾論及制度及政治措施，所言未見有特殊深透之處，非如梨洲「待訪錄」之別具卓識也。

船山是年冬歸衡，尋復居於續夢菴，至四十二歲（清順治十七年）方徙居湘西金蘭鄉高節里，築室名爲「敗葉廬」。四十七歲遂重訂「讀四書大全說」十卷，其哲學思想大端已見於此書中。時則清康熙四年矣。

至清康熙七年，成「春秋世論」、「春秋家說」等。八年，構「觀生居」；十一年，即在「觀生居」中定「老子衍」稿。此稿次年爲唐端笏借去，竟毀於火。此書遂不傳。今所見之本，則是船山定稿前之舊本，於康熙十七年重錄者，非眞定稿之本也。

船山於清康熙十四年一度至江西，旋返觀生居，又於石船山下另築草堂，此即「船山」一號之由來，蓋此後卽長居船山草堂，直至七十四歲逝世爲止，晚年著作，皆成於此草堂中也。

清康熙十五年，撰「周易大象解」一卷；十六年，成「禮記章句」四十九卷。十八年，船山與章有謨避吳三桂之亂，匿迹櫨林山中，遂著「莊子通」；另有「莊子解」三十三卷，大約亦成於此時；蓋船山雖反淸而又不願助吳三桂，憂煩中遂以莊子書自遣；然船山之解莊子，每借以發揮某種意見，其中頗有應加注意者（見後節）。

其後兩年，仍居草堂；於淸康熙二十年，爲先開上人訂「相宗絡索」65。其書略釋唯識宗詞語，無特殊理論。康熙二十一年，有「噩夢」一卷，此書亦以論政治爲課題，但重在討論明代之政弊，多涉及具體問題，與「黃書」稍異。二十三年，作「俟解」一卷，以立人極爲論旨。二十四年，九月，病中作「周易內傳」十二卷，發例一卷。距作「周易外傳」時幾三十年矣。船山之形上學觀念，主要見于此二書，蓋船山之思想，原以易經爲基據也。此外，船山又有「周易稗疏」四卷，「考異」一卷，頗反圖書一派，亦可與內外傳合觀。

康熙二十六年，撰讀通鑑論及宋論，時年已六十九；次年遂編「七十自定稿」。七十一歲（康熙二十八年），成「識小錄」。至康熙三十一年，船山七十四歲，卒於草堂。

以上略記船山著作。此外如「正蒙註」、「思問錄」、「搔首問」等，其著作年月皆不確知；然此數書實皆爲了解船山思想之重要資料。不可因著作年月難定而忽視之也。

除以上所敍及者外，船山尙另有詩集、文集、歷史著作，以及雜著多種；本書非研究船山之專書，故不備述。下節卽析論船山之哲學思想。

(二) 船山之哲學思想

船山立說，無系統著作可爲代表；然其思想自成一系統，可於其解經論史之作中抽繹而得之。船山著述既多而雜，又喜隨意發揮，故其著作中矛盾謬誤之處亦不少。茲但取其大端而論之。

船山思想第一特色爲其實在論立場。此可以其對「氣」與「器」之理論爲中心而析述之。關於形上學及宇宙論之種種論點，皆可統於此一部份。

然船山之持實在論立場，幷非依一嚴格思辯過程而建立者；故其說只能順講，不能反求其確定起點何在。此點爲學者論船山之學時最應留意之樞紐問題。蓋船山之說，實依常識層面而建構；其結果所成之學說，似包含許多論斷，涉及許多部門之理論，又有特殊强調之種種觀點；學者若只從其所形成之系統着眼，則每每但覺其廣大，而不能細察其立說基礎之得失。如此則不免有見其長而不知其短之病矣。一理論建立後能涉及多少問題，固非不重要之事，然此屬於理論之後果，不可與理論之基礎相混。近世談船山者，如譚嗣同、梁啓超等人，對船山之學皆一味贊許[66]，於其說之理論結構似皆未能確知，更無論評其得失矣。當代哲學家唐君毅先生，於其「中國哲學原論」中暢論船山思想，周浹透闢，可謂最能知船山者[67]；然其推崇船山，謂獨能肯定歷史文化云云[68]，似猶不免過度重視船山理論之後果，而未正視其理論基礎上之問題。蓋船山立說確欲肯定歷史文化，然是否果能建立此肯定，則是另一問題。若順其說而言之，接受其先出之種種論斷，則其後果可引致此一肯定；此卽所謂「屬於理論後果」之意。然若嚴格檢查其理論基礎，則船山如何建立此肯定，正是一待決之重大問題；倘基礎不固，則後果之可喜不能爲此種基礎上之缺失辯護。反之，理論基礎如有困難，則由此而生之種種理論後果，皆當在可疑之列矣。

今客觀言之，船山學說以其實在論觀點爲基礎，而此處正有極嚴重之理論問題。上文評述時當再剖析之。

其次，船山以其實在論觀點建立其形上學及宇宙論，然其根本旨趣仍在「內聖外王」之傳統儒學目標上，故船山一如宋明其他儒者，必依其形上學而提出一套道德價值理論。此爲其學說之主要樞紐所在；蓋必通過此一部份理論方能通至歷史文化之觀點也。

本書下文在略述船山之形上學、宇宙論及道德價值理論後，當一論其「發展觀」；蓋除實在論立場外，船山思想另一特色卽在於其「發展觀」。世之論船山之學者，每喜以船山與德國黑格爾相比，其着眼點實卽在此。然其中所涉問題至繁，亦未可輕率比附也。

旣知船山所持之實在論及發展觀，則其說之大要已顯。以下當續述其政治思想及論史之說。船山論史之作，如「讀通鑑論」、「宋論」等，皆爲人所常談及者；或以此作爲船山之「歷史哲學」。顧船山此類著作中，大部皆承文人作史論之舊習；隨取一事，發揮議論，并非對整個歷史之意義，或歷史知識之標準等問題，作嚴格析論者，則是否可稱作「歷史哲學」，當視此詞之確定用法如何而定。但船山此類史論中，每涉及某種有關哲學問題之觀點或論斷，倘取此類言論與其他理論合看，則亦頗有應加注意之處，但未必卽是通常所謂「歷史哲學」耳。

依上所述，本書以下各節卽分論船山之形上學及宇宙論，船山之道德價值理論，再略述其政治思想，而以史觀及史論之敍述結束。

（a）道與器，理與氣

論船山之形上學觀念，當自「道」與「器」始。若「理」與「氣」之關係，在理論上自較「道」與「器」應更有基本性（因「器」觀念原應在理論次序上後於「氣」觀念），但在船山著作中，則對「理氣」之討論陳述，皆以「道器」之說爲根據；蓋船山之學，原以易傳爲根本，而「道」與「器」二觀念正出于易傳。至「理」與「氣」二觀念，則在宋儒學說中始漸顯著，故船山亦只於註「正蒙」時，發揮橫渠之意而言「理」與「氣」之不離。其實，以「理」爲「氣之理」，陽明後學中頗有持此說者，而蕺山更明白揭示此一主張。固非始自船山。然就「道器」而言，則船山之說卽顯出其特色；蓋「器」者指特殊存在說，船山卽「器」而言「道」，其最初之認定卽落在特殊存在之「實在性」上，此其所以爲「實在論」立場也。蕺山之合「理氣」，主旨在於攝氣以歸理，然後統之於「心」與「意」；故有時亦言「器」不離「道」，然只是引申之義。船山則先肯定「器」，再由「器」以說「道」，然後再引申之而論「理氣」之不離，於是最後統之于「氣」。此則二說之根本區異所在；學者不可因其語言表面偶有相似而混之也。[69]

以下酌引船山論「道器」之主要資料，再作說明。

船山於「周易外傳」中釋「形而上者謂之道」兩句云：

「謂之者，從其謂而立之名也；上下者，初無定界，從乎所擬議而施之謂也。然則，上下無殊畛而道器無異體，明矣。」[70]

此處意謂「形而上」、「形而下」之稱，只是一種說法，非指兩種存有。其下遂續云：

「天下惟器而已矣。道者，器之道；器者，不可謂之道之器也。無其道則無其器，人類能言之。雖然，苟有其器矣，豈患無道哉？……人或昧於其道者，其器不成；不成，非無器也。無其器則無其道，人鮮能言之，而固其誠然者也。洪荒無揖讓之道，唐虞無弔伐之道，漢唐無今日之道，則今日無他年之道者，多矣。未有弓矢而無射道，未有馬車而無御道，未有牢醴璧幣鐘磬管絃而無禮樂之道，則未有子而無父道，未有弟而無兄道，道之及有而且無者，多矣。故無其器則無其道，誠然之言也。而人特未之察耳。」71

案船山以為「道」乃「器之道」，而又謂「器者，不可謂之道之器」，則此說未可以「道器合一」釋之，蓋此所謂「不可」者，正涵有一理論次序之認定。在船山看來，「器」乃最基本之實有，「道」只表「器」之功能、性質及關係等，故「道」可說是「器之道」，而「器」不可說是「道之器」也。此是船山持「實在論」觀點之顯明證據。

然船山之立場雖甚明顯，其立論則未見精確。上引文中，亟論「無其器則無其道」，以為「誠然」而「人鮮能言之」；觀其下所舉之例，則所論「無」者，明是指在經驗時空界中「未出現」而言；然若說「未出現」即是「無」，則上文所謂「不成，非無器也」，又作何解？「器」如「不成」，則此器即「未出現」於時空界中，何以又非「無」乎？只觀此一「無」字之用法，船山之語言之大欠嚴格已可見矣。

但船山語言之不妥，固甚易見，然此非謂其意見不定。船山之意見固確以為「未出現」於時空界者即是「無」，故對「形而止」、「形而下」等語，亦須另尋解釋。蓋就易傳本身言，所謂「形而上」原正指不在時空界中出現而言，且此「形而上」在理論次序上正先於「形而下」，恰與船山觀點相反。船山若不欲廢易傳，而欲以易傳配合其實在論立場，則必須對「形而上」、「形而下」等語另作解釋。船山於此遂提出「隱」、「顯」之說。「讀四書大全說」卷二，釋「中庸」之「索隱」時云：

「道之隱者，非無在也。如何遙空索去？形而上者，隱也；形而下者，顯也。纔說個形而上，早已有一形字爲可按之跡，可指求之主名。」[72]

此即以「隱」說「形而上」。所謂「隱」之義，在「周易內傳」中又有較詳之說法。其言云：

「形而上者，當其未形，而隱然有不可踰之天則，……形之所自生，隱而未見者也。及其形之既成，而形可見。形之所可用以效其當然之能者，如車之所以可載，器之所以可盛，乃至父子之有孝慈，君臣之有忠禮，皆隱於形之中而不顯。二者則所謂當然之道也。形而上者也。形而下即形之已成乎物，而可見可循者也。形而上之道，隱矣，乃必有其形，而後前乎所以成之者之良能著，後乎所以用之者之功效定，故謂之形而上而不離乎形。道與器不相離。故卦也，辭也，象也，皆書之所著也，器也。變通以成象辭者，道也。民用，器也。鼓舞以興事業者，道也。聖人之意所藏也。合道器而盡上下之理，則聖人之意可見矣。」[73]

案此處就「用」與「能」之「隱于形中而不顯」說「形而上」，而又稱爲「當然之道」；於是，所謂「形而上」、「形而下」之分，即說爲「隱顯」之分。然此中詞義頗亂。試稍作析論如下：

第一：就「未形」、「形之所自生」說「隱」，則此即應指「形器」未出現之段落言，倘就此意義說「形而上」，說「道」，則顯然「道」可先「器」而存有，蓋「未形」即無「器」可說，而有「天則」，則即是有「道」（或「理」）也。但如此說時，即與程朱理氣之論基本上相同，而與船山自身所持「道者器之道」，而「器者不可謂之道之器」之觀點反成衝突。此是一疑難。

第二：「隱於形之中而不顯」說「隱」字之意義，由此以釋「形而上」及「道」，則與前說大異；蓋如此說時，乃指「道」內在地存有於「器」中，而必有「形」然後方能說「隱於形之中」；如此，仍可維持「道」不先於「器」之說，然此與「隱然有不可踰之天則」又難相容，因「道」如只是「隱於形之中」，則不能說「形之所自生」一段。此是另一疑難。

第三：上引「周易內傳」文，明說「道與器不相離」；若是互不相離，則應同時說：「道者器之道」，「器者道之器」，而不應說「器者不可謂之道之器」——如「外傳」所云。蓋如上文所釋，若取外傳此說，則「道」與「器」間有理論次序之先後，而不可逆轉，即非「不相離」，「不相離」乃可逆轉之關係也。此又是另一疑難，涉及船山用語之意義或思想之變化。

倘專就用語看，則可說船山用語意義混亂，因而其說基本上不能成立。但若取另一角度，從船山思想之變化看，則對以上之疑難，又可得某種解說。

因「內傳」爲晚年之作，而「外傳」成於三十七歲時，故可視「內傳」爲代表晚期思想者，如此則可將兩傳之殊異處看作思想變化之表現。

「內傳」謂「道與器不相離」，雖與肯定「器」先於「道」衝突，但就理論之穩定性看，則原勝於「器」先於「道」之說。即以「外傳」原文（見上引）而論，船山雖謂「器者不可謂之道之器」，但器無其道則「不成」一點，已難於解說。說「不成，非無器也」，更多生出一問題，蓋若所謂「器」，在「不成」時仍是一種「有」，則只能是說「器之理」有；即轉入朱熹之思路，與船山原意相去更遠矣。從此等理論困難着眼，即可知船山「外傳」中之說本有困難，則「內傳」之說，即可視爲船山較晚之主張，如此，此一疑難可得一適當之解答。

順此線索以觀「內傳」之說，則應注意船山所言之「成之者」之「良能」與「用之者」之「功效」二語，以便能更進一步了解船山論道器之主旨所在。

由「成」與「用」，而說形器出現之意義，主旨在於表明所謂「道」即形器所以能「成」，及所以能具一定之「用」之理據。每一事物之所以「有」，皆依於一「生成」之理；此事物既存有後，便有一定功能；此即是所謂「用」。有之「前」立一「成」字，有之「後」立一「用」字，合「成」與「用」，即所謂「道」也。

此處自又涉及「普遍」及「特殊」之問題。船山依「用」與「成」說「道」時，實不能涉及個別事物之特殊內容之決定，而只涉及普遍意義之生成與功用。換言之，不論是何種事物、何種功用，其能「有」即依一「生成」之理，其有後之能具一定性質，即係一「用」之理。一切形器之能生成與能具用，即是所謂「道」之所指。依此，可知船山以為，吾人所以能有一「道」觀念者，乃以形器之實有為條件；「道」本身自非「形器」，然若全無形器，則「道」觀念無由出現，此所以謂「道與器不相離」也。

若專就「器」先於「道」講，則理論上有不可克服之困難；因如此說時，即須假定形器可以不依道而生成，或當「無其器」時即「無其道」；此兩點皆可使道器之關係成為不可解。蓋若器可以不依道而生成，則面對既有之器，亦不能說其必有道；若說「無其器」時則「無其道」，則器由無而至有時，仍當不依道（因此時道仍是「無」），又是器不依道而生成矣。

故若就形器之「成」與「用」說「道」，則決無「器」先於「道」之理。船山主旨既在於由「成」與「用」說「道」，則「外傳」中之說不能不視為早年不妥之說而暫置不論矣。

只說「道與器不相離」，則「隱顯」之說亦可依此解說；世界作爲形器之不斷生成變化之過程看，顯者是形器，隱者卽其所以生成變化之理；由於此所謂「理」卽形器所以生成，所以變化之理，故從此角度看，亦可說「理」不在形器之外，而「隱」於形器之中。此可作爲船山之主旨，其他語言上之疏漏，則不必在此一一析論。

由於船山如此看「道」與「器」，故說及「理」與「氣」時亦採取類似之觀點。此類資料應以其「正蒙註」爲主。如釋「散殊而可象爲氣，清通而不可象爲神」二語云：

「太和之中，有氣有神。神者，非他，二氣清通之理也。不可象者，卽在象中。」(74)

案橫渠本意另是一事，此處只就註文觀船山思想，則此段中以「神」爲「二氣清通之理」，則「神」與「氣」之關係，卽相應於所謂「理氣」之關係。象屬「氣」而不可象屬神——卽屬「理」也。又船山用「氣」字卽指陰陽言，故說「二氣」。

橫渠以氣之聚散說萬有之生化，船山卽於此「聚散」之運行說「理」，故在「太虛不能無氣……」一段下注云：

「氣之聚散，物之死生，出而來，入而往，皆理勢之自然不能已止者也。」(75)

氣之聚散，卽順「理」而運行之過程。由是再進一步，卽說此「理」卽不離此過程而獨存。在「知虛空卽氣……」一段下船山注云：

「凡虛空皆氣也。聚則顯，顯則人謂之有；散則隱，隱則人謂之無。神化者，氣之聚散不測之妙，然而有迹可見。性命者，氣之健順有常之理，主持神化而寓於神化之中，無迹可見。若其實，則理在氣中，氣無非理；氣在空中，空無非氣，通一而無二者也。」(76)

案此處論「顯隱」，又專就感覺經驗中之具體事物是否呈現說。氣聚而成萬物，船山說之為「顯」；氣散則具體事物不呈現，說之為「隱」。又與釋易傳時所說之「隱顯」有異，蓋船山原未建構一套有嚴格一致性之語言也。此註以「神化」指萬有生化之過程——即世界歷程，故說「有迹可見」；而以「性命」指主特此過程之「理」，故說「無迹可見」。其結論乃謂「理在氣中，氣無非理」。此是船山說「理氣」最明確之語，蓋卽表示理與氣亦不相離，正如道與器之不相離也。

船山屢說「不相離」之義，後世述其學者亦多只提出此點作為船山思想之特色。然所謂「不相離」，究竟取何意義？則實大有應加追問者。在說「不相離」時，就理論意義看，至少有兩種極不相同之意義；其一是取存有義，依此而說道器或理氣不相離，則其意是說：「無器則無道」，「無道則無器」；理氣一面亦然。其二是取實現義，依此義則「道」與「理」本身可以自存，但必實現於「器」與「氣」中。就其實現之必然而說「道不離器」及「理不離氣」。但此時「器」之「不離道」，「氣」之「不離理」便須另具意涵，因取實現義而說「不相離」時，「道與理」對「器與氣」說，可就實現而說前二者「不離」後二者，然不能以相同意義逆說也。「器」作為具體存在，故可說「道」在「器」中實現，由此而說「道不離器」；然器是「可象」，「道」是「不可象」，則不能說「器」在「道」中實現，以表「器不離道」也。如此，「道」不離「器」，「理」不離「氣」可取實現義；至「器」不離「道」，「氣」不離「理」一面，則須取形式規範義說；於此可知，若取實現義，則「不相離」之解釋將轉趨繁複，不似取存有義說時之簡單。

然則船山究取何義說「不相離」？一般言之，如上引資料所示，船山似偏重於存有義，故說「無其器則無其道」（外傳），他處亦屢有相類之語。但另一面言「不可踰之天則」，以形而上之「道」為

「隱」（皆見內傳），則又似肯定「道」能自存。雖順此仍說「不相離」，其所謂「不相離」，在彼處語脈中卽只能取實現義矣。尤其在「正蒙註」中評及橫渠之攻佛老一段，更明白承認「道」可離「器」而自存。其言云：

「……又曰（案指易傳言），形而上者謂之道，形而下者謂之器。形而上卽所謂清通而不可象者也。器有成毀，而不可象者寓於器而起用，未嘗成亦不可毀。器敝而道未嘗息也。」㊆

此明說器有成毀而道無成毀而自存，且明下「寓於器而起用」一語，則正與實現義相應；道之起用，卽其實現於器中而使器有其用也。如此觀之，則船山又似實未否認「道」可離器而自存，則所謂不離器者只指實現而言，只因「道」必在「器」中實現，故說「道」不離「器」耳。

但若取此立場，則「器」不離「道」又須另作解釋，如上文所說。關於此點，船山亦屢說及，但以其所重者不在此，故罕作發揮。卽以「正蒙註」而論，於「參兩篇」首段註中卽云：

「性以理言，有其象必有其理。」㊇

依船山用語，「象」先於「形」，「理」既爲「象」之規範或形式，則形器自當以「理」或「道」爲形式矣。

總上所述，船山對「道器」及「理氣」之主張可分述如下：

第一：依「外傳」看，則船山主張「器」在理論次序上先於「道」；「道」是「器之道」、而「器」不可謂是道之器」。依「內傳」看，則「道與器不相離」，無理論次序先後可說。

第二：就「正蒙註」看，則「道」可以自存，「器」有成毀而「道」無成毀；則「道」只在實現義上可說「不離器」。此近於「內傳」觀點，而與「外傳」頗異。

第三：船山一面謂「理在氣中」，另一面以陰陽爲「氣」，而以「氣」之聚散爲「理」所決定，則仍只能就實現義說理氣之不相離。然此處涉及「氣不離理」與「理不離氣」兩論點中「不離」之意義之分別問題，而船山固未詳加析論也。

至此，吾人可說，船山之基本形上理論，殊不見嚴密；故由此種理論作基礎，而推衍所生之其他理論，皆可謂根基不固。此卽涉及上文所指出之「理論基礎」與「理論後果」之分寸問題。以下當續述船山其他理論，隨處可見船山思想實觸及許多重要問題，然此種在理論後果一面之豐富性，并不能補足或代替理論基礎一面之闕失。學者必當留意也。

(b) 陰陽渾合，乾坤并建

以上僅討論道器理氣等一般問題，本節將述船山解易之說之具體要點，以便能更進一步展示其形上思想及宇宙論。

船山解易之最有名之特色，在於視太極爲陰陽之渾合，而有乾坤并建之說。而此說又與其對「體用」之觀點有關。玆當據周易內外傳一述其大要。

但在敍述以前，另有一點應指出者，卽認爲太極不離陰陽，或陰陽外非另有太極，非自船山始。劉蕺山卽明持此說。如云：

「只此動靜之理，分言之是陰陽，合言之是太極。」⑲

此幾與船山之說不可辨別。然蕺山此說之理論背景，自又與船山迥異。學者於此宜加注意者，是視太極與陰陽爲不可分，并非必然屬於船山之思路，則卽可免誤以此爲船山獨有之見解矣。

船山之特色仍在於其實在論及發展觀；上節所言道器及理氣問題，雖可見船山立說之欠嚴格明確，但其主旨總是强調形器之重要，則卽表示其實在論傾向也。本節所論則逐漸接觸其發展觀。

船山於「內傳」中論「易有太極」一段云：

「太者，極其大而無尙之辭；極，至也；語道至此而盡也。其實陰陽之渾合者而已，而不可名之爲陰陽，則但贊其極極至無以加曰：太極。太極者，無有不極也，無有一極也。惟無有一極，則無所不極，故周子又從而贊之，無極而太極。陰陽之本體，絪縕相得，和同而化，充塞於兩間，此所謂太極也。張子謂之大和。」[80]

此卽謂「太極」只是「陰陽之渾合」，就其渾合全體而言，不能名之爲陰陽，故稱「太極」。依船山說法，所謂「太極」只是贊辭，并非在陰陽外別有所指。此與朱熹之意，濂溪之意皆不同，蓋船山始終以陰陽兩種功能之流行爲「道」，并無在陰陽之上立一太極之意向也。此種觀點在「外傳」中亦曾發揮。其言云：

「易有太極，固有之也，同有之也。太極生兩儀，兩儀生四象，四象生八卦；固有之則生，同有之則俱生矣，故曰是生。」[81]

此處所謂「固有」及「同有」，意卽非在陰陽象卦之外別有「太極」，故其下又云：

「性情以動靜異幾，始終以循環異時，體用以德業異迹；渾淪皆備，不漏不勞，固合兩儀四象八卦而爲太極。其非別有一太極以爲儀象卦爻之父，明矣。」[82]

案「外傳」此章原提出「性情相需」、「始終相成」、「體用相函」等觀點以發揮其說；後文當再論及。此處所須注意者，是「非別有一太極」一語；蓋「外傳」之文雖較繁雜，其主旨仍不外說「太極」

乃「陰陽渾合」而別無其體也。「外傳」此章後文又辨云：

「使陰陽未有之先而有太極，是材不夙庀而情無適主；使儀象既有之後遂非太極，是材窮於一用而情盡於一往矣，又何以云乾坤毀則無以見易也乎？」[83]

案船山在此章中以「陰陽」爲「材」，以「往來」爲「情」；故說不可謂無「陰陽」先有「太極」，因無材卽不能運行；又不可謂陰陽生便無「太極」，因若如此則「太極」只能有一次運行，而不合「易」之觀念。由此，船山遂視「太極」爲「陰陽渾合」之稱矣。

在「思問錄」中，船山謂：「太極雖虛而理氣充凝」[84]，亦是此意；「氣」卽陰陽二氣，「理」卽二氣運行之「天則」也。

「陰陽渾合」之說，除對「太極」而言，有不立「陰陽」以外之「太極」之理論意義外，尙有另一意義，卽「陰陽」二者乃所謂「道」之內容，不可偏廢；此卽通至「乾坤並建」之說。「內傳」云：

「乾坤，謂陰陽也。凡卦之陰爻皆坤順之體，陽爻皆乾健之體。……萬象體乾坤而各自爲體，陰陽有畸勝而無偏廢。」[85]

「乾坤」卽「陰陽」。二者有畸勝而無偏廢，因萬有萬象皆必須同時依此二功能而生化也。故「內傳」在開始釋「易」時，卽特說此義云：

「易者，互相推移以摩盪之謂。周易之書，乾坤並建以爲首，易之體也。」[86]

其下釋「乾」卦又云：

「周易並建乾坤爲太始，以陰陽至足者統六十二卦之變通。古今之遙，兩間之大，一物之體性，一事之功能，無有陰而無陽，無有陽而無陰，無有地而無天，無有天而無地；不應立一純陽無陰之卦，而此以純陽爲乾者，蓋就陰陽合運之中，舉其陽之盛大流行者言之也。」87

案此所謂「陰陽合運」，即「陰陽渾合」之另一說法。而「乾坤並建」之意義，亦即在於此二者和而爲「道」，不可缺一也。

至此，吾人又可回看道器問題。「思問錄」中有一段恰可用於此處。原文云：

「統此一物，形而上則謂之道，形而下者謂之器；無非一陰一陽之和而成。盡器則道在其中矣。」88

「內傳」於「一陰一陽之謂道」下亦論云：

「道，天道也；陰陽者，太極所有之實也。凡兩間之所有，爲形爲象，爲精爲氣，爲清爲濁，自雷風水火山澤以至蜎孑萌芽之小，自成形而上以至未有成形，相與絪縕以待用之初，皆此二者之充塞無閒；而判然各爲一物，其性情才質功效皆不可强之而同。」89

此即一面說「陰陽」之和爲「太極」之「實」——即爲「道」之內容；另一面又說明萬有皆依陰陽而生成變化。後文遂云：

「合之則爲太極，分之則謂之陰陽；不可强同而不相悖害，謂之太和。………然陰陽充滿乎兩閒，而盈天地之閒惟陰陽而已矣。一一云者，相合以成主持而分劑之謂也。無有陰而無陽，無有陽而無陰，兩相倚而不離也。」90

此所謂陰陽之「兩相倚而不離」，亦正是「乾坤並建」之理據也。渾合而合運之「陰陽」，即「道」；而所謂「器」者亦正是此陰陽合運之顯現。於是船山眼中之世界，遂爲一生化不息之過程；而「陰陽」或「乾坤」皆用以說明此過程之觀念。其用語雖或有似難解處，其所呈現之世界圖像則實與橫渠所見極為相似也。

最後，船山論陰陽、太極、乾坤等觀念時，尚有一頗為重要之觀點，即「體用相函」之說。

案船山在「周易外傳」卷五解繫辭上第十一章云：

「是故性情相需者也，始終相成者也，體用相函者也。」[91]

而此所謂「相函」，說為「體以致用，用以備體」[92]，意謂凡「體」必顯現其「用」，而「用」之顯現，即使此「體」實現其自身也。故下文釋之云：

「無車何乘，無器何貯，故曰體以致用；不貯非器，不乘非車，故曰用以備體。」[93]

案此即表示船山視一切存有皆由其「用」或功能決定其自身之為如此之存有；另一面，一切功能又皆是實現之功能——非指潛存功能。由此，用外不可言體，有體亦必有用；所謂「相函」，即以無用外之「體」為其主旨所在也。

船山解「中庸」時亦說此義云：

「中庸一部書，大綱在用上說。即有言體者，亦用之體也。乃至言天，亦言天之用；即言天體，亦天用之體。大率聖賢言天，必不捨用，與後儒所謂太虛者不同。若(有)未有用之體，則不可言誠者天之道矣。舍此化育流行之外，別問窅窅空空之太虛，雖未嘗有妄而亦無所謂誠。佛老兩家都向那畔去說。」[94]

此固是指「天道」言，然一般之體用關係，在船山亦作如是觀。又如「內傳」釋「用九」一語云：

「天無自體，盡出其用以行四時生百物；無體不用，無用非其體。」[95]

此仍是言「天」，然亦含對體用不離之看法。而船山如此立論時，其自覺目的固與辨別儒與佛道之宗旨有關；蓋船山以爲佛老皆言離用之體也。

通過船山此種體用觀念，再返觀其道器理氣等說，乃可見船山眼中之世界，純爲一生成化育之「用」之運行歷程；在此歷程中，形器生成演化，相續不息，而皆爲陰陽二氣之運行。而此二氣之所以如此運行，則即以「道」說之。於是，萬有萬象皆「道」之顯現，亦皆「天」之「用」之流行，故又謂：

「天道之以用言，只在天字上見，不在道字上始顯；道者，天之大用所流行，其必由之路也。」96

蓋所謂「道」又依「天」而立名；只因「天」如此顯其大用，故稱之爲「天道」；萬有萬象，無非「天道」所顯。此眞是徹底之「天道觀」矣。如此言「天道」，顯與言靜言虛者不同，而船山亦曾明言天道之「動」。其言云：

「其實天道之誠，亦必動而始有；無動則亦無誠，而抑未可以道言矣。」97

「天道」運行不息，萬有以生以成以化以育；此是二氣之運行，然亦即是普遍義之「理」之顯現。船山合理氣之說，當於此處落實，故「內傳」云：

「乾之以其性情，成其功效，統天始物，純一清剛，善動而不息；豈徒其氣爲之哉？理爲之也。合始終於一貫，理不息於氣之中也。法天者可知利用崇德之實矣。」98

「天道」之恒動不息，是「氣」依「理」而運行；故「理不息於氣之中」，即「天道」之所以統理氣也。此處之「動」與「不息」，卽指向一「發展觀」。蓋船山眼中之「天道」卽萬有之最後法則；天道旣恆動，於是由「法天」說，自當以此種「動」解說人事矣。

案「天道觀」本身之內在矛盾，亦正可通過此「法天」，或「天道」與「人道」之關係而顯出。此義在本書前章已詳說。船山既取「天道觀」立場，其理論自不能免此困難。下文轉至船山對心性道德及文化之理論時，當隨時析論之。

茲再回至此「發展觀」說，由於船山以「動」與「不息」言天道，故對於「動靜」一對觀念卽不能不另有解說。如「思問錄」云：

「太極動而生陽，動之動也；靜而生陰，動之靜也。廢然無動而靜，陰惡從生哉？一動一靜，闔闢之謂也。由闔而闢，□(光案：此闕字當是「皆」字)動也。廢然之靜，則是息矣。至誠無息，況天地乎？維天之命，於穆不已，何靜之有？」[99]

此處說「動之動」、「動之靜」，是船山之特殊用語；蓋船山用「動」字有二義，其一與「靜」對，另一義則是超乎對立之「動靜」上之「動」。此種語言未必甚妥，然其旨亦不難明。船山既以天道爲一不息之「動」，則一切所謂「靜」，皆不過此大動程中之一階段。其用濂溪生陰生陽語以論大動中之小動小靜，未符濂溪原文語義；但船山借此以說己義，則甚易明。太極之生陰生陽，合而爲一大動程；此中有陽動陰靜二階段，然皆是屬於此大動程之小階段；故說「動中之動」、「動中之靜」；上一「動」字卽指此大動程而言也。

依此，則就天道說，本身卽是一大動程，故說「何靜之有」；而若謂除此大動程下所含之「小靜」外，尚另有與大動程在同一層次上之「大靜」，則船山以爲此乃「廢然之靜」，與「不息」相反。其論老莊時，亦卽認爲莊子所說乃一「廢然之靜」[100]。蓋船山只能順存有論及宇宙論之路數而立說運思，對自我之超越境界全無所體悟，故亦不解莊子原意也。

此種純以「動」看天道之發展觀，亦時時表現於其他著作中。如「外傳」言：「動者，道之樞，德之牖也」。[101]亦指此大動程言。又如「正蒙註」云：「止而行之，動動也；行而止之，靜亦動也。」[102]此卽謂「動」、「靜」皆屬於一大動程。此類資料皆可與「思問錄」之文互證，不再備引。

船山此種發展觀，應用于性命或天人關係上，遂有「命日受」、「性日生」之說。此亦是船山之特殊觀念，應稍作解釋，以過渡至其道德文化理論。

「讀四書大全說」釋孟子「平旦之氣」一段云：

「愚嘗謂命日受，性日生；竊疑先儒之有異。今以孟子所言平旦之氣思之，乃幸此理之合符也。」[103]

其下遂取朱熹以「雨露」喻「夜氣」之說，而云：

「在天降之爲雨露，在木受之爲萌蘗；在天命之爲健順之氣，在人受之爲仁義之心。而今之雨露非昨之雨露，則今者平旦之氣非昨者平旦之氣，亦明矣。到旦晝牿亡後，便將夙昔所受之良心都喪失了。若但伏而不顯，則不得謂之亡；且其復也，非有省察克念之功以尋繹其故，但因物欲稍閒，而夜氣之清明不知其所自生。若此者，豈非天之日命而人之日生其性乎？」[104]

案船山此說與孟子原意可謂相去極遠。孟子言平旦之氣，只就外在之契機說。人之價值意識或道德自覺在事物紛紛相擾之際，便常不顯（此自是指未有工夫之常人說）；而當外擾稍息止時，此本有之自覺便易顯，非謂有一外在之「天」不斷將「健順之氣」注入「人心」也。然船山預認一不斷生萬有之「天道」，而將「人」之「性」視爲從天處分有者，故遂進一步認爲人在有生之後，天仍不斷注入其「健順之氣」，故以爲「天」日有所「命」於「人」，而人之「性」遂日有所「受」於天，此卽所謂

「性日生」之意。然如此說時，已全昧主體自由之義；不特在理論上難於成立，卽在船山自己分「天道」與「人道」時，亦生出極大之困難，此點下節再論之。

所論「命日受」，指人之「受」天之「命」講，故若從天一面說，則亦說「天」降命於人，而人受此天命而爲「性」。此則是「中庸」所謂「天命之謂性」之意。若取此類用語，則「命」當連「降」字說，而「性」連「受」字說。此在表面上雖似與「命日受」一語有異，然其意則同。船山於「思問錄」中卽謂：

「命曰降，性曰受。性者生之理，未死以前，皆生也，皆降命受性之日也。初生而受性之量，日生而受性之眞。爲胎元之說者，其人如陶器乎？」[105]

案此段首二語，在其他版本中似有不同，未及詳勘[106]。現依此文看，則船山先謂「命」應說爲天之所「降」，「性」應說爲人之所「受」；故下文卽就「降命受性」之相續不已，以說「性日生」之義；於是「性」不限於初生所受於「天」者，且在生之全程中，時時受「天」之新「命」，故譏胎元之說。關於「天」不斷「降」命於人之觀點，船山在「尙書引義」卷三，釋「太甲」篇時，所說尤詳，可引述數段，以結束以上之討論。

船山釋「太甲」云：

「天性者，生理也，日生則日成也；則夫天命者，豈但初生之頃命之哉。……夫天之生物，其化不息，初生之頃，非無所命也。何以知其有所命？無所命則仁義禮智無其根也。幼而少，少而壯，壯而老，亦非無所命也。何以知其有所命？不更有所命，則年逝而性亦日忘也。」[106]

案此卽明謂人初生，天卽「有所命」；既生之後，天仍續「有所命」；如此，則人之「性」遂時時受此天之「命」之推動或灌注而日有生成矣。其下續謂：

「形日以養，氣日以滋，理日以成。方生而受之，一日生而一日受之；受之者有所自授，豈非天哉？故天日命於人而人日受命於天，故曰，性者，生也，日生而日成之也。」[107]

如此說「性」，旣非「本性義」，亦非「自然義」。而只依人之受于天一義而說「性」時，則一切有關道德價值之說亦必將全化爲一「存有論之語言」矣。此中之理論問題，船山固不知，今之學者則不可不留意。

船山自身立此論時，顯然未深察其所衍生之嚴重問題；反欲順此以說「人道」中之善惡問題，於是標一「習」字以與「性」幷舉，蓋此段原就「習與性成」一語說也。玆再引數言卽可轉至船山對心性道德等問題之說。船山於此段後文云：

「天命之謂性，命日受則性日生矣。目日生視，耳日生聽，心日生思，形受以爲器，氣受以爲充，理受以爲德；取之多用之宏而壯，取之純用之粹而善，取之駁用之雜而惡，不知其所自生而生，是以君子自彊不息，日乾夕惕而擇之守之，以養性也，於是，有生以後，日生之性益善，而無有惡焉。若夫二氣之施不齊，五行之滯於器，不善用之則成乎疵者，人日與媮暱苟合，據之以爲不釋之欲，則與之浸淫披靡，以與性相成，而性亦成乎不義矣。」[108]

案上引後數語卽指「習」而言，習與性成，可使性亦「成乎不義」，乃一常識上之說法，全未經淘煉者。然此確是船山對善惡之基本觀點之一。其得失皆有關吾人對船山思想之評價者，不可輕易放過。上引文中，船山顯以人之所「取」所「用」如何，以言善惡；而「取」與「用」二字，亦是在此文中提出者，蓋其前文曾言人在已生之後，「能自取而自用」也[109]。一說及人之能自有所取用，因而有善惡，則「人道」是否能外於「天道」或不合「天道」一大問題卽將出現。船山始終未見及此，然此理論困難固在。下文述船山論心性善惡之說後，當再論之。

（c）道、善、性及善惡問題

通過「心」及「性」二觀念以言善惡，表面上似是儒家之通義；然同是據心性而立論，其理論方向固可有種種不同。此不僅在純理論之可能性一面看爲然，卽在實際哲學史上已出現之事實一面看亦是如此也。除直承孟子之義而說心性者外，宋明諸儒據易傳及中庸立說時，其思路仍有極大差別。就其最顯著處說，有依中庸之「性、道、敎」三觀念之思路，有依易傳「道、善、性」三觀念之思路；取前一思路者，必以「性」爲最基本之觀念，此卽「本性論」一支之思想，可用程伊川爲代表，而朱熹大體上仍依此理路而立其綜合系統也。倘取後一思路，則當順易傳所謂「一陰一陽之謂道，繼之者善也，成之者性也」三語之次序而立說，於是「道」爲首出之觀念，而「性」當居「善」之後。此卽「天道觀」一支之思想，可用周濂溪爲代表，而橫渠之說亦大致屬於此一路數者也。此處須說明者，是中庸三觀念之次序，與易傳三觀念之次序雖不同，後世儒者固常有故意揉合或溝通此兩種經籍依據之種種說法。譬如，取中庸「天命之謂性」一語看，若將此處之「天」視爲實義字，則便趨近於「天道觀」，而「率性之謂道」中之「道」字卽將專指「人道」；若將此「天」字視爲虛位，則「天命」一詞卽可化爲描述語。如陽明之言「天理」一詞中之「天」字，固不涵有在「心體」或「良知」外另立「天道」之義也。此外，諸儒之解易傳中庸，尚可有細微處不用之說法，玆不備舉。總之，易傳之「道、善、性」三觀念，與中庸之「性、道、敎」三觀念，原各表一種理論次序，因此亦指向兩種不同之理論模型。但後世儒者未必常能分別此兩種思路，故亦常可混而說之。然而就此兩種經籍資料本身言，則固不相同。學者對此類觀念源流倘能深察同異，則解說後世理論時，分寸易明。卽以船山之善惡理論言，亦正須通過以上之了解而闡說也。

船山立說以易傳爲本；故在「周易外傳」中有「道大而善小，善大而性小」；此就易傳三觀念之次序看，則船山此種觀點亦可說甚爲自然；至其中所引生之理論困難，則非船山所見及者也。玆先引「外傳」之文，更補以「內傳」之說，以表明船山之論旨。

「外傳」釋繫辭上第五章云：

「……無與主持，而何以情異數畸之陰陽和以不爭而隨器皆備乎？和以不爭，則善也；其有物之生者，此也；非有先後而續其介以爲繼矣。隨器皆備，則性也；非待思爲而立其則以爲成矣。」[110]

此是通論「一陰一陽之謂道」以下三句之文；以陰陽之能「和以不爭」說「善」，以「隨器皆備」說「性」。顯然皆是屬於存有意義之描述語言。蓋船山基本上以「善」爲一種存有義之「性質」也。但此段尙未能特別說明「人」之「性」，故其下再申論之云：

「人物有性，天地非有性。陰陽之相繼也善，其未相繼也不可謂之善。故成之而後性存焉，繼之而後善者焉。………性存而後仁義禮知之實章焉，以仁義禮知而言天，不可也。成乎其爲體，斯成乎其爲靈；靈聚於體之中，而體皆含靈。若夫天，則未有體矣。相繼者善，善而後習知其善，以善而言道，不可也。道之用，不僭不吝以不偏而相調，故其用之所生，無僭無吝以無偏而調之以適然之妙。妙相衍而不窮，相安而各得於事，善也。於物，善也。道則多少陰陽無所不可矣。故

成之者，人也；繼之者，天人之際也。天則道而已矣。道大而善小，善大而性小。道生善，善生性。」㊂

案此段不似上文之籠統，而極力分別「道」、「善」、「性」三觀念。「道」與「天」爲一事，而「天」非一特定之存在，故謂「未有體」；「天」只是一「用」，卽此「道」；故說「天則道而已矣」。所謂「善」指陰陽相繼而言，故不可「以善而言道」，卽不可用「善」描述「道」；所謂「性」，指特定存在而言，故人物方有「性」。此處船山忽用「仁義禮知」說「性」，蓋已是就「人」之「性」說，「人」作爲一特定之存在，可說有「仁義禮知」之「性」，然不可「以仁義禮知」而言「天」。總之，「天」與「道」乃第一層觀念，「善」乃第二層觀念，「性」則看作第三層觀念；於此乃說「道大而善小，善大而性小」；亦可說爲「道生善，善生性」，卽上層爲下層之根源也。

船山此解乃其平生一貫思想；其得失留俟後論。此處須先指出者，是此處有一明顯之訓詁問題。卽「繼之者善也」與「成之者性也」二語中，「之」字之解法。案原文先出「道」字，其下兩「之」字分明皆指「道」而言，而「一陰一陽」則是對「道」之解說或描述；故「繼之者善也」，在文義上只能指「繼道」是「善」，別無二解。然如此訓定「繼」字之義，則此「繼」字必立於「人」（或任何能「繼」或「不繼」者）與「道」之間，換言之，必指包含一陰一陽爲內容之「道」與此外之某存有間之關係。則「繼」字此處決不能再說爲「陰陽之相繼」；「陰陽」含於「道」之內部，而「繼」道者在「道」之外；「繼之者」一語決不能解爲「陰陽繼一陰一陽」也。船山所用解法，自亦非自己創出；舊解於此處「之」字本欠明確，故船山依舊解立說，無論理論得失如何，語言已大爲混亂矣。

船山雖將「繼之者善也」一句解爲「陰陽之相繼也善」，因而此「繼」字似落在「道」之內部上

（因上文明說「一陰一陽之謂道」，其文義亦不容曲解）；但又說「繼之者，天人之際也」；則亦不能不將「繼」字轉至「人」與「道」（或「天」）之關係上。此雖與「陰陽之相繼也善」一語，在嚴格意義上不能貫通，然此一轉方是船山思想之出路，否則船山根本無法談及所謂「人道」及善惡問題矣。

就「人」之「繼道」而說「善」，然後合於易傳原文之意。故船山下文亦就此發揮。船山先指出，只從普遍意義之「道」說「道」是「善」，說「善」是「性」，則是從「大」說「小」，而不能顯出特定存在之內容，則將說「人之性猶牛之性，牛之性猶犬之性」──如孟子所指出。故言「人道」時仍須落在「性」上講，於是謂：

「惟其有道，是以繼之而得善焉；道者，善之所從出也；惟其有善，足以成之爲性焉，善者，性之所資也。方其爲善，而後道有善矣；方其爲性，而後善凝於性矣。」⑫

如此說轉合易傳原意。但易傳此處涉及之理論問題，在於「繼」是否必然（此亦即「天道觀」之內在問題），船山於此重大問題乃輕輕滑過，而承認「人」可以不「繼」。其言云：

「甚哉，繼之爲功於天人乎！天以此顯其成能，人以此紹其生理者也。性則因乎成矣，成則因乎繼矣。不成未有性，不繼不能成。天人相紹之際，存乎天者，莫妙於繼；然則，人以達天之幾，存乎人者，亦孰有要於繼乎？」⑬

至此，船山之所謂「繼」乃顯分兩義。有「存乎天」之「繼」，另有「存乎人」之「繼」。此決不能與易傳本文合，然船山既一面講「陰陽」之相「繼」，另一面講「人」之「繼」道，則亦只得立此二義矣。專從後一義講，則船山即說「人」可以不「繼」道。其言云：

「繼之則善矣，不繼則不善矣。天無所不繼，故善不窮；人有所不繼，則惡興焉。」⑭

案此處「人有所不繼」一語，方是船山道德理論之入口處。然依「天道」觀念看，何以「人」能「有所不繼」，乃一涉及根本理論立場之大問題。船山說至此處，竟全未對此處之問題稍作省察，反視同自然應有之義而順說；於是其結語乃謂：

「性可存也，成可守也，善可用也，繼可學也，道可合而不可據也。至於繼而作聖之功蔑以加矣。」115

此處「存」、「守」、「用」、「學」以及「合道」之「合」，皆變爲工夫字，而以「繼」說「作聖之功」，則「繼」亦成爲工夫字。而船山之道德理論或成德之說卽由此轉出矣。

以上爲「外傳」之說。至「內傳」則將「善」與「性」皆收歸於「人」說；而對「繼」字則仍就天人之際說。其言云：

「道統天地人物，善性則專就人而言也。一陰一陽之道，天地之自爲體，人與萬物之所受命，莫不然也。而在天者卽爲理，不必其分劑之宜；在物者乘大化之偶然，而不能遇分劑之適得。則合一陰一陽之美以首出萬物而靈焉者，人也。繼者，天人相接續之際，命之流行於人者也。」116

其下又引孟子「人無有不善」之語而說是「就其繼者而言」；則似專就「人」說「性」、說「善」矣。但何以人秉天命而有「性」，又能有時「不繼」，則始終不得一妥當解說。蓋以上云云只能說明何以能「繼」，而不能說明何以「不繼」也。如此則「道德之二元性」，在此尙不能安頓117。原文此段最末又申說「性」與「道」之關係，而使此問題益爲嚴重。其言云：

「道大而性小，性小而載道之大以無遺；道隱而性彰，性彰而所以能然者終隱。道外無性，而性乃道之所函；是一陰一陽之妙以次而漸凝於人，而成乎人之性，則全易之理不離乎性中。」118

此就「善」或人之能「繼道」而言，皆無困難；困難處在於人既受此道而成「性」，則一切「不繼道」或「惡」由何而可能？船山於此未能精思以辨；但認為人物既成之後便有不「繼道」，不「存性」之可能而已。此一理論上之大跳躍，遂使船山之道德理論走入一極怪異之途徑，此卽假定一全無根源之反面能力是也。此義下節逐步論之。

此處先以數語作一小結如下：

船山根本上以「善」為一存有義之描述語，而又以天道統一切存有，故由天道說，層層下降，只能說「善」不能說「不善」或「惡」，然船山又依常識想法，預認一「不善之可能」；於是在論所謂「人道」、「人心」時，卽處處假定反於「善」為可能。而其具體說法又頗複雜，以下當逐步撮述其要。然學者須時時緊握基本問題，不可被其具體解釋之詞所障，而忘卻其所遺漏之大關鍵也。

茲再進一步述船山對於善惡問題之說法。承上文線索看，船山既先認定一「天道」，再以「人」能否「繼」此「天道」為「人道」以釋善惡問題，則此處最明顯之理論問題卽在於對「人」之可以不「繼」天道，如何說明。就船山所持之「天道觀」說，此問題特為嚴重；蓋船山既以陰陽之運行為萬有生成之總規律，則人作為萬有之一，其一切活動之可能應皆不能外於此規律，則何以說有時人可以不「繼」天道？當其不「繼」天道時，是否另有一天道外之動力推動人此種負面活動？種種問題皆無法忽略，而必須有所解答也。

對此問題，在宋明儒傳統中之一般解答方式，通常涉及兩點：

第一：須設定一能正能負之能力；如「心」。依此設定，則善惡之分，由於心之不同方向之活動。如在心外立一自存之「理」，則可說心循理為「善」，反之卽為「惡」。此是程朱之路數。若以「理」

爲內在於心者，則亦仍必將「心」說爲可實現本具之「理」亦可不實現，於是其關鍵仍在於「心」有正負二活動之可能；此卽所謂「意志自由」或「主體性」之設定也。後一路數自以陸王爲代表；其與程朱路數之不同，固是理論模型之根本殊異，然專就設定心之二向性言，則不見其殊異也。

第二：設定心之二向性，乃能提供說明善惡之最初可能基礎；然若進而對此二向之決定條件作確定解釋，則又涉及對心在如何條件下有負面活動之問題。此處重點在「負面」之說明而不在「正面」之說明者，則因無論以存有義言一自存之「理」，或依自覺義言一主體建構之「理」，立此「理」後，則順言其「正」皆易，而逆言其「負」則難也。

試就程朱一派而論，設定「理」并判定「性卽理」後，就正面而言之，則順此「性」卽順此「理」，因之卽爲「善」——所謂「循理卽善」，此處無「何以可能」之困難，蓋旣是「性」如此，則順「性」之活動皆無所謂不可能矣。然就負面言之，則「人」之「性」旣與「理」合，何以又能「不循理」，便成問題矣。

程朱對此問題之答覆，則就人之特殊氣稟言此「負」之可能；此點如再上推，則所涉及者實爲「普遍」與「特殊」之問題。蓋程朱眼中有「共同之理」，有「殊別之理」；而誤將殊別者當作共同者，則是以「特殊」爲「普遍」，遂不能循事物之「理」以應物也。例如，人之需食物，原是形軀（萬物之一）之「性」，亦卽其「理」，故不能說之爲「惡」，然若人以形軀之需求作爲一共同標準而處萬事萬物，則是以此形軀之「理」誤作爲萬物之「理」，而由此所生活動，卽形成一「私欲」世界；處處皆强萬物爲此形軀所用，而萬物皆不能實現其「理」矣。此一問題雖在哲學理論上甚爲重要，此處則不及詳說。

人之「心」可以誤以特殊爲普遍——卽生「惡」，卽悖「理」；亦可以不如此錯誤——卽生「善」，卽循「理」；此是程朱眼中善惡問題之關鍵。然人之「心」在何種條件下便有此誤乎？程朱之答覆遂落在氣稟對「心」之限制上。蓋在究竟義上，「心」雖有合于「理」之自主能力，然具體之「人」之特殊氣稟乃使「心」時時爲此特殊性之「我」所役使；此種傾向在不同之個別人身上，又有程度之不同——故依此可說「氣稟」有「善惡」，但捨此下一層之不同不論，一般言之，氣稟本身代表特殊性，當其作主時，則「心」之普遍性卽不顯；故程朱之道德工夫理論，必落在「義理之性」與「氣質之性」之劃分上。此固非謂「氣質」皆惡，然亦是强調氣質之特殊性，與「心」之向「理」之普遍性間有一衝突也。

伊川所言「理欲」問題，與朱熹所謂「理管不住氣」之說，皆以此種衝突爲基本觀念；但此一層面上種種理論分寸，未易爲人所掌握。若只就程朱由此觀念層層推出之具體生活態度看，則人易覺程朱只重克制，因此卽意味一種「視氣質爲惡」之觀點。此一般人對程朱之工夫論之了解也。

程朱以保持或恢復「義理之性」之主宰地位爲工夫目的。陸王或言「本心」，或言「良知」，固與程朱之「理」有主體客體之別，但落在成德工夫上，要求確立此「本心」或「良知」之主宰性，則與程朱之工夫論，亦顯有相應處。不能「立其大者」或不能「致良知」時，亦卽不能確立此「主宰性」也。顧在最後境界上，則立主體性之陸王，可將「理」觀念與「主體自由」觀念直合；而程朱之「本性論」，則在「自存之理」與「自由意志」間終留一裂口。此所以二派終有歧異，茲亦不再贅論。

總之，對於「心」何以能有正負二向，以及「心」在何條件下乃趨於負向二問題，程朱陸王所說雖異，然皆假定特殊個人之特殊條件，可妨碍心之正面活動——卽實現普遍之「理」之活動。而作此說明時，又必須認爲「心」有「自由義」。然則船山之思想方向如何？

船山因肯定萬有之實在，又肯定「天道」實現於此萬有生化不息之世界中，故其說必認定以下數點：

第一：人物之「性」皆「善」。此點上文已說。蓋船山既以「善」爲一存有義之描述語，而又以「陰陽之相繼」爲「善」，則萬有之生化皆此「陰陽之相繼」之表現，卽皆成爲「善」矣。

第二：「氣」亦無「不善」。此又應分天之氣，人之氣說。此外，物之氣則不同。以下順次引船山之言以明之。

船山於「讀四書大全」論孟子告子篇云：

「易有太極，是生兩儀。兩儀，氣也；唯其善是以可儀也。所以乾之六陽，坤之六陰，皆備元亨利貞之四德。和氣爲元，通氣爲亨，化氣爲利，成氣爲貞，在天之氣無不善。天以二氣成五行，人以二殊成五性。溫氣爲仁，肅氣爲義，昌氣爲禮，晶氣爲智，人之氣亦無不善矣。」⑲

案此言天之氣是「善」，人之氣亦是「善」。至於物之氣，則船山亦認爲有「不善」。此「不善」卻由陰陽之「變合」說。其言云：

「天人之蘊，一氣而已。從乎氣之善而謂之理；氣外更無虛託孤立之理也。乃既以氣而有所生，而專氣不能致功，固必因乎陰之變，陽之合矣。有變有合而不能皆善，其善者則人也，其不善者則犬牛也。」⑳

此中「有變有合而不能皆善」一語乃最成問題之論點。其下又云：

「天行於不容已，故不能有擇必善，而無禽獸之與草木，然非陰陽之過，而變合之差。是在天之氣，其本無不善，明矣。天不能無生，生則必因於變合，變合而不善者或成；其在人也，性不能無動，動則必效於情才，情才而無必善之勢矣。」⑫1

合上引兩節觀之，則船山以爲，物有不「善」，乃因陰陽「變合之差」而成；如此則陰陽二氣本身無不「善」，但「變合」有不「善」。然則，變合卽二氣之運行，有規律乎？無規律乎？何以又能有「不善」乎？此處問題叢生，然專就此看船山對「不善」之解釋，則其意甚明。理論困難則是另一事，留俟後論。

船山以爲物之氣「不善」，此卽透露其分別「人」與他物之理論根據；故在「思問錄」中所說人「得五行敦厚之化」⑫2，在「俟解」中所說：「二氣五行，摶合靈妙，使我爲人而異於彼」⑫3，以及他處許多類似話頭，皆是表明「人」之氣獨「善」，「物」之氣「不善」，故有「人」與「禽獸」之異也。此雖似解釋「不善」之根源（陰陽變合之差），然對道德上之「善惡」問題仍屬無用；蓋道德問題正是「人」所常有之問題。今如說「人」之性，氣皆善，則「人」何以能爲「惡」，固不能由以上說法解釋。因此，船山又必須有第三點之認定。

第三：「人」之「心」可以不合「性」。

上引「讀四書大全說」之文末後一段所謂「性不能無動，動則必效於情才，情才而無必善之勢矣」云云，已透露此意，但未標明「心」字。但在另一段則明說此意。其言云：

「……蓋性，誠也；心，幾也。幾者誠之幾，而迨其爲幾，誠固藏焉。斯心統性之說也。然在誠則無不善，在幾則善惡歧出；故周子曰：幾善惡。是以，心也者，不可加以有善無惡之名。張子曰：合性與知覺，則知惡覺惡，亦統此矣。乃心統性，而性未舍心，胡爲乎其有惡之幾也？蓋心之官爲思，而其變動之幾，則以爲耳目口體任知覺之用；故心守其本位以盡其官，則唯以其思與性相應；若以其思爲耳目口體，任知覺之用爲務，則自曠其位，而逐物以著其能，於是而惡以起矣。」[124]

案此處表明「心」之「思」可以與「性」相應或不相應；「心」之「本位」是與「性」相應者，如「心」只如此活動，卽是「守其本位」；亦卽所謂「道心」。反之，「心」如「逐物」而「曠其位」，則不與「性」相應，而「惡」遂由此以「起」。總之，正因「心」可以不與「性」相應，遂有「惡」之可能。換言之，卽「人心」不必然與「道心」合一也。

但「人」之「心」何以能不「守其本位」？何以由「天」生出卻又可離開天命之「性」而活動，方是眞正問題所在。船山於此未嘗不屢有所說，然始終不能得要。茲先再引述其言，然後更作一清理，以衡定其得失。船山於同書另一節中，辯「心」與「理」不一，而廣說「人心」、「道心」時云：

「若夫謂心一理也，則其弊將有流入於異端而不覺者，則尤不可以不辨。原心之所自生，則固爲二氣五行之精，自然有其良能，而性以託焉，知覺以著焉，此氣化之肇夫神明者，固亦理矣。實則在天之氣化，自然必有之幾，則但爲天之神明以成其變化之妙，斯亦可云化理而已矣。若其在人，則非人之道也。人之道所謂誠之者是也。仁義禮智，人得以爲功焉者也。故人之有心，天事也；天之俾人以性，人事也。以本言之，則天以化生而理以生心；以末言之，則人以承天，而心以具理。理以生心，故不可謂卽心卽理，諉人而獨任之天。心以具理，尤不可謂卽心而卽理；心苟非理，理亡而心尙寄於耳目口體之官，以幸免於死也。」[125]

案此段原是評伊川以理統心性天之說，然船山說法，愈說愈不可通。既以「心」爲「天」之所生，則「心」之一切「良能」皆不應有背乎天之理之可能；否則，「天」依其「理」而生一「背理」者，豈可通乎？船山因不能不承認人有善惡，又不能不認定人須有某種努力方能有如理之活動，故屢言「人之道」，但何以在「天之道」下竟有一能不合天道或天理之「人心」？則其說全承濂溪以下之病，而毫無進展補救之處。「二氣五行之精」爲「心」，卽濂溪所謂「秀而最靈」之舊說。此「精」者，「靈者」何以適爲一能背「理」離「性」或不合「道」之能力？則濂溪不能解答，船山仍無解答也。

船山既認定「心」必須是「能不合理者」，則自然反對「心外無理」或「理外無心」之說，此是內部理論之限定。而船山以爲須如此立說方不致流入異端，則益見其不明己彼矣。

船山因辨「理外無心」一面而訴於僞古文尚書中「人心」及「道心」之說。其言云：

「若其云理外無心，則舜之言曰：道心惟微，人心惟危。人心者，其能一於理哉？………孟子曰：盡其心者，知其性也。正以言心之不易盡，由有非理以干之，而舍其所當效之能，以逐於妄，則以明夫心之未卽理，而奉性以治心，心乃可盡其才以養性；棄性而任心，則愈求盡之而愈將放蕩無涯，以失其當盡之職矣。伊川重言盡心，而輕言知性，則其說有如此。張子曰：合性與知覺有心之名。性者，道心也；知覺者，人心也。人心道心合而爲心，其不得謂之心一理也，又審矣。」⑫⑥

此段重在說「心」非「卽理」，而「奉性以治心」爲必要之努力；而以「性」說「道心」，以「知覺」說「人心」，則所謂人心道心合而爲「心」，亦卽是說「心」是「合性與知覺」，卽橫渠之意。其中評伊川語亦不可解，伊川未嘗「輕言知性」也。然此類問題不及多辨。所應切實追究者，仍在於何以「心」有「知覺」便可能離開「性」與「理」？此則船山所不能答者也。

倘退一步爲船山作解，則可說，船山此種論及「善惡」及「心」之不必然合「理」，或不必然能「奉性」之說，若與其所堅持之「天道」觀念連爲一體而觀之，則此中有決不可解之內在矛盾（卽可稱爲"Paradox")。船山總欲憑空分別「人道」與「天道」以推開此問題，實則，若憑空認定「天道」外另有「人道」，則是將「人」置於「天道」運行之範圍外，全違其立「天道」之本意；且在理論上全不可通也。若欲使「人道」之說成爲可通，則必須立一「自我」觀念或「自由意志」觀念，或「主體性」觀念，以使「心」之能離「性」成爲可解，但如此立論，「天道觀」一面必須作理論上之退讓。蓋「自由意志」或「主體性」諸義，皆不能與「被決定」義相容；立此種觀念時，即不可再以「天道」爲實際決定一切者矣。

船山亦實覺察到言「人道」時，必須有「自我」觀念之設定。故在「思問錄」中云：

「我者，大公之理所凝也。吾爲之子，故事父。父子且然，況其他乎？故曰：萬物皆備于我。有我之非私，審矣。……無我者，爲功名勢位而言也，聖人處物之大用也。于居德之體而言無我，則義不立而道迷。」[127]

又云：

「性之理者，吾性之理，卽天地萬物之理；論其所自受，因天因物，而仁義禮智渾然大公，不容以我私之也。性之德者，吾既得之于天而人道立，斯以統天而首出萬物；論其所既受，既在我矣，惟當體之知能爲不妄，而知仁勇之性情功效效乎志以爲撰，必實有我以受天地萬物之歸。無我，則無所凝矣。」[128]

案此皆船山强調「自我」觀念爲說「人道」所必需之明證。「于居德之體」，不可說「無我」，儼然有肯定「道德主體」之意；然後引一段分「性之理」與「性之德」時，對「天道」之「必然」與「主體」之「自由」二領域何以能并立不礙，仍無交代。蓋此中根本理論問題，在船山全未察覺也。

關於船山討論人之才性等等其他意見，本書不擬備述，以上所論，已足初步表明船山對善惡問題之基本理論。亦可說船山之道德哲學，大旨如是。但如此，尚有一點應述及者，則是船山對「習」觀念之重視。

船山極重視「習與性成」之說，又據此以說「習相遠」之義；其主旨在於以「習」爲道德實踐層面之主要觀念。於是又有所謂「後天之性」之說。而其所謂「後天」，則大致指「外物」而言。此亦可視爲船山對「心」之不能「奉性」時，所作之具體解釋。「讀四書大全說」云：

「凡不善者，皆非固不善也。其爲不善者，則只是物交相引不相值而不審於出耳。惟然，故好勇、好貨、好色，即是天德天道之見端；而惻隱、羞惡、辭讓、是非，苟其但緣物動而不緣性動，則亦成其不善也。」[129]

案此原是釋孟子論性善及四端之語。此處先以「緣物」與「緣性」作對分，遂引至「內」及「外」之分，而終於有「後天之性」之說出。其下文云：

「自內生者善，內生者，天也，天在己者也，君子所性也。自外生者不善，外生者，物來取而我不知也，天所無也，非己之所欲所爲也。故好貨好色不足以爲不善，貨色進前，目淫不審而欲獵之，斯不善也。物搖氣而氣乃搖志，則氣不守中而志不持氣，此非氣之過也。氣亦善也；其所以善者，氣亦天也。孟子性善之旨，盡於此矣。」[130]

案如此釋孟子，全失心性論之本旨。姑不具論。船山總以爲「氣」是「善」，因「氣亦天也」，而欲以「內」、「外」說「善」與「不善」之分，則語意極欠明確。蓋所謂「外」者，亦不能不出于「天」，則何故有此正負之分，仍不得解也。但船山所強調者，似只是「心」之主動與被動之別，故以爲「自外生者」，「非己之所欲所爲」，意卽指「心」之處於「被動狀態」也。以「心」之逐外物或逐物欲爲「被動」，則此將引向「眞我」與「形軀生命之我」間之分劃，又爲船山所難接受者，故船山亦不能再順此理路以窮究深辨，而但由此轉向「習」觀念。其下文云：

「唯物欲之交，或淺或深，不但聖狂之迥異；卽在衆人等夷之中，亦有不同者。則不得謂由中發者皆一致，然孔子固曰：習相遠也。人之無感而思不善者，亦必非其所未習者也。而習者亦以外物爲習也。習於外而生於中，故曰：習與性成。此後天之性所以有不善，故言氣稟不如言後天之得也。」[131]

由此，船山進而有「氣稟與物相授受之交」之說。

其言云：

「後天之性，亦何得有不善；習與性成之謂也。先天之性天成之，後天之性習成之也。乃習之所以能成乎不善者，物也。夫物亦何不善之有哉？取物而後受其蔽。此程子之所以歸咎於氣稟也。雖然，氣稟亦何不善之有哉？然而不善之所從來，必有所自起，則在氣稟與物相授受之交也。」[132]

此段表面上似是層層追問，思辯甚密，實則其斷語所謂「授受之交」，又將此道德問題用描述語言說之，其病如故也。何謂「授受之交」？船山之答覆則取易經之「時位」觀念說之；其言云：

「氣稟能往，往非不善也；物能來，來非不善也。而一往一來之閒，有其地焉，有其時焉；化之相與往來者，不能恆當其時與地，於是而有不當之物，物不當而往來者發不及收，則不善生矣。」[133]

此以「時」、「地」言「化」因「時地」之某種不相應，因而乃有「不當」之物及「不善」之運行。

此所謂「地」，卽與易所謂「位」相當。此處對「不善」仍只有一形式義之解釋，蓋仍未能確說「時地」或「時位」爲何卽生出「不當」之問題也。其下卽由此說「習」云：

「故六畫皆陽，不害爲乾；六畫皆陰，不害爲坤；乃至孤陽畸陰陵蹂雜亂，而皆不害也。其凶咎悔吝者，位也。乘乎不得已之動，而所値之位不能合符而相與於正，於是來者成蔽，往者成逆，而不善之習成矣。業已成乎習，則熏染以成固有，雖莫之感而私意私欲且發矣。夫陰陽之位有定，變合之幾無定，豈非天哉？惟其天而猝不與人之當位者相値，是以得位而中乎道鮮。故聖人之乘天行地者，知所取舍，以應乎位，其功大焉。」134

案船山由前面設定之「時位」觀念，而說時位「不當」之「動」，遂有「不善」，可知此所謂「時位」之「不當」，只能就「動」說，而不是就在「動」之存有本身說。「動」可有「不善」，由此成「習」；船山此處用「熏染以成固有」一語，顯然取佛敎唯識一支之種子受熏觀念，觀「相宗絡索」中船山對「熏習」及「染」觀念之陳說，可知船山自己之「習」觀念實大受此種佛敎理論之影響也。

由「動」有「不當」之可能，以說「不善」或「惡」所自起；是船山釋「善惡」問題之最確定之意見。而「不當」之「動」卽「不得位」之「動」，故以下又再分先天後天而說之云：

「先天之動，亦有得位，有不得位者，化之無心而莫齊也；然得位則秀以靈，而爲人矣；不得位則禽獸草木有性無性之類蕃矣。旣爲人焉，固無不得位而善者也。後天之動，有得位，有不得位，亦化之無心而莫齊也，得位則物不害習而習不害性，不得位則物以移習於惡，而習以成性於不善矣。此非吾形色之咎也，亦非物形物色之咎也，咎在吾之形色與物之形色往來相遇之幾也。天地無不善之物，而物有不善之幾。物亦非必有不善之幾，吾之動幾有不善於物之幾。吾之動幾亦非有不善之幾，物之來幾與吾之往幾不相應以其正，而不善之幾以成。」135

案就船山自己之說法講，此段之補充誠極重要。蓋如此分言先後天各有「得位或不得位」之問題，然後，所謂「陰陽變合之差」及「氣稟與物相授受之交」等說，方有確定所指。而所謂「物之來幾」與「吾之往幾」間可有「不相應以其正」之問題，因而有人之「不善」（與天道因「陰陽變合之差」而有「不得位」之「化」），分爲兩層，卽通常所謂「人道」與「天道」之別也），則是其道德工夫理論之基礎斷定；故其言卽可順此言成聖工夫之大意云：

「故唯聖人爲能知幾，知幾則審位，審位則內有以盡吾形吾色之才，而外有以正物形物色之命；因天地自然之化，無不可以得吾心順受之正，如是而後知天命之性無不善，吾形色之性無不善，卽吾取夫物而相習以成後天之性者，亦無不善矣。」136

案此段原是釋孟子「性善說」之文，故最後歸於言成聖則「習」以及「後天之性」亦「無不善」，但此自是指工夫境界之究竟講，學者不可誤會，以爲「後天之性」在船山眼中亦本無「不善」；否則，卽全不見船山論旨矣。

以上就船山論「習」，論「後天之性」何以有「不善」之語，而進至分先後天之「動」。通過「不得位」一觀念，以見一切「不善」之所自起。可說是船山論「善惡」問題諸說之提要。配以前文所述，可看出船山此一部份理論之大旨。玆當稍作評論，以結束本節。

船山之解釋「善惡」，關鍵全在兩斷定上：

第一：以陰陽二氣本身之運行而化生萬有，爲天道之運行，卽說爲「善」。

第二：以「運行」之「不得位」爲「不善」所自起。此「不得位」之義又可以分「先天」與「後天」，或「在天」與「在人」，或「天道」與「人道」說。總之，「不善」本身非存有，而是「運行」之某種狀態所生。

若只就船山不認爲「存有」本身可是「惡」或「不善」講，則船山此處原可觸及價值論及道德哲學中一重要觀念；然船山不知在任何說「善惡」之語言中，此正反二義必在同一意義領域成立；因之，如說「惡」非「存有」，或非「存有」自身之性質，則「善」亦不能不如此。換言之，若「惡」或「不善」只能就運行說，則「善」亦只能就運行說。此是一必然之理，否則此種語言卽無由成爲有效語言也。

以上乃一般之評論，試再進而就船山理論之特殊內容檢查，則此中之理論問題更爲明顯。卽以「不得位」而論，船山先以陰陽二氣之相繼而生化爲「善」，然後說，此種運行過程中有某種狀態爲「不得位」，因之生出「不善」。然則，何以此所謂「不得位」之狀態應稱爲「不善」乎？若「善」之意義只依天道或陰陽之運行而立，則無論如何運行，皆不可能成爲「不善」；蓋所謂「得位」或「不得位」，乃就運行（「化」或「動」）之下再作次分，此處不能另多出一規範運行之標準，而依之以說「運行」如此爲「得位」，乃「應有」；如彼爲「不得位」，乃「不應有」。蓋就運行作任何次分，不過可立一描述語；此描述語本身不能有規範作用也。故若「善」卽是「陰陽相繼」之運行，則取描述義之語言，雖可再分此種運行爲兩種或多種，總仍是運行；總不能生出一「不善」之意義。蓋「運行」本身是「善」之意義之依據；若說「不善」，則必須在此「運行」之外或反面說，不能在內部作次分而得此種意義也。

卽以天之生「人」及生「物」講，船山以爲「化」得位則生「人」，不得位則生「物」，以生「物」爲「陰陽變合之差」；此「差」字本身卽成爲問題關鍵。蓋在陰陽運行之「化」說，生人生物，不過是兩種狀態，皆是「化」；倘此處加上「得位」與「不得位」而描述之，則此一對詞語本身亦不能表價值之正反。因代表正之「善」本卽由「化」而獲得意義；今又說「化」有「不好」或「不應有」者，則此種「不好」或「不應有」之意義，必須於「化」之外建立；就「化」本身論之，得位或不得位，皆是「化」，皆是陰陽相繼之運行，亦皆是天道之運行；無由說其「不合天道」，或「不得正」也。

此仍是「天道觀」之內在困難之另一次表現。學者倘於此再作深思，卽可從船山學說之困難中再度看出「天道觀」何以會轉向「本性論」及「心性論」。試承上文說之。如說：天道或陰陽之運行，本「應」如此如此（得位），但實際上可以不如此（不得位）。則顯然此處須將「得位」視爲一規範或「理」；而此「理」又必須說爲「陰陽運行」本來之「理」——不然便須在此外另立規範，卽須說「天道」服從另一規範，則「天道」之意義全失。由此再推一步，卽必須說：「陰陽運行」原有其「本性」——卽其「理」；但實際運行有「陰陽變合之差」，故卽不能完全實現其「本性」或「理」；此卽「理」與「事」之二界域之分，正「本性論」之基本設定也。而此處之「差」字，正標示「事」與「理」二界之不合一；然此種「不合一」卻與「天道觀」不相容，因「天道觀」之特色正在於將世界視作「天道」所生，因此，「理外無事」，「事外無理」也。

倘特「事」、「理」分界之說，而立「本性卽理」之斷定；則「善惡」問題卽全收入「本性之實現」問題說。此處「實現」與「未實現」分別指向「善」與「惡」之意義，可避免前述之語言困難。此種「本性論」模型之哲學，在中國哲學史上，卽以伊川朱熹之說爲代表。所謂「程朱之學」是也。程朱之學自另有困難，此處不及備論。所應在此處指出者，是船山解釋「善惡」之說，表面上與程朱不同，實則須預認「本性論」之基本斷定然後方成爲可通也。

「善惡」問題，原屬道德哲學，非屬形上學者。孟子以來，言性言心，總是欲建立一道德語言。船山原以易經爲所宗，而不知易作爲卜筮之書，原假定常識意義之吉凶善惡之分；因此，釋易之理論轉入某種形上學時，亦常未反省及「善惡」本身之意義如何成立之問題；蓋依易經中之常識層之態度看，此問題從未出現也。由此，船山雖亦知言「人道」則必須認定有「自我」或「自由意志」，但因循易經傳統而運思立說，始終不知離開「道德之二元性」（Ethical Duality），則無法談道德生活，而「道德之二元性」之唯一歸宿只在此「自由意志」觀念上；由此，其所謂「得位」或「合乎正」等等說法，皆對「善惡」之可能全無解釋效力，而船山自己亦從未能面對此問題也。

評船山道德理論至此，有一應加注意之理論問題應順便稍說數語。凡由「萬有」在存有義上之「根源」推向道德問題之理論或說法，皆常須面對一頗爲怪異之問題。此即：萬有之根源既是決定一切者，則「人」之有「自由（意志自由或主體自由）」是否亦是「被決定爲如此」。始於希伯來而盛於歐洲之基督教義，立「神」爲創世者，則萬有——包括「人」——皆爲神所生出；落在道德生活上，人必須視爲能負行爲責任者，因之卽爲具有「自由意志」者，但「人」既爲「神」所造，則「人」之「自由」似亦由「神」所決定。此遂導生一「被決定之自由」之怪異觀念矣。言「天道」時，「天道」生萬有，而萬有中之「人」至少是可能違「天道」者，則說「人」之此種能力不由「天道」而生既不可，若說由「天道」而生，則又生出類似之怪異觀念。船山欲就運行上分「善惡」，以爲萬有本身皆表「天道」之「善」，而其運行（或「動」）可有「不善」；實則「運行」（不論就「陰陽」或人物說）亦是其體性之顯現。畢竟「天道」所生之萬有，何以能在運行中違離天道？仍屬不可解也。且船山以爲陰陽之相繼運行，卽是「道」，而又說此種運行自身有「變合之差」，則似說「天道」本身可以有不「正」之運行，倘如此則除非完全取消以「天道」說「善」之根源之基本立場，否則一面說「天道」無「不善」，另一面又說「天道」之運行可有「差」，可有「不善」，分明自身不能成立。如必欲循此以求出路，則勢必將分「天道自身」與「天道之實際運行」爲二；此卽上文所說轉向「本性論」模型也。

倘以此中困難與基督敎義中言「神人關係」之困難相比，則又可觸進更深一層之哲學問題。此卽：基督敎之「神」本身乃有意志之主體，故對此類困難，又可通過「神」之自由意志以求種種解釋，而「天道」之運行，則如船山所說是「化之無心而不齊」；因此不能有此方便。故基督敎之「神」在嚴格理性觀解反省下，可化爲一「絕對主體性」；此雖離其敎義，但在哲學上可成爲一出路。而在「天道觀」本身言，則不能直接如此轉化，而必須另立一模型以收攝「天道觀」本身所處理之問題，此模型必須以「主體性」爲第一義，換言之，卽立「心」以統天是也。此又可通至中國哲學史上之「心性論」矣。

以上因評船山而重論「天道觀」之內在困難，及其與「本性論」、「心性論」間之理論分合線索，大意實與總論宋明儒學一段之說法相同。因船山之學說易使人生誤解，故在此重說此類根本理論問題，學者若對此類根本問題實有所見，則船山之得失卽不難評定。

船山之學原爲「天道觀」下之一支；其立論敷陳雖繁，大旨不外易傳與橫渠之觀念，故其病亦可由其根本模型看出。此種種觀念原非創自船山，學者不可以爲船山眞能爲「六經」開「生面」也。然除形上理論及道德理論外，船山之政治思想及對歷史之看法，則又頗有異於前人者。以下再述其大略。

（d）船山之政治思想

昔人以顧黃王並稱，每誤以爲三人學雖有異，而政治思想則相近；實則，除崇古一點以外，在政治思想上，船山有與亭林梨洲大不相同者。茲以「黃書」爲主要資料，一述船山思想之要點，並以其史論參證之。

船山政治思想最顯著之特色有三：（一）民族主義之傾向。（二）傳統主義之傾向。（三）對「權力均衡」及「社會平等」之反對。此三者以後二點最常爲人所忽略。下文當析論之。

（1）船山之民族主義

人之關心民族之獨立，本是情理之常；明末儒者因中國爲異族所統治，對民族之不幸尤皆有痛切之感，故若一般言之，則明末清初不甘臣服於異族之知識份子，皆持某種民族主義之立場，非獨船山爲然。但若就船山談民族問題之理論看，則又另有其特色。此卽以其形上學觀念爲基礎而將所謂「夷夏之辨」視爲一恆常之理是也。

「黃書」第一章以「原極」爲題，卽將萬物之殊異視爲一形上之必然，以作爲其屛拒異族之根據。其言云：

「夫觀初始於天地者，豈不大哉？洋洋乎金以銑之，木以幹之，土以敦之，火烜風撓水裹以烝化之，彼滋此孕以繁之，脈脈門門泮渙摶翕以離合之，故盛德行於無疆而不知其居也。然而清其族，絕其畛，建其位，各歸其屛者，則函輿之功所以爲慮至防以切，是故山禽趾疏，澤禽趾冪，乘禽力橫，耕禽力縱，水耕宜南，霜耕宜北；是非忍于其泮散而使析其大宗也，亦勢之不能相捄而絕其禍也。」[137]

案此先以其形上觀念及宇宙論觀念說「天地」之生萬物，必有殊別性；有殊別性卽當有某種隔離而不可亂；由是，必提出「畛」、「絕」與「三維」諸觀念。其言云：

「是故聖人審物之皆然而自畛其類，尸天下而爲之君長，區其靈冥，湔其疑似，乘其蠱壞，峻其墉廓，所以絕其禍而使之相捄，故曰聖人與天地合德者，豈虛獲哉！夫人之于物，陰陽均也，食息均也，而不能絕乎物；華夏（二字舊缺）之于夷狄（二字舊缺），骸竅均也，聚析均也，而不能絕乎夷狄（二字舊缺）；所以然者何也？人不自畛以絕物，則天維裂矣；華夏（二字舊缺）不自畛以絕夷（此字舊缺），則地維裂矣。天地制人以畛，人不能自畛以絕其黨，則人維裂矣。是故三維者，三極之大司也。」[138]

案此所謂「三維」，卽指人與禽獸之分，華夏與夷狄之分，君子與小人之分也。此三種分別，船山在其史論中亦屢屢言之，故其旨甚明。然其理論效力大可懷疑。此處暫不詳論；但視船山此類言論代表其強調民族觀念之立場卽可不失其意。船山以爲「天道」卽必然使此種種殊別性常存，故人亦應堅保此種殊別而「自畛」，而「絕」物、夷狄及小人。而此中最強調者又爲絕夷狄一項；且以爲此卽孔子作「春秋」所持之態度。故云：

「……作春秋，明王道，內中夏，外夷狄；疑號者正其辜而終徠之，外會者斥其賤而等擯之。」[139]

此蓋承釋春秋之舊說而爲「夷夏之辨」尋傳統根據。依此則不使異族侵入是第一大事；朝代之興亡轉不重要。故後文又云：

「……故聖人先號百姓而示之以獨貴，保其所貴，匡其終亂，施于孫子，須于後聖；可禪可繼可革，而不可使異（此字舊缺）類閒之。」[140]

此卽直謂擯拒外族是恒常之理。朝代改易，政權移換，則非所必爭也。船山此說，似屬前人罕言者。以民族之獨立爲重，而以政權之掌有爲輕，原亦是正大之論。但此處須注意者是：船山之强調民族獨立，並非以「民族平等」之觀念爲基礎，而實以民族之「優劣」分別爲假定；換言之，即以自己之民族爲「獨貴」者，而視其他民族爲「賤」，故將「華夏」與「夷狄」之關係，比於「人」與「物」（案指禽獸言）之關係，「君子」與「小人」之關係也。此點在理論上自有大病，然船山確持此立場以講其民族觀念，則後世亦不能强爲之諱飾也。

「黃書」他篇亦多發揮上述之論旨。如「古儀第二」，謂「天命去留，即彼舍此之際，無庸置心，要以衣冠舄帶之倫自相統役……」云云，即發揮拒異族爲重，易朝代爲輕之意也⑭。其下又論秦廢封建爲不當，唐之府兵制乃速亡之法，以及宋之削節鎭，乃亡於異族之主因等等，皆反對中央集權之說。而其所以反對中央集權者，又因認爲地方無權則不足以禦異族；故船山所謂「孤秦陋宋」之說，仍只是其民族主義思想之註脚而已。倘從政治理論觀點看，則中央集權亦可有種種形式，未必即不利於禦外侮，然此則是另一問題。船山論政之見，客觀上大半不能成立；今述其說原只以了解船山思想爲目的，非主張接受其說也。

「黃書」中其他類似之言論，不再贅引。茲再引船山史論方面之資料，以作參證。

船山史論以「讀通鑑論」、「宋論」爲主要著作。此外其「噩夢」一卷，六十四歲所作，內容以評明政之弊爲主；雖在體裁上與二論稍異，實質上亦屬史論一類。船山之史論，通常人視之爲其「歷史哲學」，究竟船山是否有所謂「歷史哲學」，或在何意義上可說爲有，留俟下節論船山之「史論及史觀」時再作評析。本節則專取其中有關政治思想之言論，以助學者對船山所持「民族主義」與「傳統主義」之了解。

就「民族主義」而言，則船山在史論中雖廣論前史之得失，而其主要論點大半卽以「夷夏之防」爲主。凡能拒外族者，皆贊許之，凡引進外族者，皆痛斥之。茲擧數例如下：

第一：「讀通鑑論」中對東晉以後之篡位成風，固深加歎恨，然於劉裕之不待朝命，自伐南燕，則以爲合於「春秋之義」。其言云：

「有一人之正義，有一時之大義，有古今之通義。輕重之衡，公私之辨，三者不可不察也。」[142]

案船山先立此三種「義」之觀念，而卽以「夷夏之防」爲「古今之通義」，高於君臣之義等等其他價值標準。故下文云：

「爲天下所共奉之君，君令而臣共，義也。而夷夏（兩字舊缺）者，義之尤嚴者也。五帝三王，勞其神明，殫其智勇，爲天分氣，爲地分理，以絕夷於夏，卽以絕禽於人，萬世守之而不可易，義之確乎不拔而無可徙者也。春秋者，精義以立極者也。諸侯不奉王命而擅興師則貶之。齊桓公次陘之師，晉文公城濮之戰，非奉王命，則序其績而予之。乃至楚子伐陸渾之戎，猶書爵以進之。鄭伯奉惠王之命撫以從楚，則書逃歸以賤之，不以一時之君臣，廢古今夷夏之通義也。」[143]

以上點明「夷夏」乃古今之通義，而以爲是「春秋」所肯定之標準，此通義高於「君臣之義」，於是其下乃論劉裕云：

「劉裕抗表以伐南燕。南燕，鮮卑也。慕容氏世載凶德以亂中夏，晉之君臣弗能問，而裕始有事。暗主不足與謀，具臣不足與議，裕無所可奉也。論者亦援溫以責裕，一時之義伸而古今之義屈矣。如裕者，以春秋之義予之可也。」[144]

蓋劉裕不顧晉室之主張而自伐南燕，後世比之於桓溫；船山則力辨劉裕伐鮮卑，乃合於春秋夷夏之義者，認爲不可持「君臣之義」之標準而責之。其特別重視「夷夏之防」，可以見矣。

前文曾指出船山「三維」之說，對應於「人禽」之分、「夷夏」之分、「君子與小人」之分；前二者在「黃書」中論之甚明，關於「君子與小人」之分與「夷夏之分」並論之資料，則在史論中較爲詳明。船山於「讀通鑑論」中評苻堅之抑商賈云：

「天下之大防二，華夏夷狄（四字舊缺）也，君子小人也。非本末有別，而先王強爲之防也。夷狄之與華夏，所生異地；其地異，其氣異矣；氣異而習異，習異而所知所行蔑不異焉。乃於其中亦自有其貴賤焉。特地界分，天氣殊，而不可亂，亂則人極毀。華夏之生民亦受其吞噬而憔悴。防之於早，所以定人極而保人之生，因乎天也。君子之與小人，所生異種，其質異也；質異而習異，習異而所知所行蔑不異焉。乃於其中自有其巧拙焉。特所產殊類，所尚殊方，而不可亂，亂則人理悖。貧弱之民亦受其吞噬而憔悴。防之於濫，所以存人理而裕人之生，因乎天也。」[145]

案此段最足代表船山分「夷夏」及「君子小人」之觀點。船山以爲不同之民族由於「地異」而「氣異」，因之一切所知所行皆異，此就民族文化風俗之不同，固非不可說；然船山卽據此而推出一「防」觀念，認爲各民族間無所謂文化交流，亦無所謂共同理想，則其見至陋；決不能與人類文化之進展相配合矣。船山又以爲「君子」與「小人」亦屬「所生異種」；則直將君子小人皆視爲天生不同之兩種人，此又大悖於儒學之敎化觀念。而此二種分法又以「因乎天」一語作爲總依據，可知船山固以其形上學及宇宙論之構想爲基礎，而造成此種極端封閉之思想。就前者言，乃成爲民族間彼此永遠隔絕之主張；就後世言，則成爲將人分爲先天等級之主張。二者皆不僅在理論上爲荒謬之見；且落在歷史之實際上看，亦皆屬不可通，不可持之陋說也。此處尚有應再說明者，卽船山所謂「君子」與「小人」，又似竟據職業以劃分之。上引文中卽云：

「小人之巧拙，自以類分。拙者安拙而以自困，巧者衒巧而以賊人。拙者，農圃也；自困而害，未及人者也。……商賈者，於小人之類爲巧，而蔑人之性，賊人之生爲已亟者也。」⑭

依此，則所謂「小人」者卽農商；農圃商賈爲何不能在德行上作「君子」？船山未作說明。其意似直以農商二職業爲人所不應從事者。然則，一社會中無農無商，誰從事於生產？一毫無生產之社會如何能存在？此理固不待辯也。

案「小人」一詞，在先秦原有指「平民」之義；故孟子說「大人之事」、「小人之事」時，乃就社會分工言；然在此類語脈中，卽不含價值判斷。孟子固認爲「大人」乃「勞心」而領導社會（「治天下」）者，但並非認爲作農工乃一壞事。此與其他語脈中以德行高低或正負言「君子」與「小人」者不同；蓋孔孟時此兩詞正衍分爲兩種詞義，故論孟中言「君子」與「小人」之文，常有不同意涵。後世則日偏重於德行義，故「小人」乃成爲一惡名。船山則有意混亂兩種詞義，一面就職業說，而將農商皆視爲「小人」，另一面卽將價值判斷牽入；於是，農商似不僅在職業上爲「小人」。且在德行上亦是「小人」。此種偏執之論斷，實船山之大病；論述其學說者無法强爲之辯也。

船山在同段中，又謂商賈之「氣」與「質」皆與「夷狄」相取相得云云。其說愈不可通。然其意蓋謂「小人」易親「夷狄」，於是其論旨又回至「夷夏之防」上，故此段仍可作爲了解船山之「民族主義」之資料也。

船山以明末遺民，痛心時事，故在情緒上最反對外族；實則反對外族之侵略及統治，固是正理；然若因此而構造一虛妄之說，以爲一切民族間無文化交流之必要，甚至以爲一切外族皆屬「賤」種，則是一思想上之大鋼蔽。而船山之「民族主義」思想，正得此結局。實爲可歎。

船山心目中外族之統治卽代表文化之亡；於「宋論」中特別强調此意，蓋宋亦亡於外族者也。船山在「宋論」卷十五之末曾謂：

「漢唐之亡，皆自亡也。宋亡則舉黃帝堯舜以來道法相傳之天下而亡之也。」(147)

此卽指文化傳統之亡而言；其下則探究其衰亡之故，總以爲宋之削藩鎭乃亡於外族之主因；此點得失如何，未易有定論。然船山對民族間之優劣形勢問題，僅以此一措施作爲唯一之因素，則不免皮相之譏；蓋就國際政治而言，强弱成敗，因素甚多，決不能如此簡單。船山之所以持此論調，則又與船山在基本政治思想上主張「封建」之古制有關。至此，乃可轉入下節對其「傳統主義傾向」之討論。

（2）船山之傳統主義

在析論船山之「傳統主義」之傾向前，有數點應先作說明。

首先應說明者，就哲學思想而言，船山原有某一意義之「發展觀」。自表面言之，持「發展觀」者似不應同時傾向於「傳統主義」。然若依此以論船山思想，則必失實；蓋船山之「發展觀」只在一定理論層面上成立，而另有一套視爲不變之肯定，立於上一層面；而此一層面上之肯定，卽正以船山眼中之文化傳統爲內容，故雖有「發展觀」，未曾放棄「傳統主義」也。

其次，船山一面持「發展觀」，另一面持「傳統主義」；若只就一般意義看，則此種立「常」與「變」二面之思路，原屬大多數哲學理論之共同點。但欲解船山而不失實，則必須進一步對其所肯定之「常」與「變」之確定意義作一了解，然後方能定其主從。故徒取船山一二語爲據，以爲船山只重視歷史之發展演變；正與忽略船山有「發展觀」同爲未確也。

最後，如專就政治思想而論，則由於船山强調「氣」與「質」之殊異性，故不唯不同民族間由其「氣」之不同，而須互相隔絕，且就一民族而論，其「氣」既定，則在政治傳統上似亦有一「定格」爲其「氣」所涵。故在此意義下，「常」觀念之力量遂遠高於其「變」觀念，而「發展觀」只能成爲「傳統主義」之附庸矣。

由於中國傳統史學，原以政治史爲主；故船山論史之見解與其政治思想亦常互通。玆論其「傳統主義」一面，雖就政治思想而言，實亦可通至船山論史之基本觀點。船山既由於强調「氣」之特殊性，則在政治與歷史二面，皆不能不持「傳統主義」，亦顯而易見者。以下先略引船山論「變」與「常」，及其他涉及發展觀之說，再觀有關其「傳統主義」之資料。

船山論「變」與「常」之說，以「俟解」中一段言論最爲重要。此段就莊子「參萬歲而一成純」一語發揮，其言云：

「莊生云，參萬歲而一成純。言萬歲亦荒遠矣，雖聖人有所不知，而何以參之？乃數千年以內見聞不及者，天運之變，物理之不齊，升降汙隆治亂之數，質文風尚之殊，自當參其變而知其常，以立一成純之局，而酌所以自處者；歷乎無窮之險阻，而皆不喪其所依，則不爲世所顚倒而可與立矣。」[148]

案此謂一切事象雖變，然人當「參其變而知其常」，以立「自處」之道。然此所謂「常」者，又非指歷史演進之某種規律，而是指「變」之外之「不變」；故下文先舉不同之歷史環境及不同之遭遇作爲「變」，而認爲人自另有所持以應此無窮之變而不隨此萬變而流轉。其言云：

「使我而生乎三代，將何如？使我而生乎漢唐宋之盛，將何如？使我而生乎秦隋，將何如？使我而生乎南北朝五代，將何如？使我而生乎契丹金元之世，將何如？則我生乎今日而將何如？豈在彼在此遂可沉與俱沉，浮與俱浮耶？參之而成純之一，審矣。極吾一生數十年之內，使我而爲王侯卿相，將何如？使我而飢寒不能免，將何如？使我而蹈乎刀鋸鼎鑊之下，將何如？使我而名滿天下功蓋當世，將何如？使我而槁項黃馘沒沒以死於繩樞甕牖之中，將何如？使我不勞不辱，終天年於閭巷田疇，將何如？豈如此如彼遂可驕可移可屈邪？參之而成純之一，又審矣。變者，歲也；不變者，一也。變者，用也，不變者，體也。歲之寒暄晴雨異，而天之左旋，七曜之右轉也一。手所持之物，足所履之地，或動或止異，而手之可以持，足之可以行也一。唯其一也，是以可參於萬世。」[149]

案船山意謂歷史環境雖不同，一生遭遇雖有萬變，人亦不能隨外境而浮沉，人亦不能失其持守。以「變」爲用，以「不變」爲體，即持常以應變之意。此非言「變」中之「常」，而言「應變」之「常」，故不可誤以爲船山意指某種「歷史規律」。船山之「常」本非此意也。

只言「應變」之「常」，故「常」在變之外；而「變」之領域自當限於某一層面。此層面畢竟何指，乃首先須作決定者。此點在舊日作解者每多誤會，蓋船山說及「變」時，每每喜作泛辭，如「宋論」中議文天祥不應乞和云：

「時異而勢異，勢異而理亦異。」[150]

此似泛說「勢」與「理」皆可變矣。又如「續春秋左氏傳博議」評昭公七年士文伯論日食，而云：

「有卽事以窮理，無立理以限事。」[151]

此又似說「事」之「變」不可以「理」限之矣。此類話頭，常爲人所引用，以證船山之重視歷史發展；乍觀之亦似不謬。然若細審其所指，則可知此類表示「發展觀」之說法，雖在表面上似肯定「事」、「勢」、甚至「理」之「變」，實則此所謂「變」只在極小範圍中成立。卽就以上兩段常爲人引用之言，細察其意，亦可知其肯定之「變」，僅在具體行動或事象一層面，旣未觸及政治生活之基本規範問題，亦未能進入制度內部之觀念基礎問題。如「宋論」言「勢異而理亦異」一段，不過謂南宋朝廷乞和爲無益，不能仿勾踐之事吳，因時勢有異而已。此處所謂「理」不過指「忍辱求和」一具體行動是否得當；因此種行動有時可取，有時不可取，故說「理異」，非眞涉及價值規範自身之演變發展也。又如所謂「無立理以限事」之語，其實際所指，不過謂天象自有其「物理」，人不應執「人定勝天」之理，而欲强限「日食之理」；此則涉及經驗知識與自覺意志活動之範圍問題，其言固自有可取之處，但並非謂「理」本身亦在「變」中也。學者對船山此類言論之原意，若能一一以嚴格態度了解之，則可知通常以爲船山重視歷史文化之發展，乃一朦朧觀念。船山思想基本上重點在於「常」之肯定，所謂「變」乃置於二三序以下之觀念。而落在政治及歷史觀點看，則其「常」觀念卽在「傳統」上落實，生出對傳統之種種肯定或堅持；至所謂「變」觀念則不過立於具體行動或事象層面上。是故船山之「傳統主義」，就其本身思想講，原屬其形上思想之理論產物，不足爲怪；世人過度强調其「發展觀」，方生出種種疑問也。

船山之「變」觀念與「常」觀念，大意已如上說。茲卽一論船山政治思想中代表其「傳統主義」之言論主張。

展示船山之「傳統主義」，最簡易之入手處，應是對其批評已往歷史政治之意見作直接觀察。蓋一人對歷史得失之批評中，在何種層面上言其「失」，卽可確定顯出其接受及反對傳統之限度何在也。船山生當明末衰亂之世，其論政論史自多興亡之感；然其論往史之「失」時，從未致疑於中國政治制度基本上之有缺陷，亦未深究君主制度內部結構有無問題，但就特殊行動立論。因此，船山雖抨擊「孤秦陋宋」，又痛論明代政治之弊，然始終未反省中國傳統政治之基本問題；觀其種種言論，亦實未嘗發覺有此一層面之問題。甚至，就君主政治制度內部而言，船山所屢屢言及者，仍限於君相之德行及識見問題；從未議及此種制度之結構。蓋船山基本上對此二層面上之「傳統」，皆不作反省觀察而接受；此種接受傳統之態度，卽本節所言之「傳統主義」也。

以下舉其要者爲例以表明此點。

首先，就「君權」而論，船山不唯對「君權」之成立從未有所疑，且以爲君主乃必要者。「讀通鑑論」卷十九論隋唐之統一時，卽云：

「聖人之大寶曰位，非但承天以理民之謂也。天下之民非恃此而無以生。聖人之所甚貴者，民之生也。故曰大寶也。」[152]

此所謂民必恃有「君」方能「生」也。其下續說隋煬帝末年天下之亂，使民無以爲生；而極言民之需要有帝王。其言云：

「至大業十二年，而後林士弘始稱帝於江南。竇建德李密踵之，自命爲王公，署官僚，置守令，雖胥盜也，民且依之以延喘息。而捋采旣劉，萌蘖稍息，唐乃起而收之；人始知得主之爲安，而天下以漸而定矣。」[153]

依此而言，人民必須「得主」方能安其生；縱使盜賊僭稱帝王，亦勝於無帝王。於是最後再加發揮云：

「寶也者，保也；人之所自保也。天下有道，保以其德；天下無道，保以其名。故陳勝起而六王立，漢室淪而孫曹僭；禍自爲之衰減。人不可一日而無君。天佑下民，作之君，作之師。僞者愈於無，況崛起於厭亂之餘以義安四海者哉。」[154]

明說「人不可一日而無君」，更引「作之君，作之師」之語，以申明「君」爲必要，而「君」之領導權亦爲必要。此是對君主制度全面承認其合理矣。

由於船山肯定君主制度，又主張君權，故以爲權不可「下移」，否則卽致危亂。此點在史論中亦屢言之。如云：

「封建廢而權下移，天子之下，至於庶人，無堂陛之差也。於是庶人可凌蹴乎天子而盜賊起。」[155]

案此是論漢末之盜賊之文；而其說乃以爲「權下移」以致於「庶人」可作亂；則其主張君權不可下移，固甚明顯。然船山雖强調「君權」，又與韓非之只爲「人主」一人設想不同；蓋船山心目中常在一「治人者」與「被治者」之二分觀點——卽前文所言「君子」與「小人」之分，故雖尊君之權與位，仍主張「君」與「士大夫」應合爲一體；但與「庶人」則應分而不相混。故又云：

「古之天子，雖極尊也，而與公侯卿大夫士受秩於天者均，故車服禮秩有所增加而無所殊異。天子之獨備者，大裘玉輅八佾宮縣而已。其餘且下而與大夫士同，昭其爲一體也。故貴士大夫以自貴，尊士大夫以自尊；統士大夫而上有同於天子，重天之秩而國紀以昭。秦漢以下，卿士大夫車服禮秩絕於天子矣，而猶不使之絕也。舉之以行，進之以言，敍之以功；時復有束帛安車之徵，訪之以道。上下有其大辨，君子小人有其大閑；以爲居此位者，非其人而不可覲，抑且使天下徼幸之徒望崖而返。卿大夫士且有巍然不可扳躋之等，臨其上以爲天子者，其峻如天，而莫之敢陵。」156

案此段原論桓靈之賣官；故重在說天子不應使士大夫失其尊嚴地位；然更應注意者則是船山作此種議論時背後所預認之觀念。此卽「上下有其大辨」而「君子小人有其大閑」也。此種「大辨」、「大閑」被船山視爲一定之理，故「下」不可以干「上」，「小人」不可以亂「君子」；總之是一分人爲「貴賤」兩種之觀念。此點在他處船山亦常言之。卽如論晉宋末篡奪之風云：

「晉宋之末，天子之易爲而人思爲之，其賤曾不如有道之世一命試爲邑宰者，何足謂爲大寶哉？……嗚呼，至於此而天下猶爲貴賤之等差哉？」157

此所謂「貴賤之等差」，卽指「君子小人」之別；一方面有天子及士大夫構成一集團，另一方面農商平民構成一集團；前者「貴」而後者「賤」也。而此種分別據船山自己說法，則又由於天生人之「質」不同而然；則不僅說事實如此，且說是一必然之理矣。

船山此種觀點，源自漢代儒學之綱常觀念；實儒學流弊之產物，大悖孔孟之旨。船山旣承此種惡劣觀念，遂不得不曲解孟子以合己意，蓋孟子明言「民爲貴」、「君爲輕」，且以爲「君」如不能盡其理分則可推翻，皆與船山主張相反也。「讀四書大全說」中，論及孟子此類主張時，乃云：

「變置諸侯，必有變置之者。假令邱民得以變置之，天下豈復有綱紀？亂亦何日而息邪？孟子謂，貴戚之卿反覆諫其君而不聽，則易位。到易位時，固必因方伯以告之天子，而非卿之所敢擅。今此言變置者，必方伯廉察其惡，貴戚與聞其議，而實自天子制之。知此，則知孟子所云，民爲貴，社稷次之，君爲輕者，以天子之馭諸侯而言也。」158

船山欲維持其不以「下」干「上」之說，故如此解孟子民貴君輕之語。而以爲諸侯之易位仍由天子之命，則「君爲輕」非指天子而言，故此段末又云：

「故曰君爲輕者，非天子之謂也。」[159]

然孟子不只謂諸侯可「易位」，且明言武王伐紂爲合理；又謂「得乎丘民而爲天子」。船山如此曲解，實亦不能掩蓋孟子本意；適足以表現其不能上承孟子之政治智慧而已。

船山肯定君權之「傳統」，故說爲「傳統主義」。然此「傳統」又非儒學內部之「傳統」。實則，孔孟之立說，漢代以後多失其「傳」；後世之自稱儒學者，亦極少代表孔孟之「學統」也。

以上已說明船山在政治思想上如何接受傳統君主政治，而配以其形上學觀念，作進一步之肯定。此乃船山政治思想之本來面目。學者觀此亦可知船山在政治思想上實爲一迷信傳統之保守派人物；而對中國傳統文化中此一方面之缺陷，決無反省智慧。其說於理既不可成立，於歷史文化之進展更不能配合也。

此處尚有應作補充者，卽論者如偏袒船山而强爲之解，謂船山尊君權乃時代所限定，不應深責，則亦難成立。因卽以船山時代而言，長於船山十歲之梨洲，固已能反「家天下」，而承孟子民貴君輕之說；則不可謂船山之時代中只能有此種絕對尊君之思想。學者試取「待訪錄」與船山政治言論比觀，則可知船山此種保守思想，固由其形上學觀念生出，而非時代之必然產物也。

其次，就「人」與「法」輕重問題而論，船山始終認爲「有治人，無治法」。此則可視爲儒學傳統觀念，蓋此意原始自荀子也。船山雖別「上下」及「貴賤」而反對任何程度之「民權」，然亦未嘗不承認爲政應重視「民」之安樂，但認爲此只是在上位者之道德責任，而未觸及制度問題。由此，船山在其「重民」之言論中，仍持「君子」應「作之君，作之師」以治民敎民；換言之，卽强調「聖君賢相」之政治理想，而無客觀法制之肯定；此所以重「人」而不重「法」。玆舉有關重要資料於下，以見其大意；至於種種重複言論，則不備引。

船山對「民」之理論，當以「尙書引義」中論「天視自我民視，天聽自我民聽」一段最有代表性。此二語孟子曾引之，故無論今傳之「泰誓」是否僞作，此二語古已有之，則無可疑。而二語之意固甚明顯，蓋由上古之天命信仰漸轉至民意觀念之標識也。船山則執上下貴賤之辨，而不主「民權」，故於此二語亦曲爲之解，以維持自身之理論立場。其說甚長，玆節引數段如下：

「尊無與尙，道弗能踰，人不得違者，惟天而已。曰：天視自我民視，天聽自我民聽。舉天而屬之民，其重民也至矣。雖然，言民而繫之天，其用民也尤愼矣。善讀書者，繹其言而展轉反側以繹之，道乃盡，古人之辭乃以無疵。」[160]

船山亦知此二語不能謂非「重民」之說，然深恐由此引出以民爲主之觀念，故必別作解釋；此即所謂「繹其言」也。然則船山如何解法？船山首先將此二語之意逆轉而另立一說以配之。其言云：

「故可推廣而言之，曰：天視聽自民視聽；以極乎道之所察；固可推本而言之，曰：民視聽自天視聽；以定乎理之所存。二說者，其歸一也，而用之者不一。展轉以繹之，道存乎其間矣。」[161]

船山另出一「民視聽自天視聽」以配原二語，而認爲二說同歸；但各强調一面，故「用之者不一」。以爲必如此補上一說，方可無病。其理由蓋在於船山原只注意「民意」內容上之是非，故認爲民意不可信賴；而必須另立理以約束之。於是不僅認爲徒以民之視聽爲準乃極危險之事，且認爲「民」常在昏迷墮落中，必須受「君子」之領導方能合理合天。對於此二語原意之涉及民意之「形式意義」，船山則全不解也。故其言云：

「由乎人之不知重民者，則卽民以見天，而莫畏匪民矣。由乎人之不能審於民者，則援天以觀民，而民之情僞不可不深知而愼用之矣。」162

船山在「卽民以見天」外，另立「援天以觀民」一義；而所謂「援天」者卽「援理」之意。蓋船山以爲「民」之好惡——或贊成與反對——皆未必合於理，故「爲人上者」固不能不重視民意之向背，然必須依理以斷民意之是非，而不可只以「民」之視聽爲標準。此卽注目於民意在內容上之是非問題，而未進至國家權力之理論基礎問題之明證也。於是船山云：

「天者，理而已矣。有目而能視，有耳而能聽，孰使之能然？天之理也。有視聽而有聰明，有聰明而有好惡，有好惡而有德怨，情所必逮，事所必興矣；莫不有理存焉。」163

此仍是順其形上觀念說；人得天之氣而生，故所具能力皆出於天；依此而說「天之理」。其下再說不應「舍民而言天」或「舍天而言民」，然後謂以民意代表天意，是「俾爲人上者之知所畏也」，可知船山對「民意」本身之重要性並未肯定，而只肯定此說之某種作用；此仍因船山根本不明國家及政治生活之本性問題也。其下，船山遂亟言民意之不可靠云：

「唐虞之於變時雝，成周之徧爲爾德，今不知其風化之何如也。意者民之視聽審，好惡貞，聰明著，德怨淸，爲奉天者所可循以罔愆乎？然而古之聖人亦未嘗以無心而任物，無擇而固執也。垂及後世，敎衰風替，固難言之矣。司馬溫公入覲，而擁輿緣屋以爭一見矣；李綱陷天子於孤城以就俘，而讙呼者亦數萬人矣。董卓掠子女，殺丁壯，而民樂其然臍矣；子產定田疇，敎子弟，而民亦歌欲殺矣。故曰，敎已衰，風已替，而固難言之也。舜之戒禹曰：無稽之言勿聽；民之視聽非能有所稽者也。盤庚之誥曰：而胥動以浮言。民之視聽，一動而浮遊不已者也。然唐虞三代之民，固已難言之，而況後世乎？」[164]

此則將「崇古」觀念混入而言之，意謂古代之民意已不可信賴，後世「敎衰風替」，自更不可信賴。如此立論，自更不能了解民權之說，蓋言民權則正須假定政治制度之進步，民智之提高，國家發展之成熟，皆與「崇古」態度相反也。

其下又重申其「貴賤」之觀點，認爲「民」須受領導方能不失其「天」，故必須「奉天以觀民」；此則將民意在政治上之主動作用完全撤消矣。其言云：

「聖人體其化裁，成其聲色，以盡民之性。君子凝其神，審其聲色，以立民之則。而萬有不齊之民未得與焉。於是不度之聲，不正之色，物變雜生，以搖動其耳目，而移易其初秉之靈；於是眈眈之視，憒憒之聽，物氣之薰蒸漸漬其耳目，而遺忘其固有之精，則雖民也，而化於物矣。夫物之視聽亦未嘗非天之察也，而固非民之天也。非民之天，則視眩而聽熒，曹好而黨惡，忘大德，思小怨；一夫倡之，萬人和之，不崇朝而喧闐流沔，溢於四海；旦喜夕怒，莫能詰其所終。若此者，非奉天以觀民，孰與定其權衡？而可惟流風之披靡以詭隨哉？故曰：天視聽自民視聽，而不可忽也；民視聽抑必自天視聽，而不可不愼也。」[165]

「民」作爲「人」，自是得秀靈之氣者。但惟有「聖人」與「君子」方能定立規範，使「民」能盡其性，而「民」自身則不能領導自身。「民」如不獲領導，則喪失其本具之性，而有種種錯誤。故民之視聽必須據「天」或「理」爲權衡使之得正；而此種領導又似正是「爲人上者」之事。如此，則縱有「民意」，亦是由領導所鑄造引生者；「民」自身之好惡取舍，皆不足作爲政治之依據。至此，船山之說遂可通往任何極權主義；蓋認爲領導者代表「眞理」，而「民意」應先符合此種「眞理」，正是一切極權主義之共同點所在也。此點足見船山政治思想之危險性，此處姑不詳論。茲仍回至船山之本文。船山如此表明「民意」之不可信賴後，實已將泰誓此二句之原意大加竄改。船山自身亦未嘗不覺察，故文末直謂此二語本身卽有病，更標明反對「民權」。其言云：

「……雖然，武王於此重言民而猶有所未愼也。旣曰民之視聽卽天矣，則今日億萬人之倒戈以北者，惟民也；他日多士多方之交作不典者，亦惟民也。民權畸重則民志不寧。其流旣決，挽之勞而交受其傷，將焉及哉。」[166]

「武王」不應如此「重言民」；而「民權」之重是一壞事，此卽船山之結論。則船山之反對「民權」，不解「民意」在政治上之重要，皆無可辯。後世濫推船山之思想，而說其爲主張民權者，皆不得實也。

以上論船山對「民意」之觀念，目的正在於表明船山不重「法」而重「人」之思想之根源。蓋所謂「重法」，原非指韓非一路爲人主立「法」以保威權之說，而指對客觀法制有所肯定言。船山基本上只以聖人君子之領導，爲其政治理想，則自不能「重法」，而此種政治理想，卽「作之君，作之師」之傳統觀念，正可由其論「民意」之說見之也。

以下再酌引有關論「人」與「法」之言論。

由於船山只由在上位者之領導以觀政治生活，故船山眼中之「法」，並非決定政府權力運行方式，及確定人民之權利義務之大法，而僅指臨事措施之規章，故認爲一切規章皆須依賴得「人」方能有良好效果，於是遂重「人」而輕「法」；且以爲重「法」者卽屬「申韓之術」。「讀通鑑論」評曹魏之重「法」云：

「任人任法，皆言治也。而言治者曰，任法不如任人。雖然，任人而廢法，則下以合離爲毀譽，上以好惡爲取舍，廢職業，徇虛名，逞私意，皆其弊也。於是，任法者起而摘之曰，是治道之蝨也，非法而何以齊之？故申韓之說與王道而爭勝。乃以法言之，周官之法亦密矣；然皆使服其官者習其事，未嘗懸黜陟以擬其後。蓋擇人而授以法，使之遵焉；非立法以課人，必使與科條應，應非是者罰也。」[167]

案此謂任人原有弊，故有任法之說起。但船山所了解之「任法」，即是重賞罰、立科條之謂，故以爲此是「立法以課人」，不如「擇人而授以法」。其下則論「任法」之弊，大意以爲規章之內容有限，人事有種種歧異變化，非規章所能籠罩；故徒立規章而重賞罰，則有種種弊端。玆不贅引。

如只以具體規章爲「法」，則自然可推出一論點，卽必須有適當之賢才方能建立適當之規章，且一切規章必須得人方能有效。於是遂將謂「治人」重於「治法」。船山在他處卽屢說此意。如論「用人與行政」一段云：

「用人與行政，兩者相扶以治。舉一廢一而害必生焉。魏晉其驗已。……是用人行政交相扶以圖治，失其一則一之僅存者不足以救，古今亂亡之軌，所以相尋而不舍也。以要言之，用人其尤亟乎。人而苟爲治人也，則治法因之以建，而苛刻縱弛之患兩亡矣。」[168]

此段中船山原比較魏晉之用人，以爲魏較多賢才，故勝於晉，其議論殊嫌無據，故節去不錄。然其主張，則可在此段所引之文中看出。有「治人」，則「治法因之以建」，故「用人尤亟」；換言之，卽認爲「人才」重於「規章」也。

謂規章不可恃，本是常理，但船山所以如此看「法」，正因船山心目中無客觀大法；再溯其源，則又在於船山對政治生活全持傳統觀念，而不見其客觀領域。故觀船山對「人」與「法」之議論，亦可知船山在政治思想上固持極强之傳統主義觀點也。

關於船山之「傳統主義」傾向，本尙可有其他論點可說。以上但舉「君權」與「法」觀念爲列，已足見其大要，此外卽不再一一析述。學者於此倘有意窮究，則可依上列各點進一步搜羅其資料，此亦非難事也。

以下再專就船山對「權力」均衡及「平等」二觀念所持之反對態度，稍加補充，卽結束船山政治思想之討論。

（3）對「權力均衡」及「社會平等」之態度

本節所論，原可視爲上述各節之補充；但因此二觀念另有應加重視之理由，故特立一節以作討論。先就「權力均衡」說，上文已表明船山如何由其形上觀念而肯定傳統君權又極力反對「民權」；但此處所謂「權力均衡」則又屬另一理論層次；蓋主張君權者仍可以對「權力均衡」一問題，持不同態度。而就中國傳統政治而言，此點尤爲重要。中國傳統君主制度，自始卽含有要求「權力均衡」之某種設計；雖降至明淸，君權事實上愈來愈强，然「權力均衡」觀念對二千年來之君主政治之影響，仍屬中國傳統政治之特色所在。此固與是否提倡「民權」非同一層次之問題，然專就君主政治內部講，則環繞此觀念之種種制度沿革及其所涵之理論後果，正是了解中國傳統政治之一主要關鍵；而學者對此問題之態度，亦可映現其對傳統政治之得失了解至何等程度。玆論船山政治思想，亦應就此問題作一勘察，以期能形成更確定之判斷。

其次，所謂「社會平等」，指君主所對之「被治者」彼此間之「平等」而言。縱使倡絕對君權者，亦可以認爲應有「社會平等」；而反對君權者，亦可以反對「社會平等」。前者之例，如韓非主張「人主」以外皆應同樣守「法」是也。後者之例，如近代主張「階級專政」之馬列主義是也。因此，可知是否肯定「社會平等」，亦是與「君權」或「民權」之爭不同層次之問題。中國傳統政治下之「社會平等」問題，亦自有一發展演變之過程。此點對於了解或評估中國傳統政治，亦甚爲重要。而船山對此問題所持之態度，亦可看作其政治思想之另一具體表現，故應特加說明。

船山對「權力均衡」之意見，簡言之，卽與漢以來之傳統觀點相反；故就此一層次看，則船山又似非「傳統主義者」（此所以本節不能附於「船山之傳統主義」下也）。蓋自漢代建立大一統之中央政府後，中國政治傳統中一直强調建立某種「權力均衡」，以防君主之濫用權力；而船山則對此種傳統之意義全不了解，反而時加抨擊。

具體言之，傳統政治中對君權之平衡，主要寄於兩種設施。其一爲外朝與內朝之分，卽以相權制衡君權；其二爲言官之獨立，卽以諫權制衡君權。相權立於漢，而武帝以後，內朝權力日增；其後步步演變；六朝之相，已成爲篡奪之先聲；唐之三省則降爲君主之僚屬。迨明太祖厲行君主專制，相權遂完全消滅。此「相權」演變之大略。「相權」在實際上雖僅在漢初有之，然此一觀念仍表示中國傳統政治中制衡君權之特色；此黃梨洲所以於反絕對君權時提倡「相權」也。諫權來源雖頗早，然大盛於唐宋；至明清猶未全衰。此蓋是「相權」衰後唯一制衡君權之制度性設施。故儒者論政論史，大抵皆重視諫諍，因正賴有「諫權」方可使君主不致過度妄爲也。

然船山於此兩種有關「權力均衡」之制度，皆不了解其意義。玆分述其言論於下。

就「相權」而論，船山對此問題似無確實了解。其於「讀通鑑論」中論「宰相之任」云：

「宰相之任，唐虞之百揆合於一，周之三公分於三；其致治者，非分合之爲之。君正於上而任得其人也。其合也，位次於天子；其分也，職別於專司。然而雖分必有統之者以合其分，要因乎上所重而天下之權歸之。天子孚以一心，而躬親重任，唯待贊襄則一也。」[169]

觀此可知船山對於「內朝」與「外朝」之分，以及「相權」在政治制度上之特殊意義皆茫然不知。漢代之「相」，作爲「外朝」之首領；有管理政府之全權；而皇帝則不直接管理政府，而只有擇「相」或罷「相」之權。此所以對「外朝」而言，皇帝只是一「產主」身份；擁有「所有權」而不能行使管理權。皇帝所直接管理者限於「內朝」；由此，君權侵相權時，卽以擴大「內朝」勢力爲其途徑。船山對此一有關中國傳統政治之大問題，全無了解；只憑常識作論斷，以爲天子總是「躬親重任」，而「相」只是有「贊襄」之作用，則大誤矣。

船山既不解「相權」之意義，又不知內外朝之分，故其論「宰相」地位之演變，亦全不得要。其言云：

「兩漢置丞相而無實，權移於大將軍；……東漢立三公而無實，權移於尙書；……兩漢之異，丞相合而三公分，然其權之上移於將軍，下移於尙書，同也。晉之中書監，猶尙書也。唐之三省，猶三公也。宋以參知分宰相之權。南宋立左右相而分權於平章。永樂以降，名爲分任九卿而權歸內閣。」[170]

案兩漢開國立「相權」制度，豈得謂「無實」？武帝侵相權而培養「內朝」之勢力，故有「大將軍」之專政。東漢及晉，尙書中書秉實權，亦皆屬於「內朝」；而「內朝」所以攬權，正因天子欲奪「相權」，故破壞此一「權力均衡」之制度也。船山對此大關目不能了解，故雖熟讀史書而其論斷乃全不能涉及此中之眞問題，而只能談表面之「分合」。

船山不解「相權」之意義，對「內朝」與「外朝」之分似無所知。此是考史不足。更可注意者是船山主張天子自己管理一切政務，故其論「宰相」地位之演變後，卽云：

「若其所以或治或亂者，非此也（案指「分合」而言）。人不擇則望輕，心不孚則事礙。天子不躬親，而旁撓之者，非外戚則宦寺也。使大將軍而以德選，則任大將軍可矣；使尙書中書而以德進，則任兩省可矣。丞相三公，其名也；唐虞殷周不相師也。懲權姦而分任於參知，下移於內閣，惡在參知內閣之不足以擅權而懷姦也。上移於大將軍而僅以寵外戚，下移於內閣而實以授宦寺。豈其名之去之哉？實去之耳。天子不躬親，而日與居者婢妾之與奄腐；不此之防，徒以虛名爭崇卑分合之得失，亦末矣。」[171]

船山只知重人之「德」，而根本未注意制度問題。且以爲一切弊端總由「天子不躬親」而起。可知船山不僅在了解傳統政治一面，不知此一有關「權力均衡」之大問題，且在主張上亦從未了解「權力均衡」之重要；反以爲君權愈能徹底强化，則愈好。此又可爲船山之崇尙君權再增一旁證矣。

關於「相權」，因船山未詳考古制及其演變，故未嘗直接面對此一制度而作評論。就「諫權」而言，情況則不同。「諫權」之存在及發展歷時甚久，不似「相權」雖代表一種制度上之理念而實際上僅存在於漢初；故船山對「諫權」乃有許多正面評論。其主要意見則是否定「諫權」之意義，蓋船山心目中旣無「權力均衡」之問題，遂以爲諫官所爲僅有造成朋黨，或破壞君相威信之作用矣。此類言論在其史論中屢屢出現。玆選錄數節，以見其大意。

船山非謂人君全不應受諫，但總不了解「諫權」之制度意義；故其論「諫」時，全當作個人行爲看。如將諫諍當作個人行爲，則自然可說進諫者必須具有極高德性成就及智慧，然後其諫言方有益；而如此要求諫者先成爲「聖賢」方承認其「諫」之意義，則結果自將謂大多數之諫者皆非聖賢，而其諫言亦皆無意義，甚至有反面作用矣。故船山論「諫」云：

「凡能極言以諫者，大抵其氣勝者也，自信其是而矜物以莫及物莫能移者也。其氣勝則其情浮，自矜而物莫能移則其理窒。上以事君，下以涖衆，中以交於僚友，可其所可而否其所否，堅於獨行而不樂物之我違。唯如是也，乃以輕寵辱，忘死生，而言之無忌。其賢者有察理未精，達情未適之過，而執之也堅。其次則氣動而不收，言發而不止，攻異己而不遺餘力，以墮於娼忮而傷物已甚。則人主且窺其中藏，謂是嘵嘵者之但求利己也；其言不可奪而心固不爲之感，奚望轉石移山於片語乎？惟虛則公，公則直；惟明則誠，誠則動。能自受諫者所以虛其心而廣其明也。諫者之能此者鮮矣。」172

觀船山之論「諫」，純就諫者個人之心志狀態看，而認爲諫者必須能具虛公明誠之德方能有意義。此段原評唐太宗「未能受諫，安能諫人」之語，故落在「能自受諫」上說；但其要點則在於不從制度意義上看「諫權」之功能，而只從道德行爲層面上說「諫者」應具有之個人條件；故以爲「諫者之能此者鮮矣」。既然諫者多數不滿足此種條件，故一般所謂直諫反常引起不良後果。故最後謂：

「婞直予智，持一理以與當宁爭得失，自非舜禹之蕕蕘之道待之，其不以啓朋黨而壞國是也，難矣哉！」173

「持一理以與當宁爭得失」，正是「諫權」意義所在；承認並尊重諫權，正是中國傳統政治中保持「權力均衡」之重要方法。船山對此中正面意義竟無了解，反以爲足以「啓朋黨而壞國是」。然船山之不解「諫權」，又仍由於不知「權力均衡」之重要，一味崇尚君權也。

船山以爲諫官制度有害無益，由此再推廣一步，即認爲社會與論皆不足重視；而在上者不應開放與論，亦不應鼓勵士民提出其言論。此點在船山之「宋論」中發揮最多，蓋宋仁宗鼓勵臣庶獻言，向爲後世所贊美，而船山獨不以爲然。其論仁宗云：

「仁宗之稱盛治，至於今而聞者羨之。……夷考宋政之亂自神宗始。神宗之以與怨於天下，貽譏於後世者，非有奢淫暴虐之行；唯上之求治也亟，下之言治者已煩。乃俞其臣下之煩言，以啓上之佚志，則自仁宗開之。而朝不能靖，民不能莫，在仁宗之時而已然矣。」174

此即謂仁宗不應鼓勵言事之條陳，認爲日後神宗時變法黨爭種種問題皆由仁宗啓之。然仁宗所以廣納條陳，目的正在於接受與論意見以改革政務。船山既反對仁宗此種開放言論之作風，自亦須對仁宗求改革之根本主張有所批評。船山於此乃提出其極端保守之意見，認爲變法根本爲不必要，謂「任得其人而法無不可用」175；並申其說云：

「宋自建隆開國至仁宗親政之年，七十餘歲矣。太祖太宗之法，敝且乘之而生者，自然之數也。夫豈唯宋祖無文武之至德，議道之公輔無周召之弘猷乎？即以成周治教之隆，至於穆昭之世，蛹蠧亦生於簡策，固不足以爲文武周召病也。法之必敝矣，非鼎革之時，愈改之則弊愈叢生。苟循其故常，吏雖貪冒，無政法之可乘，不能託名踰分以巧爲吹索。士雖浮靡，無意旨之可窺，不能逢迎揣摩以利其詭遇。民雖彊可凌弱，無以啓之，則無訐訟之興以兩俱受斃，俾富者貧而貧者死。兵雖名在實亡，無以亂之，則無游惰之民以梟張而起，進則爲兵而退則爲盜。唯求治者汲汲而憂之，言治者嘖嘖而爭之。誦一先生之言，古今異勢而欲施之當時，且其所施抑非先王之精意；見一鄉保之利，風土殊理而欲行之九州，且其所行者抑非一邑之樂從。神宗君臣所夜思晝作，聚訟盈廷，飛符遍野，以使下無法守，開章惇蔡京爚亂以亡之漸者，其風已自仁宗始矣。」⑯

船山此種議論，表面上亦似甚辯。然其論點實不過謂除朝代更改時可變法外，凡要求政革法制者皆必召亂。此則於理不可通。且政制之必求不斷改進，乃爲政之大軌道所在；蓋法制之功用至一定階段必有窮，因此必須有所改革。此點船山亦不能完全否認。船山固承認法之「敝」是「自然之數」矣；然船山仍以爲法雖「敝」而不應改，改則弊愈多；此則爲不可解之怪說。船山所言變法之種種弊端，事實上固皆屬可能有者，亦是歷史上實有者，然此種種弊端並非與變法一要求本身有何必然關係。法制之不能不步步改進，乃歷史文化進展之大原則，豈可因有可能之流弊而主張人守已「敝」之法而不改，使歷史走入死路乎？船山原亦承認法制有變改，故夏商周之法不同⑰；然又以爲必須改換朝代之時方能變法。此又是一不可解之執着。且船山所謂「鼎革」，實皆指政權由暴力而轉移言——中國朝代之改易不外篡奪與征誅，皆依暴力；則推其說，將謂法制必待暴力破壞後方可有改變；爲政者只能守「敝法」以待暴力興起。此理究何在乎？

船山既認爲法制不可改進，則廣納言論自即失去其主要意義，蓋自由言論之價值，正在於能促進法制之改革也。既視開放言論爲無意義之舉，於是船山眼中遂只見言論之害；且對一切提出言論，尋求改革者，皆以小人之心度之；於是論仁宗云：

「……至若王曾等者，非名節之不矜也，非勤勞之不夙也，以術聞道，以氣矜剛，而仁宗當受諫之美名，慕恤下之仁聞，欣然舉國以無擇於聽；迨及季年，天章開，條陳進，惟日不給，以取綱維而移易之，吏無恒守，士無恒學，民無恒遵，兵無恒調，所賴有進言者無堅僻之心而持之不固，不然，其爲害於天下，豈待熙豐哉？知治道者，不能不爲仁宗惜矣。」[176]

此直接抨擊仁宗開天章閣，納條陳爲破壞「綱維」；且謂仁宗早年接納王曾等之直諫，亦爲不當。其理則不可解也。其下論及受仁宗廣納言論之影響而興起之知識份子，則悉以惡意推之；其言云：

「迹其（指仁宗）造士，則聞風而起者，蘇氏父子掉儀秦之舌；揣摩而前者，王安石之徒習申商之術。後此之撓亂天下者，皆此日之競爭於大廷；故曰，神宗之興怨於天下，貽譏於後世者，皆仁宗啓之也。」[179]

蘇氏父子之言論，皆文人議論，隨意設想，固無多可取，然亦與「儀秦」不相類，反與船山自己之史論屬同一模型。至王安石則有確定理想，確定改革方案，無論其得失如何，豈可以「揣摩」目之？船山此種評斷皆至爲不公也。然船山如此立論，總由於欲否定言論之價值而來。而所以欲否定言論之價值者，又由於船山只尊在上位者之意見，而輕視民意。至於所以輕視民意者乃由於船山先將人劃爲「貴賤」兩類，則前文已詳論之。

船山既否定言論之價值，遂以爲執政者皆不應作公開言論；同卷後一節又反覆說此意。茲節引一段於後。

船山論大臣不應條陳時政，其言云：

「明道以後，宰執諸公皆代天工以臨羣動者也。天下之事，唯君與我坐而論之，事至而行之。可與則與之已耳，可革則革之已耳。惟道之從，惟志之伸，定命以辰告，不崇朝而徧天下，將何求而不得，奚待煩言以聳衆聽？……在昔李太初，王子明以實心體國，奠七十餘年社稷生民於阜安者，一變而爲尙口紛呶之朝廷，搖四海於三寸之管，誰尸其咎？豈非倡之者在堂皇，和之者盡士類，其所由來者漸乎？」⑱

案呂夷簡以後，大臣就職時每每條陳時政，宣佈自己之政見，不僅供人君採納，且公諸社會以待輿論之批評，此正宋代政風開明之表現；蓋君主專制之政體下，最患人君與二三大臣專斷一切，不問民意；此種開明政風正是一補救之道也。而船山乃認爲由此而有「尙口紛呶」之病；則君與大臣不顧民意而專斷一切，反爲合船山之「治道」矣。

船山在理論上全未了解「權力均衡」之重要性，亦未深究君主制度之理論基礎問題；因此，對「相權」既無所知，對「諫權」則持仇視態度；總之，船山心目中只肯定君權。其政治思想只停留在「聖君賢相」之理想上；至於「君權」是否合理？政治制度本身之理性化程度如何？則皆全未察及。且船山所最執着者乃其「貴賤」之分一觀念，故不唯反對民權，亦輕視民意及一切言論。由是，船山之思想，與「民主」、「自由」、「法治」、「人權」等等觀念皆決不能相容。學者倘平心觀船山之學說著作，必得此結論，而知舊日推崇船山政治思想者語多失實也。

最後再略述船山反對「社會平等」之說以結束本節。

關於「社會平等」之意義，前已略言之。船山立三維之說，倡貴賤之別，則其反對平等觀念，原似不待再加論析；然本書論船山政治思想，以此爲最後論題，則又有一確定理由。此意當稍作說明。

主張君權或其他形式之專制，固必將人君或最高統治者置於整個社會之上，因之根本上否定平等；然專就被統治之社會而言，則並非必然否定此社會內部之平等；蓋將最高統治者除外，餘人彼此間是否保持某種「平等」，乃另一理論層次上之問題也。故當某一學說或敎義，立一最高權威之觀念後，對於承受此權威之整個社會內部有無平等，仍可有不同之主張。譬如，基督敎義首立一與人隔絕之「上帝」

（所謂「隔絕」指人不能成爲「上帝」言），此是絕對最高權威；然依舊敎敎義，則不僅「上帝」與人間無所謂「平等」，人類中又有自耶穌至敎會之權威系列；人必須通過敎會以皈神，於是在與「上帝」對別之人類社會中亦無平等。若依新敎敎義，則「上帝」仍爲最高權威，但人人可以直接面對「上帝」；於是人類社會中，各分子彼此間卽有「在上帝面前平等」之肯定。此是歷史上兩種基督敎義之大殊別所在[181]。然兩種敎義皆在根本上立神人間之不平等觀念也。

與此相類，在政治思想上亦有此兩層「平等」問題。如韓非以人主爲最高權威，立於社會之上；其「法」則是對其他人所立之「法」。對「法」而言，人主以外之貴戚大臣以至平民，皆應同樣遵守，於是人主與餘人間根本上不平等，然人主以外，餘人彼此間又有「在法下平等」一義可立。此卽主張專制君權而同時肯定社會內部之平等也。

中國傳統政治，自秦漢以下，「家天下」之觀念已定型；於是以「君臣」爲「三綱」之一（卽視爲不可變易者）。則「君」與「臣民」間基本上不平等。但是否社會內部亦否定平等，則各時代之制度，各家之學說，對此問題常有不同態度。若作評論，須另有專書。茲專就船山之時代言，則當時思想界之主要派別不外承程朱之說，承陽明之說及立三敎合一之混合信仰三者。混合信仰因取佛敎觀念爲基礎，故必肯定「眾生平等」之義，茲不具論。若承陽明及承程朱二派，則對平等之肯定有程度上之不同。如黃梨洲承陽明蕺山之思想，則由其心卽理之大肯定，而必衍生一人人可成聖人之說；而落在政治思想上，梨洲遂根本視「家天下」爲一錯誤觀念，而認爲君臣間亦有基本意義之平等——卽爲君爲臣皆爲天下之民而工作，僅有職分之殊；至於社會內部之平等，更不待言。在此意義上，梨洲實持一反傳統之平等觀念。而此種觀念，就理論脈絡看，則亦陸王心性論應有之論果也[182]。若承程朱之學者，如陸桴亭、謝約齋等，則由於立理氣之分而主理，故亦至少由理之普遍性推至人人在「理」前平等之肯定。此諸儒者固未必如梨洲之能否認君臣間之不平等，然皆不能不承認社會內部之平等也。獨船山立教以氣爲主。而就「氣」而言，則只見其殊異性，而難立普遍性；由此，船山先由「人」與「物」之氣不同，而言「人」貴「物」賤；再由人之生地不同而說「地異而氣亦異」，將「人」分爲不同民族，又以己族爲貴，他族爲賤；然後則在自己民族中又言「君子」與「小人」之「質異」，而再分貴賤。如此層層劃分，反平等之意向已極顯明。而此種種劃分，船山又皆繫之於其陰陽五行之理論之下，於是此種種殊別，在船山看來，皆屬「先天」定有者，再進而落在政治思想上，不僅君臣間無平等，社會內部亦「不應」有平等可說矣。

若就中國傳統政治下之制度設施而言，則自漢代選舉至後世開科取士，皆有保持某一程度之社會平等之功能。古代封建制度下之不平等，隨歷史進展而逐漸消除。唐以後更無六朝門閥之風；至明則社會各階層間流動性益大；故社會內部之平等，不論是否爲思想界所重視，在事實上亦有日漸增强之趨勢。此則是客觀史實可見者也。

然船山既在理論上確定其不平等之觀點，於是論史論政時亦常反對此種社會平等。此處最明顯之資料，可用船山評北魏之論作代表。蓋北魏重世族，乃其反社會平等一面，船山極力稱贊之；而北魏許吏民告守令之失，乃其鼓勵社會平等一面，船山則極力抨擊之。故此兩段資料可充足表明船山反社會平等之態度。茲引述於下。

船山論拓拔氏之舉逸民云：

「拓拔氏詔舉逸民，而所徵皆世胄，民望屬焉。其時之風尚然也。江左則王謝何庾之族顯，北方則崔盧李鄭之姓著，雖天子莫能抑焉，雖邊遠之主莫能易也。士大夫之流品與帝王之統緒並行，而自爲與廢風尚所沿，其猶三代之遺乎？夫以族姓用人者，其途隘。舍此而博求之，其道廣。然而古之帝王終不以廣易隘者，人心之所趨，卽天敍天秩之所顯也。」[183]

船山非不知用人限於族性，則其途隘；但仍認爲有所謂「天敍」、「天秩」，而維持此種不平等方是「三代」之遺風。其下更謂漢代之許平民參政爲不當，而六朝門閥合於「古道」。最後則歎息明代社會平等之加强爲使「小人」亂「君子」。其言云：

「……以迄於今，科舉孤行，門閥不擇；於是而市井錐刀，公門糞除之子弟，雕（原誤作「彫」，今正）蟲詭遇，且與天子坐論而禮絕百僚。嗚呼，君子之於小人，猶華夏之於夷狄（此中「華夏」、「夷狄」四字原闕，今補）。其分也，天也，非人之故別之也。一亂而無不可亂矣。六代固嘗以夷狄主中國矣，而小人終不雜於君子；彼廢而此不廢焉。至於兩俱廢而後人道之不滅者無幾矣。」[184]

船山之偏執「不平等」，視其爲先天必有而不可變者，在此段議論中表露無遺。而將「君子小人之分」與「夷夏之分」並論，正可見其說皆本於「三維」之觀念，正如本書所析示也。

船山既以爲社會內部亦不應有平等，則對於平民之干預政治，又必深惡痛絕，故論吏民告守令一條云：

「吏民得告守令，拓拔氏之制也。拓拔燾自謂恤弱民而懲貪虐，以伸其氣，自以爲快。而無知者亦將快之。要爲夷狄駤戾之情，橫行不顧，以亂綱紀，壞人心，奈之何世主不擇而效之也？」[185]

許吏民向朝廷大吏投訴守令之違法貪虐，明是一善政；而船山以爲「亂綱紀，壞人心」，後世不應效之；此是原則上反對保護平民之制度矣。船山在下文舉其流弊，然後自己亦認爲此種流弊尙屬次要，主要是一原則問題，故云：

「……而君子所甚惡者，尤不在此。逆大倫，裂大分也。奬澆薄而導悖亂也。」⑱⑥

何以揭發守令之惡行，便是「逆大倫，裂大分」？此於理全無可通。而船山公然言之，其理據仍在於先天貴賤之分而已。船山政治思想，至此成爲一完全封閉之理論。一切論點皆指向此種貴賤之分；不唯反民權，輕民意，且反對社會內部之平等；以爲應將人永遠劃爲不同之階級。此種種主張，在稍具理性思考能力者，一望而知其非；然不可不注意者，是此種政治思想正以其形上理論爲據。倘學者覺船山此種政治思想實無可取，則必當溯其源，反其本而重新評估其形上理論也。

（e）船山之史觀及史論

上文論船山之政治思想，取其史論資料甚多。本節只對船山之史觀及史論，作一簡說，以作補充。

近世論船山思想者，於船山論史之言，每多過譽；或且誇大其辭，謂船山有一系統性之「歷史哲學」。實則，船山之史論，決未涵有一理論系統；是否可稱爲「歷史哲學」，則須看評者用「歷史哲學」一詞時，所具之指涉爲何。若謂，「歷史哲學」當涉及「歷史規律」、「歷史知識」、「歷史之意義」等等觀念，而有所論斷，有所析陳；則此指較嚴格意義之「歷史哲學」。而依此標準，則船山論史之言，卽難稱爲「歷史哲學」。蓋船山旣未論斷「歷史規律」之有無，亦未深究「歷史知識」之特性及其成立條件；甚至對「歷史之意義」究竟應如何陳述，亦未有明確說法；全不合上所舉之標準也。然若取一較廣泛之意義談「歷史哲學」，則可將任何論及歷史演變之特殊性質之意見，皆視爲屬於「歷史哲學」

者。如此，則船山之史論中亦時時表現此類意見；即可依此廣義標準而說船山有某種「歷史哲學」矣。

船山之史論——包括「讀通鑑論」、「宋論」及「黃書」、「噩夢」之一部份，大半皆未離開中國傳統論史之模型。自唐宋以降，文人如所謂八大家者，大半皆有此種作品。其中尤以三蘇爲最喜論史者。其文頗多可喜，故後世亦嘗傳誦之。但此類文字，按其實則大抵依于臆測，隨意發揮；既無史學價值，亦與哲學無干，只可算是文人對往史抒感之作。船山史論中此類文字在在可見。此一部份只能劃歸文人議論之列，不足作爲「歷史哲學」之資料。

其次，傳統史論另有一種，即以其所持之價值理論應用於史事，而作價值判斷之論著。此如朱熹之綱目、司馬光之「資治通鑑」皆是。蓋中國經生向有以「春秋」爲孔子評史之作之一派；此派傳播一種對史事作價值判斷之風氣。而據此種態度以著史論者，即自謂承「春秋」之學統矣。船山史論中另一部份，即屬於此種議論。此類作品雖在其他角度看，或亦另有其重要性，然只是價值理論或道德理論之應用，固非有任何獨立性之歷史哲學；則船山史論中此一部份，亦不可視爲其「歷史哲學」之資料。

故即使取較廣泛意義談「歷史哲學」，船山史論中屬於此一方向之資料亦不甚多。除涉及政治思想者已見上節外，玆可舉出下列數點略加陳述：

第一：船山之「勢」觀念。

歷史哲學通常皆提供一種史觀；船山雖無系統明確之史觀可說，但亦嘗在其言論中提出某種頗具理論性之概念，而表示其對歷史演變中某種特性之了解者。此中又以「勢」觀念爲最重要。

船山論「勢」，在其史論中大抵與「時」觀念相連，即所謂「時勢」也。故「宋論」中有「時異而勢異，勢異而理亦異」之語[186]，而「讀通鑑論」敍論中又有「因其時，度其勢」之說[187]。此皆是就古今時勢不同而立說，尙無深意。但船山另有一極可注意之論點，卽認爲歷史中常有一種「勢」，爲超乎人之自覺以外者，而能推進歷史。此點在其論秦之改封建爲郡縣一段提出。其言云：

「郡縣之制垂二千年而弗能改矣。合古今上下皆安之，勢之所趨，豈非理而能然哉？」[188]

此謂郡縣制度之成立，實依「勢」而來；而此「勢」本身卽有一種「理」。其下再論封建制之破壞，及郡縣制之興起云：

「古者諸侯世國，而後大夫緣之以世官，勢所必濫也。士之子恒爲士，農之子恒爲農。而天之生才也無擇，則士有頑而農有秀。秀不能終屈於頑，而相乘以興；又勢所必激也。封建毀而選舉行，守令席諸侯之權，刺史牧督司方伯之任，雖有元德顯功而無所庇其不令之子孫；勢相激而理隨以易。意者其天乎。」[189]

案船山原以爲人有貴賤之分，故對於門閥亦表贊成；此在前文曾詳論之。然船山此處論點又似不同，蓋船山論史每每隨事發揮，固多不一致之處；此亦了解船山思想時所應注意者也。此處重在論「勢」，故不就其「三維」觀念立說，而只就封建制之有窮說。封建制下有世及之成法。然由於人才之不齊，此制遂有必濫必壞之「勢」，而「勢相激而理隨以易」；卽謂在客觀之「勢」之要求下，歷史之方向卽有改變也。而此種變歸之於「天」，意卽非人之自覺所能控制者也。

歷史之演變既常由此種「勢」決定，則歷史演變似不能必與人之道德要求相合矣；然船山於此又另加入一頗有神秘色彩之觀念，而認爲此種變化背後仍受一天意推動，故演變結果仍合於某種價值標準，但非人所能控制耳。故云：

「故秦漢以降，天子孤立無補。祚不永於商周。而若東遷以後，交兵毒民，異政殊俗，橫斂繁刑，芟刪其民；迄之數百年而不息者，亦革焉。則後世生民之禍亦輕矣。郡縣者，非天子之利也。國祚所以不長也。而爲天下計利害，不如封建之滋也多矣。嗚呼，秦以私天下之心而罷侯置守，而天假其私以行其大公，存乎神者之不測有如是。」⑲⓪

此段語意甚雜。然其主旨在謂：秦之廢封建，本非出於爲天下計之公心；但其結果則於天下有益。然後謂此乃天意所推動云云。此種說法如作爲對古史之評論看，則自不符史實。但由此以觀船山論「勢」之觀點，則可見其旨要。船山本認爲封建世及之制爲有理，然此處則承認歷史中有客觀之「勢」，而由此涉及另一種「理」。而客觀之「勢」對人而言，雖爲人所不能控制，卻仍爲天意所推動，因之仍符合某種價值標準。此處之「天」則儼然爲一「人格神」，亦船山他處每每透露之一種信仰也。

船山此類言論，所涉及之理論問題，當以此所謂「理」者何指爲最宜注意。因此種隨「勢」而變之「理」，顯然非其所肯定之形上之理，亦非自覺心中之規範，而應別有意義。此一問題雖在船山學說中無準確解答，然他處有較詳之論說，亦可引以參證。

案船山之「尙書引義」，亦實爲史論之一種；蓋尙書雖在習慣上被視爲「經」，實則是一組古史文件也。船山於「尙書引義」中論「武成」篇亦論及「勢」與「理」之問題。其言云：

「勢者，事之所因；事者，勢之所就。故離事無理，離理無勢。勢之難易，理之順逆爲之也。理順斯勢順矣。理逆斯勢逆矣。君臣之分，上下輕重先後緩急之權衡，其順其逆，不易之理也。守天下者，辨上下，定民志，致遠而必服，垂久而必信。理之順卽勢之順也。攻以此攻，守以此守。無二理也。無二勢也。勢處於不順，則事雖易而必難；事之已難，則不能豫持後勢而立可久之法，以昭大信於天下，所必然矣。」⑲①

案此處又似立一「不易之理」，然後觀「勢」之是否「順」乎「理」而言「勢」之難易。此「不易之理」一觀念，顯然與「勢相激而理隨以易」一語中之「理」互相衝突。蓋船山論「理」及「勢」時，實涉及兩種問題，而自己未能有明確表述，故直觀其說，則其立論總似在可解不可解之間也。茲試作一清理，以探其意。

首先應加注意者，是「理」之兩種意義問題。前文述船山論「變」與「常」之義時，卽已指出船山全盤思想仍以「常」爲中心，而只在極有限之理論層面上說「變」。茲涉及船山言「理」之兩種意義，情況亦類似。蓋船山基本上重在立「形上之理」；而又由此「理」引生其宇宙論，再下落至人生領域，而構成其封閉系統。此「形上之理」本身自是「常」，亦卽是「不易」者；而且由此引生之種種有關宇宙及人生之槪念，在船山亦皆視爲先天所立，不可改變；此所以對「君臣之分」等等亦皆認爲是「不易之理」。倘只說此一意義之「理」，則所謂「勢」者不過是事實之偶然；卽無所謂「理隨以易」矣。然船山心目中又另有一「事勢之理」；此「理」之確定涵義，在船山從未能有明確陳述；但就其各處言論所見者合看，則大抵指事實界中某種客觀必然性說。此種客觀必然性實非形上之理，亦非形式之理，而只在一定事實與其續隨事實間之關係上成立（倘由此深究，則必須歸至事實界本身之一定形式問題，此則船山思想所不能觸及者，玆不詳論）。卽以上舉郡縣制之興起爲例。船山以爲封建制必敝壞，而其後卽「必」有郡縣制興起。此所謂「必」誠指一種客觀意義之「必然」；然此種「必然」只在如此之歷史階段上成立；故若稱之爲「理」，則此「理」只在如此之「勢」下成立；故可說此「理」依此「勢」而有；逆言之，卽是「勢相激而理隨以易」也。倘如此將「形上之理」與「事勢之理」分開，則船山混用二義之種種議論，亦不難隨處疏理。此種工夫當屬專解船山著作者之事。本書不能詳及。但依此以觀船山論「勢」之主旨所在，則亦可用數語簡括之：

船山於「形上之理」外，承認有「事勢之理」；每言及後者，卽强調「異」、「易」等說。但船山中心思想在於對前者之肯定，故雖在言「勢」時，仍常常涉及「形上之理」——「不易之理」。上引論「武成」之言，卽强調此「不易之理」。而據之以說「勢」有順逆。此非指特殊意義之「事勢之理」。論船山者不可一概認作船山論「勢」之「理」之資料，而無所分別也。

倘吾人對船山言及「理」與「勢」之資料作較嚴格之劃分，則可知船山專論「事勢之理」之言論，亦不甚多。至於進一步將事勢之客觀演變又繫歸於天意，則亦只有零星議論（除上文所引者外，在各種史論中尚有數處。如「宋論」開端論趙氏之「受命」，卽完全構想一擬人化之「天」而爲說；充滿原始宗敎色彩。而其論旨卽是謂「天」假借本不當君天下之趙氏以佑下民云云。此類資料不及備引）。但船山之有「事勢之理」之觀念，又有將不合常理之「勢」仍繫歸於「天意」之說；則是其史觀方面一特色。故首論及之。

第二：船山之「統」觀念。

船山有雙重「統」觀念；或稱爲「治統」與「道統」，或稱爲「帝王之統」與「儒者之統」。總之，是對歷史中某種「常」之肯定。但就歷史事實說，此二種「統」皆難言有「常」；於是船山之論「統」又在不知不覺中由「實然義」轉向「應然義」；換言之，卽認爲二「統」不應被「竊」是也。但船山此類議論本旨雖不難明，在具體論點上則常自相矛盾；蓋船山於此雖有强烈之主張，並無嚴格之理論也。

玆引主要資料二段於下，作一比觀。

船山於「讀通鑑論」中論北朝外族君子之模倣中國文化時，舉二「統」以立論云：

「天下所極重而不可竊者二：天子之位也，是謂治統；聖人之教也，是謂道統。治統之亂，夷狄竊之，盜賊竊之。夷狄竊之，不可以永世而全身。其幸而數傳者，則必有日月失軌，五星逆行，多雷夏雪，山崩地坼，雹飛水溢，草木爲妖，禽蟲爲蠥之異。天地不能保其清寧，人民不能全其壽命，以應之不爽。」[192]

船山雖立二統，但首先不能不承認事實上「夷狄盜賊」皆可以作帝王，於是只好視之爲不應有，而必受「天」之罰者。此處所說，旣無理據，亦不合史實，可謂幼稚迷信之說。不必多論。其下再論「道統」之被「竊」，則云：

「道統之竊，沐猴而冠，敎猱而升木；尸名以徼利，爲夷狄盜賊之羽翼，以文致之爲聖賢，而恣爲妖妄，方且施施然謂守先王之道以化成天下，而受罰於天，不旋踵而亡。嗚呼，至於竊聖人之敎以寵夷狄，而禍亂極矣。論者不察，猶侈言之，謂盜賊爲君子之事，君子不得不予之。」[193]

船山所謂「竊道統」，竟指敎外族以中國文化而言；而認爲又必「受罰於天」。此若就船山個人心理看，自不難解，蓋船山深惡淸初儒者之紛紛降於異族而又自誇能傳聖賢之學也。但就理論本身看，則此說之主旨在說不應將中國文化之成績傳與異族；則殊不可通。船山認爲石勒、拓拔弘等之漢化，皆屬不應有者；而敎以漢化之儒者亦屬「敗類」。異族之漢化及敎異族漢化皆爲背「天意」，乃云：

「……敗類之儒，鬻道統以敎之竊，而君臣皆自絕於天。故勒之子姓騈戮於冉閔，元氏之苗裔至高齊而無噍類，天之不可欺也，如是其赫赫哉！」[194]

文化之消滅與保存，與政治上之興衰，本非一事。中國每當在政治上被外族壓制時，輒能保存其文化，而又使外族受其影響；此正是中國歷史上之光明面，亦中國民族之優點，而船山乃表深惡痛絕之意，尤不知何理。且倘順船山之主張說，則當外族侵入而建立其統治時，是否卽不應再宣揚本有之文化？是否當「治統」被「竊」時，「道統」卽不應再發揮作用？倘果如此，則政治上一敗於外族，文化命脈便將斷絕，而無復興之望。此豈船山所願見者乎？

船山於此種困難亦有所察覺，故另一處又別提一說云：

「儒者之統與帝王之統並行於天下，而互爲興替。其合也，天下以道而治，道以天子而明。及其衰而帝王之統絕，儒者猶保其道，以孤行而無所待。以人存道，而道可不亡。」[195]

案此段前數語仍屬政敎合一之傳統觀念。其後數語則可視爲前引之說之補充。船山雖以爲敎外族學中國文化，乃不應有之壞事；但不能主張「道統」不自求延續。由此，而謂「帝王之統絕」時，儒者應自保其道，孤行而無所待，以便使道不亡。有此一段補充，前說較爲可通。然儒者在外族統治下保其道統時，如何能禁止外族學習此種文化成績？此則難有善說。船山此段後文論北方儒者在外族統治下能自保其道而又不借此以求榮，極贊其偉大；然所謂北方之儒日後正影響北魏之漢化，船山於此卽難作一貫之評斷。蓋旣贊其能存聖人之敎，則豈能又責其不應對外族發生影響乎？於是船山遂云：

「……北方之儒，較醇正焉。流風所被，施於上下，拓拔氏乃革面而襲先王之文物，宇文氏承之。而隋以一天下。蘇綽李諤定隋之治具，關朗王通開唐之文敎，皆自此昉也。」[196]

此又似不以拓拔氏及宇文氏之漢化爲非矣。倘隋唐時中國文化之復興，正有賴於北朝外族之漢化，則所謂「竊聖人之敎以寵夷狄」者，豈非正是有功於存「道統」者乎？

船山議論之分寸不明，每每如是。今若代爲之解，則可說，船山反對儒者使「聖人之敎」爲異族所用，但又認爲儒者當「治統」絕時，應自保「道統」，以使道不亡，因此强調「孤行而無待」一語。但何以保存「道統」者不許在文化上轉變外族，則終無一可通之說也。

就「統」觀念而言，船山之言論雖缺乏理論效力；然仍表示其對歷史之某種觀點。蓋不論取「實然義」或「應然義」，「統」既被肯定，則歷史中即有確定之「常」在。於此，益可知船山雖屢在較低理論層面上談「變」，其重視者仍在「常」，即在史觀方面亦未嘗不如此也。

第三：人在歷史中之「被動性」。

此點牽涉理論問題甚多。此處只能略說大意。

船山思想自始即不能建立「主體性」或「主體自由」之觀念。其論形上問題，先將「道」、「理」等觀念拖下至「器」與「氣」之層面。於是將其形上學封入於其宇宙論中，然後再據此以談道德、文化、政治、歷史等等問題。此際船山突然插入一「人或繼天或不繼天」之說，而不知此處涉及「主體自由」一嚴重問題；於是在由「天道」說「人道」時，將最重要之理論關鍵略去。從此，船山思想遂處處皆似有不可解之謎在矣。就歷史而言，船山所重者在「氣」之殊別性，因此與其政治思想上「三維」之假定直通。如此言一切貴賤之別，皆與自覺心無關，而作為外在之事實。於是，「人」受此種「氣之殊別性」之限定，乃基本上成一被動者；不僅對「天」而言居「被動」地位。甚至其論「勢」、論「統」，亦莫不上溯於「天」。故就船山眼中之歷史言，「人」應是並無眞主宰性者，蓋對「天」而言，對「氣」而言，對「勢」而言，人皆為被動者。若擴而言之，則船山整個哲學思想系統中，「人道」始終乃一虛立之詞，因「主體自由」一義始終不立，「人」只作為一經驗層面之存在，則何能有主宰可言？此處所涉及哲學之大問題。船山似根本未有所見也。

船山史論中屢屢評議前人之得失，而不知此類評論若有意義，則首先須肯定人有「自由意志」，人能對其行爲負責。於是船山一面極力將「人」封於一被動地位中，而不顯其主宰性，另一面又似時時假定人可有主宰行爲之能力。此不只是船山史觀中之大病，亦整個系統中之根本問題也。

近人述船山之學，每喜强調其能肯定「客觀精神」，然析辨欠明，賢者不免⑲⁷。其實，所謂「客觀精神」乃依「主體性」一觀念而立。「主體之客觀化」乃顯「客觀精神」。若根本不見「主體性」，一味在形器世界上流轉，正是常識中之想法，何能稱爲「客體精神」？此點就純哲學意義看，或非一般人所能確解。然若就政治思想看，則船山既不能見客觀之政治軌道，又不能離開「人治」觀念，已足證其缺乏「客觀精神」之肯定。何況立貴賤之分，尊君而輕民，較孟子之民本說更退一步乎？即以史觀而論，二統之說已充足表現其理論之封閉性，更不可與黑格爾之史觀相比也。

船山之史論，每就事立說。此際自又似强調人之行爲之須得「正」或合「理」。然細觀其立論之層次，則可知船山在論人應如何如何，或議某人某事之得失時，乃只在道德層面上說；在歷史層面上，則船山固時時假定一不可測之天意，作爲決定歷史之力量。在此意義上，人在「歷史」中之處於被動地位，固甚明顯。船山此種議論，散見於史論及其他著作中。學者讀船山書自可處處察覺此點。茲但以「讀通鑑論」及「黃書」中論「離合」之語爲例，略引其言，以供學者參考。

「讀通鑑論」之「敍論」，開始卽論「正統」問題，而以爲言「統」必指「合」而言，而歷史中治亂循環故離合循環，則不可强言「正統」。此處最可注意者，卽其言「離合」與「治亂」，皆視爲天意或人所不能控制之必然。故云：

「正不正，人也；一治一亂，天也。猶日之有晝夜，月之有朔弦望晦也。」⑲⁸

以日月之自然運行，喩治亂之相繼，則一治一亂之循環顯視爲一種必然性矣。「黃書」中則以「合」

爲「自然」，「離」爲「不得已」。二語表面不同，實則皆指某種必然性而言。其言云：

「中區之合也，自然之合也。天地之氣輔其自然，而循其不得已。輔其自然故合，循其不得已故離。是故，知天地之晝夜者，可與語離合之故矣。行其不得已，知其有離；不得已者，抑自然之所出也。」⑲⑨

「合」固是「自然」，「離」之爲「不得已」，亦「自然之所出」；然一切「離合」，以及「治亂」，總皆是如「天地之晝夜」，爲必然之運行。則對此種「必然」而言，人之處於被動地位更不待言矣。

知「命」之「必然」而自守其「義」之所在，此原是孔子立敎之旨；故船山此種觀念原符合儒學觀點，但對所謂「必然」一面，則依後世之形上學及宇宙論圖像說之，以爲眞理在是；則又承宋儒之通病，而大異孔子之態度矣。

關於船山之史觀及史論，析述至此爲止。

×　　×　　×　　×

船山學說之大要，已論述如上。案船山見理雖未精，立論則頗爲繁富。著作旣多，前後不一致之論點亦時時可見。本書非研究船山之專著，不能一一清理。以上所述而大抵爲船山之主要論點。學者倘循此以求，則對船山思想在中國哲學史上之地位卽可達成一較爲確定之了解。至於近代論者種種夸飾之辭，則或由於一時風氣所趨，或由於個人興趣之偏向。皆不必深論矣。

船山之形上學，封閉意味甚重，因此，其政治思想、文化理論，皆受其影響。此點若詳爲析評，則須涉及「哲學語言」之大段理論，亦非此處所能容納。茲但以此語結束船山學說之論述，供學者之參考而已。

（D）顏李學派及其他

上文已分述清初三家之思想大要。本節對清初其他涉及哲學之學派學人，再作一簡述；以結束本章。

清初學人，在當時以著述有聞於世者，爲數殊不少。除三家之外，如孫夏峯（奇逢）、李二曲（顒）之宗陸王；陸桴亭（世儀）、張楊園（履祥）之宗程朱，皆爲當世所崇。此此，張蒿庵（爾岐）之研禮，應潛齋（撝謙）之博考制度；亦皆卓然名家。至若謝約齋程山講學，有「六君子」之稱；三魏招隱於寧都，有「易堂九子」之號。亦皆各成風氣，傾動士流。而博野顏習齋（元）則別立一說，以實用爲宗旨，而薄宋明，崇古學；尤爲後世所注意。顏弟子李塨，世稱恕谷，復傳其學，故有「顏李學派」之稱。本節卽先略述顏李宗旨，然後對其他重要學者略記數語，各明其立說特色所在。雖不能詳，亦可供學者檢索之便耳。

（一）顏李學派略述

顏元，字易直，又改字渾然；後以倡力行之學，取「論語」中「學而時習之」一語之意，自號習齋。生卒年代爲 1635—1704 A. D.。

習齋少時原曾一度致力於周張程朱之學，其後以爲高談性命爲空虛，遂以「古學」標榜，自立一說，以實行實用爲主。而其治學則以「六藝」爲先，以爲如此方可以治國平天下也。習齋幼年，父被掠至遼東，母改嫁他人；而養於蠡縣朱氏。後自知身世，乃歸宗，復本姓。曾出關尋父，遇父在遼東續娶所生之女，始知父歿已十餘年，乃招魂奉主以歸云。習齋生長於窮鄉僻壤，與當世名家大儒皆無交接；所學所見，未免隘陋，然持之頗堅。五十七歲，南遊河南，與耿極定、張燦然等論學，而信心益强。又曾訪張起庵（沐）於上蔡，論格物之義。起庵之學固宗陽明而兼取程朱者，自與習齋宗旨不合；然起庵講學亦重力行，對於習齋之論亦未嘗深辯其得失。故習齋生平亦未嘗得諍友以嚴格討論其主張也。南遊以後，習齋益反程朱之學，故有「朱子語類評」及「四書正誤」之作；而其論旨則仍不外尊古學、重力行而已。於二程以來諸儒所探究之哲學問題，習齋固未嘗有深切了解；其評語大抵皆屬「隔壁議論」也。

習齋於清康熙四十三年（一七〇四）逝世，年七十矣。其弟子李塨，號恕谷；先學於習齋，後又從毛西河遊；足跡遍南北，頗能宣揚習齋之說，故後世合稱「顏李」，而自成一學派。事實上，恕谷之後，亦罕有言習齋之學者；蓋恕谷卒於清雍正十一年（一七三三），其時訓詁考證之學風已逐漸形成，清代思想已轉入另一階段矣。

顏習齋之著作，以「四存編」爲主，卽「存治」、「存性」、「存學」、「存人」四者。兹卽據此略說習齋之思想。

「存治編」，作於二十四歲時，可說是習齋最早之著作。原名「王道論」，蓋以論政爲主。而其尊古之態度，復古之主張，皆可於此書中見其端倪。雖屬少年之作，蓋已代表習齋平生思想之方向，故論習齋之學說，亦當自此編始。

「存治編」所論，大致皆以談古制爲主，理論甚少。然亦有應加注意者如下：

第一：在此編中，習齋自稱爲「思古人」，卽此已足表明習齋此時已確定其「復古」態度。此一態度事實上貫串其日後之思想。

第二：編中論「學校」一節，透露其論學之基本主張；大致亦與日後立場相同。其言云：

「……故古之小學，敎以灑掃應對進退之節，大學敎以格致誠正之功，修齊治平之務。民舍是無以學，師舍是無以敎，君相舍是無以治也。迨於魏晉，學政不修。唐宋詩文是尚，其毒流至今日。國家之取士者，文字而已。賢宰師之勸課者，文字而已。父兄之提示，朋友之切磋，亦文字而已。…………求天下之治，又烏可得哉？有國者誠痛洗數代之陋，用奮帝王之獻，俾家有塾，黨有庠，州有序，國有學；浮文是戒，實行是崇；使天下羣知所向，則人材輩出而大法行，而天下平矣。」[200]

案此所謂「浮文是戒，實行是崇」卽習齋論學之基本宗旨。至其談及歷史處，皆似是而非，亦是習齋平生常犯之病，於此少年著作中皆已表現甚明。此外，「學」以治國平天下爲目的，又是其言「實行」時之確定意指所在也。

若謂科舉之制，自唐以下，皆重文字，而文字之才未必能有治平之用；則亦未嘗不然。但問題在於如何治學，方能供治平之用？此在習齋則喜引「六藝」爲說。「六藝」指「禮樂射御書數」而言。然則何以如此卽能治國平天下？「六藝」在何意義下爲有用？「存治編」中皆未詳說；當在下文述其「存學編」時再作討論。此處唯舉其文以證其所持之態度而已。

習齋旣以治平爲「學」之目的，又以復古爲治平之道；故遂對井田、封建、甚至宮刑等等，莫不主張復古制。然其立論，大抵皆粗疏無當。如其論「井田」云：

「……夫言不宜者，類謂亟奪富民田，或謂人衆而地寡耳。豈不思天地間田，宜天地間人共享之。若順彼富民之心，即盡萬人之產而給一人，所不厭也。王道之順人情，固如是乎？況一人而數十百頃，或數十百人而不一頃；爲父母者，使一子富而諸子貧可乎？又或者謂畫田生亂，無論至公服人，情自輯也；即以勢論之，國朝之圈占幾半京輔，誰與爲亂者？」[201]

習齋以貧富不均爲憂，此原是正理；但以滿清之「圈占」爲例，說明「井田」制度之不難行，則甚爲怪異；謂「井田」難行者，正認爲强收人民土地爲一不合理之事，而習齋乃以異族統治者之侵害行爲未有人民能反對爲據，以說其可行；則習齋心目中固無人民權益不可侵犯之觀念，即認爲執政者可效法異族統治者之殘民矣。

又如論「宮刑」云：

「吾所謂復古刑者，第以宮壼之不可無婦寺，勢也，即理也。倘復封建則天下之君所需婦寺愈多，而皆以無罪之人當之，胡忍哉？且漢之除宮刑，仁而愚者也。漢能除婦寺哉？能除萬世之婦寺哉？不能除婦寺而除宮刑，是不忍宮有罪之人，而忍宮無罪之人矣。」[202]

習齋此種論調可謂顚倒問題；「宮刑」本來是一惡劣之弊政；宦官制度本身又是另一弊政。此二者之當革除，稍有識見者不難知之。而習齋乃以一弊肯定另一弊；而其論據則總歸之於擁護「封建制」而已。

習齋論政，即以復行封建爲中心論點；凡封建所需者皆肯定之。其思想之陳腐閉塞，雖在當世學人亦不能不覺其不可行。李塨乃習齋最重要之門人，對習齋此種思想亦不能苟同；故作「存治編」之「書後」云：

「井田則開創後，土曠人稀之地，抬流區畫爲易；而人安口繁，各有定業時，行之難。意可井則井，難則均田，又難則限田。……惟封建以爲不必復古。因封建之舊而封建，無變亂；今因郡縣之舊而封建，啓紛擾。……。」[203]

案恕谷原文於此下共舉七點，茲但引其「一」，略去餘六項；蓋所論皆屬常理。封建之不可復，不待深辯始知；恕谷以議及師說，故列舉七項理由，實則皆無特殊理論意義也。而習齋生前對恕谷此種平實之說仍不能接受；故「書後」末云：

「商榷者數年，於茲未及合一。先生倏已作古矣。於戲，此係位育萬物，參贊天地之事，非可求異，亦非可强同也。」[204]

可知恕谷始終不以習齋之復封建井田爲然也。習齋倡「實行」，實則其所極力主張者乃根本不可行；蓋習齋思想簡陋，又寡見聞，種種議論，難免閉戶造車之譏也。就政治思想言是如此，就其論學、論性之說看，其病亦大致相類。以下卽略論其「存學編」之說。

「存學編」作於習齋三十五歲時（卽公元一六六九）；是年，先已有「存性編」。茲先觀「存學」，再略談「存性」，因前者代表習齋之理論立場，析論亦須較詳也。

「存學編」共分四卷，大抵皆譏宋儒，而自標宗旨；體例甚雜。中有寄孫夏峯、陸桴亭二書；又有「學辯」二段，則記其與王法乾之對話。此外則皆評宋儒之語，稱爲「性理評」。然其主旨則在「由道」、「明親」二節也。以下卽撮舉其大要。

「由道」一詞，依「民可使由之」一語而來，蓋習齋以爲「由」卽實行之意也。其言云：

「聖人學教治皆一致也。民可使由之，不可使知之，是孔子明言千聖百王持世成法，守之則易簡而有功，失之徒繁難而寡效。」(205)

習齋劈頭卽標出「守」古之「成法」一觀念；其「復古」之立場甚明。習齋所以主張「復古」，則由於其對文化知識之發展全無了解，而以古之制度等等爲最高理想所在。依此種觀點看，則所謂「學」，卽不能是有所推進，有所創造之自覺努力，而只是依循成法以實踐而已。於是習齋乃對建立學說，析理求眞等等活動皆持反對；故云：

「當時及門皆望孔子以言，孔子惟率之以下學而上達；非吝也，學教之成法固如是也。道不可以言傳也。言傳者，有先於言者也。」(206)

此謂孔子不重理論之建立，而重實行；以爲是所謂「成法」云云。如此了解孔子，自與史實不合；蓋孔子正因有一定觀念系統，方能創立儒學也。此處有可注意者，卽習齊對於「言」之看法。習齋以爲道不可以言傳，而又云「言傳者，有先於言者也」；其意蓋以爲必先有行，然後方能有意；換言之，習齋眼中，一切理論皆無創導作用，而只能爲某種「行」之解說。以世界文化思想之歷史證之，此說固又違於史實。蓋理論學說之興起，固常有某種先在之客觀事實爲其發生因素；然此種客觀事實不屬於人之自覺活動，與習齋所言之行無關，而就人類之自覺活動言，則知識之擴張，技術之進展，制度風氣之變易，未有不以觀念之引導爲動力者；卽主動應客觀之歷史需要，亦一觀念也。習齋於此種根本問題皆似未深究，於是其下文遂謂中庸之作，「已近太瀉」，而對宋儒之窮究義理，建立學說則以爲是參雜佛道之說，而「徒令異端輕視吾道」；更論之云：

「若是者何也？以程朱失堯舜以來學教之成法也。何不觀精一之旨惟堯禹得聞；天下所可見者，命九官十二牧所爲而已。陰陽秘旨，文周寄之於易；天下所可見者，王政制禮作樂而已。一貫之道，惟曾賜得聞，及門與天下所可見者，詩書六藝而已。烏得以天道性命嘗舉諸口而人人語之哉？」[207]

此卽謂哲學理論之研究不可以爲教。其下再譏程朱，以爲二程及朱門後學皆近禪云云。此則是門外漢語，不待詳論。而其正面主張，則以爲昌大儒學，擯斥異端，應放棄理論而以實效爲主。其言云：

「然則如之何？曰：彼以其虛，我以其實；程朱當遠宗孔子，近師安定；以六德六行六藝及兵農錢穀水火工虞之類教其門人，成就數十百通儒。朝廷大政，天下所不能辦，吾門人皆辦之。險重繁難，天下所不敢任，吾門人皆任之。吾道自尊顯，釋老自消亡矣。」[208]

此雖似針對佛道而言，然亦卽習齋論學之主旨所在。此種主張在「總論諸儒講學」一節中再加發揮，而拈出一「習」字以標明其宗旨。其言云：

「僕妄謂性命之理，不可講也；雖講，人亦不能聽也；雖聽，人亦不能醒也；雖醒，人亦不能行也。所可得而共講之，共醒之，共行之者，性命之作用，如詩書六藝而已。卽詩書六藝亦非徒列坐講聽，要惟一講卽教習，習至難處來問，方再與講。講之功有限，習之功無已。」[209]

其下謂宋明儒只以講學爲事，固可使人因此而尊慕孔孟，但不能有實效，然後自述其主張云：

「僕氣魄小，志氣卑；自揣在中人以下，不足與於斯道。惟願主盟儒壇者，遠溯孔孟之功如彼，近察諸儒之效如此，而垂意於習之一字，使爲學爲教用力於講讀者一二，加功於習行者八九，則生民幸甚，吾道幸甚。僕受諸儒生成覆載之恩，非敢入室操戈也。但以歲月精神有限，誦說中度一日，便習行中錯一日；紙墨上多一分，便身世上少一分。」[210]

習齋宗旨，至此大致已明；然如細按之，則其主張雖明白，其理據則茫不可見；而其所擬議之教法學法尤大爲可疑。茲略加評析如下：

第一：習齋反對儒者純以講學著作爲事，此固係針對明末以降之時弊而發，然以爲儒者只應從事實際政治經濟甚至軍事活動，而不應講學，則實是欲將學術理論研究之專業化予以否定。此大悖於社會發展之原理。蓋知識之保存累積，學術思想之進展，乃社會發展之必要條件。倘一社會中全無專門從事於學術思想研究之社羣，則一切新觀念，新制度無由產生，社會無發展，文化亦無發展矣。由此可知，習齋立說之最根本之基礎，實是一文化之靜態觀；蓋習齋隨傳統信仰而認爲古代文化盡善盡美，故只言復古不求發展。此較一般儒者之崇古或理想化古代之態度尤見偏執。一般儒者雖有將古代理想化之惡習，然其主張大抵認爲古代文化之某種方向最有價值，因之應恢復此方向，但歸向古代文化之方向後，仍可有在此方向下之新努力及新發展；如亭林梨洲卽皆是持此種態度者。卽船山之偏執傳統，亦仍承認歷史可有進展，文化社會之前途不能眞正回至古代狀態也。習齋則根本無發展觀念，其復古主張不僅落在肯定古代文化之方向上，且落在具體內容上；於是其主張乃以完全歸向古代爲目標矣。此種復古主義不唯在理論上難通，且亦無法「實行」，正與習齋强調之「實行」觀念相反也。

第二：從另一角度看，習齋反對宋明儒談「天人性命」，而認不合實用——卽所謂「效」之問題；因此，後世論者卽據此而謂習齋反對形上學，而具有科學精神云云。此說就習齋原著看，亦殊不合。如習齋寄陸桴亭書，卽云：

「某聞氣機消長否泰，天地有不能自主，理數使然也。方其消極而長，否極而泰，天地必生一人以主之，亦理數使然也。」㉔

此所謂「理數」，豈能謂非形上學觀念乎？且此種論調固已預認「天人」之某種關係；習齋非不談「天人」問題也。至於「性命」亦正是習齋「存性編」之論題。於上引寄桴亭書中卽自謂：

「著存性一編，大旨明理氣俱是天道，性形俱是天命。人之性命氣質雖各有差等，而俱是此善。氣質正性命之作用，而不可謂有惡。其所謂惡者，乃引蔽習染四字爲之祟也。」212

此卽習齋「存性編」之主旨，正是對「性命」、「善惡」等傳統問題之一種意見；非眞不談「性命」也。

由此可知，習齋論「學」時，雖反對以形上理論敎人，但自身並非不談形上問題；則不可謂爲反形上學也。

至於「科學精神」，則與習齋思想正相反；蓋科學精神重在創發性之活動，而必以不拘「成法」爲假定；習齋論學，則處處强調「成法」。只此一端，已可知其與「科學精神」不合。若論及科學知識之內部結構，則更非習齋所知；尙不如同時之方密之父子能提出「質測」觀念而觀察「物理」也。

第三：若就習齋對敎與學之具體主張看，則其蔽尤不難見。習齋可謂「蔽於古」者；其所謂六藝皆古代社會之事；謂應承其精神則可，謂須全套搬來，以之敎人，則至爲可笑。就古代而論，禮樂已不能不隨時變革損益；何況千百年後？書數御射，則更受時代之限制。李恕谷傳習齋之說，卽不免爲時人所譏。至於御射則在後世更屬無用。習齋於此「執」而成「迷」，結果，雖標實用爲宗旨，其敎人之法則既不見其「實」，亦不知何「用」也。

習齋思想最爲人重視者，在於其論學之主張，故以上特作析評，以解世人之惑。至於「存性編」中之論性命理氣，則殊無新義可說。以下只略述數語。

習齋不甚讀晚近之書，又寡交遊，故於明末至清初間他人之理論皆所知極少。「存性編」中之主要論點，其實皆早爲他人論及；而習齋不知也。例如，習齋主要論點之一，是反對以「氣質之性」爲「惡」。其實此說在程朱自有其一定理論意義，習齋固未能解。而就反對程朱此論者看，則前有蕺山，後有船山；一從「心性」着眼，一從「存有」着眼。二者取徑不同，而於反對分「性」爲二之義，各有發揮，幾無餘蘊。習齋以簡陋之言，再談此問題，則殊不見其重要性何在矣。

又如，習齋喜言「習染」，如「棉桃喻性」一節，言之甚明；然此正不外船山之意。而「習染」須先假定有「受習受染」之可能，則屬船山未能正視之問題，在習齋亦更未有所說也。習齋評朱熹之語最多，而其大關鍵只在於以程朱之學爲雜於佛老。然易傳中庸爲宋明儒言形上學之根據，此二書固均與佛教全無關係，至於古代南方之形上學觀念與先秦儒家之學不同，固是事實，然若依此廣泛意義說後世儒家形上學受「老」或「道家」影響，則當以「易傳」爲此種文件之代表；然習齋固仍誤以爲易傳是孔子所作，則又不能視承易傳者爲雜於佛老矣。凡此種種關鍵性觀念，在習齋言論中無一明確者。後世推崇「顏李學派」，以爲此派眞有一獨立之哲學思想，實則未深察問題，亦未詳參其說之內容耳。

本書對「存性編」不再深論。至於「存人編」，則作於四十八歲時，內容以勸僧道改變其信仰爲主。立論淺而俗，殊未見其可傳者何在。大抵習齋自身雖頗有宗敎狂熱，然對佛道之敎義則未有基本了解。茲不具論。

李塨初學於習齋，後又從毛西河習音律之學，因而受西河影響，益反朱熹之說。蓋反朱乃西河與習齋相同之處也。然西河宗「古本大學」，其言心性頗近王門之說（西河爲人則全屬狂士一流，但此是另一問題）；恕谷則始終持習齋之主張，對程朱陸王皆反對。故恕谷雖亦以師禮事西河，其基本思想仍承習齋。此所以世稱「顏李學派」。

恕谷字剛主，其生卒年代爲 1659—1733 A. D.；出生爲清順治十六年，死時已爲清雍正十一年，生平恰經康熙一代，固滿清統治漸趨穩定之時期也。就學風而論，清初諸家並起之局面，至習齋已是尾聲；恕谷則仍承其餘緒。而恕谷晚年，清代之新學風已漸形成；故恕谷之說雖較習齋爲詳備，已不能傾動當世；蓋此時遺民已漸盡，後起一代已無對傳統文化作沉痛反省之心態。顧黃之學說，亦均漸爲新學風吸收一部份；至其開創精神則被遺忘。船山之學更屬不得傳人。顏李一派亦不能再有發展。此所謂時代之限制也。

恕谷由於遍遊南北，又廣交當世儒者，故其註經論史，皆頗有非習齋所及者。然其著作雖不少，宗旨則不離習齋復古之說。故依哲學史之標準看，可論者無多。茲略述數點，以供學者參考。

第一：恕谷本身已非遺民，而習齋亦未嘗特重民族問題；故就政治思想而言，恕谷平生立說，亦不見有民族主義傾向。其著作中有「擬太平策」七卷，大抵以「周禮」爲據，而欲恢復古制於當世者。其觀念基礎自是習齋之復古思想，但在內容上則較習齋「存治編」爲通達，如反對恢復封建，而主張加强郡縣制下之地方權力，即最顯著之實例；蓋恕谷較能了解古今之變，雖仍主張復古，而不似習齋之泥執也。除「擬太平策」外，恕谷又有「平書訂」十四卷；蓋其友王源先有「平書」之作，恕谷取其書訂正之也。恕谷之政治思想，大致見於此二著作中。除「復古」之大原則外，較可注意之主張爲所謂四「合」之說，即：「仕與學合，文與武合，官與吏合，兵與民合」是也。此中最可注意者乃「仕與學合」、「兵與民合」二點。前者與恕谷對「學」之觀念有關。後者則是反對「職業兵」之說，較有實用意義。[213]

第二：恕谷論「學」，則仍承習齋之說，以爲「周禮」中「大司徒」篇所謂「以鄉三物敎萬民」爲立敎之原則。所謂「三物」，卽指「六德、六行、六藝」而言；其中「六德」指內在修養，「六行」指人倫踐履，「六藝」則指知識技能；故就「學」而言，「六藝」尤重要，蓋卽習齋所謂「實學」也。

恕谷與習齋所以如此强執「周禮」爲標準而論「學」，其原因可由兩面說明。其一就歷史標準說，顏李皆未能考訂古籍之時代眞僞，不知「周禮」乃戰國人所擬想之制度方案，而以爲眞正代表所謂「三代」之古制，故信之不疑。其二就理論標準說，顏李皆不了解學術思想之獨立性對文化發展之意義，故總以爲宋明講學之風是一大弊，於是以爲知識份子皆應致力於「六藝」（此指「禮樂射御書數」而言），方是有「實用」；不知社會進展中，分工原則爲不可少者，而分工原則下學術思想之成爲專門之業亦屬必要也。

由於恕谷承習齋說，以爲「三物」乃立敎之本，故於「大學」中「格物」之義亦取「三物」釋之。於此可轉入第三點。

第三：恕谷著有「大學辨業」四卷，反對程朱之說，以爲古本「大學」無闕，朱氏補傳不當；然其取古本「大學」，又與陽明一派宗旨全異；而只以「格物」、「誠意」、「明德」、「親民」爲主要觀念。其所謂「格物」，卽「格」此「三物」；而以「明德」及「親民」爲敎「士」之目的。又以「誠意」統「明德」及「親民」，謂「意」卽欲爲正修齊治平之事，「誠」卽「實其意而定於必爲」㉔。如此，一方面否認朱氏使人人明其明德之說，另一方面否定「格物」卽「窮理」之主張。於是，既不合「大學」本文之意，又將程朱解「大學」時所提出之哲學理論排去，而代之以常識觀點。可謂在歷史標準及理論標準兩面皆無可取矣。

顏李之解「大學」，可視爲其說經之一例。恕谷頗用心於諸經之疏註，然其宗旨大抵類此也。至於以爲宋明儒學使天下之學歸於無用，而認爲明末之衰亂，皆由於此，亦是顏李堅持之觀點[215]。恕谷晚年與方望溪等爭論程朱之得失，仍持此說也。

顏李宗旨，至此已述其大略。總之，就儒學內部言，顏李之說，不唯反宋明儒學，且實亦不合孔孟之旨；習齋自以爲能承孔孟，實則未見孔孟立說之要義也。若從理論角度看，則顏李之說總以復古爲中心觀念；於是其所謂「實用」，乃建立於一文化社會之靜態觀之假定上。此一假定既不符於歷史之實際進程，所謂「實」者乃全變爲「虛」，所謂「用」者亦成爲幻想矣。近世有謂顏李能開啓科學精神者，實大違事實；學者不可不辨也。至於清代乾嘉學風下所謂「實學」，又是另一事，不可僅看一「實」字便誤以爲顏李與此種學風有何密切關係。此點在下章論乾嘉學風時當再及之。

× × × ×

清初思想除三大家及顏李外，尚頗有可述者。本書限於篇幅不能詳言。下節只舉其重要者略記數語，以供治清初思想者之參考。

(二) 其他儒者

明亡以後，講學之儒者甚多；大別之可分爲陸王之傳，程朱之傳及經世之學三類。茲各舉數人於下。

就傳陸王之學者說，除梨洲已列專節外，當以孫夏峯爲最重要；其次則李二曲也。餘如毛西河之宗「古本大學」，作「大學知本圖」；張起庵之作「學道六書」，皆大體依於王門之學。此清初陸王一派之代表人物也。

孫奇逢，字啓泰，又字鍾元，生於明萬曆十二年，卒於清康熙十四年；以公元推之，其生卒年代爲1584—1675 A. D.。壽逾九十。孫氏在明亡時，年已六十；故在清初羣儒中行輩最高；因隱居蘇門山，結廬夏峯，故世稱夏峯先生。孫氏講學最久，門人衆多，著作亦不少。其中以「理學宗傳」、「讀易大旨」、「四書近指」等較爲重要。

孫氏之學，以陽明爲宗，而有意調和陸王與程朱二派。其「理學宗傳」錄濂溪以下十一人以爲道統所在，不僅並收程朱陸王，且以顧憲成爲最後一人；蓋東林學派之調和態度，正與孫氏宗旨合也。

夏峯爲人寬和。門下趨向不一，夏峯亦不甚在意；蓋夏峯雖有調和二派之意，實未能提出一綜合理論，只能在個別觀念上疏通雙方，故可說無確定系統思想可循。弟子旣多，亦各自尋一出路而已。觀「四書近指」，夏峯在踐履方面固亦常有種種體悟；然卽就工夫論而言，亦未嘗自立一說。總之，夏峯之長在踐履不在著述；其立論之界限亦欠嚴明。如「理學宗傳」一書，梨洲卽頗議其輕重不當矣。至於語錄中答門人問，亦每每宗旨不明；如論及「本天」、「本心」之說，竟以爲「本心」乃佛教義。此與陽明一派宗旨大悖，然夏峯平生固宗陽明者也[216]。夏峯當時雖稱尊宿，然後世儒者罕宗其說，亦夏峯立說太寬泛之故也。

李二曲則不同。二曲名顒，字中孚，陝西盩厔人，講學於關中，故稱「二曲先生」。生於明天啓六年多，卒於清康熙四十四年；以公元推之，生卒年代爲：1627—1705 A. D.。

二曲幼孤而家貧，苦學有成，中年時已名滿關中，後復至江南講學。其學承陸王而不廢程朱，蓋以爲學者當先明心性以立其本，然後取諸儒之長以助踐履也。二曲少年頗事博覽，亦常論及時事及政治。

晚年則以爲此類著作皆無關重要，只取「四書反身錄」爲教人之用；蓋二曲確承「成德之學」之傳統，所重在自我之超昇，故輕視見聞記誦之事。顧亭林至關中，與二曲交往甚多，然二曲總以爲亭林之學偏重外在知識，於「自己身心」無甚關係；亭林亦無以折之也。二曲中年以後，極重踐履工夫，故特重「悔過」一義，蓋深知人之進德成德皆是一步步向上之過程；所重者不在原先是否有過，而在於能否努力改過也。著有「悔過自新說」專明此義。讀此文可知二曲在工夫上之切實體會，實與談玄說妙者不同也。

二曲屬於樸實一路；不喜炫露才氣。同時喜談陽明之學而與二曲氣質相反者，則爲毛奇齡。

毛奇齡，字大可，世稱西河先生，生卒年代爲：1623—1716 A. D.。早年原以遺民自居，與反清勢力頗有交往；後忽變節，於清康熙十八年應博學鴻詞試，遂充明史纂修官。非如亭林二曲之以高節自持也。

西河爲人，屬狂士一流；少時絕慧，成人後才氣亦高。其治學甚廣博，然立論多浮泛。平生最喜爭辯，然爭勝之意強，未必皆爲理而爭也。

西河博考經史，能知圖書解易一派非儒學正傳；著「太極圖說遺議」、「河圖洛書原舛」等，證宋儒混取緯書及道教之說而解易爲一大病。其說雖未完備，然亦爲考儒學史者所不可忽視之文件也。但西河自身立說，引證亦常不確，又有以臆說欺人之習，故頗爲後人所議。

關於心性之學，西河有「大學知本圖」、「知本後圖」、及「圖說」等，自謂得「高笠先生」所授，而出自關東賀淩臺云云。賀淩臺乃賀醫閭之孫，而醫閭見於黃氏「明儒學案」卷六，爲白沙門下；其學固無甚過人處，不知西河何以託其學於賀氏也。「知本圖說」大旨不外以「本末」及「先後」言「格物」、「致知」；而謂「格」後乃「知」所謂「修身爲本」。此則與淮南格物之說大致相同。又謂「修身以誠意爲本」，而以「愼獨」說「誠意」，此則不外蕺山之說也。「知本後圖」及「圖說」則以「大學」之「心、意、知」與「中庸」之「性、道、敎」相比而爲言；以「大學」之「明德新民」配「中庸」之「成己成物」。凡此種種，皆未見有何創意。然西河之反朱學，則於此可見；蓋其所取之說，大抵皆出於王門也。

此外如「析客辨學文」，力主陽明良知之說[218]；「辨聖學非道學文」，力言宋儒雜取道敎之說混於儒學；皆足見西河親陸王而反程朱之思想傾向。至西河之缺乏踐履工夫，則又是另一事也。

西河治學原已非以哲學研究爲主，但其爲王學申辯，則立場明確，故論淸初言陸王之學者，亦不能遺西河而不論。至西河解經力反朱說，亦人所熟知；然於程朱之學固未能作系統評論，卽對宋儒之誤信僞書，亦不能作客觀批評。譬如「古文尙書」之僞，閻若璩之考證大致已成定案；故梨洲序閻氏之書，卽依此而直指宋儒之誤。西河則反爲「古文尙書」强辯[219]，又與其平日立場不同。蓋西河雖反圖書解易之傳統，然於漢以來經籍之混亂問題實未作全盤觀察；故對宋儒治學在歷史方面之錯誤亦未能確知也。

淸初言陽明之學者，尙有張起庵（沐）。起庵受夏峯影響頗大；然其立說，專重「求放心」之義，蓋深契於孟子至陽明之心性論者。起庵早年著「道一錄」，欲據陽明評朱之說以攝朱於王，後知其不妥，乃告學者不必看此書。又作「學道六書」極力發揮「心學」。晚年則兼取程朱「窮理」之說，而立所謂工夫次第之論，然亦只以「窮理」爲「存養」之一事，可視爲對王門工夫論之擴充，而非眞承伊川晦翁之旨也。[220]

淸初承明末反王學風氣，傳陸王宗旨者實不多；以上已舉其最重要之代表人物。玆再對傳程朱之學者稍作敍述。

傳程朱之學者，爲數甚多。第一代表人物，當推陸桴亭。陸氏名世儀，字道威，號剛齋，晚號桴亭。原爲明諸生，明亡後即隱居講學。著作甚多；當時刊行者已有「性善圖說」、「庚子東林講義」、「論學酬答」、「宗祭禮」、「月道疏」等；後世刊行者有唐受祺彙印之遺書二十一種。然最能代表桴亭思想之作，則爲「思辨錄輯要」；蓋取桴亭多年來讀書筆錄編成者。其書廣論儒學、佛道及諸子之說，且旁及於天文地理、政治制度等等，桴亭之學力識度，皆可由此見之。

桴亭以程朱之學爲宗，故極强調居敬窮理之工夫理論；其倡「力行」，亦即不離此種工夫踐履說，非顏李所謂「行」也。但桴亭雖以居敬窮理爲聖賢入門正法，於陸王之說亦不全以爲非；但以爲每有不妥處而已。大抵桴亭立說，頗爲和平；即以評議諸家之語而論，亦無攻訐之詞。此則其氣象過人處。

桴亭因承程朱之說，故其論儒學中種種哲學問題，亦罕有新見；且常謂儒者不應各自立一宗旨，而蹈矜炫之病；蓋桴亭於明末門戶之習深爲不滿，故其論學，總以門戶之紛歧爲「學」之敗壞之徵也[221]。

桴亭亦實有經世之志，故其治學亦務廣博，於制度之沿革得失尤常留意。此似近於顧亭林。然有大不同者，則是亭林全無哲學興趣，輕視天人心性之說，桴亭則以其哲學興趣支持其經世之學，而認爲種種有關經世之知識，皆屬窮理之事也。

桴亭講學，頗重「性善」之義；自謂先後數轉方有定說；然其歸宿仍不外將天道觀與理氣之說合爲一理論結構，回頭再以之說孔孟宗旨。細微處雖常另有說法，大體仍是朱熹之路數；對「主體性」之悟解亦似未明透。此所以桴亭雖心胸廣濶，且無門戶之見，其學終只能視爲程朱一派之傳，而非一更高之綜合系統也。

桴亭以次，專主程朱宗旨者有張楊園（履祥）、陸三魚（隴其）、張敬庵（伯行）等；皆力排陽明之學。此外又有熊賜履、李光地諸人，皆屬出仕於清廷者，挾其位勢而提倡程朱之學，於是一時風靡。清康熙雍正間，學者遂罕言陸王矣。

自明代科舉取士專重朱註，程朱之學本已成爲官學。陽明之後，風氣稍變；然程朱說之官學地位，並未完全動搖。明亡而滿人統治中國，一時遺民講學，各立宗旨；思想界本有求變之趨勢。然至康熙時，言程朱者紛紛立於朝，於是程朱之學又重獲其穩定地位，眞成爲「明清官學」矣。

程朱之學說，本身自有確定價值，亦有明顯理論困難。然一旦成爲官學，則其得失長短，皆轉不爲人所注意；蓋世俗知識份子大抵易受官學影響，未必眞於此種學說有所體認也。湯潛庵（斌）答陸隴其書，即痛說此意；蓋程朱之學經政府當道者之提倡而大盛時，從風之人雖多，大抵皆附和趨時而已。此輩於程朱之學亦大抵並未深究，故潛庵深表慨歎，而極惡時人之以謾罵陸王之學爲能也[222]。

總之，清初程朱之學表面極盛，然其原因主要在於在朝者之提倡。結果則人人言程朱，而此一學說本身並未由之而昌明；自清乾隆以後，學風又另有轉向。於是居官學地位之程朱之說，反見其日晦矣。

除程朱及陸王二派外，清初儒者另有特重經世之一派。顧亭林及顏習齋亦皆以此爲主要傾向，已見前各節。茲再對此一派之重要人物稍補數語。

宗程朱之儒者，如陸桴亭、張蒿庵（爾岐），皆亦治經世之學。桴亭已見上文；蒿庵則窮二十年之力以研禮，其旨趣固在於考訂制度備經世之用。故所謂經世之學原非完全獨立於程朱陸王二派者；但此外亦確有專談經世致用，而於心性理氣之論全不留意之儒者，此即應加補述者也。

清初有所謂「易堂九子」，即指寧都三魏及其友人而言。而易堂學風即專重經世也。寧都三魏即魏祥（伯子）、魏禧（叔子）及魏禮（季子）。明亡後，魏氏兄弟隱居於距寧都四十里之翠微峯；其後友人多有移居峯中者。其中有彭士望（躬庵），林時益（確齋。原名朱議霶，明之宗室，明亡變姓名），李騰蛟（威齋），邱維屏（邦士），彭任（中叔），曾燦（青藜）等人；與三魏合稱爲「易堂九子」；蓋屬於民間抗清之勢力。

易堂之講論，以魏叔子爲主；其宗旨則一面提倡古文，一面提倡實學，所謂「實學」卽經世致用之學也。

魏叔子論經世之學，有一最大特色；卽雖研求古代已有之制度，而決不拘守成法是也。叔子答曾君有書，卽由論兵法之萬變不窮，進行言「天下實無一定之法」；而述其志趣所向，則謂「禧嘗欲集諸同學志當世之務者，各因其所已知，而討古論今，以成其說」云云[223]；可知其意欲從事建立理論及制度之工作，非顏李之專言復古可比也。

易堂九子中講學自各有偏重處。如彭躬庵雖究心經世之學，亦談陽明念庵；邱邦士雖治經史，而獨用心於西方之數學；曾青藜則以詩賦見長，彭中叔則治禮記；皆不全相同。然易堂自以經世致用爲其共同宗旨。叔子寄程山謝約齋（文洊）書，卽言「程山易堂大抵於禮用中各有專致」[224]；蓋「程山六君子」自謝氏以下，皆講程朱之學，故叔子指爲「立體」之學，以別於易堂之「致用」也。

此種求「致用」之思想方向，既與純哲學之研究不同，亦與日後清代考訂訓詁之學風不同。蓋易堂諸子原懷有設計制度改革政治之目的，故其所謂「實學」，實作爲一種政治運動之準備。然此種運動未能形成，故其所謂「學」亦不爲人所注意。後世談及魏叔子，每視之爲古文名家而已。

× × × ×

以上已述清初思想之大略。本章至此結束。下章略論乾嘉學風，並對戴震之思想作一簡述，卽結束本書。

註釋

❶：見明儒學案原序。

❷：見劉子全書，卷十，學言上。

❸：同書，卷十一，學言中。又蕺山在「讀易圖說」序中亦言「盈天地間皆心也」，其意在於收「存有」於一心，又稍異梨洲語意。

❹：見南雷文定前集，卷四，答萬充宗論格物書。

❺：見南雷文定三集，卷一，尙書古文疏證序。

❻：同上。

❼：同上。

❽：見劉子全書，卷十，學言上。

❾：案學案「發凡」第一條，梨洲卽評及周海門之「聖學宗傳」及孫鍾元之「理學宗傳」，蓋極力表明學案與二人之作不可並論。實則海門純依主觀旨趣解他人之說，其書絕不合哲學史標準，孫書雜亂，但同抄逑，自不能與學案相比也。

❿：如呂留良卽有此說，蓋二人交惡，故呂有意譏嘲而已。

⓫：明夷待訪錄，原君篇。

⓬：同上。

⑬：同上。
⑭：同上。
⑮：同書，原臣篇。
⑯：同上。
⑰：同上。
⑱：同上。
⑲：同書，原法篇。
⑳：同上。
㉑：同上。
㉒：同書，置相篇。
㉓：同上。
㉔：同上。
㉕：同上。
㉖：南雷文定前集，卷四，移史舘論不宜立理學傳書。
㉗：同上。
㉘：南雷文定前集，卷一：別海昌同學序。
㉙：同上。
㉚：南雷文定前集，卷一，學禮質疑序。
㉛：同上。
㉜：南雷文定後集，卷三，贈編修弁玉吳君墓誌銘。

㉝：參閱前引「留別海昌同學序」，及「論文管見」（文定三集，卷三）等。此種意見，梨洲時時說及，故不備引。
㉞：南雷文定後集，卷一，明名臣言行錄序。
㉟：見梁啓超著：「清代學術概論」，六。
㊱：亦見上引書，同節，可參閱。
㊲：如謝國禎著：黃梨洲學譜中「學術述略」一章，第二節，即持此說。其餘類此者尚多，不及備引。
㊳：參閱：觀堂集林，沈乙庵先生七十壽序。
㊴：日知錄，卷七，「夫子之言性與天道」條最後一段。
（又案「日知錄」傳世刊本，頗遭後人刪改。張繼發現山東圖書館藏鈔本，由黃侃作校記；頗能補正刊本之缺點。本書所稱「鈔本」，即指此本。）
㊵：亭林文集，卷三，與友人論學書。
㊶：同上。
㊷：同上。
㊸：日知錄，卷十八，「朱子晚年定論」條。
㊹：參閱，黃侃：日知錄校記。載世界書局本「日知錄集釋」卷末。
㊺：文集，卷三，與施愚山書。
㊻：文集，卷六，下學指南序。
㊼：文集，卷五，華陰縣朱子祠堂上梁文。
㊽：日知錄，卷七，「予一以貫之」條。
㊾：同上卷，「求其放心」條。
㊿：同上卷，「博學於文」條。

51：文集，卷四，與人書二十五。

52：日知錄，卷十九，「文須有益於天下」條。

53：同上卷，「文人之多」條。

54：文集，卷四，與人書三。

55：日知錄，卷十三，「廉恥」條。

56：同上。

57：文集，卷三，與友人論學書。

58：日知錄，卷十三，「名教」條。

59：同上。

60：參閱：註三十八。

61：見清儒學案，卷六，亭林學案卷首案語。

62：參閱：西河文集，與馮山公論論孟書。

63：參閱：二曲文集，答顧甯人書。

64：見惠龗嗣著：歷年紀略。清儒學案卷二十九引。

65：此書初未刊行。今載國風本船山全集第十四冊中，列於「子部」之末。

66：可參閱：譚嗣同：仁學；梁啓超：清代學術概論。

67：參閱：唐君毅：中國哲學原論，原教篇，第二十至二十四章。

68：見上條唐著，第二十四章末之評語。

69：關於蕺山之論「理氣」，參閱：本書第六章。

70：船山全集，第二冊。周易外傳，卷五，繫辭上傳，第十二章。

71：同上。
72：船山全集，第八册。讀四書大全說，卷二，中庸，第十一章。
73：全集，第一册。周易內傳，卷五，繫辭上傳，第十二章。
74：全集，第十二册。張子正蒙注卷一。
75：同上。
76：同上。
77：同上。「以言乎失道則均焉」一句下附註之語。
78：同上，參兩篇「地所以兩分……」一段下註語。
79：見「學言」上。
80：周易內傳，卷五，繫辭上傳，第十一章。
81：周易外傳，卷五，繫辭上傳，第十一章。
82：同上。
83：同上。
84：全集，第十三册。思問錄外篇。
85：周易內傳，卷五，繫辭上傳，第十一章。
86：同書，卷一，釋「周易上經」語。
87：同書同卷，釋「乾元亨利貞」語。
88：全集，第十三册。思問錄內篇。
89：周易內傳，卷五，繫辭上傳，第五章。
90：同上。

91：同註八十一。
92：同上。
93：同上。
94：全集，第八册。讀四書大全說，卷三。
95：周易內傳，卷一，周易上經，釋「用九天德不可爲首也」語。
96：讀四書大全說，卷三。
97：同上。
98：周易內傳，卷一，周易上經，釋「大明終始……」一段語。
99：思問錄，內篇。
100：見思問錄，內篇。
101：見周易外傳，卷六。
102：見正蒙注卷一，「兩體者……其究一而已」一段註語。
103：全集，第九册，讀四書大全說，卷十。
104：同上。
105：思問錄，內篇。案唐君毅先生於其「中國哲學原論」之「原教篇」第二十二章引此段而作「命日降，性日生」。「日」與「曰」異，「生」與「受」異。若非唐氏記憶偶誤，則其所用必係另一版本，故文字小異也。又唐氏書中此段引文將「思問錄」兩段合爲一段，其中尚另有不同處；亦未知是否由於版本之不同也。
106：全集，第二册，尙書引義，卷三，太甲二。
107：同上。
108：同上。

⑩⑨：參看，上引文前段。
⑪⓪：周易外傳，卷五，繫辭上傳，第五章。
⑪①：同上。
⑪②：同上。
⑪③：同上。
⑪④：同上。
⑪⑤：同上。
⑪⑥：周易內傳，卷五，繫辭上傳，第五章。
⑪⑦：案此即前章所論之"Ethical Duality"。任何道德理論如不能立此觀念，即不能解釋「善惡」矣。可參看本書總論宋明儒學部份。
⑪⑧：同註一一六。
⑪⑨：讀四書大全說，卷十。
⑫⓪：同上。
⑫①：同上。
⑫②：見思問錄，內篇：「天地之生，人爲貴」一條。
⑫③：見俟解，「人之所以異於禽獸者」一條（全集，第十三册）。
⑫④：讀四書大全說，卷十。
⑫⑤：同上。
⑫⑥：同上。
⑫⑦：思問錄，內篇。

128：同上。

129：讀四書大全說，卷八。

130：同上。

131：同上。

132：同上。

133：同上。

134：同上。

135：同上。

136：同上。

137：全集，第十三册。黃書，原極第一。

138：同上。又案此中缺字皆因避清廷之忌諱而故缺者，玆按文意並參考他處未缺之文而補之。

139：同上。

140：同上。

141：參閱黃書，古儀第二。

142：全集，第十册。讀通鑑論，卷十四。

143：同上。

144：同上。

145：同上。

146：同上。

147：全集，第十一册。宋論，卷十五。

148：全集，第十三冊。俟解。
149：同上。
150：見宋論，卷十五，恭宗端宗祥興帝一段。
151：全集，第五冊。續春秋左氏傳博議，卷下。「士文伯論日食」條。
152：讀通鑑論，卷十九。
153：同上。
154：同上。
155：讀通鑑論，卷八。
156：同上。
157：讀通鑑論，卷十五。
158：讀四書大全說，卷十。
159：同上。
160：全集，第二冊。尚書引義，卷四，泰誓中。
161：同上。
162：同上。
163：同上。
164：同上。
165：同上。
166：同上。
167：讀通鑑論，卷十。

⑱：讀通鑑論，卷十一。
⑲：讀通鑑論，卷七。
⑳：同上。
⑰：同上。
⑰：讀通鑑論，卷二十。
⑰：同上。
⑰：宋論，卷四。
⑰：同上。
⑰：同上。
⑰：見讀通鑑論，敍論四。
⑰：宋論，卷四。
⑰：同上。
⑱：同上。
⑱：案此自指傳統之舊敎敎義言。近數十年，天主敎本身敎義殊多改變；亦有承認人類社會內部之「平等」之趨向。此非本書所能詳及。
⑱：案實際上講陸王心性論之儒者，不必人人皆推繹出此種政治觀念或主張；但就理論意義看，則肯定人人皆有主宰性時，卽涵有此種平等觀念。學者於此中分寸，不可看混。
⑱：讀通鑑論，卷十五。
⑱：同上。
⑱：同上。

186：參閱，註一五〇。
187：見讀通鑑論，卷末，敍論二。
188：讀通鑑論，卷一。
189：同上。
190：同上。
191：尚書引義，卷四。
192：讀通鑑論，卷十三。
193：同上。
194：同上。
195：讀通鑑論，卷十五。
196：同上。
197：如唐君毅先生立說之廣大精微，而其「中國哲學原論」中每論及船山，總只作推崇語。至「原敎篇」於船山之能肯定「客觀精神」，尤三致意焉。於其說之種種缺漏偏執，從不置評也。
198：讀通鑑論，敍論一。
199：黃書，離合第七。
200：四存編，存治編，學校。
201：同書，井田。
202：同書，宮刑。
203：存治編，書後。
204：同上。

205：四存編，存學編，由道。

206：同上。

207：同上。

208：同上。

209：同書，總論諸儒講學。

210：同上。

211：存學編，卷一，上太倉陸桴亭先生書。

212：同上。

213：學者可參閱：顏李叢書中「平書訂」及「擬太平策」。

214：涉及恕谷解「大學」各點，學者可參閱：「大學傳註問」及「大學辨業」，皆見「顏李叢書」。

215：關於恕谷此類議論，學者可參閱文集中「寄方靈皐書」。其他類似資料尚多，不及備舉。

216：參看，夏峯語錄，孔伯問一條。

217：李二曲四十歲前著有「時務急策」、「經世蠡測」等；又有「十三經糾謬」、「二十一史糾謬」等；晚年皆不以示人。

218：可參閱西河文集、西河合集。「遺議」及「原舛」均載「合集」。

219：參閱，毛著：「古文尚書冤詞」及「寄閻潛邱古文尚書冤詞書」，「與閻潛邱論尚書疏證書」等。俱見文集。

220：參閱：張起庵「游梁書院講語」，見「溯流史學鈔」。此書合語錄文集爲一，體裁殊爲特別。起庵思想大略皆見於此書。

221：參閱：思辨錄輯要，大學類。

222：參閱：湯子遺書，文集，答陸稼書書。

㉓：參閱：魏叔子文集，答曾君有書。
㉔：同上，復謝約齋書。

第八章　乾嘉學風與戴震之哲學思想

清初儒者，趨向繁異，已如上章所述。清康熙末年，諸儒先後謝世；此後清代學風卽有一轉向。此種學風盛於清乾隆時，至嘉慶時猶未改變；通常稱之爲「乾嘉學風」。就中國傳統思想之演變言，「乾嘉學風」實代表最後一階段；蓋再後至於道光咸豐時，則西方勢力來侵，整個中國文化思想皆進入一面臨新挑戰之階段，卽進入所謂「近代史」時期矣。在「近代史時期」，中國文化思想——包括純哲學之研論，皆須在一新配景下，合中外而觀之；故與此前之情況逈異。中國哲學史原以傳統中國之哲學思想爲課題，故卽應在進入「近代史」時結束。至於近代至現代之中國哲學思想，則應另有專書析論。因此，本書卽以本章結束全文。

乾嘉學風下，哲學思想被學人有意忽視，故此時期中可供評述之正面理論甚少。然休寧戴震，雖爲乾嘉巨子，自身則另有涉及哲學問題之意見；故本章除對乾嘉學風作一概說外，卽對戴氏之說作一析論。蓋在乾嘉學人中，戴氏實是唯一曾提出哲學觀點者也。

至於乾嘉學風本非從事哲學研究者，何以本書論述及之？則其理亦甚易明。凡直接作哲學問題之正面探究者，固應爲哲學史論述之對象，對哲學探究持某種否定態度者，亦實涉及對整個哲學之某種觀點或意見；此在另一意義層面上，仍屬哲學問題也。此義閱下文自明。

(A) 論乾嘉學風

本節論所謂「乾嘉學風」，分爲以下數點：

第一：「乾嘉學風」原非突然出現；其形成自有一歷史過程。另一面，雖就歷史過程看，乾嘉之學風在步步形成中亦有自身之演變，然其演變結果遂成爲定型。就定型階段而言，則遂可說「乾嘉學風」之確定特色。由此，下文先論「乾嘉學風之形成及特色」；蓋兼就動靜兩義說之；演變乃「動」一面之事，「定型」則「靜」一面之事也。

第二：說明「乾嘉學風」之形成及特色後，便進一步就哲學史角度觀此種學風在主觀方面之要求及在客觀方面之影響；蓋在一種學風下，學人之自覺要求何在是一事，而客觀上生出何種後果又是另一事。二者常非完全相合。通常哲學史所注重著，大抵偏於立說學人之志趣、宗旨及精神方向；此皆屬於自覺要求一面。本書原亦不離此常軌。但「乾嘉學風」本身非純屬哲學思想範圍內之學風，其重要性正在於對一時代之哲學研究有某種客觀影響；而此種影響大體上原非代表此學風之諸學人自覺所及者。由此，論此一學風在哲學史上之意義時，反不得不偏重其客觀影響矣。學者知立說者之自覺要求，與其說之客觀影響之不同，則許多觀念上之糾結皆可自解；而對此代表淸代思想之「乾嘉學風」之眞面目亦不難有平正之衡定矣。

辨明「乾嘉學風在哲學史上之意義」後，大體上論旨已盡，第三步即對此學風下之重要學人作一簡介；即以「學人識略」爲題。此中固以正面代表人物爲主，其另有新趨向之同時代人物亦附及之。唯戴震（東原）另列專節，不在識略之列。

（一）乾嘉學風之形成與特色

就「乾嘉學風」之形成過程看，此一學風之觀念根源自當溯至清初所謂「經世致用」之說；但二者間之關係乃一演變過程，而非直承關係。此所以標出「形成」一詞，蓋所謂「乾嘉學風」決不同於「經世致用」之學風，不過此後起之學風由其前之學風步步變化而成；此處所論者不過此一變化過程之大線索所在而已。

王國維論清初之學與乾嘉之學，以所謂「經世之學」與「經史之學」分稱之❶；然於前者如何演變爲後者，則未作說明。梁啓超「清代學術概論」中，則以「啓蒙期」、「全盛期」、「蛻分期」、「衰落期」四階段論「清代學術」❷；此蓋將「清代學術」作爲一整體而觀之。其實梁氏所謂四期之學術思想，彼此間歧異頗大；雖在時間方面看，同屬於清代；未必即可視爲一整體也。然梁氏此說又基於另一觀點，即認爲所謂清代思想或思潮，雖各期不同，而有一共同方向——即所謂反宋明理學而以「復古」爲職志云云❸。由此可知，梁氏之整體觀念固非以時代之劃分爲基礎；而確認定其所論之四期思想，乃一同方向之思潮之不同階段；乃就此共同方向而視之爲整體也。此一觀點較重發展變化之意義，似有爲觀堂所未及論者。然梁氏以清初經世之學爲「啓蒙期」，而以乾嘉之學爲「全盛期」，則竟視此二者爲先後直承之二段，則殊未得要；蓋由清初至乾嘉間，學術思想雖確有一演變過程，然非「啓蒙」與「全盛」之關係——若幼童至成人之生長過程然。清初之學並非乾嘉之學之幼年期，並非自然發展爲乾嘉之學。其間變化另有關鍵。梁氏於此，尚不免爲習慣所拘，未能作嚴格理論考察也。

經世致用，乃清初思想之特徵。此點自無問題。然此一以治平爲宗旨之學風何以變爲考證訓詁、音韻文字之學，而終與天下治亂若不相干，則其中自有演變關鍵，不可忽而不論。學者似無理由遽謂經世之學必「成長」而變爲與世無關之學也。然則旨在治平，而言致用，何故竟變爲純粹追尋客觀知識之乾嘉學風？此則必須由言致用諸儒思想內部尋求解答矣。

以顧炎武爲例，顧氏以反清爲志，半生從事反清運動；則就其自覺主張言，斷非提倡閉門考索之學者。然顧氏之言「經世」與「致用」，另有一預認之觀念爲基礎；此即言「致用」必須「通經」，「經世」之道必須求之於「六經」是也。此一觀念，就歷史淵源看，雖是多年來儒者之習慣信仰，然在理論上則與「經世」之目的原無必然關係。倘眞以治平爲宗旨，則六經以及諸家學說，皆只能以是否對「治平」有「用」爲斷，不應反將治平之道限於六經也。但顧氏有此觀念上之顚倒，於是所謂「致用」，卽先轉爲「通經致用」之主張矣❹。

「通經致用」，自漢儒已言之；然與顧氏思想又稍有不同處。漢儒以治經爲本業，爲說明治經之意義，而再言「通經致用」；其重在「經」。顧氏本以治平爲宗旨，但因信仰所趨，而認爲欲達成治平之大用，必須求其道於六經；故是因「用」而言「經」。換言之，漢儒以「通經」爲目的，而以「致用」爲其效果；顧氏則以「致用」爲目的，而視「通經」爲其基礎條件。說經義可以有用，是一事；說一切有用者必求之於經，則是另一事。此中輕重之別，亦正標示由清初至乾嘉間，學風演變之一重要關鍵也。

顧氏既言「通經致用」，則從事治平之努力，遂當以研究經籍爲基本工作。「致用」之學遂變爲治經之學。是故，顧氏反宋明理學時，其主張亦是以「經學」代「理學」；蓋顧氏之見，以爲外而治平，內而成德，皆須求其道於六經。此固即梁啓超所謂「復古」之意，亦表明此種經世之學自始即不代表一創發精神，而有極濃之保守主義色彩也。

「致用」必恃「通經」爲基礎，然則「通經」之工作要點何在？此處顯然首先涉及一嚴重問題，即所謂「經」者本身之內容及解釋有無定準；此問題倘無明確答覆，則經本身尚無定解，如何能據之以求治平之用乎？於是由「通經」乃須轉往「考古」。此是第二關鍵。

「致用」本不必然依於「通經」；因所求之「用」不必爲古經所必有，更不必爲古經所獨有。此所以上文謂此二者間原無理論間之必然關係。亭林及其同時同調人物所以求「致用」而以爲必歸於「通經」者，乃因通過一傳統主義之信仰而然，而此信仰本身之成立在亭林或其同調之論著中並未提出理據。蓋只是一預認之態度而已。故就由「致用」轉至「通經」而言，此處可謂無客觀之必要根據，而只有主觀信仰上之根據；今再進至由「通經」至「考古」之轉變，則情況不同。由於中國經籍本身之內部問題，凡眞欲「通經」者，不能不先致力於考訂工作；因此，就歷史之實際言，由「通經」轉至「考古」乃有確定客觀根據或客觀必要。

此點凡稍通經學及古史者皆當能了解。治經之事，自漢始有之。而經籍本身之種種問題，亦自此時形成。蓋秦火之後，百家之書皆在被禁之列；及漢興而恢復古學，則今古文之爭旋起。漢代官學皆用今文，然其中已雜取五行讖緯；另一面古文之學在東漢末即日盛於民間。馬鄭皆治古文，而未嘗不取圖書讖緯以解經。其後王肅雖頗詆鄭氏，然所治固亦是古文之學，且自造僞書（如「家語」），其影響益爲惡劣。而降及隋唐，則孔穎達等之五經正義，大抵皆用古文家之說。更後之十三經註疏仍承此路向；所存今文之說，不過何休之公羊註而已。此今古文盛衰之大概也。

漢儒解經，不僅有今古文二派之異，即今文一派內部亦有所謂師傳家法之不同，故解經早無定說。更嚴重者則是資料之眞僞及觀念之混合問題。戰國時託古之風已大盛，秦漢之際，僞書尤多。挾書成禁之後，學說之傳授已不公開；另一面南北一統，不同根源之種種觀念思想亦日趨混合。於是自漢代立博士以治經時起，種種僞書雜說，紛然並陳；至隋唐時則幾成久假不歸之勢。即以今本易經而論，其組成至爲複雜；隋唐官學全不加以考訂，而統依舊日傳說，言伏羲、言文王、言孔子；不知此種傳說決不合於歷史之實際也。至將僞古文尙書信爲孔壁之舊，尤屬人所熟知。其他更不待枚舉。總之，秦漢以下，經籍資料眞僞混雜，觀念來源混亂，而隋唐官學但順俗說而全盤接受。於是至宋儒爲復興儒學而講諸經時，其所據資料皆此種眞僞不分，時代不明，觀念混雜之經籍也。宋儒理論興趣較高，於是又據其所見之「義理」另解諸經。倘視爲借經立論，則各家之說固極多可取者；但若眞言治經，則不辨眞僞，不考時代，亦不能客觀探究古史及古代語文，其說之不能符於經籍原文原意，自屬當然矣。

亭林一流學人反宋明儒學自言義理之風，而欲歸於古經以求經世之道，則其面臨之工作，首先自即爲對經籍本身之清理考訂。此是客觀情況之決定；「通經」不得不又歸於「考古」也。然「考古」乃客觀知識之尋求，距所謂「致用」愈遠。且尋求客觀知識時，須重客觀方法、客觀求眞之態度等，而必須拋開後果觀念。此又非亭林與其同時人物所能完全接受者，故亭林等人雖已因求「通經」而注意考古，然於有關僞書或託古之作等等大問題，皆未能眞正用力。如辨古文尙書之僞者以閻若璩爲代表，而閻氏固梨洲之後學，已屬於下一代；至於更臻嚴密之考訂訓詁，則更屬遲出。

顧黃一輩固皆重「通經」，且因之不能不「考古」；然考訂訓詁之成爲獨立之學問，則乃乾嘉時代之事。以顧氏本人而言，其旨趣終在於「致用」，而非作客觀研究。但顧氏所從事之實際工作，又有對考訂訓詁大有助力者，即古音古訓之研究是也。顧氏著「音學五書」，自謂與治平宗旨有關；此見其個人之不忘「致用」。然就此種研究成績本身而言，則開出對古代語言作深入客觀研究之風。此反是其工作之確定意義所在。而此種工作之承繼發揚，即乾嘉學人之事矣。

由「通經」之要求，進至古文字及古音之研究；此乃一更趨客觀之研究態度。蓋顧氏一輩人所謂「通經」或「經學」，原不過求之於漢至唐之注疏。然自漢以來，早有門戶家法之爭。隋唐註疏更不外承襲舊說。若漢人解經本身之缺點，及各家之得失，則不能於註疏之研習中求得解決。例如，漢人訓詁，總以「字」爲主，於是對古之成語合辭皆不得其解；王國維論之甚確⑤。此種弊病，若欲糾正，斷不能乞助於註疏本身，而必須另求客觀標準，而古文字之研究即可提供此種標準矣。古文字之學在乾嘉固未大盛，蓋金文之整理，已在乾嘉鉅子之後。甲骨文之發現更晚至清末；然說文爾雅之研究，則固戴段二王所倡導也。由文字音韻本身之研究，以建立訓詁標準；於是，治經者不唯研習已有之註疏，且進而可正註疏之誤。乾嘉學風主要貢獻正在於此，而亭林之研究古音，已啓之矣。

總之，由「致用」而「通經」，由「通經」而「考古」；再進至建立客觀標準，以訓釋古籍，此即由清初學風至乾嘉學風之演變過程。而當客觀訓詁標準建立時，乾嘉學風即正式形成矣。

至此，乃可說乾嘉學風之特色。

合而言之，乾嘉學風之特色，即在於提倡客觀研究，追尋客觀知識；其研究範圍則以古籍爲對象。古籍中雖以經爲重，但其研究態度只在於了解古代文化制度之實況，於是就所獲知識之性質看，實是一種史學知識。故乾嘉之學可說是一種廣義之史學；經籍之研究，亦化爲此種史學研究之一部份。亭林欲以「經學」代「理學」，然學風演變之結果乃爲以「史學」攝「經學」；此亦淸代學術演變之一要點也。

淸初諸儒雖有極重史學者——如梨洲及其門下，然其治史與通經相輔，皆以「致用」爲歸宿。乾嘉學風則以追尋客觀知識爲宗旨，而建立廣義之史學，以收攝一切經史子集之研究。此中乙部資料自亦是研究對象，然所重者非與「經學」分立之「史學」，而是統攝意義、方法意義之「史學」。卽所謂「廣義之史學」也。依此，則觀堂直以「經史之學」一詞描述乾嘉學風，尙未免皮相之病。乾嘉以下諸學人考補史籍之作雖至富，然所謂乾嘉學風之特色，不在具體工作成果上，而在統攝此一切研究工作之原則性觀點上；此觀點卽上所說之廣義史學觀點也。

以上是合論，倘分論其特色之表現，則有三點可說：

第一：乾嘉學風不拘家法，與株守註疏者不同。

此點涉及俗傳所謂「漢學」問題，應稍加說明。乾嘉時有惠士奇及惠棟父子，倡所謂「漢學」；因反對宋明而主張以古義說經，故世人每以爲此派之說與戴段二王之學皆屬於所謂「乾嘉之學」。而惠棟門下江聲、余蕭客諸人，皆益堅持此種門戶之見。余蕭客弟子江藩又作「國朝漢學師承記」，於是「漢學」與「宋學」對立，而另一面又與「乾嘉學風」相混。實則惠氏一派之學，與戴段二王之學大異。戴段二王之學，在理論立場上，可溯於淸初之黃白山（生）❻；其特色在於追尋客觀知識，建立客觀訓詁標準；故爲乾嘉學風之代表。惠氏之學則以株守漢人成說爲主，全無客觀是非標準，只是乾嘉時期出現之另一保守盲從之學派；與「乾嘉學風」不可相混也。

乾嘉之學，欲建立客觀標準以考正一切舊說，自不能接受惠派專守漢人之說之態度。故王引之卽識惠棟「不論是非」而只從舊說❼。其實漢人本分門戶，其成說亦互有衝突。於是，惠棟在涉及漢人彼此衝突之說時，又不能不否定一部份漢人成說。如其解易，以「箕子」爲「荄茲」，取孟喜說而否定施讎及梁邱賀之說，遂致其專尊漢人成說之立場亦不能維持❽；當時代表宋學之方東樹卽取此類惠氏言論以譏其自身不能有一致之說❾。實則，株守家法，而不問眞僞是非，乃必不可行者；固不待枚擧其特殊論點而後知也。

乾嘉之學不拘於成說，而一意求眞，此乃其學風最可貴之處；與所謂「漢學」比觀則益顯著。故卽以此點作爲其第一特色。

第二：乾嘉之學雖不拘成說，然亦不憑臆斷以解經籍；此則見其學風與宋明儒之不同。

宋明儒重義理而疏於考證訓詁。卽以朱熹之廣註羣經，又曾注意辨僞問題，亦終不能嚴格審定經籍之時代，復不能以批評眼光淸理傳統，以觀古史；以致釋經文時，常離開客觀標準而極力以經文配合某種預立之理論系統。由此，凡經籍之文或說經之語中與自己系統相容者，不論其是眞是僞，皆一律接受。此在乾嘉學人眼中，卽全屬臆斷之說也。

案此處涉及一理論問題，卽純理論研究與涉及歷史之研究間之差異問題。若純作理論之探究，則本不須依賴前人之說，而種種論點亦無須合乎經籍原意；但如此立論時，便應自覺到自身所涉及之理論範圍，而不應勉强對自己之論點與某種歷史意義之問題相連。否則，卽成爲妄談矣。宋儒各大家之立說，作爲理論看，不論得失如何，皆總有一定意義或重要性；然不幸宋儒自始卽懷一涉及歷史之「道統」觀念，於是各家立論，雖實不能與古經古說密合，卻自謂所說乃經籍原旨。由是，此類學說遂皆蹈一妄言假託之大病矣。

清人之宗漢儒說經者，每以爲宋儒立說不合漢儒家法。其實此處又有一最爲有趣之事實，而常爲人所忽略者；此卽：宋儒除自立某種理論外，其涉及經籍及古史之知識，大抵皆承漢以來之成說。而此中種種謬誤，宋儒皆不作考辨而盲從不疑，則正是宋儒學說中涉及哲學史觀念或問題一部份所以千瘡百孔之故。清人之爭漢宋門戶者於此種重要事實反未深察，亦至可怪也。

例如，宋儒立說，大抵皆宗「易傳」及「禮記」中之「大學」、「中庸」及「樂記」等。然以「易傳」爲孔子所作，司馬遷言之；正漢人之說也。「禮記」爲漢人所編；其各篇來源不明；而謂「中庸」爲子思所作，亦漢人之說也。其他如據僞古文尙書而言「道心」與「人心」，混緯書中之圖書之說而解易等等，皆出於漢人之傳。蓋漢魏以下之經生議論，至隋唐而成爲官學；士人讀書，大抵皆取材於此；因是，此種種可疑甚至荒謬之說，竟成爲一種常識。宋儒卽憑此種常識爲資料，而另作理論思考以建立系統。就其系統言，皆有匠心獨造之意味，但就其資料言，則皆未經考辨之常識及傳說也。故宋儒之病，不在於不能承漢儒（如惠氏父子所論），正在於不能作客觀研究以糾正漢以來之種種成說耳。

總之，宋儒學說本可分兩面看。就理論標準看，則宋儒建立種種系統，自非漢儒可比。宋儒自命爲「義理之學」而輕視漢儒「章句之學」，亦卽是從此一角度說自身之立場。但若就歷史標準看，則宋儒據不出於孔孟之經籍而談孔孟，據僞書及傳說而塑造「道統」，又盲從漢以來之成說以釋經，則無一處可以自立。宋代亦有如北宋歐陽修，南宋陸九淵之不信易傳出於孔子者，然在當時皆被視爲怪誕之說，則宋儒之不能考史不待辯矣。

倘宋儒只建立哲學理論，而不訴於孔孟，不言及道統，則可以不受歷史標準之裁判。但宋儒旣自以爲所講乃孔孟之學，又依傳說及常識塑造道統。此二者皆涉及歷史，卻不能置歷史標準於不問矣。故若有重客觀研究之學興起，而只取宋儒學說在歷史標準下之種種缺點爲批評對象，則將只見宋儒一無是處，而不見其理論方面之意義。此卽乾嘉學人所以皆力排宋學也。

乾嘉學人自身又有一識見上之限制，卽不能了解除歷史標準外尙有理論標準；亦不能知所謂純哲學理論另有一意義領域。於是，以其廣義史學立場批評宋儒時，卽只用一歷史標準。結果，宋儒在乾嘉學人眼中，遂成爲憑臆斷以解經，執意見爲正理之說。後一點涉及純理論上關於「理」之解釋問題，乾嘉學人於此實未能窺宋儒諸說之義蘊；此點下文論戴震思想時再作析評。茲專就前一點言，則在歷史標準下，宋儒之解經確有此病；而乾嘉之學重客觀知識及客觀標準之特色。由此相映而亦益顯矣。

第三：若就清初學風與乾嘉相比，則乾嘉之學又有另一特色；此卽不以「效用」混「眞僞問題」是也。

如前所述，由清初求「致用」之學至乾嘉追尋客觀知識之學，固有一演變過程——卽由「致用」而「通經」，而「通經」而「考古」，再因「考古」所需而有文字音韻名物制度之客觀研究是。但此演變之結果所形成之「乾嘉之學」，則與「致用之學」又有一極大殊異。蓋演變過程之兩端固常可有互相反對之處也。

清初言「致用」，卽以治平爲主要宗旨，其間雖亦有就「成德」說「用」者——如李二曲，然非此思潮主流所在。乾嘉學人在個人方面固亦有常言「致用」之意者⑩。但就整個「乾嘉學風」看，則此學風下之學術成績，大致皆屬於對古代之客觀知識。此種知識是否能稱爲「有用」，則是乾嘉學人所未嘗重視之問題。而當時學風下之一般觀點，似亦直認此類客觀知識本身爲有極高價値者，而不復求其效用也。

一」。梁啓超謂乾嘉之學風乃「爲學問而學問」⑪，蓋卽指此諸學人不以「致用」爲宗旨而言。此固無甚不妥。然梁氏卽由此而謂乾嘉學風代表「科學精神」⑫，則所涉問題較多。此處卽順便作一討論，以結束對「乾嘉學風之特色」之陳述。

就上文所分舉之三特色看，則不拘家法卽不盲從權威或傳統，不憑臆斷卽不依賴個人信念或愛好，不雜效果卽不視知識爲工具；三者似皆合於通常所謂「科學精神」。更就其全面言之，則乾嘉之學是追尋「客觀知識」，亦正與科學研究旨趣相合。故到此爲止，謂乾嘉學風代表「科學精神」，似亦是一自然結論。然尙有進一步之問題不可忽視者。

今試就乾嘉之學之總方向看，此學風下之研究成果範圍顯然限於對古代之了解。然則，此範圍由何種因素決定？此決不可歸之於「科學精神」；蓋「科學精神」不能與「古代」有何意義上之聯繫也。故乾嘉之學，在研究態度及方法上，可謂合乎廣泛意義之科學精神，然此種研究自始卽受另一與科學精神無關之因素所約制。而此因素簡言之，卽對傳統之信仰是也。此種信仰亦卽所謂「崇古」之觀念。其主要內容在於堅信古代之學術知識之完美。此與通常所謂對文化成績之尊重又有不同。蓋尊重文化成績，乃基於對文化之整體性之自覺；知今古不能分立對敵，則承受成績不碍創發活動；此是一開放態度，有理性根據。而堅信古代之完美，則基於將古代理想化之情習；以爲眞理及價值皆須求之於古，乃不能有眞創發；此是一封閉態度，亦屬非理性者。乾嘉學風雖重客觀知識，然其研究大抵皆預認此種「崇古觀念」爲動力。故乾嘉學人終不能使中國之科學研究興起。且在清道光以後，西方壓力日增時，國人欲振興科技者轉以乾嘉學風爲一障碍矣。

若對乾嘉之學之特色作一更準確之描寫，則仍當合「科學」與「史學」二觀念以說之。如前所論，乾嘉之學原是一種廣義之「史學」，而其研究態度則頗符合科學研究之態度；合而言之，可說乾嘉學風乃依科學態度，對古代文化要求建立客觀知識之學風。簡言之，即要求建立科學性之史學之學風也。因其重客觀知識，故有科學研究之意味；而與漢儒之重家法，宋明之重理論系統皆不同。另一面則因此派學人仍共持一崇古之觀念，故其研究止於了解古代。此其所以僅能在史學一面作科學研究也。依此分寸以了解乾嘉學風之特色，則可知清末以降，史學之科學化趨勢固承乾嘉之流風而來。論乾嘉之學在近代中國學術思想中之重要性，當以此為公平論定也。

乾嘉之學之特色，至此敍述已畢。若專就哲學史而言，此一學風在自覺要求及客觀影響兩面，應得何種評估，則又是另一問題。下節論之。

(二) 乾嘉之學在哲學史上之意義

從哲學史觀點看乾嘉之學，則首須討論此類學人自覺要求何在？與哲學問題之研究有何關係？次須觀察此學風對哲學研究有何實際影響；蓋自覺要求與客觀影響實屬兩事，不可混淆而引生不必要之困難也。

× × × ×

先就自覺要求說。前文謂乾嘉之學非直接求「致用」者，故承認客觀知識本身之價值；而專就此點說，亦可謂有「為學問而學問」之傾向——如梁啓超所言。但若對乾嘉學風作全面觀察，則可見此學風背後實有崇古之信仰為指向力，由此而決定乾嘉之學之活動範圍。現承此種了解以論乾嘉學人在自覺要求上趨向如何，則首先須指出者是：不直接求「致用」是一事；肯定所治之學有某種確定重要性，又是另一事。乾嘉學人雖非直接求治平之效，但對其所治之學之重要性，實有一自覺認定；而此認定又實由其崇古之信仰推繹而生出。

此一認定，簡言之，即認爲恢復古籍之本來面目乃治學之唯一大事是也。此「大事」之所以爲重要，又由於此類學人深信今日經籍之雜亂乃學術思想衰落之主因；倘能恢復諸經及孔孟之書之本來面目，則卽可以「明道」⓭。故此種認定顯然由崇古之信仰而來。

乾嘉學人旣有如此之自覺認定，故卽以其考證訓詁之學爲「明道」之事；「明道」雖與「致用」不同，仍是其求客觀知識時預認之目的也。

明乎乾嘉學人之治學，乃以復古籍之眞面目而明道爲其自覺要求，則此種學風在哲學史上之意義卽不難明。此又可分正反兩面說之。

先就正面看，則乾嘉之學本身雖只是廣義之史學而非哲學，但對哲學思想之發展言，誠有確定之推進作用；尤其對今日欲致力於中國哲學之新生者而言，更有不可否認之重要性。

蓋哲學思想之發展，一面自須恃某種創發工作，另一面亦必須吸收融化已有之成績；因嚴格言之，不通過已有之成績而更上昇，則不足保證其爲一「發展」也。此意與墨守成規之傳統主義不同。傳統主義以已有者限制新生者，而凡言通過已有成績以求發展者，則是運用已有者以助新生也。此卽上文所提及之「封閉」與「開放」兩種態度之異。一切文化成績，如理論制度之類，當其具體形成時，必受特殊因素之限定（此如歷史因素、社會因素等等），故必有其封閉性。此種封閉性卽使此理論或制度在某一歷史階段中喪失其功能。然一學說或一制度之眞實價値常落在其所含之較普遍或較恒常之因素上；此種因素若從其封閉因素之限定中抽出，則可以與新因素會合而重新形成另一學說或制度，而發揮其新功能。此卽所謂「發展」之眞意義。人若持傳統主義立場，而拘守已失功能之學說或制度，則其病在於不知封閉性，因之卽必不能達成學說制度之發展。蓋就文化成績言，有兩種成分。其中之封閉成分，乃只具有限功能者，故在歷史文化之進展中，至某一時期必失效而必被揚棄；但其開放成分，則可以越出特殊限制而被肯定。後者方是所謂文化傳統之價值所在。就學人而言，則亦有兩種態度。不辨文化成績中之封閉成分及開放成分，而一味欲全面接受傳統，便成一「封閉態度」；在此態度下，斷不能促進文化之發展。若欲眞正推進文化之發展，則必須能揚棄已有成績中之封閉成分，而吸收其開放成分，再納之於新觀念中以創生新成績。此卽是學人之「開放態度」也。學說制度本身有封閉與開放兩種成分；學人亦有封閉與開放兩種態度。二者雖息息相關，又非一事。此研求文化學術之發展者所必須了解之根本問題也。此問題詳論則所涉甚多。此處因論乾嘉學風在哲學史上之意義，而順及數語，以助學者了解本節之論旨而已。其全面析論須俟專文也。

倘知學說制度之發展必恃於對文化成績有一定之揚棄及吸收，則求儒學或中國哲學之發展時，自亦不能外於此理。如此，則欲求發展，須先面對儒學或中國哲學之成績而有所辨別；而作此種辨別時自又須先有客觀之了解。專就儒學而言，其所含之開放成分畢竟何在？此乃言復興儒學或發展儒學者所必須面對之問題。倘據以了解儒學之經籍文件中充滿僞託之作、混雜之觀念、謬誤之訓釋，而學人於此不加清理，卽遽依之以建立學說，卽成爲依虛妄而立說矣。儒學倘只是一套虛妄混雜之資料上所建立之圖象，則言發揚或發展儒學時，其發揚或發展者果何事乎？倘在此種僞作及混雜謬誤之外，確有一儒學系統可作爲發揚或發展之對象，則此卽所謂儒學之本來面目所在；而了解此本來面目，又是揚棄吸收等等工作之先決條件也。

至此，可知尋求客觀了解，恢復經籍之本來面目等等工作，本身雖不屬於哲學之創發建立活動，然對儒學之發展言，實是一必要條件。而乾嘉之學即從事於此種清理工作者也。

就崇古之信仰言，乾嘉學人之態度亦有封閉意味；然就其追尋客觀知識言，則不受此種封閉性之影響。學人倘自取一開放態度以研究儒學，而致力於揚棄及承繼發揚兩面工作，則先亦須採納此種求客觀了解之態度，以排除種種混雜謬妄之成分，而觀儒學之眞面目；否則揚棄與承繼發揚皆無從說起矣。

由以上所論，可知乾嘉之學對於發展儒學言，亦有其正面意義。簡言之，即排除虛妄，達成客觀了解，方能求眞正發展也。

推而言之，對其他派別之中國哲學，其理亦同。乾嘉之學雖以儒家經籍爲研究對象，但流風所及，後遂有同樣方法整理諸子者。其工作之性質及意義固相類也。

恢復經籍之本來面目，作爲乾嘉學人之自覺要求看，在哲學史上有上述之正面意義；但此外亦有其反面意義。此亦斷不可忽視者。

所謂反面意義，即指妨害哲學思想之發展說。析論此點，仍當從歷史標準與理論標準之劃分着眼。上文謂乾嘉之學，以其能排除有關經籍之種種僞託謬解，故爲發展儒學之必要條件，而有正面意義；然不謂此種研究能作爲發展儒學之充足條件。其所以如此，即因儒學之研究必涉及歷史標準與理論標準兩面，而乾嘉之學本身只是廣義史學研究，不能滿足理論標準一面之要求也。

對此點作進一步之闡釋，則可就訓詁之功能着手。乾嘉學人之治學雖似甚繁博，然其重點則落在對經籍之正確訓釋上；蓋古史之考索，文字音韻之研求，以及校勘輯逸種種工作，最後目的終在於能對經籍之文作最可靠之解釋，即求得訓詁上之成功是也。然則，所謂訓詁之學功能如何？性質如何？此又須先有確定了解。

訓詁之事，雖可有不同之重點，然總而言之，則可說是一種對譯工作。以當前通行之語言譯出古代文字，乃訓詁之最後成果。一切考證詮釋，最後皆爲完成此一「譯文」而已。故專就語文說，則不外以雅俗古今之對譯爲訓詁；此所以中國最早之訓詁參考書名爲「爾雅」也⑭。然若取一理論文件爲研究對象，則此種對譯工作能否使讀者對此文件達成確定了解，則大有疑問；蓋理論內容所涉及之問題，並不全等於語文問題。倘使今有一人，全用通行語言談一物理學問題，聽者若全無物理學知識，則雖無語文上之困難，仍將不能了解。語文隔閡之解除，並不能保證所談理論知識能爲聽者讀者所全解也。此處如再作進一步之觀察，則不僅對聽者讀者言，語文問題不等於理論內容問題；且就作訓釋者說，亦有此種問題。如所訓之文件只涉及常識，則訓釋者但能譯其文件爲通行語文，即可了解文件之內容。若文件涉及一艱深複雜之理論，則訓釋者若不具備其理論所涉之知識，則純就語文作訓，亦將終不能通曉其義也。

此尚是就一般訓詁問題而言。倘專就乾嘉學人訓釋古代哲學文件言，則尚有更進一步之問題，此即日常語言與特殊語言之分別問題是也。

譬如，爲孟子作訓，乾嘉學人之方法不外詳考孟子時代之日常語言，而通過此一標準，將孟子原文譯爲當代之通行語。然此中有一大問題，即孟子立說時，所用語言未必皆符合當時之日常語言用法。此因一哲學家常發現某種理論問題，事實上爲常人所未道及甚至未想到者，而此哲學家既不能隨時另創一套語言以表其意，則唯有使用已有之語言，而賦以新義。此時，此哲學家只能對其所用之特殊詞語另作許多解釋，以表明此種詞語之新得意義；結果遂形成一種特殊語言。在哲學史上，每有一位重要哲學家出而立說，大致皆多少有建立此類特殊語言之趨向。而當學者了解此種哲學理論文件時，倘以爲此文件中的一切詞語必與當時日常語言中之用法相同，則大誤矣。

就中國而論，哲學史中此種實例比比皆是。如孟子所用之「性」字，老莊所用之「生」字，甚至初譯佛敎經典時所用之「空」字，皆與當時之日常語言意義不等。學者欲通曉此種特殊語言，則必須對其所涉理論問題作內部之了解；不然，徒致力於古代語文之考索，終難知前人立論之原意也。

乾嘉學人原重「歷史標準」，故其研究經籍，以能得原意爲目的。然如上所論，卽就了解原意講，此中亦涉及訓詁以外之理論知識及訓練問題。換言之，縱使只講「歷史標準」，哲學史之研究亦不能不需要哲學理論之知識；否則，雖通語文，亦未必能知經籍中哲學理論之原意也。倘再進一步，專就理論標準講，則一理論之「確定性」（Certainty）或「有效性」（Validity），更非事實問題。哲學思想之發展既必兼有揚棄及吸收兩面，則對古人之學說，不能不作理論之整理及評估。評估固非依一理論標準不可。卽就整理而言，亦不能不依靠建構理論之某種形式知識。此類形式知識本身又屬於另一種理論訓練，非可用考證訓詁取代者也。

至此，可知乾嘉之學只欲憑史料及語文之研究而治學，至少對哲學思想之發展言，乃不能有直接助力者。而當學人堅持此爲「唯一」治學之道時，卽反而對哲學思想之發展成一阻碍矣。

總而言之，乾嘉學人之自覺要求，在於恢復經籍以及一切古代文件之本來面目，建立對古代文化學術之客觀知識。此原有一定意義。從哲學史觀點看，則由於中國古書僞託及混亂處極多，故此種客觀知識之尋求，亦屬必要。然此種廣義史學研究，本身與哲學思想無直接關係；其功用只是可使學者在了解古人學說時不陷入傳統之種種虛妄中；此只是預備階段之事。如就哲學研究本身而言，則學者乍一面對哲學問題，卽涉及哲學理論之內部知識或哲學思考之訓練。此處卽不能乞助於廣義史學之助力矣。乾嘉學人於此中理論分寸，似不甚了解，故總以為此廣義史學可代替哲學。於此，遂可說對哲學思想之發展有一反面作用。實則，考證訓詁文字音韻之學，倘不要求取代哲學研究，則此種學問本亦有對哲學思想之發展提供間接助力之作用；且在預備階段中，哲學研究者亦須承認獲得此種知識乃求正式發展之必要條件。然乾嘉學人確自覺要求以其學代替所謂「義理之學」，則此一逾範之要求，卽生出所謂反面作用矣。

以上專就自覺要求講。倘說及客觀影響，則又是另一問題。以下略論之。

× × × ×

所謂「客觀影響」乃指事實意義之後果而言。上文論「自覺要求」，乃就乾嘉學人治學之目的及觀點說，無論在哲學史上之意義為正為反，總屬自覺一面。玆所論之「客觀影響」，則指此學風下實際出現之後果；大致皆非此類學人自覺所及。其中一部份且顯然與此類學人之旨趣相違，蓋一種運動或風氣一旦成為客觀存在，其衍生之種種影響每有非人所能預先控制者也。

乾嘉學風以反宋明理學而恢復古學為號召；就提出此種號召之學人言，決無反對希聖希賢之儒學傳統之意向。此無論在江戴段王或其次諸人之言論中，皆有確據。然事實上在以考證訓詁之事為唯一「實學」之風氣下，其明顯影響卽表現於知識份子對德性問題之態度日益浮淺。此中涉及一理論問題，不可不稍作解釋。

人言及「德性」時，自然必與個別行為相連；蓋德性原在實踐中成立，從常識層面或任何理論層面看，此皆是一無可疑之通義。但就德性能力本身說，其強弱則依自覺之明暗而定。此乃所謂心性內部之事，與外在表現實不能混爲一談。通常人總以爲純就某人之外在行爲觀察卽可判定某人德性之高下，實則行爲之不當固可溯源於其人德性能力之弱——或說道德自覺之晦暗，然外表行爲似無可議時，仍未必足證其人內在自覺果極明極强；蓋人可以純依習慣而不失規矩，亦可以勉力模倣以求外在表現之似乎得正，甚至亦可有心作僞以欺世人。此種種情況之不同，每非外在觀察可以判定；所謂「冷暖自知」是也。而儒學所言「成德」之義，就其效果說，自不離行爲；但就工夫及境界看，則所重者正在他人未必能知而自己獨知之處。此種內在工夫及境界之動力，雖可借經驗契機而發——如學說及師友之影響等，但根源上只在自覺心之體悟。此種體悟本身卽由理性意志之最高自由而來，非經驗條件所決定者也。故成德或成聖之學之眞命脉，卽在此種超經驗之自覺體悟；此處亦正是德性與智性之分界所在也。

乾嘉學人並無自覺反對成德者，但旣以治所謂「實學」敎人，則在此方向下，更不復言體悟之事。於是，學者雖依習慣及其他因素而在行爲上可守某種規矩，其心思意念固日日外投於經驗事物上，而無內省反照之功。因此，在主張上雖不反對成德之學，然在實際活動中，則自我只作智性活動，於德性之自覺自行割斷；再進一步，自我遂停駐於經驗主體之層面；更不見德性之意義，甚且於不知不覺中已將德性視爲智性之附庸。演變至此，則成德之學縱使名存而實則已亡矣。

宋明之學，不論就天道觀、本性論或心性論之模型看，基本要求，總在於達成德性自覺之明朗（其具體理論之得失屬另一層面之問題）。乾嘉之學旣以反宋明爲號召，於是視一切有關自我工夫及境界之學說爲虛誕，或直指爲佛老之學而排之；遂至使學者皆只在知識一面用力，而將德性問題付諸本能習慣等而不再注意。此風歷數十年，而知識份子遂皆與成德成聖之儒學隔斷；雖口言聖賢之事，實則其精神狀態皆墮至常識層面而不能上拔矣。

此自是就大勢之趨向說。個別人物自亦有不同者。且乾嘉學風雖一時儼居中國學術思想之主流地位，畢竟並非爲人人所崇信，故乾嘉以下，代代皆有不少言宋明之學者。但此是乾嘉學風以外之事。現只論乾嘉學風之影響，固非謂此時代之知識份子日日皆受其影響也。

總之，觀乾嘉學風之影響時，首先須指出者，卽此種學風使成德之學大衰，引生混淆德智之觀念。其弊至近百年猶未除也。

其次，專就乾嘉學風內部看，則另一影響卽爲「學問之遊戲化」。乾嘉之學初興時，重要人物如戴震等，尙未忘學問對人生及世界之「實際指涉」（real reference）；然此種學風大盛後，從風之學人大抵只以追求此種知識所帶來之榮譽爲治學之目標。蓋在此種風氣下，凡精於考訂，或在文字訓詁一面有某種研究成績者，卽爲當世所推崇。至於所治之學之確切意義或重要性所在，則人不追問，自己亦不再關心。久之，內而身心性命，外而家國天下，皆置諸不問；唯與一二三同好閉門作「智力之遊戲」而已。乾嘉學風此種影響，遂使治學最初之目的暗暗失落。注疏考證，補史釋文，其成績雖大有可觀，然內不涉德性，外不關治亂，純成爲書齋中之遊戲矣。

以上所述，非謂此種廣義之史學必成爲遊戲，而是陳述實際上此種治學風氣所生之後果。淸道光時，內憂外患日益緊逼，而此種「遊戲式」之學問，遂爲有心人所不取。因之，有龔魏之流，重倡「經世之學」。此卽此種學問與世相離之另一明證。蓋乾嘉之學倘果如戴震所設想而有助於治平，則人何必另倡「經世之學」乎？龔自珍及魏源皆未嘗不習乾嘉之學也。

總之，乾嘉學風之另一影響卽在於使學問喪失客觀上之實際指涉，而成爲「遊戲」。其後種種「經世之學」或「新學」，又皆爲對此學風之反動。本書之範圍至乾嘉爲止，故不能論及。然若有另著近代思想史者，則當留意此中之歷史脉絡也。

論乾嘉學風在哲學史上之意義，至此可作一結束。以下當對乾嘉之學之代表人物，各識數語；然後再轉至對戴震思想之單獨討論。

(三) 學人識略

乾嘉學人爲數至夥；玆但舉有代表性之人物，述其貢獻，以供學者參考。原無窮舉詳搜之意，亦無所謂掛一漏萬之疑矣。

乾嘉之學自以戴震（東原）爲第一代表人物，然因其別有哲學理論，故另列專節。此處不贅及。戴氏以外，數乾嘉之學之代表人物，當自戴氏之前輩江永開始，再及於段玉裁、王念孫、王引之諸人。蓋戴段二王卽乾嘉之學之中堅，而江永又其先導也。此外，如錢大昕、朱筠兄弟等，或治學態度與戴段相合，或對學風有倡導作用，則又列之於後節。至於偏重史學如全祖望、章學誠，或守惠氏家法之「漢學派」，則不能於此備論矣。

江永號愼修。其治學時，惠氏之「漢學」始興，故時人常誤以爲江氏所治亦屬「漢學」。實則江氏非株守家法一流，故能賞識戴東原，東原亦以師禮事之，江氏研禮甚精，方苞吳紱等皆以此推之。然其影響最大者則在於音韻之學。著作中有「古韻標準」、「切韻表」、「音學辨微」三書，皆能超邁前人；其許亭林之「音學五書」，雖認爲其學在毛西河毛稚黃等人之上，然亦知顧氏只長於考證而於音韻之理本身未能深解，故謂顧氏「考古之功多，審音之功淺」也⑮。所謂「審音」卽指音理之研究說。就「考古」而論，亭林之取先秦文獻中之韻語以考古韻，實是後世所共許之方法；然就音理之了解言，則江戴較亭林遠勝。而所謂古韻之研究，自江戴後遂通往音韻本身之研究。此是音韻學之一大進步；對訓詁之影響尤爲重要。故論江氏之學，亦當首重此點也。江氏對音理之研究，以「音學辨微」爲代表之作。而其「引言」中則謂：「鄉曲里言，亦有至是；中原文獻，亦有習非；不止爲佔畢之用已也。」⑯觀此可知江氏固已視音韻研究爲一獨立學科，非僅視爲考古訓詁之事矣。除音韻外，江氏亦致力於曆算之學，頗能補正梅勿庵之說，蓋頗取西法也。

江氏之學，表面上亦屬考古爲主，故粗視之似與亭林之學，甚至惠氏之學皆相近。然有極不相近者，則是江氏治學之態度重在客觀知識之尋求，而不求復古，亦不拘所謂家法。如在論古韻時評及亭林恢復古音之說，卽大不謂然；而云：「譬猶窯器旣興，則不宜於籩豆；壺斟旣便，則不宜於尊罍。今之孜孜考古音者，亦第告之曰：古人本用籩豆尊罍，非若今日之窯器壺斟耳；又示之曰：古人籩豆尊罍之制度本如此，後之摹倣爲之者或失其眞耳。若廢今人之所日用者，而强易之以古人之器，天下其誰從之？」此所謂告之以古今不同之事實，示之以古代事物之本來面目，皆屬尋求客觀知識之事。故最後考古韻之作「皆考古存古之書，非能使之復古也。」⑰不以求「復古」爲目的，而只以獲得對古代之客觀知識爲目的，正是乾嘉學風之主要精神方向或特色；而江氏如此明言之。則江氏之應作爲乾嘉學風之代表人物，由其治學態度中已可得確據，不待訴之於江戴淵源也。

戴東原於前輩中最相得者爲江氏；而其後輩中則以段玉裁、王念孫最能光大其學。王念孫之子王引之更承父學而多所建樹；故後世以戴段二王並稱，作爲乾嘉之學之代表。以下畧述段玉裁之學。

段玉裁，字若膺，號懋堂；師事東原。屢任學官縣官，中年後居吳門，不問世事。卒於嘉慶二十年，年已八十有二；蓋乾嘉學人中講學著述極久者，非如東原五十五歲卽棄世也。

段氏之學，以文字音韻爲主；其考訂諸經，亦皆以文字學爲基礎，所謂：「略於義說，文字是詳。正晉唐之妄改，存周漢之駁文」是也⑱。段氏治「說文」數十年，成「說文解字注」三十卷，蓋集大成之作，至今言「說文」者，不能不讀其書。段氏考古韻，則有「六書音均表」五卷，定古韻爲十七部，蓋又較江氏爲密，而與東原之說亦不同⑲。段氏不唯無漢學派拘守家法之陋習，即對師說亦不肯苟同。此正代表乾嘉學人求客觀是非之精神也。

懋堂罕作議論，故其治學精神只可於其著作中見之。除古音說文之研究外，又清理漢注，立三例；分別「擬其音」、「易其字」、「改其字」之類，依次定爲「比方」、「變化」及「救正」之詞。如此，漢代之經注乃易讀⑳；註易明而經亦易解矣。以上三方面爲段氏治學之重點。其表現求客觀知識之精神亦限於此，不另立理論也。

段氏可謂標準乾嘉學人。此學風之長短，亦可由此種治學態度見其大略。

王氏父子則於訓詁貢獻最大。

王念孫字懷祖，號石臞，受學於東原。其學自文字音韻而至訓詁校勘，成績甚豐。就古韻而言，段氏有十七部之分，而江有誥則有二十一部之分；王氏亦持二十一部之分；與江有誥說大致相合，而固有進於段氏者。文字方面，則王氏於「說文」之外，又重「爾雅」及「廣雅」之研究；著有「廣雅疏證」，藉張揖之書以廣考古音古義，訂正舊說之誤，而奠立訓詁之新基礎。自謂「就古音以求古義」而「不限形體」，蓋其重視「語言」勝於「文字」也㉑。由於特重音義之關係，故王氏立假借之通例，取戴段之說而益光大之，於是訓詁之學得一大發展。王氏爲段氏「說文解字注」作敍，說此意甚明。其贊段氏能於正義借義觀其會通，使訓詁之道大明；又以十七部之遠近分合解「形聲」、「讀若」，使聲音之道大明。於是謂：「訓詁聲音明而小學明，小學明而經學明」㉒此卽王氏治學之宗旨也。自東原强調「由字以通其辭，由辭以通其道」㉓，客觀訓詁之學方向已定，然其實際成績則至王氏父子而始臻豐備；此二王所以與戴段並爲乾嘉之學之鉅子也。

王氏著作以「讀書雜志」爲代表。此書共八十二卷，包含對古代史籍及諸子書之考辨訓釋；王氏治學方法可以從此書見之；此書與其子王引之所著「經義述聞」、「經傳釋詞」，皆乾嘉訓詁之經典作品。

王念孫之治訓詁，雖强調「小學明而經學明」之義，然「讀書雜志」中反不以經爲訓釋對象，而旁取史子。其說經之議論，則大抵載於王引之著「經義述聞」中。所謂「述聞」，卽述其聞於其父者。故引之書雖常附己見，實以念孫說經之言爲主也。案引之於序文中云：「大人曰：詁訓之旨，存乎聲音。字之聲同聲近者，經傳往往假借。學者以聲求義，破其假借之字而讀以本字，則渙然冰釋；如其假借之字而强爲之解，則詰䌪爲病矣。」㉔此卽立假借之通例以訓古籍之原則也。又云：「大人又曰：說經者期於得經意而已。前人傳注不皆合於經，則擇其合經者從之。其皆不合，則以己意逆經意而參之他經，證以成訓；雖別爲之說，亦無不可。」㉕此則見乾嘉學人之能破除舊說之障，而求客觀知識之精神；蓋王氏此論卽已確認傳統說法外之客觀是非標準，正乾嘉學風之主要精神所在也。王氏父子此處雖是就經學講；擴而言之，後世一切清理古史、考訂古籍之工作，亦實皆以此種精神爲基礎也。

念孫之學不同於所謂「漢學」，引之亦明言之。上引序文中云：「故大人之治經也，諸說並列，則求其是；字有假借，則改其讀；蓋熟於漢學之門戶，而不囿於漢學之藩籬者也。」門戶家法，乃惠氏一派所執守。二王與戴段之方向，則只重客觀知識，無此拘守之陋習也。後人動輒將「乾嘉之學」與「漢學」一派混爲一談，失實甚矣。

王引之又作「經傳釋詞」，以糾正漢以來注經者以實義釋助語之誤。其說仍依假借之例，不過專以所謂「虛字」（或「詞」）爲對象耳。然其序文中，提出一訓詁之原則云：「揆之本文而協，驗之他卷而通；雖舊說所無，可以心知其意者也。」㉖此說在原文中雖指釋詞而言，實則可視爲一普遍原則，蓋取「貫通性」爲標準而立訓詁之規矩。於是，擺脫傳統之限制，面對客觀之是非；此一學風之方向確立，規模亦漸大定矣。後世論者只知稱釋詞一書足補爾雅說文方言之闕，尙屬皮相之論也。

乾嘉之學，創於江戴，而大成於段王。故舉此數人已足代表其精神方向。此外尙有應提及者，則二朱及錢大昕是也。此中二朱乃提倡及促進此學風之人。錢氏則治學成績甚富，雖與戴氏同時而不屬於戴門；其精神方向固大致相類也。

除戴段二王之外，朱筠朱珪皆以在朝之身分力倡所謂實學。朱筠，字竹君，號笥河，曾督安徽學政，以文字訓詁敎士，謂讀書必先識字。其論「說文」，則力尊舊本之說。對亭林之議許書，亦皆不謂然；蓋朱筠只屬好古一流，非眞能依客觀標準以求知識者也。朱筠又重視金石文字，雖未有專著創見，搜集頗富。其據永樂大典作古書之輯佚亦頗有貢獻。然合而言之，朱氏之學終不能成家，但提倡奬掖則對一時學風大有影響。

乾嘉之學初興時，世人大抵不能分辨「漢學派」與乾嘉主流之差異。朱筠亦未能免俗。其論學於惠戴兼推之，蓋於拘守家法之弊，與追尋客觀知識之獨立精神皆不甚了解也。其弟朱珪，字石君，官至大學士，且曾爲嘉慶師傅，蓋在顯貴之列。其治學與趣較廣，雖提倡所謂實學，亦不廢宋儒性道之論；又因屢操政柄，故亦究心治術。其著作以「知足齋文集」爲主，可略見其思想。

朱石君極重人才；故歷次取士皆能得人。汪中、孫星衍等皆出其門下。卽以嘉慶己未典會試而論，所取有王引之、張惠言，陳壽祺、郝懿行等，皆爲乾嘉名學人。因此，士林視之爲主持風氣之人物。其實朱石君個人旨趣頗與乾嘉學風不同。如與孫星衍論學，卽以爲考據就詞章言則非上乘，而文學本身卽四科之一，卽不可輕視。此卽可見朱石君固非專講一「廣義史學」者。然其人無系統著作以表示其治學宗旨，另一面因獎拔人才故，對於推動當時所謂實學或樸學之硏究風氣，確在事實上發生極大影響，因此人稱二朱，卽視之爲提倡乾嘉學風之人。倘眞比較朱氏兄弟之著作言論，則應說竹君可謂立於惠氏及戴氏兩派之間而從事文字訓詁者，石君則與此種學風只有一種外在關係而已。至於名家多出其門下，亦只是官式之師生關係，非私人受業之比也。

錢大昕則與朱氏兄弟不同。當江蘇有惠氏之學，安徽有江戴之學與起時，浙江有錢氏獨立治學，蓋別樹一幟者也。錢大昕字曉徵，又字辛楣，號竹汀。乾隆十九年成進士，官至少詹事。乾隆四十年後不再出仕，嘉慶九年卒，年七十七，蓋致仕後尙家居著述二十九年也。

錢氏博學，於訓詁音韻，典章制度，與地曆算，無不用心。尤重金石文字。所著「金石文目錄」八卷，「金石文跋尾」二十卷，「金石文附識」一卷，皆足見考據之功。而其學與惠戴均不同者，則是對考史之重視。惠氏只講漢儒注疏，固不待說。卽東原之博學，亦以治經爲主；對漢以下之史籍殊未留意。錢氏則窮多年心力，作「二十二史考異」一百卷，爲淸代史學之名著。此書初編於乾隆三十二年，歸田以後，再作整補；蓋有意糾正當時重經而不治歷代史籍之風氣。其自序中謂實事求是，不作矜誇之議論[27]。蓋其精神方向，仍屬追尋客觀知識，正與乾嘉主流相合；不過擴大其硏究範圍而已。

錢氏著作浩繁，人若只取其一面觀之，卽可對其治學宗旨有不同解釋。如江藩以惠派後學，著所謂「漢學師承記」亦收錢氏，而隱謂錢氏優於戴氏[28]。在江藩之見，固以爲乾嘉之學皆屬「漢學」，此固不值一笑；然江藩所以崇錢而抑戴，則又因江藩只見錢氏之博通，而不能觀其精神方向也。

錢氏雖亦重客觀知識，然其立論，亦頗有拘滯之處。例如，江永評梅文鼎曆算之失，而取西法，否認所謂「消長」之說。其論雖未能全合於科學標準，然較梅說有進。而錢氏致書戴東原痛斥江說，以爲江氏受西人之愚弄㉙。則足見錢氏尚未能虛心以觀理也。

錢氏雖重史學，其治學精神仍與戴段相合；與章學誠等又不同，故於此並及之。

乾嘉之學既大盛，一時學人極多；本節只舉數人作代表，不能詳及。觀以上所記，已大致可知此學風下主要人物之精神方向。識略卽至此爲止。以下當另以專節述戴東原之思想，以結束本章。

(B) 戴震之哲學思想

如前所屢言，戴東原乃乾嘉學風之眞正奠基人；其治學甚博而方法甚嚴。治經以外，文字音韻，曆算與地等等皆有論著。然本章所論述者，只以其涉及哲學思想之言論爲主。其他皆不詳及。

(一) 總說

戴震，字東原，安徽休寧人；少年卽治「說文」，兼考「爾雅」、「方言」及漢人傳注，故考證訓詁之學，早有基礎。且立志由考古釋文以研經明道。其晚年寄段玉裁書，曾謂：

「僕自十七歲時，有志聞道；謂非求之六經孔孟不得；非從事於字義、制度、名物，無由以通其語言。宋儒譏訓詁之學，輕語言文字；是猶渡江河而棄舟楫，欲登高而無階梯也。爲之三十餘

年，灼然知古今治亂之源在是。」㉚

此乃東原晚年自述之言，其中至少有兩點可以注意：

第一：東原標揭重訓詁考證之宗旨。此即其平生用力所在，亦即乾嘉學人所承襲者。

第二：東原明謂其治學乃以明道爲目的，且欲求古今治亂之源，則在東原個人心目中。其學固非只爲知識而求知識。此則與清初「通經致用」之意相連，而非一般乾嘉學人所共承者。

故戴氏在歷史影響方面，雖奠定求客觀知識之學風，然其本人之旨趣，則固仍重在由知識以通經明道也。

戴氏二十二歲時，成「籌算」一卷，後更名爲「策算」。此爲其最早所作之算學作品。二十三歲成「六書論」，其書未刻。然其序文則存文集中。其議論之重大特色，在於以「互訓」釋「轉注」，曾於寄江永書中說其大旨㉛。此蓋戴氏論文字學之最早著作也。

二十四歲成「考工記圖注」，則是釋經之最早著作。二十七、八歲又有「爾雅文字考」。三十一歲有「毛詩補傳」。此後著作日繁，茲不備舉。但就其有關哲學思想之論著言，則四十一歲以前作「原善」上、中、下三篇。段玉裁於是年曾抄寫之。又另有「原善」三卷，即擴大此三篇而成；大約成於四十四歲時。此後另著「緒言」及「孟子字義疏證」，以發揮其思想。四十七歲所作「緒言」大致爲戴氏立說之大綱；「孟子字義疏證」則由解孟子文而自立一說，以反對程朱一派之形上學。「疏證」據段氏年譜謂亦成於四十四歲時，然段氏是年並未見此書，只因東原告以「近日做得講理學一書」，故謂即指「疏證」而言。然此語亦可能指「原善」三卷說。故「疏證」未必是年已成㉜。然五十五歲時有與彭紹升書，討論「疏證」之說，蓋其前東原寄「疏證」及「原善」與彭氏，故有函札議論；則此書或成於此二年中也。

「疏證」一書，最能代表戴氏之理論立場。戴氏本人亦極重視此書，故在逝世前一月寄段氏書中曾云：

「僕生平著述最大者，爲孟子字義疏證一書。此正人心之要。今人無論正邪，盡以意見誤名之曰理，而禍斯民，故疏證不得不作。」㉝

所謂誤以「意見」爲「理」之問題，卽戴氏立說之中心論點之一，下文當再析述。此處所須注意者是：戴氏在時人眼中，其重要著作在於考訓一面，然戴氏自以爲最大之著述反是「疏證」一書；蓋東原固終身治所謂乾嘉之學，但本人另有哲學興趣。晚年此種傾向益强。王昶作墓誌銘謂戴氏「晚窺性與天道之傳，於老莊釋氏之說，辭而闢之，使與六經孔孟之書截然不可以相亂。」㉞固非無據也。

然戴氏之有哲學興趣——或對「義理之學」之興趣是一事；其如何了解哲學問題，如何講「義理」則另是一事。若專就興趣言，則如上所說，戴氏本以明道或聞道爲治學之目的，自少年時已然；不僅「晚窺性與天道之傳」。不過其涉及哲學問題或「義理」之著作皆成於四十歲以後；此是工作先後問題，非晚年別有此旨趣上之轉變也。若就其立說之內容說，則戴氏之理論與程朱陸王皆相違；究竟可視爲何種學說之「傳」，則亦大可討論。此則王昶所未能深辨者矣。

戴氏談義理之作，不爲同時學人所喜。戴氏以段懋堂相知最深，故屢在寄段各書中述其重義理之意。段氏亦頗體此意，故在寄程瑤田書中言及逝世前一月一函，乃云：

「此札有鄭重相付之微意焉。」㉟

而其跋語則謂：

「此二札者，聖人之道在是；殆以爲玉裁爲可語此，而傳之也。」㊱所謂「二札」，即指論理欲書及言「疏證」一書。戴氏在此二書中所標揭之宗旨，即其哲學言論之中心觀念所在，而不爲並世學人所解者也。

戴氏論義理之作，除門人如段玉裁、洪榜等極力推重外，頗受時人譏議。如「原善」諸篇，朱筠、錢大昕皆以爲不必作。章學誠謂：「羣惜其有用精神耗於無用之地」，蓋亦紀實之語㊲又如寄彭紹升書，乃戴氏與彭氏辨析其哲學論旨之重要文件，而朱筠乃以爲東原之可傳者不在此，勵洪榜不載之於所撰行狀中㊳。洪榜答書力爭之，而引朱竹君之語謂：「性與天道，不可得聞。何圖更於程朱之外復有論說乎？」，則朱筠直以談義理而異於程朱者爲無聊之論說矣。此亦可與章學誠之言互證。總之，戴氏之學，在同時人眼中，只以其考證訓詁爲重；而在戴氏本人則以爲其治學實以明道爲目的。然則，戴氏所明之「道」爲何？依戴氏寄段諸函，可知至少戴氏自己認爲「孟子字義疏證」一書可作代表。故下文即以「疏證」爲主，輔以「原善」、「緒言」等作，一觀戴氏論道之語。此亦即其哲學思想所在也。

(二) 哲學思想述要

戴東原之哲學思想，雖以「疏證」爲代表作；然就其發展次序看，則「原善」最先出，次則「緒言」，最後方有「疏證」。茲欲清理東原一家之說，仍當依次析論其「原善」、「緒言」之理論要點，然後再歸於「疏證」。此處有兩點應先加說明：

第一：東原思想內容原不甚深奧；其所接觸之哲學問題亦先後大致皆同，並無層層轉進之理路可說。故各作品雖頗有立論殊異之處，然大半論點皆先後相近。重複之處既多，析論時即必須有所省略。

然此等省略處當隨時交代明白；學者不可視爲遺漏也。

第二：東原諸作中，「緒言」之性質最不確定。段玉裁作年譜曾謂：

「孟子字義疏證原稿名緒言，有壬辰菊月寫本，……。」㊴

然「疏證」之原稿何以能名爲「緒言」？此已大有可疑。且觀「緒言」之內容，則先論易傳中形上形下，道器陰陽等觀念，轉與「原善」三卷相似。而「疏證」則先有辨「理」之十五條。其立論次序獨殊。則懋堂此說恐未得實。若就「緒言」本身看，則此文似是一理論之大綱；雖其文用問答體，與「疏證」相似，恐非「疏證」之「原稿」。或東原初意不欲專作一「疏證」之書，而欲作一純理論之書，故列其主要觀念稱之爲「緒言」耳。案東原於逝世前數月（乾隆丁酉年正月十四日）寄段玉裁書，除自述其治學宗旨一節，上文已引外，另有一段言及其著述計劃。書中自謂不久擬南旋就醫，不欲復出，而於日後之計劃則云：

「竭數年之力，勒成一書，明孔孟之道，餘力整其從前所訂於字學、經學者。」㊵

依此，則東原此時雖應已完成「疏證」（或至少大部完成），然仍欲另著一書「明孔孟之道」；亦卽仍擬寫一純理論著作也。東原極可能在四十七歲時卽擬作此一理論專著，故先作「緒言」。其後雖另出「疏證」一書，然固未放棄此理論專著之計劃也。以上之推測雖大致不悖於理，然終屬推測。治學既不應以推測代證立，則今論「緒言」，亦只能視爲一獨立作品。故本節析述「原善」後，卽另述「緒言」之特色，而不與「疏證」合觀。蓋「緒言」不應爲「疏證」原稿，其本身卽是證據也。

以下卽先觀「原善」之大旨。

（a）「原善」三卷大旨

案東原四十歲前已有「原善」三篇之作；其後（約在四十四歲時）又廣其意作「原善」三卷。卷首自加案語云：

「余始爲原善之書三章，懼學者蔽以異趣也，復援據經言疏通證明之；而以三章者分爲建首，次成上中下卷。比類合義，燦然端委畢著矣。」[41]

戴氏所謂「三章」，卽指「三篇」而言。今案「三卷」於「三篇」之文大致全已收之，而加「疏通證明」。其文雖稍有改易，讀「三卷」卽不致於「三篇」之論旨有所遺漏，故茲卽以「三卷」爲析述之資料，不另列「三篇」。

東原由於其思路乃依訓詁而說義理，故立論總以解字爲主：不僅「疏證」是如此寫法，「原善」三篇及三卷亦皆是如此。

卷上先釋「善」、「道」、「德」、「性」、「命」等觀念；其言先後頗有駢叠，蓋東原立說，於邏輯次序固不甚留意也。以下大致順其文而述其旨。

原文云：

「善，曰仁、曰禮、曰義。斯三者，天下之大衡也。上之見乎天道，是謂順；實之昭爲明德，是謂信；循之而得其分理，是謂常。」[42]

此文以「原善」爲題，本卽應以析論「善」之意義爲主；然戴氏一開始以「仁禮義」說「善」，則似只舉其所指言之，而於「善」是何意義，則全未置答。此卽使「原善」之文缺一根本論點矣。「天下之大衡」在三篇中原作「天下之大本」；改「本」字爲「衡」，可說是由存有意義改爲規範意義，然其下轉至「天道」、「明德」、「分理」，而舉「順」、「信」、「常」三字，則仍以存有語言釋規範語言也。旣擧「順、信、常」三字，卽復以此三觀念再說「善」，故云：

「善，言乎知常，體信，達順也。」㊸

合而觀之，可說戴氏未界定「善」字本身之意義，而只列擧「善」在「天道」、「明德」、「分理」三面之表現。如「善」表現於「天道」，卽稱爲「順」云云。依此而論，則戴氏應是以「天道」之「順」、「明德」之「信」、「分理」之「常」三者爲「善」之內容。但下又以「知常」等等爲「善」。此處理論層次頗亂；蓋如只以「知常」等三者爲「善」，則此所謂「善」乃對於「知者」之描述，而嚴格取此意義用「善」字，則卽不能又以「常」等爲「善」，蓋「常」本身不能「知常」，「善」如用以表示「知常」，則此描述知者之詞語，不能同時又描述被知者也。譬如說：「通數學爲有智慧」，則「有智慧」一詞描述能「通數學」者，卽不能同時說「數學」本身爲「有智慧」也。故戴氏前後兩次說「善」，理論已呈混亂；蓋戴氏固不善於作理論思考，故只一味發揮自己某種想法，而全不能顧及理論之嚴格性也。

然若放寬理論標準，只將戴氏此種說法當作普通談論意見之語看，則其意似亦非難明。蓋戴氏取一種粗淺常識觀點，以爲「順」、「信」、「常」等皆是一種「善」（此是將「善」當作一種存有之屬性或狀態看），然後遂說於此三者有所成就（如知「常」，體「信」，達「順」皆表某種成就）皆是「善」，而不知如此說時，「善」之意義已分涉兩層次，而其中有大病也。

戴氏言「善」旣從「天道」等說之，則其理論模型已明屬於以「存有」釋「價值」一路。由易傳至宋之周張皆屬此路數，則戴氏雖在較低理論層次上反宋儒，其根本思想固難謂有何創新之地位也。

「原善」文中，最可注意者乃其對於「性」與「理」二觀念之看法。蓋戴氏對於涉及「善」及「道」等基本概念之說法，大抵皆無確切意義，不出持「天道觀」者之舊說範圍，但其對「性」、「理」之看法，則有明顯傾向；此不獨在「原善」中爲然，在整個戴氏哲學思想中亦然。此處先就「原善」之文略作析述。

戴氏論「性」，先云：

「性，言乎本天地之化，分而爲品物者也。」㊹

又云：

「限於所分曰命，成其氣類曰性。」㊺

此處最顯著者爲「分」字、「類」字。宋儒以來，用「性」字本有「共同義」及「殊別義」；前者爲持「天道觀」者所重，後者則「本性論」一支之基本觀念也㊻。今戴氏本接受許多「天道觀」一支之假定，但其論「性」則特別傾向於「殊別義」。此固可歸之於戴氏對宋明諸說及其中理論界限缺乏了解，然實亦正透露戴氏立說之眞正旨趣所在。此應再作解釋。

所謂「分而爲品物」，卽指萬物各有其品類而言。故下文卽又就「成其氣類」說「性」。依戴氏之意，「天地之化」卽是所謂「道」。故嘗謂「道，言乎化之不已也」㊼，又云：「一陰一陽，蓋言天地之化不已也，道也。」㊽而萬物皆分有「天地之化」以成其品類，換言之，卽由「道」分別顯現於各「類」事物以成「性」也。如此，則「性」是「類」之「性」；取殊別義。至於共同義之「性」，應專就「道」說，因唯有「道」乃眞正爲萬有所共者。至此，戴氏之說，似亦同時肯定「天道」與「本性」

二觀念。而其所謂「本五行陰陽以成性」[49]，亦與周張以下宋儒之說並無不同也。然有大不同者，則在於「性」字之用法。宋儒中如伊川朱熹，言「本性義」之「性」；故萬有一方面皆有其「本性」，另一方面其實際存在狀態則不必然皆合於「本性」；故「性」不取實然意義。就人而論，則「義理之性」爲「本性」，「氣質之性」卽以指實然一面。戴氏則直以實然歷程中最早之內容爲「性」，而無明確「本性」觀念。此所以戴氏與宋儒之理論終不同也。

戴氏乃據易傳中「道、善、性」三觀念立說，而其論「性」則有如下之解釋：

「有天地然後有人物。有人物而辨其資始曰性。」[50]

此所謂「資始」，卽是「實然本有」之意。蓋戴氏以爲，人物各成其類，類則有「性」；此是實然中人或物具有之能力。而所謂「善」，則不由「性」說——故與以「本性之充足實現」說「善」之「本性論」立場有異。蓋戴氏言「善」時，仍承「天道觀」立場，以爲人之活動合乎天道爲「善」；此中之理論困難，從未觸及，故亦不知「本性論」乃對價值或「善」之進一步解釋也。此點在「原善」一文中亦說之甚明。其言云：

「善以言乎天下之大共也；性言乎成於人人之舉凡自爲。性，其本也。所謂善，無他焉；天地之化，性之事能，可以知善矣。君子之教也，以天下之大共正人之所自爲，性之事能，合之則中正，違之則邪僻。以天地之常，俾人咸知由其常也。」[51]

案以「善」爲「天下之大共」，卽依共同義之「道」而言。以「性」爲人之所「自爲」；此處卽留下一大漏洞或理論缺口，蓋必假定人之「自爲」可以不合「天下之大共」；此方是眞正哲學問題所在，亦「天道觀」之困難所在，而戴氏竟全未察及，匆匆跳過此一關鍵問題，於是其他理論皆成無根之意見矣。然順其意說，則其論旨不過以爲人之「自爲」，據人之「性」而發；「性」表人之實然能力，故以「事能」說之。而如此「自爲」之活動，不必能合乎「天下之大共」，故「君子之教」即以「大共」正「自爲」；而人之自爲「合」此「大共」或違此「大共」，即成正邪之分——亦即善惡之分。而此所謂「大共」又說爲「天地之常」；此涉及戴氏另一組特殊用語。戴氏於此段前曾云：

「言乎自然之謂順，言乎必然之謂常，言乎本然之謂德。天下之道盡於順，天下之教一於常，天下之性同之於德。」[52]

案此處所標出之「自然」、「必然」、「本然」三詞語，乃戴氏理論之重要觀念；蓋戴氏既依易傳立論，又欲與中庸之「性、道、教」之論合說，遂提出此三詞語。此中「必然」一詞，乃其價值理論之中心觀念：所謂「必然」即「常」，所謂「常」即「天地之常」，即「天下之大共」，亦即天道之規範也。至「自然」、「本然」二詞，則涵義尚不明確，以下再隨時析論之。「必然」在戴氏說中表天道規範，則無可疑；立此「常」或「必然」，然後又以爲人之活動可以不合此「必然」或「常」，遂以爲「教」皆依「常」而立——所謂「一於常」。然則，此不過是漢儒「以人合天」之陳舊論調，又何能合於孔孟之學乎？故戴氏之論「性」及「善」，可謂重蹈宇宙論及天道觀之覆轍，未見其克服前人困難之表現也。

戴氏立說之根本缺點，在於未能深究價值論之基本問題，而但以常識態度憑空說「善」。其言德性，如仁、禮、義，皆先視之爲存有之性質或狀態，於是先立「天地」之「德」，而以人之合天釋人之道德問題。此是以「存有語言」與「道德語言」相混，固宋儒之通病也。東原自以爲能反宋儒之說，實則在價值論之基本觀點上，混合漢儒宋儒之病，而不自知也。以上順評數語。茲再回至「原善」之文。

「原善」大抵以發揮易傳之意爲主；故其論天地之化，屢言「生生」；而卽順此以說「仁、禮、義、智」等，其言云：

「生生者，仁乎。生生而條理者，禮與義乎。何謂禮？條理之秩然有序，其著也；何謂義？條理之截然不可亂，其著也。得乎生生者，謂之仁，得乎條理者謂之智。至仁必易，大智必簡。仁智而道義出於斯矣。是故生生者仁，條理者禮，斷決者義，藏主者智。仁智中和曰聖人。」[53]

案此處混天道與人道而言之。所謂「仁」、「禮」、「義」，原皆就天道或天地之化說；但言「得乎條理」爲「智」，則此只能就人或人心說，於是轉而言「聖人」矣。此種理論之內部混亂，姑不多論。此處應注意者則是：「智」觀念似爲戴氏論人道之最重要觀念，蓋生生條理等，皆屬之天道，而人之能合天道，必依賴此能知天道之能力，此卽「智」也。故戴氏云：

「觀於生生，可以知仁；觀於其條理，可以知禮；失條理而能生生者，未之有也，是故可以知義。禮也，義也，胥仁之顯乎？若夫條理得於心，其心淵然而條理，是爲智。智也者，其仁之藏乎！」[54]

此處透露一極重要之論點，卽「仁、禮、義」三者，在戴氏皆可以宇宙論或形上學之觀點，說爲天地所具之德，然獨「智」必須就「條理得於心」說，卽爲人心所獨具之德，則「天人」之相通處，卽當落在「智」上矣。有「智」而能「觀」能「知」，「仁、禮、義」在戴氏皆爲「知」與「觀」之對象。唯有「智」則屬此能「知」能「觀」之心。於是「智」與「性」之關係如何？乃必須解答之問題。而由此又可再回至其論「性」之說。

戴氏論「性」，雖重殊別義而言類性，然亦分就人物所同及相異處說之（戴氏所謂「物」皆指「生物」講，此又與濂溪相同者，亦承易傳而來）。其言云：

「人與物同有欲：欲也者，性之事也。人與物同有覺；覺也者，性之能也。」55

此就人物所同之性而言。性之功能或「事能」，分為欲與覺，即分指感受與認知而言。人物皆由其實然之性而具感受能力及認知能力。然此二種能力，戴氏又以為與仁智二德性相應，故云：

「欲不失之私，則仁；覺不失之蔽，則智。仁且智，非有所加於事能也，性之德也。」56

戴氏亦知「仁」當訓為「公心」，故以不「私」言之；但又以「不蔽」說「智」，則大為勉强；蓋「智」之正面作用，未能以「不蔽」一詞盡之；然中國經籍中對「智」之解說殊少，故戴氏除借用荀子意而以「不蔽」說「知」外，只能由孟子語而尋得「不蠹」一詞。「原善」卷上末乃云：

「仁者無私……智者不蠹……。」57

此可與上引文相補充。戴氏如此說「仁」、「智」，以為可就「性」中之「欲」與「覺」二能力釋之。而謂「非有所加於事能」，則顯出一理論上之大謬誤；蓋「欲」作為一能力看，本身不能保證其「不失之私」；欲使「欲不失之私」，則必有另一能力加於「欲」上方能節制之。「覺」作為一能力看，本身亦不能保證其「不失之蔽」；欲使「覺不使之蔽」，則亦必有另一能力加於「覺」上而引導之。故一說「欲」加上「不私」方為「仁」，則此「不私」如何而可能，始是問題關鍵所在。使欲「不私」之能力，縱說為一純形式之能力，亦不能與「欲」等同，且不能只由欲生出。此理稍推即明。戴氏於此未能詳辨，於是日後學說，愈演變愈不可通；審其病皆緣此種基本觀念之混亂也。

戴氏又論人性與物性之異，則就所謂「曲全」而說之；蓋既不能見質之殊異，遂思就量之殊異為說。其言云：

「天道，五行陰陽而已矣；分而有之以成性。由其所分，限於一曲，惟人得之也全。曲與全之數，制之於生初。人雖得乎全，其間則有明闇厚薄，亦往往限於一曲；而其曲可全。此人性之與物性異也。」58

此處所最可注意者，爲「其曲可全」一語。戴氏欲以「曲全」分人物之性，但亦知人未嘗不有氣質之偏，遂亦承認「明闇厚薄」之不同；但又認爲人雖有「限於一曲」之偏至性，而終可以超越此偏至性，故說「其曲可全」；而物則無此能力，故「人性」與「物性」之異即由此超越之可能說。然此說如成立，則顯然人除有其「限於一曲」之氣質外，另有能超越此限制之能力；豈非即宋儒所謂「義理之性」乎？此又戴氏全力反對之說也。倘無所謂「義理之性」與「氣質之性」之分立，則「其曲可全」畢竟如何可能？此又成一理論兩難之局矣。

總之，「原善」之主旨，在以爲人合天道則「善」；而對「善」本身之意義不能界定，遂似將一價值詞語化爲一「存有關係」之詞語。此正漢儒之舊病，於理不可通者也。其次，戴氏論「性」，原重殊別品類之性，故必肯定人性與物性不同；然因戴氏始終對於「主宰義」、「自由義」之純意志不能了解；故欲言人性之特殊，亦只能歸於秉賦之量意義而言之，遂有曲全之說。但其說自身仍涉及嚴重困難，即不能說明人何能使「其曲可全」也。

至於以「欲」與「覺」爲「性」之事能，本亦未嘗不可；然此乃人物所同之「性」，無關於「人之異於禽獸者」；於是遂據「欲覺」以說「仁智」；而不知此處又非另肯定一形式能力不可。於是，在此較早作品中，戴氏哲學思想之大病皆已形成矣。

「原善」卷中偏重於說孟子。其中頗有可注意者。如引孟子指出「理」、「義」爲「心之所同然」

一段後，而云：

「當孟子時，天下不知理義之爲性，害道之言紛出以亂先王之法，是以孟子起而明之。人物之生，類至殊也。類也者，性之大別也。孟子曰：凡同類者舉相似也。何獨至於人而疑之？聖人與我同類者。詰告子「生之謂性」，則曰：犬之性猶牛之性，牛之性猶人之性與？蓋孟子道性善，非言性於同也。」㊾

案此段強調孟子以「理義」爲「性」。又指出孟子所言之「性」乃人之「類」之「性」；而其與告子之辯則表明其「道性善」非就人物所同者言。皆甚確當。若順此以析論孟子之論旨，應可知孟子所用之「性」字，取「本性」義；而人自有與物同及與物不同之兩類能力矣。然戴氏在此處又踟躕不前，不能面對此「本性」觀念；而不能明「性卽理」之義；故下文云：

「由孟子而後，求其說而不得，則舉性之名而曰：理也。是又不可。」㊿

所謂「求其說而不得」指何「說」而言，殊不可解；蓋若指上節所說而言，則伊川之言「性卽理」正是承此「說」也。戴氏旣引孟子此說，又謂不可言「性卽理」，其故何在乎？

此當自「性之名」三字着眼。戴氏所謂「性之名」卽指「性」作爲一「名言」說。換言之，「性」作爲一名言或一語言符號看，戴氏以爲不可與「理」字混。蓋戴氏所未自覺說出之原則，實卽是以常用語義爲解釋名言之標準。此蓋與其治訓詁之立場有關。舊日治訓詁以說經之學者，大抵皆先考求某字某語在古代之常用語義，然後據以釋經籍；此一方法若以之處理一般古代文件，則確屬最合科學標準之方法。但當吾人面對某一特殊哲學理論時，則卽不能忽略此處有「特殊語言」與「常用語言」之分別問題；蓋立一理論時，此論者常因所言之理非常人所已言及者，故不得不予舊有之語言以新意義，因而構成其特殊語言。在此種情況下，學者只能據其立論之內部語脈以了解其特殊語言，而不可再拘於常用語言中某字之意義，而强以之釋此理論也。孟子論「性」，正屬此類特殊語言。戴氏原已能知孟子就類之不同而言人與物之性不同，但終不能了解此爲一特殊語言，仍執常用語義以說之，故以爲「性」不可謂爲「理」。在常用語言中，「性」自指生而具有者言，「理」則指「文理」、「條理」而言；此亦戴氏所力持之說也。

戴氏既於「本性論」之理路有所阻滯而不能入，故於依此以立之各種價值論亦皆不能解；而只能通過「智」以說價值問題。而說「性」與「理義」時，只能就人之「才」說人之性有「理義」，而不能了解「性卽理」一命題之眞意義正在奠定一價值論之基礎也。戴氏在卷上已據禮記而以「血氣心知」合言人之「性」，而在卷中則更作發揮，由「心知者天地之神」61之說，轉而標出「智」以「擇善」之說。其言云：

「有血氣，夫然後有心知。有心知，於是有懷生畏死之情，因而趨利避害。其精爽之限之雖明昧相遠，不出乎懷生畏死者，血氣之倫盡然。故人莫大乎智足以擇善也。擇善則心之精爽進於神明，於是乎在。」62

案戴氏既將人與動物相同之能力及其與動物相異之能力，合而視爲人之「性」；則其所謂「性」非人所獨具之性，卽非「本性」義。又在此意義下，「性」表人之本能之全部，於是戴氏亦非專取動物性爲人之「性」；故與孟荀之說皆異。此點下文當再論之。現須指出者則是：戴氏雖以爲「理義、性也」，同時又以「血氣」爲「性」，但並非將「理義」與「血氣」看作平行關係；而實以爲「血氣」先於「心知」，而人之能知「理義」，又全賴「心知」。故依戴氏之說，人基本上仍與動物大體相同——皆「血氣之倫」，但人之「才」與動物不同，卽秉賦不同；由此人多一「心知」之能力。此能力卽使人能有「智」；用「智」以「擇善」卽人所能而其他動物所不能者也。

於此倘再作進一步剖析，則可見此中涉及以下問題：

第一：戴氏所謂「性」，指本能之全部，而又以爲「性至不同，各呈乎才」63，故其「性」觀念實偏重於「才性」意義。與孟子不同處在於其所謂「性」非專指人所異於禽獸之能力；與荀子不同處在於其所謂「性」亦包含「理義」，非如荀子以「理義」爲「僞」而與「性」對。

第二：戴氏所言之「性」，既指本能，故純是自然意義，事實意義。戴氏雖以爲人之本能中含有「心知」、因此能「擇善」，或能知「理義」；但依此一語言之性質看，所謂「善」、「理義」等亦皆成爲事實意義之描述語；於是「規範性」、「主宰性」等皆不能在此語言中安立；戴氏之價値論遂亦失去其最基本之功能，而化爲一套描述生理及心理事實之語言矣。

第三：戴氏如此觀「性」及「善」二概念，故「性」既成爲本能，「善」亦化歸利害。戴氏明言「懷生畏死」，「趨利避害」等爲生物（卽所謂「血氣之倫」）之共同目的，則人不過多一種「智巧」64，能有較得有利之選擇。於此而言「擇善」，則有關道德意義之普遍性，與此所謂「善」全不相應。此不唯在理論之一般標準下看，成爲一與道德問題無關之說，且就戴氏自身理論言，此種意義之「善」，亦與其所謂「天地之常」等詞語不能通協；蓋一面取形上學觀點，將「善」視爲存有義，作超經驗之肯定；另一面又將「善」解爲經驗中之利害意義，只作經驗事實之描述。此中「普遍」與「特殊」、「規範」與「事實」等等衝突皆無法消融。其說不唯不能成立，且在嚴格意義上實不可解矣。

究竟道德價値在於人之「合天」乎，抑在於人能作有利之「擇」乎？此問題乃戴氏說中死結所在也。

錢穆先生著「中國近三百年學術史」，於論戴氏之學時，引「孟子字義疏證」之語，指出東原如此以生物本能說「性」，以明智之選擇說「善」，大有病在，而以爲戴氏此種思路實近於荀子。其言云：

「若專從人類個己懷生畏死飲食男女之情以求其不爽失，求其知限而不踰，則所得卽無異於荀子之所謂理義，所謂性惡矣。何者？因其全由私人懷生畏死飲食男女之情仔細打算得來，若人類天性不復有一種通人我、泯己物之心情故也。」㊰

案「仔細打算」卽利害之考慮也。利害考慮與道德判斷各屬於不同意義領域，東原於此種根本問題全無了解，故有此混亂。錢氏雖未用「混亂」字眼，但有「打併歸一」之說；其論戴說不合孟子之旨云：

「在孟子所分別言之者，在東原均打併歸一，是東原之所指爲性者，實與荀卿爲近。」㊱

又云：

「孟子書中亦明明分說兩種境界，而東原必歸之於一；又不歸之於仁義，而必歸之於食色，是東原之言近於荀子之性惡，斷然矣。」㊲

所謂「打併歸一」、「歸之於一」卽「意義之混亂」也。錢氏之評，大致可謂公允；但屢謂戴氏言「性」，近於荀卿性惡之說，則此中又稍有應加淸理之問題。

若就戴氏本身之議論看，則戴氏在「原善」、「緒言」及「疏證」中皆屢屢言荀子不知「理義」或「禮義」皆屬「性」，以爲非是。在「原善」卷中且以荀告相比而論，而最後云：

「荀子二理義於性之事能，儒者之未聞道也。告子貴性而外理義，異說之害道者也。」㊳

則戴氏固決不謂己說近於荀說。其所以有此意見，蓋如前文所說，戴氏以爲「性」卽本能之全體，而認爲荀子所謂之「僞」亦皆屬於此本能，故說荀子「二理義於性之事能」爲其「未聞道」之證據。戴氏固自以爲是承孟而反荀也。

然若就理論本身看，則戴氏雖謂「理義」屬「性」，然其釋「理義」則步步化歸於「利害」觀念，而又以爲「有血氣夫然後有心知」，則所謂「性」中之「理義」，並非道德意志或自覺之謂。「理義」不過是人由「心知」或「智」所認知之事實性質及規律；此種性質或規律本身原無善惡可說；而所謂「善」者，卽繫歸於本能之要求——如懷生畏死飮食男女之類，則在戴氏眼中，人之行爲在方向上說，皆只順動物性之本能欲求而動，「智」不過有利於本能欲求之滿足；如此，則戴氏雖反荀子，其眼中之人「性」基本上只屬動物本能——但多一智巧而已。此則又與荀子眼中之「性」相近，如錢氏所言矣。

以上偏重於「性」說。若再進一步問：戴氏之說是否可看作一種「性惡論」，則此又是另一事。蓋依戴氏所用之語言看，所謂「惡」並非指意志方向言，而只指行爲效果言。戴氏確以爲人之意志及行爲之方向，均是求本能欲求之滿足；但在戴氏自己之語言中，此種方向不稱爲「惡」。戴氏既以「不爽失」、「不踰其限」等語說「善」一面，則其所謂「惡」自卽通過「爽失」、「踰限」等義定其意義；如此，則戴氏之說終非「性惡論」。荀子原以種種動物性本能要求爲「惡」，而又以此爲「性」之內容，故說「性惡」；戴氏則未嘗以本能之欲爲「惡」，故與荀子不同。此細觀戴說所應有之結論也。

戴氏於「原善」卷中，又屢屢强調「心之所同然」一語，蓋以此釋「理」字，以爲得孟子意。此戴點在談「疏證」中思想時，當更及之。原善卷下，則涉及工夫問題。此中論「私」及「欲」之語，亦爲戴氏思想之要點。以下略作析述，卽可進至「緖言」及「疏證」之討論。

「原善」，卷下開端即云：

「人之不盡其才，患二；曰私，曰蔽。私也者，生於其心爲溺，發於政爲黨，成於行爲慝，見於事爲悖爲欺；其究爲私己。蔽也者，其生於心也爲惑，發於政爲偏，成於行爲謬，見於事爲鑿爲愚；其究爲蔽之以己。」69

案此處所標出之「私」與「蔽」二字，承卷上「欲不失之私則仁」，「覺不失之蔽則智」二語而來；然卷上重在通過本能義之「性」以說仁智，此處則重在解釋「不善」或「惡」如何生出。故續云：

「私者之安若固然爲自暴，蔽者之不求牖於明爲自棄。自暴自棄，夫然後難與言善；是以卒之爲不善，非才之罪也。」70

案戴氏此等說法，在字面上常似依孟子而來，蓋用語多承孟子之書；然其基本觀點則與孟子全異。蓋戴氏既以本能之全部爲「性」，又以爲「性」與「材質」不可分，於是戴氏心目中只有形軀意義之「人」；而又以「欲」與「覺」爲「性」之「事能」，則其道德概念皆已預認本能（生物意義）爲基礎。於是現欲解釋人何以有惡，遂陷入一理論困難。因若以「欲」爲人之意志定向力，而就「欲」以言「善」，則凡合乎欲求者皆當爲「善」矣。今又別立「私」與「蔽」一對觀念，以說「不善」之由來；則此二觀念與「欲」之理論關係即大成問題。

試想：若以「欲」爲「善」，則「私」或「不私」當仍以能否合乎「欲」之要求而斷爲「善」或「不善」。換言之，「善」之意義既通過「欲」說，則「不私」未必是「善」，因「不私」未必能滿足「欲」，且常與「欲」之要求衝突也。「不私」之意義不能解爲形軀血氣之「欲」之一種，因形軀只有特殊感受，其爲「私」乃當然如此。今若謂「欲」須加上「不私」一條件方爲「善」，則「善」之意義轉而在「不私」上成立，因有「私」卽生出「不善」，戴氏已明言之矣。如此，則善不善當視「不私」或「私」爲斷；然此所謂「不私」，根本不能由形軀血氣中尋得根據，於是必須轉向某一不屬於「欲」之概念，則此豈非正指向宋儒所謂「理欲之分」乎？然戴氏固力反「理欲」之說，則其所謂「不私」畢竟由何種能力而可能？戴氏竟不能自圓其說矣。

關於「私」有如此之根本理論問題。關於「蔽」，戴氏之說亦有類似困難。戴氏由荀子處得一「蔽」字，遂欲據此以建立其對「學」之肯定；然荀子言「解蔽」，乃專就思考能否遍及各種理論問題而言；故言某家「蔽」於某而「不知」某，卽謂其思考遺漏某一面之重要問題也。戴氏之「心知」依於「血氣」，與荀子之「心」爲一獨立於「性」之能力者大異。而戴氏之「覺」旣屬於本能義之「性」，則只指經驗中之認知而言。經驗認知本受經驗條件限定；自簡單感覺至複雜經驗判斷或構想，莫不有一定之限度，然則如何能就此立一「解蔽」之義，則又成問題矣。

總之，儒學通過自覺義之道德理性觀念，方能言「公私」；通過形式義之思辨理性觀念，方能言「蔽」或「不蔽」；此二種「理性」觀念皆非生物義之本能——因不能化歸形軀血氣以說之。戴氏一面以生物本能說「性」，另一面又欲假借此種種含普遍規範性之詞語以立說，則其陷入困難乃屬當然之事。

但戴氏本人根本對此中一切理論分界皆未有所見，而仍以爲立「私」、「蔽」二觀念卽可以釋「善惡」；於是進而提出其在工夫方面之主張，而云：

「去私莫如强恕，解蔽莫如學。得所主莫大乎忠信，得所止莫大乎明善。」⑪

案此卽戴氏工夫論之綱要也。戴氏提出一「恕」字，此卽後文所謂由「遂己之欲」推至「遂人之欲」之意；然不知此一「推」正是形軀血氣之「性」所不能，亦不知「遂人之欲」一決定，本身卽不能以「欲」之滿足爲動力；蓋「遂人之欲」時每每不利於己之欲求，若要人能「遂人之欲」，則正須克制己欲訴於某一意義之理性方可也。至言「解蔽莫如學」，自是襲取荀子之意。但其所謂「蔽」，原與「智」觀念相對而言，故戴氏論「仁」與「智」云：

「仁且智者，不私不蔽者也。得乎生生者仁，反是而害於仁之謂私；得乎條理者智，隔於是而病智之謂蔽。」72

案此以「得乎生生」、「得乎條理」二語，分釋「仁」、「智」。其意似較明確。然如何能有此「得」，方是工夫問題。戴氏則更未深入討論。不過，戴氏議論發揮至此種關節上，亦覺察有「普遍」與「特性」之衝突，且亦明白若言「不私不蔽」等價値問題，則必須超越「特殊」而走向「普遍」，故又提出「克己」一義。其言云：

「……故君子克己之爲貴也。獨而不咸之謂己；以己蔽之者隔於善，隔於善隔於天下矣。無隔於善者，仁至，義盡，知天。是故一物有其條理，一行有其至當。徵之古訓，協於時中，充然明諸心而後得所止。」73

「獨」卽指「特殊性」，「咸」卽指「普遍性」；以只有特殊性之形軀自我爲「己」，而以爲蔽於「己」卽隔於「善」，此實已承認生理意義之形軀血氣以至心理意義之材質等之外，尙另有普遍性之自我；又標出「克己」爲工夫，則此是儒學超越形軀以立德成德之通義，故戴氏此類議論又與一般儒生文章大致相類，不見其特有之觀點矣。然卽在此種議論中，仍可看出戴氏對基本工夫問題全未觸及。蓋言「事」有「條理」，「行」有「至當」，此宋儒以來人人道及者，但就工夫而言，則問題在於如何能使

「人」或此「心」能觀「條理」，如何能使人之意志趨於「至當」。此方是成德之學之實踐關目所在。戴氏則似全未見此中問題。戴氏本人於成德工夫之欠缺體會，於此等處可謂透露甚明矣。[73]

戴氏又强調「習」之重要，而謂：

「君子愼習而貴學。」[74]

此亦與荀子舊說相類，而於解答戴氏理論中之基本困難無補。戴氏亦注意到宋明儒所常談之「已發」、「未發」工夫問題，而認爲在「事物未至」時，應有工夫，否則「事至而動」，即「往往失其中正」[75]云云。此又似承認某種內在意志磨鍊，然其所謂「中正」，如何能成爲意志之方向，則與其「欲」解念不能調和。此類議論亦終無實義矣。

「原善」卷下尙有另一點應注意者，即戴氏由其道德理論又進至政治理論是也。儒家傳統原以爲政治生活乃道德生活之延長，戴氏立場在此一方面全承傳統舊說。其論五倫以及「尙書」中之「三德」、「六德」等觀念後，進而論政道。其說大抵以得人爲主，未觸及制度層面之大問題。其言云：

「論語曰：君子懷德，小人懷土；君子懷刑，小人懷惠。其君子，喻其道德，嘉其典刑；其小人，咸安其土，被其惠澤。斯四者，得士治民之大端也。」[76]

此處引論語四句，而以爲是「得士治民」之道，其實此段原意亦無關政本；蓋戴氏論政時，心目中只有一「治人」問題，而無「治法」觀念，故爲此論也。其下雜引中庸、易、書、孟子之語，要旨不外以順民之欲爲主，因即謂：

「明乎懷土懷惠，則爲政必有道矣。」[77]

可知戴氏論政，先求能得士以治民，而治民之道又以順民之欲爲主；其特重懷土懷惠者，即因此說表示對民之欲求之了解也。

由於戴氏只以順民之欲爲政道，故對嚴刑聚斂最爲痛惡。此或與其對時政之弊所感有關。其論「小人」云：

「所爲似謹似忠者二端：曰刑罰，曰貨利。議過則亟疾苛察，莫之能免。征斂則無遺錙銖；多取者不減，寡取者必增，已廢者復舉，暫舉者不廢。民以益困而國隨以亡。」[78]

此卽力斥嚴刑厚斂，以爲乃敗亡之道也。再進而言之，又以爲社會風氣之敗壞，亦皆因在位者欺背貪暴影響民衆心理所致。其言云：

「在位者多涼德而善欺背，以爲民害，則民亦相欺而罔極矣。在位者行暴虐而競强用力，則民巧爲避而回遹矣。在位者肆其貪，不異寇取，則民愁苦而動搖不定矣。凡此，非民性然也；職由於貪暴以賊其民所致。亂之本鮮不成於上，然後民受轉移於下，莫之或覺也。乃曰：民之所爲不善。用是而讎民，亦大惑矣。」[79]

此處特標出「亂之本」常「成於上」一義，則社會之墮落亦是執政者之責任；蓋戴氏仍持政教合一之觀點，認爲執政者須領導社會，故所求甚嚴也。

若將戴氏之道德理論與其政治思想合觀，則此中有一極可注意之特色。傳統儒學，大抵將「成德之學」之原則擴大應用於政治生活上，故對政治生活之特性不明，而幾於以求人作聖賢爲政治理想。此中病痛甚大；其最著者則不重民衆之需要及要求是也。是故依此路向以爲政，決不能奠立民主政治之基礎。今戴氏則反其道而行之；其論德性亦以「欲」爲主要觀念。此卽將政治上「尊重人民之需要」一原則，逆溯而施於道德理論上，其結果是道德理論不能成立，然開啓政治思想上一新趨向。章炳麟曾論戴說云：

「夫言欲不可絕，欲當卽爲理者，斯固隸政之言，非飭身之典矣。」[80]

此評頗有見地，蓋已知「道德原理」與「政治原理」之不同，故謂戴氏之說，只能用於政治生活一面，不能用於道德生活一面也。然戴氏思想在此意義上與傳統儒學成一鮮明對照，則方是談戴說者所宜特加注意之事，章氏則未詳及耳。

「原善」大旨如上。戴氏思想之大規模，事實上至此已略定；其後之「緒言」、「疏證」雖各有特點，然就戴氏全盤思想言，則後出之作，大抵皆承「原善」之宗旨而發揮而已。故本書論「原善」亦稍詳。

以下卽觀「緒言」之特色。

（b）「緒言」之特色

「緒言」內容多有大段與「疏證」同者，亦有與「原善」極相類之語；蓋戴氏心目中有一套哲學問題，每著一論便串講一次。故此三種著作雖詳略不同，常見重複之處。但「緒言」本身亦有一定特色可說。以下卽析述此種特色，對於重複議論卽不備及之。

「緒言」之特色有二：

第一：「緒言」之作，明顯運用考證訓詁之研究以支持其論點；此乃「原善」所無者。

第二：「原善」立論雖偏於漢儒之說，然對宋儒理論亦未加抨擊。「緒言」中則開始批評程朱；且認爲周張以下諸儒皆受老釋之影響。此種論調在「疏證」中更作發揮，然在「緒言」中皆已初步定型。

以上二點，後一點爲人所熟知；第末有人作嚴格評論而已。前一點則言者不多。茲分論之。

（1）就戴氏在「緒言」中運用考證訓詁而論，其釋「一陰一陽之謂道」與「形而上者謂之道」一段，乃最明顯之實例。

戴氏於此，先對「之謂」與「謂之」作語法上之分別，而云：

「古人言辭，之謂，謂之，有異。凡曰之謂，以上所稱解下。如中庸：天命之謂性，率性之謂道，修道之謂教；此爲性、道、教言之。若曰：性也者天命之謂也，道也者率性之謂也，教也者修道之謂也。易：一陰一陽之謂道，則爲天道言之。若曰：道也者一陰一陽之謂也。

「凡曰謂之者，以下所稱解上。如中庸：自誠明謂之性，自明誠謂之教。此非爲性、教言之，以性、教區別自誠明、自明誠二者耳。易：形而上者謂之道，形而下者謂之器，亦非爲道器言之，以道器區別其形而上形而下耳。」[81]

案戴氏此處先立出「之謂」與「謂之」兩種文例，而提出一語法上之說明；謂言「之謂」時乃「以上所稱解下」，言「謂之」時乃「以下所稱解上」。此純是一訓詁論點；而戴氏卽據此訓詁論點以提出其對「道」觀念之種種哲學論斷，以反宋儒太極理氣之說。

在進而觀戴氏所提出之哲學論斷以前，對此訓詁論點，應先稍作評估。

戴氏對「之謂」及「謂之」所作之文例分別，是否能確定成立，實視所謂「以上解下」、「以下解上」二語之確義何在而定。案戴氏之意，可作如下之剖析：

設有一「A」，具「P_1，P_2」等性質；則當人說「P_1，P_2之謂A」時，乃以「P_1，P_2」解釋「A」。此所謂「以上釋下」。

若說：「P_1，P_2謂之A」，則戴氏以爲此是「以下釋上」，卽以「A」作爲「P_1，P_2」之標識。

依此，則「以下釋上」即以「下」作爲「上」之標識，而「以上釋下」則是以「上」說明「下」。就「標識」而言，則只涉及符號之用法，就「說明」而言，則涉及被說明者之實際內容矣。此種分別，嚴格言之，在邏輯上似無大意義。但從知識活動之程序看，則二者確有不同。蓋言「一陰一陽之謂道」時，乃增加吾人對「道」之了解；而言「形而上者謂之道」時，則增加吾人對「形而上」一詞之了解。此卽戴氏所意指之劃分也。

然則，接受「之謂」與「謂之」二語之不同後，如何能以之支持戴氏對太極理氣之觀點？此則亦不難明。蓋戴氏所欲建立之論點，主要有二。其一是：「陰陽」之外無「道」，反對「太極」卽「理」之說。其二是：以「氣」爲「形而上」者。合而言之，卽否定宋儒「理氣之分」之說是也。故戴氏旣立以上之文例分別，卽據「一陰一陽之謂道」一語，而說「道」卽以「陰陽」爲內容，且明謂「氣」屬「形而上」。其言云：

「形謂已成形質。形而上猶曰形以前，形而下猶曰形以後（原有註，從略）。陰陽之未成形質，是謂形而上者也，非形而下明矣。器言乎一成而不變，道言乎體物而不可遺。不徒陰陽非形而下，如五行水火木金土，有質可見，固形而下也，器也。其五行之氣，人物之所稟受，則形而上者也。」[82]

此卽兼說「陰陽」卽「道」，與「氣」屬「形而上」兩點。其前又云：

「大致在天地則氣化流行，生生不息，是謂道；在人物則人倫日用，凡生生所有事，亦如氣化之不可已，是謂道。故易曰：一陰一陽之謂道。此言天道也。中庸曰：率性之謂道。此言人道也。」[83]

戴氏如此立說，遂以爲「理氣之分」不當，而云：

「六經孔孟之書，不聞理氣之分；而宋儒剏言之。又以道屬之理，實失道之名義也。」㊻

此謂「理氣之分」非先秦儒學所有，又謂以「道」爲「理」，亦不合於「道」字本來之詞義。皆是依考訓立場以立論也。

順是再進一步，遂對「太極」另作一訓釋。其言云：

「孔子以太極指氣化之陰陽，承上文明於天之道言之，卽所云：一陰一陽之謂道。萬品之流行莫不會歸於此。極有會歸之義；太者無以加乎其上之稱；以兩儀、四象、八卦指易畫。後世儒者以兩儀爲陰陽，而求太極於陰陽之所由生。豈孔子之言乎？謂氣生於理，豈其然乎？」㊼

案若謂「太極」生「陰陽」非孔子之言，則應知整個易傳本不出於孔子；此正是戴氏所重視之考證問題，而戴氏仍承舊說之誤，何也？至謂「太極」只是一虛稱，非能生陰陽之實體，則近船山一路。此在理論上儘可從容辨析，然殊無證據可見其屬於「孔子之言」也。

謂宋儒所持之理論，多與孔孟之說不合，此原可成立，且由哲學史角度看，亦極關重要；然此是屬於「歷史標準」一面之論斷；其成立與否須全訴之於考釋之根據，而不可又訴之於「理論標準」。蓋程朱學說是否與孔孟同，純是歷史事實問題，不關其說在理論上之得失正誤也。另一面，理論之得失正誤，又自有其標準，亦不可決之於歷史標準。此種分際，戴氏殊未能嚴守。卽以上引之文而言，謂「理氣之分」乃後出之說，是矣；然由此而以爲「理」生「氣」或「氣生於理」之說有誤，則由歷史標準轉向理論標準而不自覺，於是思路大亂；蓋孔孟雖不言「氣生於理」，然此命題是否在理論上可成立，則是另一事也。且若專就歷史標準看，則戴氏所謂「氣化」，亦非孔孟之言。今倘取「氣化之陰陽」以釋

「太極」，其根據必求之於某種理論標準；但若如此，則宋儒「理氣之分」，雖非孔孟之言，應亦可依某種理論標準而成立矣。

戴氏既以為講儒學須嚴守歷史標準，而應合於孔孟之言，則對於偽託之作不應不辨。然戴氏固以為易傳為孔子所作矣。此或可說是受考證成績之限制（實則自宋以來，已多有言易傳非孔子所作者，歐陽修、陸九淵皆是也）；但此外，戴氏又喜取「大戴禮記」以證其說「道」說「性」之語；豈以為「大戴禮記」出於孔孟耶？此又是戴氏立論分寸不明之另一表現矣。總之，戴氏在「緒言」中，已強調歷史標準之重要，但就其自身立論看，則內部問題極多。蓋戴氏本無作嚴格思考之習慣，又不解形上學思路，故其論議自始即不能自圓也。

關於戴氏評宋儒時所涉之理論問題，下文另作析論；此處尚有應作補充者，即戴氏在「緒言」中，對訓詁經籍，尚提出另一重要意見，即字義虛實之辨是也。其言云：

「學者體會古聖賢之言，宜先辨其字之虛實。今人謂之字，古人謂之名。……以字定名，有指其實體實事之名，有稱夫純美精好之名。如曰人，曰言，曰行，指其實體實事之名也；曰聖，曰賢，稱夫純美精好之名也。曰道，曰性，亦指其實體實事之名也。……曰善，曰理，亦稱夫純美精好之名也。曰中，曰命，在形象，在言語，指其實體實事之名也。在心思之審察，能見於不可易，不可踰，亦稱夫純美精好之名也。」[86]

案戴氏此一劃分，涉及廣泛之訓詁原則，亦涉及理論問題。關於涉及理論問題部份，下文比觀戴氏說與宋儒理論時再作討論。關於訓詁一面，則字義虛實之分，確屬重要；然戴氏自身所立之界說，所舉之例，亦大有可疑。茲稍作析論。

首先應指出者，是戴氏先舉「虛」與「實」二觀念，然後則以「指其實體實事」與「稱夫純美精好」二語分別說之，似以前者表「實」，後者表「虛」。然所謂「實」，如此解釋，尚可成立；所謂「虛」，以「稱夫純美精好」說之，則大成問題。所謂「稱夫純美精好」者，顯屬於價值評估意義，且只表正面肯定之評估。則依戴氏之說，所謂「虛」字者，即表正面評估之價值詞語，如「聖」、「善」、「理」等；與「指其實體實事」之「實」字對別。然則非表價值評估而又不指實體實事之詞語，豈非成爲「虛實」之外另一種詞語乎？「虛實」應互加窮盡，而價值詞語實物詞語不能互相窮盡也。譬如黑白、大小、相等不相等、有無、顯隱等等，既非指實體實事，又非表價值評估，則應屬於何種詞語乎？在語言中，此種表性質關係之字或詞語最多，戴氏之劃分中何以對此一大部份詞語視若不存在，則實不可解。倘視爲存在，而歸之於「不虛不實」，則尤不可解。蓋「虛」與「實」二義明屬互相窮盡；且依戴氏對「實」之解釋看，則此種種表性質關係之詞語，似皆應作爲「虛」說也。

戴氏立此分別，原以訓釋古人語言爲目的，然古人語言中並非只有「指其實體實事」及「稱夫純美精好」兩種詞語，則如此分別，顯然將漏去解釋古籍所面臨之大部份問題；豈得爲訓詁之規矩乎？

再進而言之，戴氏只以「稱夫純美精好」解「虛」字之用，則甚至表價值否定之詞語——如「惡」、「愚」等，原應與「善」、「聖」等詞語同屬一類者，在戴說中亦無法安頓，因此等詞語固不指「實體實事」，亦非稱其「純美精好」也。此點似不待多辯。

就訓詁而言，分別詞語之用法原是一基本工作；但如戴氏所作之分別，則不唯無益於了解古籍，且反生出種種阻礙，則戴氏此說雖接觸一重要訓詁問題，其解答則全無可取也。

以上乃純取客觀批評態度立論。倘於此代戴氏求解，則似可就「實體實事」一語着手，以進一步表明戴氏之意向。

戴氏所謂「實體實事」，擴大其可能意涵看，則似可說：所謂「實」者，不限於「實物」，而可包括一切可觀察之性質。凡「可觀察」者皆謂之「實」，如此則一切描述詞語將皆成爲「實」字；所餘者只有表價値評估之詞語——即爲「虛」字。此即接近西方各種經驗論之說法。但此解仍與戴氏之說不能全合。蓋一則反面之價値詞語，依戴說又不屬於「虛」字；二則一切作爲思考對象之形式概念，在經驗論者各說中總另有安排，在戴說中則不知如何安頓。故試作此解，仍不能補成戴說，但由此一推進，吾人乃可確知戴氏之基本理論立場所在。此立場，簡言之，即感覺主義及極原始之素樸實在論立場是也。蓋戴氏所謂「實體實事」，即常識中可見可聞可觸可感之對象；在此領域外，戴氏不知有所謂純思考之對象。另一面戴氏知有表贊美之價値詞語，然對於此等詞語之意義根源，亦只劃歸生物本能以解釋之。戴氏思想始終停在此一層面上，顯然即在知識問題一面取「感覺主義」，在存有問題一面取「素樸實在論」之立場矣。但戴氏思想又時時混有漢儒之宇宙論觀念，故又言「天道」，言人之合天；此又與其素樸實在論立場不合。然此只表示戴氏思想內部混亂，不能作爲戴氏別有立場之證據。

至此，可知戴氏雖運用考訓以支持其哲學論點，然實則有關此一部份之考訓，亦殊無客觀成就；不似其他方面之考訓工作能表客觀知識之尋求。蓋戴氏之哲學論點自始即先受感覺主義及素樸實在論傾向之限定，反影響此一方面之考訓工作矣。至於戴氏所持哲學論點在理論標準下意義如何，則可於下文述戴氏評宋儒學說時再論之，蓋與宋儒某種論點比觀，則戴氏論點之得失即易顯出矣。

（2）就戴氏對宋儒之批評言，又可分兩層說。第一層乃對宋儒立說之方向之籠統意見，第二層則涉及對確定哲學問題之爭議。再就所爭之哲學問題言，又以「理氣之分」，與「理欲之分」爲中心。前者屬於形上學問題，後者屬於道德問題或工夫論問題。故以下即分三點述戴氏之意並比觀其理論得失：第一爲「方向問題」，第二爲「理氣問題」，第三爲「理欲問題」。

第一：方向問題

就戴氏對宋儒思想方向之批評說，一言以蔽之，即認爲宋儒受佛道二家影響而已。此意在「緒言」卷下反覆說之；因卷下以論諸說與孔孟之異爲主，而除開始數節辨荀告與孟子之異外，以下大抵皆評宋儒。其批評涉及個別論點者，當在下文分論；其涉及一般方向者，則不外指宋儒之輕視形軀爲受老釋之影響。其中最後一段可視爲結論。茲引於下：

「孔子之後，異說紛起。能發明孔子之道者，孟子也。卓然異於老聃、莊周、告子而爲聖人之徒者，荀子也。釋氏之說盛行，才質過人者無不受其惑；能卓然知宗信孟子而折彼爲非者，韓子也。嘗求之老釋，能卓然覺寤其非者，程子、張子、朱子也；然先入於彼，故其言道爲氣之主宰樞紐，如彼以神爲氣之主宰樞紐也；以理能生氣，如彼以神能生氣也；以理墮在形氣之中，變化氣質則復其初，如彼以神受形氣而生，不以形氣物欲累之，則復其初也。皆致其所謂神識者以指理，故言儒者以理爲不生不滅，豈聖賢之言哉！天地之初理生氣，豈其然哉！」⑧⑦

案「緒言」卷中，雖曾辨宋儒言「性」，言「才」，皆不合於孟子，尚未直說其由於老釋之影響⑧⑧。此則明謂宋儒將「道」與「理」立爲超形氣之觀念，皆由於老釋之影響。雖亦承認宋儒如張子及程朱皆非佛道，然終以爲其說取資於佛道。至對周濂溪作批評時，更直謂：

「周子之學，得於老氏者深；而其言渾然與孔孟相比附，後儒莫能辨也。朱子以周子爲二程子所師，故信之篤；考其實則不然。」⑧⑨

此又認爲濂溪之說出於道家，較張程朱更遠於孔孟也。戴氏此種觀點在其答彭紹升書中，表示更爲明確。曾云：

「宋以前，孔孟自孔孟，老釋自老釋。談老釋者高妙其言，不依附孔孟。宋以來，孔孟之書盡失其解；儒者雜襲老釋之言以解之。」⑩

所謂「雜襲老釋之言」以解孔孟，卽戴氏對宋儒思想方向之總批評也。

關於宋明儒學與佛道之關係如何一問題，本書前章總論宋明儒學時已詳作解說；此處不必重述。然戴氏之說本身牽涉問題甚多；茲當逐點作一論斷。

首先，戴氏以爲「道」作爲一形上觀念，非孔孟之說。此點誠然；蓋孔孟用「道」字皆指「正當途徑」或「正當路向」而言，乃由常用義加上一價値義而成；未嘗以之指形上之實體。而以「道」爲形上實體，亦確出於老子。老子書中亦自謂「有物混成，先天地生」而强稱之爲「道」；卽明謂如此用「道」字屬於其特殊語言也。但此種源自古中國南方文化之形上學觀念，侵入儒家典籍，實早在戰國末年至秦漢之際期間已然。而其結果則是禮記中一部份文件，及「易傳」等之出現。此中尤以「易傳」爲顯含形上學理論者，卻託於孔子，以致爲後世儒者所崇信。今戴氏欲排除來自老子之形上學觀念，乃又據易傳以立說，反謂宋儒方襲老釋之言以解孔孟云云，而不知易傳正屬儒道觀念之混合品也。

再就漢代而言，則揚雄思想卽已混合儒道觀念。漢以後則魏晉淸談之士，更常混儒道以立論。如王弼「聖人體無」之說，乃最顯著之實例。亦不得謂宋以後方有此問題。

故戴氏對先秦以下，儒學思想之演變，實不深知，故其立論大悖史實。且戴氏雖譏宋儒不合孔孟，其自身立論則不唯宗易傳中庸，且常取陰陽五行之說；而不知「水火金木土」之觀念，不唯不出於孔孟，且亦不出於道家，而實源於燕齊之士。且用此五行觀念以解易，又是道教思想之特色；與「緯書」有關，與孔孟則更無關也。

凡此類問題，皆由於戴氏對史實缺乏了解所致。戴氏平日治學，以尋求客觀知識爲其重要主張；然一涉及此類著作，卽見其疏異謬誤如此，亦可怪也。

其次，戴氏指宋儒襲老釋之說之另一重要論據，乃在於對形體血氣之看法。戴氏以爲宋儒貶形軀而取超越意義之心性，乃襲老釋之說。此則涉及歷史標準以外之理論問題。宋儒所講基本上乃一「成德之學」，故在理論上其說必須合乎道德語言之基本條件。凡道德語言，若不成爲不可解，則必依於「自由意志」、「責任」、「規範」等意義之認定。不然，則無所謂「道德問題」，而道德語言亦將全化爲一套心理語言而失其功能。故宋儒立說，必在某一意義上肯定超越形軀之自我觀念，乃道德語言本身之要求；未必須求之於老釋。且卽就孟子而論，亦明有「志」與「氣」之分，未嘗以爲「一切皆氣」也。戴氏解孟子，強以其樸素實在論觀點加於孟子，致處處牽強難通。此點下文論「疏證」時再加討論。茲應指出者，則是孟子亦已有超形軀義之自我觀念，不能謂宋儒有此觀念卽是違孔孟而取老釋也。

最後，就宋儒之思想大方向言，宋儒之價値肯定在於成己成物之化成世界；此既非老子之思想方向，亦非佛敎之思想方向。此義在本書前各章已屢有陳述，茲不贅論。然學者倘在此大關目有確定了解，則戴氏之說之不得實，卽不須細辯矣。

總之，宋明儒之種種形上學理論，皆爲支持其成德之學而設。故吾人但能知此種「成德」觀念，本非佛道所有，則宋明儒之思想方向，卽基本上異於佛道二家。至某種思辯方式或工夫過程上之近於佛道者，則不足爲宋儒襲老釋之證據；至於儒佛道三家所同者（如對超形軀之自我之某種肯定），則更不可誤認爲老釋所有而儒學所無也。

以下再就戴氏反宋儒時所涉及之特殊哲學問題作一析述。

第二：理氣問題

戴氏反對宋儒「理氣」之說，要旨不外兩點。其一是反對「理氣之分」，亦卽反對「理」乃「氣」以外之「實有」，故以爲「儒者以理爲不生不滅」（朱熹語）非「聖賢之言」。其二則反對「理生氣」。戴氏之反對理由則有時就歷史標準說，有時就理論標準說；而以前者爲重。蓋認爲「理氣」之說不合孔孟，而出於老釋，乃其基本論調也。上文已就歷史問題略作辨正。此處則純就理論立場剖析此處所涉之哲學問題。

先就「理氣之分」講。

所謂「理」，在宋儒原兼有「規律義」及「規範義」。言「理氣」時，重「規律義」；言「理欲」時，則重「規範義」。以哲學詞語表之，則前者所涉爲「必然問題」，後者所涉爲「應然問題」也。宋儒立說對此兩種意義領域亦常相混。但此是另一問題。此處先就「規律義」之「理」一探「理氣之分」之根據。

試就經驗中事物而論，事物常呈現某種性質及關係，於此乃見事物皆有某種規律可言。此點戴氏不唯不否認，且亦時時肯定之；如所謂「不易之則」、「必然」等語，皆指此種事物規律而言也。但戴氏以爲此種「規律」乃依於「實物」而存在者，故反對「氣」外有「理」，因而反對「理氣之分」。然此是戴氏自身對所謂「有」之了解問題。蓋戴氏取感覺主義立場，以爲必須呈現於感覺經驗中方能爲「有」，然此非言「邏」之「有」者之意也。

此義若就事物之創作看，則實不難明。譬如，在古代發明「車」時，「車」作爲一物看，尙未存在；然造「車」所用之木料已存在。現面對此木料而欲造成一「車」，則必須對木料作種種處理以試驗之；其中有一情況（如削木爲輪）乃可使「車」造成。試問：當作此種試驗時，所欲發現者爲何？顯然，此卽涉及「如何處理此木料」一問題；換言之，人所欲知者，乃「使木料可成爲車之方式」；倘此方式根本「無」，則結果應是「車」不能造成。倘此「方式」可由所用之木料決定，則應是隨意處理木料皆可成「車」。今必須依一定方式處理木料方能造「車」，則此「一定方式」本身必不能是「無」，又不能存於木料中，而只能視爲木料以外之一種「有」；而此離木料而「有」之「一定方式」，只表木料成爲「車」之規律，而非木料之規律——因木料如不造「車」卽不須服從此規律。故此「一定方式」或「規律」，乃「車」之所以能造出之「理」，卽可稱爲「車之理」。而此「車之理」之「有」，乃「車」（作爲一物）能生出之條件，則顯然必先「有」此「車之理」而後有「車」也。此「車之理」不唯不是木料，且亦非與木料同類之存在；今如將「木料」視爲「氣」，則「車」乃「車之理」與「木料」合成；而「車之理」乃「木料」外之「有」；推言之，卽「理」爲「氣」外之「有」也。

此理在亞里斯多德所立之「形式」與「質料」之說中，表述最爲明白。「車」之「質料」卽是木料，然木料成爲「車」時，必接受一定「形式」；而此「形式」方表「車之所以爲車」——卽「車」之「本性」。「車」之「形式」乃「車」生成之先在條件，故不能說因「車」其物方「有」——「車之理」也。事物皆可析爲「形式」與「質料」，而就創生過程看，則「形式」之爲「有」乃事物之「有」之條件；則擴而言之，卽「理」之「有」先於事物矣。宋儒如朱熹所言之「氣」，與亞里斯多德所言之「質料」，並不等同；但此處借用「形式」、「質料」之說，則可助人了解何以宋儒必在「氣」外肯定「理」之

「有」。此「有」非謂「理」亦是一「物」，而是說「物」之生成必「有」所依之規律，且此規律在理論次序上必「先」於「物」而「有」。以「理」表「形式」，以「氣」表服從此「形式」之「質料」，則「理氣之分」乃屬當然。此是一形上學論證。戴氏似根本未能了解也。

戴氏雖未提出確定論證，然其意實以爲只有「氣」爲存在，而「理」則爲「氣之理」，此與船山相近。但凡如此立說者，皆忽略創生問題。試就當前宇宙言，日月大地，以及一切人物，皆爲一有限之存在。其生成之前，皆屬於「無」，然由「無」至「有」時，何以成爲如此如此之「有」？則不能不說乃由於某種形式或規律而然。但無日月之「形式」固不能「有」日月，徒有「形式」亦不能有此「物」；故「形式」之外，必有接受此「形式」之「質料」。由於「質料」在「形式」之外，故「質料」不可說爲「某形式之質料」；反之，某一「形式」與「質料」合可生出某「物」，但亦非只有此「形式」能與「質料」合；故「形式」可說爲「某物之形式」，而不可說爲「質料」之「形式」。此所以宋儒依此形上學思路，而說「一物一理」，不說「理是氣之理」。否則，解釋一切創生問題，皆無法下手。

以上所陳之形上學觀點，自可有另一批評途徑；然與戴氏之說無關，故不再說。總之，明乎事物必依一定規律而創生，則即知「理氣」當分，「理」當視爲先物而「有」。

然「理」先「物」而爲「有」是一事，「理」是否先於「氣」而生「氣」，又是另一事。語至此，卽涉及戴氏之第二點意見。

戴氏反對「理」生「氣」之說，亦未提明確論證，但謂宋儒言先在之「理」，取於老釋之所謂「神」而已[91]。茲仍當就此問題作一理論說明，以資比較。

此處有一極關重要之問題，必須先說明者，卽朱熹之「氣」觀念與上舉之「質料」觀念之異同問題。宋儒論「理」與「氣」本亦有不同之說，戴氏所攻者主要爲朱說，故現亦只就朱說討論。

案朱熹用「理」、「氣」二字，皆有「共同」及「殊別」二義。就殊別意義看，則一物有一物之「氣」，亦有一物之「理」；由於朱熹以「氣」爲「理」之實現之條件，故「氣」非全屬被動者，已與亞氏之「質料」不全同；然倘就所涉之理論問題看，則由亞氏之說表明「形式」之自爲實有，仍有助於人了解朱熹之「理」與「氣」當「分」，蓋朱熹雖在論「理氣」之運行時，說「不見其始之合」又「不見其終之離」[92]，但朱氏屢說「理」爲自存之「實有」之意，則不待引證也。上文借亞氏「形式」與「質料」之說以表明「理」何以能不依「氣」而「有」，又先於「物」而「有」。在此一限度上，此種解釋可無大病；足以助人了解「理氣」之當「分」。但若進一步問朱熹何以不僅分理氣，而又確認「理生氣」，則不能通過亞氏之說以了解，因此正涉及朱說與亞氏說之不同處。

依亞氏說，「質料」與「形式」層層結合而成萬物，但最初之「質料」則全無形式，亦即全無屬性可說；且「質料」與「形式」之結合，其動力決不來自「質料」一面，故有「動力因」、「目的因」之設立。朱氏之「氣」，則大不同。朱氏以陰陽爲「氣」，又重流行之義；故「氣」自始即有屬性。陰陽動靜皆是屬性，流行或「化」亦是屬性。而更可注意者是：朱氏言及「殊別之氣」時，認爲不同之「氣」只能實現不同之「理」。則其對於「理之實現」之看法，乃訴之於「氣」者，亦與亞氏之說不同。如此，則解釋「理生氣」之說，即不能方便借用「形式」、「質料」等觀念直說之，最多只能相比而見其特色而已。至其正解，則須求之於朱氏原說。

朱氏何以謂「理生氣」？此又可由「氣」之本有屬性言之；氣有「流行」之屬性，有「陰陽動靜」之屬性，故據每一屬性又可言一「理」。朱氏固常說及「生生之理」或「氣化流行之理」也。倘能「流行」之「氣」，乃據一「流行之理」而「有」，則「流行之理」卽「氣之理」（此就共同義之「氣」說），如此，朱氏遂可謂「氣之理」生出「氣」，亦猶「車之理」生出「車」也。

於此可知，朱氏「理生氣」之說，非謂「原始質料」由「形式」生出，蓋「氣」本非如「原始質料」之無屬性。朱說如套入亞氏系統看，則將產生一難題；此卽：「氣」若有屬性，則「氣」本身已是「氣之形式」與「氣之質料」之結合；然則此「氣之質料」如何？又是否能說是由「形式」或「理」生出？此問題則非朱氏說中所有，亦不能於其說中求解答也。

故從純理論觀點看，「理生氣」之說，乃朱說中之一特殊論點。此論點亦確牽涉許多理論困難（如朱氏本人所謂「理管他（指氣）不得」之類，皆見其有困難）；然非戴氏批評所及。

戴氏以為言「理生氣」，卽同於老釋；不知朱熹之說正本於「易傳」。言「理生氣」，而以「生生」之「理」為據，旣與佛教「識變」之說全異，亦與老子立論態度不同。朱氏所持之形上義之「理」，與佛教之「識」，根本有主體客體之殊；而老子雖立一形上義之「道」，亦並未有與「氣」相當之觀念。三者實距離甚遠也。

若就歷史標準看，易傳中明言「易有太極，是生兩儀」；故朱氏以「太極」為「理」，而以「陰陽」為「氣」時，卽自然有「理生氣」之說。戴氏謂儀象皆指作易而言，換言之，乃對占卜之解釋；此自有可取處。但由之而强謂「太極」在原文中指「氣化之陰陽」，則不見有何理據。蓋從客觀考訓立場看，易傳之文本以說占卜為主；然其中含有某種形上學及宇宙論觀念，為後人所取，據以立說，則是另一事。戴氏倘取嚴格考訓立場，則可以否認易傳中有後人之理論系統，然不能代之以自己另撰之說。謂「太極」為「理」，固是宋儒之言；謂「太極」指「氣化之陰陽」，於原文亦無據也。

戴氏力攻「理生氣」之說，然吾人稍加比較，則不見戴說之勝處何在。至於戴氏反「理氣之分」，則更無理論根據；對方之堅强理據，戴氏似未見及，更無論作正式批評矣。

第三：理欲問題

言「理氣」時，所涉乃形上學、宇宙論方面之存有問題。言「理欲」時，則所涉乃道德價値問題。而由於儒學向以「成德」爲主旨，故其有關道德之學說，又非重在語言意義一面之淸理，而重在實踐之要求；此卽所謂「工夫論」是也。

宋明諸儒在所持之哲學理論上，至少有三種不同立場，相應於「天道觀」、「本性論」、「心性論」三種模型。此在本書前各章已詳言之。就工夫理論而言，宋儒各家亦自互有歧異。但另一面未嘗無所謂「通義」——或共同主張，而「理欲」之辨卽各家之通義也。

宋儒言「理欲」，其要義在於意志方向問題，而不在意志內容問題。若就意志內容言，則其內容自不離此事實世界，而「欲」亦是一心理事實或生理事實，故似無由排除。但在方向一層說，則另是一事。內容一面所涉乃「有無問題」，方向一面所涉則是「主從問題」也。故「理欲之辨」乃「理作主」或「欲作主」之辨，因所取乃方向義，非內容義。

此點如求更親切易解之說明，則可就「工夫之歸宿」與「工夫之入手」分說之。

若欲「工夫之歸宿」言，則至最高境界時，其道德生活不過表現爲「事事如理」；然此所謂「事」者，自卽是在此事實世界中之一切活動；則生理意義之飮食男女之事，心理意義之喜怒哀樂之事，亦皆包括在內。故聖人非無喜怒哀樂，非無飮食男女；所不同於凡俗邪惡之人者，只在聖人能以「理」御情欲，故「事事如理」而已。換言之，在意志內容上，聖人非「無」情欲；但在意志方向上，聖人意志以

「理」爲「主」；卽所謂「主從」之義，有別於「有無」之義也。但如何能使「理」爲「主」？此是工夫上最吃緊之問題，亦聖凡之別所在。而工夫之入手問題，亦卽在此顯出。蓋僅言歸宿，則只屬於對境界之描述；若不能建立達此境界之途徑，則所說卽無實踐意義，亦卽不成爲工夫理論矣。

就工夫之入手言，則關鍵在於意志能自情欲中躍升而自肯定其主宰性。此可稱爲「理性意志」之顯現。有此「躍升」或「顯現」，然後方有達「事事如理」境界之可能（說「可能」不說「完成」，因此後尙有磨鍊過程也）。故此種理性意志之顯現，乃工夫之眞正入手處。

就此入手處說，則理性意志必須排除情欲本能等之限制而顯現其自身，自覺肯定其主宰性；故此處必須立「理欲之辨」；蓋無所辨卽不能顯現理性意志，則更說不到回頭以理御情欲之「事事如理」境界也。

此義如明，則知工夫歸宿處自並不廢情欲，但工夫入手處則全仗意志能「離欲」（廣義之「欲」，包括一切情欲本能等）而「向理」。因此，倘不立「理欲之辨」，則工夫永不能眞正開始。此乃成德之學一大要訣。於此見得分明，則許多意見糾纏皆可自消；於此見得不分明，則種種病痛由此生起。而戴氏之所以堅持卽「欲」言「理」，正因在此大關鍵上無所見也。

茲再就戴說一面講。

戴氏要點有二：其一爲「自然」觀念；其二爲「重知」觀念。其說則分見於「原善」、「緒言」及「疏證」中；此處因就理論問題作淸理，故不限於「緒言」，兼取其「疏證」中之說。此點先應於此申明。

所謂「自然」觀念，卽戴氏之「性」觀念。蓋如上節所說，戴氏以生物本能說「性」，而將所謂

「理義」則視之爲本能之一部份。其論「理」與「情」，則以「情」之「不爽失」爲「理」；其論「理」與「欲」卽以「欲」之「節而不過」爲「理」，而因以本能義看「性」，看「理義」，遂以爲人之能求「不爽失」，能有「節」，似皆爲「自然」。此則於理論不可通，於事實不相合，大謬之說也。

試想：人之有本能之情欲，是自然狀態矣。在此狀態中，人之意志卽取情欲要求之方向。此方向戴氏亦不認爲合於「理」，蓋必有「節」，或得乎「中正」，或「不爽失」方能合於「理」。然所謂「節」等之意義，皆非情欲本能所自有；「情」不能自使其「不爽失」，「欲」亦不能自「節」也。則所謂「節」或「不爽失」必有賴於另一種能力而成立，此卽宋儒所謂「義理之性」也。戴氏責荀子「二理義於性之事能」時，固亦認爲「理義」在「性之事能」中，卽以「理義」爲本能之一部份是也。然戴氏依此觀點進而認定此種「理義」之本能自然發用，則順此言之，「欲」應常有「節」，「情」應常「不爽失」；一切「惡」——如戴氏所謂「私」與「蔽」何由可能乎？此所以說「理義」爲本能而自然發用，在理論上不可通。蓋若如此「自然」，則惡無由發生矣。

若就事實一面看，則「自然」之說亦大悖事實。蓋人在實際生活中，固常經驗到「情欲」之無「節」，決非自然受所謂「理義」之本能之範制。此點不待多說。

由此可知，就「情欲」之有「節」或「不爽失」言「理」；亦不能視之爲「自然」；蓋此能「節」，能致「不爽失」之能力，並非「自然」顯現，且事實上常不能越情欲而顯現也。

戴氏於此，遂轉至其「智」或「知」之觀念。戴氏以爲「性」包含「血氣心知」（據「大戴禮記」而言）；情欲歸之「血氣」，而「心知」則是智性。其言「節」，言「不爽失」，言「中正」等，皆訴之於此智性；於是德性皆視爲由智性決定者，故以「知之極其量也」一語說「聖人」(93)。依此「重知」

觀念，則所謂「理義」之能力（「性之本能」）或本能，又卽是能察見某種條理之智性；戴氏以爲人憑此智性卽可「成德」。

此處可知戴氏對「意志」問題全無了解。意志之定向並非由智性或「知」所能充足決定者。蓋「知」本身並不涵有「方向義」。人之行爲及意志，在內容上自受「知」決定，然其方向則相對而言，永在另一層面上決定。以淺顯之言說之，卽行爲之目的並不由同層之知識決定是也。就每一行爲而言，其內容自是由「知」而來，然其方向必在此一「知」以外決定；由此層層推之，卽見意志行爲之「方向」，永不能由「知」決定。此是就理論說。若舉實例，則人「知」某「理」時，並非卽必能在意志定向或行爲上依循此「理」；又是人人所經驗到之常事，亦不待更爲辯議也。

總之，不言「成德」則已，若言「成德」，則其入手關頭在於理性意志之自覺；此自覺非純靠智性所立，更非自然狀態所有。是以，此處必以意志之躍升爲樞紐；而「理欲之辨」在此躍升處乃斷斷必要者。不然，則意志永在情欲本能之支配下，不能與理性合；自無「理性意志」可說矣。至於智性，則當情欲本能決定意志方向時，一切智性所得，皆只能供情欲本能所用，決不能自己生出一意志方向。此在對認知活動稍有了解者皆知之，亦不須詳說也。

至此，吾人可以數語結束對戴氏評宋儒語之析述。就歷史標準而言，宋儒之說雖確有不合孔孟處，然非如戴氏所言。且戴氏以「禮記」、「易傳」爲據以說孔孟之學，基本上其誤與宋儒同。在此一方面，戴氏在考訓上之功力，亦未見得用。就理論標準看，則宋儒「理氣」之說，自有一定論據。雖在其他角度看，自可批評；然戴氏則尚未見及此類理論之根據所在，故所議皆不中肯。「理欲」之說，則在成德工夫一面有其必要性。此亦非戴氏所見及者。戴氏固似全未知成德工夫之入手關鍵何在也。

至如以爲宋儒皆近老釋，則由於戴氏對三家之特性皆不確知，故有此論。就歷史標準看，尙有一二點或可通過某種修改而成立（如形上觀念在先秦原出自道家；宋儒所依據之「中庸」、「易傳」皆是已吸收此種古南方觀念之作品，故尙可說老子對宋儒之形上學有某種歷史關係。然戴氏本人固不知「中庸」、「易傳」已受道家影響；此則戴說須大加修改處矣）。就理論標準言，則儒、道、佛三家各有不同精神方向，不同價値意識；戴氏之評，純屬皮相語而已。

「緒言」之特點已如上述。實則戴氏思想之大要，在以上析論中亦已大體可見。下文觀「疏證」之要旨時，只係補充前說所未盡之處。蓋戴氏著作雖以「疏證」爲代表，實則其內容大半已見於上所析論之「原善」及「緒言」中矣。

（C）「疏證」之要旨

「孟子字義疏證」一書，觀其名卽可知是以解孟子爲主。然書中所論，大半皆見於舊作。但有兩點可注意者。其一是書中對「理」之解說較詳，以前許多意見皆綜合於此。其二是書中除重複舊說反「理欲之辨」外，更申說其用心所在。茲卽就此兩點略作引述，並附簡評。

（1）釋「理」之說

「疏證」中釋「理」者凡十五條，釋「性」者九條；於全書四十四條已佔大半；可知此書之重點所在。但其論「性」各條，大致皆與「緒言」同。如「疏證」卷中論孟荀兩大段，與「緒言」卷中開始兩段，不僅意同，文亦全同[94]。此外許多段亦只有前後分合之異；內容則無大差別也。「疏證」中論「理」各條，亦非別出新解；論旨皆略見於「原善」及「緒言」中[95]。但「疏證」所言，較爲詳備，較爲確定；可代表戴氏最後所持意見。

戴氏於「疏證」中先釋「理」字之原義云：

「理者，察之而幾微必區以別之名也。是故謂之分理。在物之質，曰肌理，曰腠理，曰文理。（原有註，略）得其分則有條不紊，謂之條理。」[96]

案此舉「理」字在古代日常語言中之用法，而又另以「幾微必區以別」說之。由此而謂宋儒之所謂「理」與古語原義或用法不同；故云：

「古人所謂理，未有如後儒之所謂理者矣。」[97]

此卽前文所指出之「常用語言」與「特殊語言」之分別問題，宋儒就形上學意義言「理」，自非古語日常用法。戴氏此種批評，不能作爲否定宋儒理論之根據也。

但戴氏如此釋「理」字，對樹立自身之理論則有一定作用，蓋所謂「理」，如只是事物之「分理」、「條理」，則「理」本身無獨立存在性，而必附於事物。此就存有論一面看，則涉及「理氣」問題，在道德理論一面則涉及「理」與「情欲」之關係。戴氏在「疏證」中偏重後者，故接上文釋「理」之語後，卽設爲「天理」及「情理」之問，而答云：

「理也者，情之不爽失也。未有情不得而理得者也。」[98]

案此是說「理」依「情」而存在；卽「情」之「不爽失」之狀態。然此是描述「理」之存在性之語，原與實踐或道德意義之「循理」、「如理」無涉；然戴氏思路頗亂，順此忽言及實踐問題，而云：

「凡有所施於人，反躬而靜思之：人以此施於我，能受之乎？凡有所責於人，反躬而靜思之：人以此責於我，能盡之乎？以我絜之人，則理明。天理云者，言乎自然之分理也。自然之分理，以我之情絜人之情，而無不得其平，是也。」99

案此不過取「恕」或「己所不欲勿施於人」之意，而用「絜矩」之「絜」字說之；以為如此則能使「理明」。案此說不唯將「理」與「理在行為中之實現」相混；且即就實踐言，亦不可通。蓋倘有「得理」或「不得理」之問題，則此問題不是只成立於人己之間，就在己一面說，不涉他人時亦有「是否得理」之問題。曾子解一貫必言「忠恕」，而不能只言一「恕」。倘如戴氏之說，則只一「恕」字可以盡「理」之意義；則當不涉及他人時，一己之心意活動豈非將無所謂「得理」或「不得理」乎？倘就在己而言，竟無「理」可立，則道德生活全化為外在人己關係之表現，而「德性」之根本義轉消失不見矣。

戴氏對「德性」之內在意義似無了解，故全順外在生活而言「理」之實踐在於「以我之情絜人之情」；但如此說時，似乎「情」外無「理」，戴氏亦覺不妥，故又設「情理」之問而答之云：

「在己與人皆謂之情。無過情無不及情之謂理。」100

此仍是承上文之意，但多出一「過」與「不及」之判定問題。戴氏就此遂引詩經「有物有則」之語解之，而云：

「……以秉持為經常曰則，以各如其區分曰理，以實之於言行曰懿德。物者，事也。語其事，不出乎日用飲食而已矣。舍是而言理，非古聖賢所謂理也。」101

案戴氏此種說法，亦見於其他作品中。如「緒言」中卽謂宋儒以為理在氣先，則是將「有物必有則」轉為「有則始有物」云云102。然在考訓及義理兩面皆有嚴重問題。

就考訓言，詩經之「天生烝民，有物有則」，原不可如宋儒所解，以為指「有一物必有一理」而言；蓋此「物」字如「左傳」中「不軌不物」等語之用法；乃指文化傳統而言，非「事物」之意。蓋

「物」字原意爲「雜色牛」，後轉爲民族之標識，再進而用以指文化傳統；凡言「舊物」、「軌物」等皆取此詞義，亦正是「詩經」二語中「物」字之正解。蓋詩經此二語卽謂：「天生烝民」，各有其文化傳統乃各有其生活規律也。「物」與「則」皆指「烝民」言，否則，「物」如解爲「事物」，則上下文不相連矣[103]。至孟子解詩經此段，則語意不甚確定；蓋「有物必有則」一語中之「物」字，雖可如後世儒者解爲「事物」，亦未嘗不可依原意解之也。戴氏力反宋儒之說，自謂能通古訓；然於宋儒此種訓詁錯誤反不能糾正，且盲從其誤說，亦可怪矣。

故就考訓言，「詩經」此段不能作爲宋儒「一物一理」之說之據，更不能爲戴氏「物」先而「理」後之論據；尤不能借以支持「理」不離「日用飲食」之說。

若就義理或哲學問題一面看，則倘以「經常」之「則」解釋「過」與「不及」之意義；則所謂「經常」，所謂「則」，較之「過」、「不及」等語，更爲需要解釋。因所謂「過」與「不及」，皆就「量」言，尚可立某種相對性之判定；而「經常」之意義則更難判定也。

戴氏本身則以爲此種「則」或「理」之「經常性」爲其所謂之「必然」；至於如何能確定此「必然」，則戴氏又以「心之所同然」解之。此處涉及之理論問題益爲嚴重。而戴氏所提出之「理」與「意見」之區分，亦由此引出。茲先引其言，再略作評析。

戴氏之言云：

「心之所同然始謂之理，謂之義。則未至於同然，存乎其人之意見，非理也，非義也。凡一人以爲然，天下萬世皆曰：是不可易也，此之謂同然。」[104]

其下又云：

「人莫患乎蔽而自智，任其意見，執之爲理義。吾懼求理義者以意見當之，孰知民受其禍之所終極也哉？」⑯

案此中最後一句，即可通至本節所將討論之第二點，涉及「疏證」卷下之理論；此見後文。現須淸理者乃戴氏此說在理論上所引生之問題。

首先當探究者，乃戴氏所謂之「心之所同然」究有何實義？此語雖引自孟子，然孟子原意乃指道德意識而言。此就孟子內部語脈可以測定者，而斷不能合乎戴氏之說也。

今試假定所謂「同然」者取事實義。此與戴氏所謂「一人以爲然，天下萬世皆曰是不可易」之意，亦似相合；蓋戴氏如是云云，顯然乃就事實上之「同」講。但取此義說「同然」，則此種「同然」乃完全無法決定者。因「事實上」是否人人皆有某一相同之想法或感受，縱使只就某時某地講，亦無法確知；因此種統計已難進行；而統計進行中之變化，則永逸出於此統計活動之外也。此點至爲明顯，似不必贅論。而就有限之時空範圍言尙有此不可越過之困難，況如戴氏所謂「天下萬世」乎？

正由於此一理由，凡作某種「普遍」之肯定者，例不取事實義。戴氏之「同然」亦當另求解釋。

戴氏既言「心之所同然」，然則是否指某一普遍性之能力及其活動規律而言？茲即試循此義求解。

若言「心之所同然」，指人人之「心」皆具有某種能力，而此種能力又在人人皆「相同」；則問題即在於「相同」之解釋上。蓋「人」屬於一「類」——此亦戴氏所常强調者，則自有某種能力爲人人所皆具有；如感覺、記憶、思考等皆是；然所謂「相同」不能只就「同具某能力」講；因若只如此說「同」，則此種能力在各個人之活動中可以完全不同——譬如，人皆有說話之能力，而語音彼此全不同。則對戴氏欲建立之「理」言，此一層次之「同」全無功用也。故若就能力說「同」，則此「同」必落在能力活動之某種規律上；譬如人之推理能力，可以邏輯規律說其活動之「同一」；此近於戴氏所謂之「心之所同然」。但此處須注意者，是推理活動之某種形式規律雖「同一」，其具體活動之情況仍不能知其必「同一」；故人人雖皆能推理，然其深淺精粗不「同一」，甚至正誤不「同一」。故邏輯理論亦有種種歧異爭執或演變；欲求如戴氏所說之「天下萬世皆曰是不可易」者，則雖就邏輯思考言，亦不能得也。

戴氏謂「以情絜情」而得「理」，而此「理」爲「心之所同然」，則似以爲人之「情」皆「同」。此則似近常識，實則萬萬不然。如人皆飲食，而所嗜彼此決不常同；故若就「好惡」言，我之好惡之內容與每一人之好惡之內容，皆無法保證其同。儒者之言「恕」道，原是就立公心之工夫過程講；推己及人以使此心不爲特殊形軀之情欲苦樂所限，是「恕」在實踐工夫上之作用。今戴氏取「恕」以說「理」，但訴於一內容上「同然」之觀念，則所謂「以情絜情」非意志方向問題（如儒者之工夫義），而變爲判斷之內容問題，則其結果實爲難言。蓋如就具體之「情」之內容講，若假定「我之情」與「人之情」皆同，由此而建立一判斷謂：「我所好者，人亦好之」；則自己好食辣，則將求人人食辣；此豈非正是以一己之「意見」爲「理」乎？戴氏亦決不能取此說也。

倘就「情」而求「同然」，依戴氏意，似須將此「情」之特殊內容儘量抽去，而只留一形式；例如，由我有「所嗜之味」，推往人亦有「所嗜之味」，然後卽就此說：「以我之情絜人之情」，似可避免上文所述之惡劣後果；然此處問題仍未解決。蓋卽就「人嗜其所嗜」說，雖已抽去所嗜之特殊內容，其「嗜」之强弱仍可以人人不同。譬如，我雖有所嗜，但不重視飲食，則覺無絕不可食之味；此時若以「我之情」推於「人之情」，豈非將以爲他人亦無絕不可食之味乎？此則仍遭遇上述之同一困難矣。

以上之析論，使吾人覺戴氏所謂「心之所同然」者不知究有何實義。然此中之根本問題仍在於戴氏對「理」之誤解。戴氏不知凡「情」皆有特殊性，故一言規範，必訴之於「理」，「理」方能有普遍性也。人之意志方向，倘受特殊之「情」之決定，則卽爲「私」，卽爲「意見」；欲排除「以意見爲理」之誤，則正須將欲求好惡等等特殊因素層層擺脫，以顯現「理性」方可。戴氏則以爲離「情」言「理」反屬「意見」，乃思想上一大顚倒也。

至戴氏言「智」，而强調心之能「思」，似以爲「思」或以「智」察物爲「心之所同然」；則似較上引語中指「以情絜情」爲得「理」——「心之所同然」——稍勝。然此中另有困難。

戴氏以爲「思」乃所謂「心之精爽」⑯，而謂人由學而增益其「思」之能力以進於「智」，則可以「於事靡不得理」。此是假定人對事物可有一種完整知識，以盡知「事物之理」；此則極難成立。表面言之，宋儒似亦假定一種完整知識，但其重點在「形上之理」。今戴氏不言「形上之理」而言「事物之理」，又欲在此一層面上獲得完整知識，則是昧於經驗知識之性質，作不可能之假定矣。

其次，若嚴格清理戴氏此種以「智」說「理」之論點，則應可分爲以下數項：

第一：人心有「思」之能力，充足發展卽成爲「智」。此是人「心之所同然」。

第二：人以「智」觀事物之「理」，則不是「意見」。

第三：人心之「智」不足，則有「蔽」，由「蔽」生「意見」。

第四：人能以「智」觀「理」，則行爲卽自能得理。

以上是離開「以情欲說理」一面講，倘將此一部份收入以上之說法，則可再加一條。

第五：人之「智」所觀之「事物」，主要卽爲人之「情」與「欲」。故「事物之理」卽指「情欲之理」言。

以上五條，可包括戴說之大旨；其表面有異者，只在於戴氏有時欲避開「理」字而又無適當之字以代替，故其說每有不必要之繁亂，非如上列五條之簡明。其意則無異。

對此五條，吾人亦可看出戴說之困難所在。

就第一條說，戴氏雖云解孟子，實則立說與孟子本文大異。戴氏實以能見事物之理之能力為「心之所同然」，非孟子以「理義」本身為「心之所同然」。此即「心能生理」與「心只能照見外存之理」二說之分歧；是孟荀之別，亦哲學史上對「理」之兩種不同思路也。

就第二條及第三條說，問題在於「蔽」之正面根源何在？智不足乃消極條件，非正面根源。倘於此追究，則恐不能不落在「情欲」上。蓋智性之力量不足時，人遂受情緒私念之影響而始有「蔽」也。但此與戴氏對「情欲」之態度衝突。

就第四點言，戴氏不知意志能力與認知能力並非自然合一；此是一大誤。然上節談戴氏對宋儒之批評時已言之。茲不贅論。

就第五條言，情欲皆經驗事實，人倘欲求得「情欲之理」，亦應是一無窮過程，與求對自然事物之理時情況相類。故如依此而言道德實踐，則實踐無從開始。

總之，知識或智性所見所察，乃無窮無盡者；道德生活重點在意志方向，而非其所相應之知識內容。知識內容永遠可能有誤，亦無所謂完整——對情欲之知識亦不例外。另一面，行為之道德性本非受知識內容決定者。此皆是哲學中之粗淺問題。戴氏之誤，則在於其對此類粗淺問題之缺乏了解；故其攻宋儒全不得要，其立說更屬千瘡百孔也。

最後當略說戴氏反宋儒之用心所在。

(2) 反「理欲說」之外緣旨趣

所謂「外緣旨趣」，指其在哲學問題領域之外說。戴氏反宋儒「理欲之辨」，而在「疏證」中特明謂：

「……謂不出於理則出於欲，不出於欲則出於理，不可也。」[107]

此一主張，就哲學問題內部言，則全不能成立，已如上各節所論。然若離開哲學理論之正誤得失看，則戴氏立此說實亦另有其用心所在；此卽本節所談之「外緣旨趣」。

戴氏對宋儒理論內部結構實不深知，但其所了解之「理欲說」，則是抑制人之欲求，輕視人之苦樂等等主張。此種主張作爲成德工夫之內在磨鍊程序看，原亦無可議；此在前文論工夫之入手問題時亦已言之。但若落在外在之政治生活上看，則顯然大有問題。因就政治生活說，其原則本不是一宗教或道德之原則。爲政之道，不在於使人民成爲聖賢，而在於能解決此一共同生活之領域中人民所遭遇之困難；能使人民之需要獲得滿足。換言之，卽以人民生活之豐足、安全、公平爲目的；而非以使人民達成偉大價值爲目的。此非謂人民不應成爲聖賢，或不應達成偉大價值，而是說政治制度及措施不能對此類問題正面負責也。但中國傳統思想中，政治生活之獨立領域迄未爲人所了解，因之，政治生活常視爲道德生活之延長。此已是一大病。而更有甚者，執政之人每誤以道德生活之標準作爲其政治主張之依據。於是，當人民陷於艱苦生活中，執政者視若無覩。此雖非常見之事，亦非罕有也。戴氏時，程朱之學已成官學；科甲出身之官員，蓋無有不讀程朱之書者。此輩未必能眞有作聖賢之高志，然皆能以程朱理論爲自身解嘲。戴氏大約有見於此，故認爲貶低人之欲求，乃使執政者不關心人民之苦樂；而其立說以反「理欲說」者，主旨卽在於强調「遂民之欲」也。故也「疏證」中，一則云：

「道德之盛，使人之欲無不遂，人之情無不達，斯已矣。」[108]

再則曰：

「今既截然分理欲爲二，治己以不出於欲爲理，治人亦必以不出於欲爲理。舉凡民之飢寒愁怨，飲食男女，常情隱曲之感，咸視爲人欲之甚輕者矣。輕其所輕，乃吾重天理也，公義也。言雖美，而用之治人，則禍其人。」[109]

此外類似之言尚多。總之，皆就政治生活之原則一面看，而認爲「理欲說」使執政者不顧人民疾苦也。吾人觀此一面，可知戴氏之用心所在。然若就理論言，則戴氏如此立說，實無補於其重視「遂民之欲」之旨趣。蓋此問題之發生，正由於中國舊有之學說未能正視政治領域之「理」，非可由化「理」歸「欲」以求解決。故戴氏此種思想雖有透顯中國傳統哲學之闕漏之作用，然非眞正提供一新方向。以道德生活之原則作爲政治生活之原則，固是一誤；反之，以政治生活之原則作爲道德生活之原則，亦是一誤也。

因戴氏之哲學理論疏謬至多，然其用心則非無可取；故在析評其哲學思想之後，一談此「外緣旨趣」問題。對戴氏之論述，亦卽在此結束。

× × × ×

如本章開始時所申明，本章所述之「乾嘉學風」實代表傳統中國哲學思想最後一階段；蓋再後則進入中國面臨西方文化壓力而作反應之歷史階段，整個背景不同；亦不適於納入「中國哲學史」中矣。外來文化影響中國之例，久已有之。卽就西方文化而言，明代西方敎士東來，固已開始輸入西方觀念；然此與「鴉片戰爭」後之情勢大異。簡言之，西方文化形成一「壓力」乃始於此時；而此「壓力」之反應卽爲中國傳統文化之逐步解體。因此，若欲論乾嘉以後，清末至民初之思想演變——包括哲學一面，則其背景必須兼取中西兩方，不能再以中國傳統爲主。此所以本書作爲「中國哲學史」，卽亦在評述乾嘉思想後結束也。

此種劃分自亦以作者所持觀點爲根據；然其中涉及一判斷，亦學者所宜注意者。此卽：受西方壓力後之中國，在哲學思想方面——亦如在其他方面，皆已進入一以超傳統外之世界情境爲其歷史背景之階段。由此推之，現在及未來之中國哲學思想亦必須在此新背景下重建其自身。傳統之中國一去不能返矣。未來之中國必是一「世界中之中國」。哲學思想亦然。願卽以此語總結本書，並告學者。

——全書完

註釋

❶：見王國維：觀堂集林，沈乙庵先生七十壽序。

❷：見梁啓超：清代學術概論，一。

❸：同上，二。

❹：關於亭林思想，已見前章。此處所言乃亭林之基本主張，集中處處可見，卽不另作引證。

❺：參閱，觀堂集林，與友人論詩書中成語書。

❻：案黃生，號白山，原爲明諸生，而獨治文字訓詁之學。所著「字詁」一卷，「義府」二卷，後皆由戴東原獻於清廷，收入四庫。其人與江戴段王雖無直接淵源，然其思想方向，則最重客觀知識之尋求者也。學者可參閱：清儒

學案（徐世昌）卷二十四。
❼：參閱：焦氏叢書，卷首，王引之手札。
❽：參閱，惠棟：周易述，卷五。
❾：方東樹著「漢學商兌」一書，攻惠派甚烈。學者可參閱之。
❿：如戴東原卽屢屢有此類說法，蓋東原雖創導乾嘉之學風；其興趣頗爲複雜；與此派其他學人頗爲不同也。
⓫：見淸代學術槪論，十三。
⓬：同上，十七。
⓭：讀者可參閱，戴震文集，卷九，與是仲明論學書，與方希原書等。戴氏之說最足以代表此種主張也。
⓮：案「爾」卽「邇」之借字，與「遠」相對；「雅」則與「俗」相對。「遠近」卽「古今」也。王國維論「爾雅」曾發此義，惟言之未詳。實則古今語或雅俗語之對譯，卽訓詁之本旨也。「爾雅」一名，固當如此解釋。後世所謂「溫文爾雅」之類，則又是另一用法矣。
⓯：江氏在「古韻標準例言」中云：「細考音學五書，亦多滲漏；……。古音表分十部，離合處尙有未精，其分配入聲多未當。此亦考古之功多，審音之功淺。每與東原歎惜之。」蓋江戴之所見相近，皆能精於審音也。
⓰：見音學辨微引言。
⓱：均見「古韻標準例言」。
⓲：參閱，段玉裁：古文尙書撰異序。
⓳：案東原論古韻分部，與段氏之不同，可參閱：戴震文集，卷四，答段若膺論韻。此書作於東原逝世前一年（乾隆四十一年，丙申），與次年所作之「聲類表」，皆可代表東原之最後主張。
⓴：參閱，段玉裁：周禮漢讀考序。
㉑：參閱，王念孫：廣雅疏證序。

㉒：參閱，王念孫：段若膺說文解字註敍。
㉓：見戴震文集，卷九，與是仲明論學書。
㉔：見王引之：經義述聞序。
㉕：同上。
㉖：見王引之：經傳釋詞序。
㉗：參閱，錢大昕：廿二史考異自序。
㉘：案「漢學師承記」卷三，錢傳中述東原以錢氏爲「當代學者」之「第一人」之語；而評謂：東原「不讀漢以後書」，而錢氏「學究天人，博綜羣籍」云云。則其崇錢抑戴之意甚明。
㉙：參閱，潛研堂文集，與戴東原書。
㉚：此書見「戴東原戴子高手札眞蹟」，卽所謂「與段玉裁論理欲書」。亦見段著：戴東原先生年譜：乾隆四年乙未條所引，蓋作於五十五歲時，距其逝世僅數月也。
㉛：寄江永書見段著：年譜，乾隆十年乙丑條下引；亦見戴震文集，卷三。
㉜：可參看，年譜，乾隆三十一年丙戌條下第四段。
㉝：此書亦見年譜，乾隆四十二年丁酉條下段氏所記。亦見「戴東原戴子高手札眞蹟」。
㉞：王銘見春融堂集，亦見戴震文集，附錄。
㉟：見經韻樓文集，卷七，答程易田丈書。
㊱：見同書，同卷，東原先生札册跋。
㊲：見章氏遺書逸篇，答邵二雲書。
㊳：參閱，漢學師承記，卷六。
㊴：見段著，年譜，乾隆三十七年條末行所記。

㊵：見「戴東原戴子高手札眞蹟」。
㊶：原善，見戴氏遺書，第九（微波榭本），亦見孟子字義疏證（中華本）附載。
㊷：原善，卷上。
㊸：同上。
㊹：同上。
㊺：同上。
㊻：可參閱，本書第三，第四各章。
㊼：原善，卷上。
㊽：同上。
㊾：同上。
㊿：同上。
51：同上。
52：同上。
53：同上。
54：同上。
55：同上。
56：同上。
57：同上。
58：同上。
59：原善，卷中。

60：同上。
61：見卷上論「血氣心知」一段。
62：原善，卷中。
63：同上。
64：戴氏在原善卷上亦曾明言「性之微於巧智……」云云，可與卷中論「擇善」語參看。
65：見錢穆：中國近三百年學術史，第八章，「東原思想之淵源」一節。
66：同上。
67：同上。
68：原善，卷中。
69：原善，卷下。
70：同上。
71：同上。
72：同上。
73：同上。
74：同上。
75：同上。（「中正」舊誤爲「中至」。茲依中華本校改。）
76：同上。
77：同上。
78：同上。
79：同上。

80：見太炎文錄，卷一，釋戴。
81：見緒言，卷上。
82：同上。
83：同上。
84：同上。
85：同上。
86：同上。
87：緒言，卷下。
88：可參閱，緒言，卷中，「宋儒之異於前人者」一段，及下接四五段。
89：緒言，卷下。
90：答彭進士允初書。孟子字義疏證附載。
91：參閱，緒言，卷下，「釋氏言空是性者」一段。
92：此是朱氏註「太極圖說」語。
93：此語見緒言，卷上。又本節作理論析評，所引戴氏說法，貫串前後諸作，故不一一註明。
94：學者參閱「疏證」及「緒言」本文卽可知。
95：案錢穆先生在「中國近三百年學術史」第八章，論戴氏之「疏證」時，以爲就「情」與「欲」言「理」，乃「疏證」之特色。其實「原善」卷中、卷下，皆已透露此意，但未詳明耳。
96：「疏證」，卷上。（論「理」）
97：同上。
98：同上。

99：同上。
100：同上。
101：同上。
102：見緒言，卷下。
103：關於「物」字之古義，傅孟眞曾有專文考之。學者可參閱傅氏之論文集。
104：疏證，卷上。（論「理」）
105：同上。
106：同上。
107：同上。
108：疏證，卷下。（論「才」）
109：疏證，卷下。（論「權」）

後記

人事眞是難以預料。當我寫完中國哲學史第二卷的時候，怎樣也不會想到第三卷到現在纔脫稿。算起來前後將近十年了。

第三卷所以會拖了這樣久方能付印，主要原因之一是：全稿幾乎有十分之八經過一再修改；其中有一半根本是完全重寫的。這當然與我自己前後想法的改變有關。

當我最初將第一卷付印的時候，我原只想將自己的講稿印出來，以便減少講課的痲煩；所以根本不曾特別用力去補充內容，大體上只是將已有的講稿畧加整理就付印了。稍後，到出版第二卷，我的態度基本上仍然無大改變，不過已經多少下了一點工夫清理佛教思想一部份，但結果也只是稍稍擴大了原有的這一部份講稿而已。那時，事實上我手邊已經有宋明及清初思想的講稿。倘若我的想法不改變，第三卷原可以接着在第二卷之後出版，不用等這許多年。

可是我在七一與七二年，心情一度很陰暗；身體也忽然大不如前；於是我對這部未完之作也有了一種新的想法。我自己原有計劃另寫幾本書，這時突然覺得未必眞能完成；於是就轉而注意到這本第三卷哲學史。我不想再用講稿來付印，而決意另寫一本。我打算借這一本書，將我對中國哲學研究的幾個重要觀點表述清楚，以供研究者參考；而不再從講課一面考慮。於是，我對這本書的設計也完全不同了。現在，這本書長達五十幾萬字，根本是講課時無法講完的；若與第一二卷的長度比較，也可以說是「不成比例」。但讀者如明白我這本第三卷，本來是依另一種標準來寫的，則也就不會感到奇怪了。

這本書全文雖然已經太長，以致付印時要分爲上下卷，但在我自己看，內容仍然不算很完備；可以加進去的資料還是很多，可以更詳細析論的地方也不少。但我覺得不能再加長，因爲，如果再增補下去，可能轉眼又是幾年；結果也仍然會覺得不是眞正完備。則徒然使自己懸心於一部未完之書，就誤其他工作，未必有甚麼意義。

從一九七〇前後開始，我對哲學上的基本問題已漸漸形成一些確定看法。事實上，近幾年我的注意力可說只有一半落在中國哲學上。另一半注意力則落在那些哲學問題上。現在這部中國哲學史算是完卷了；下一步我會寫幾部純理論性的書，借以整理我近年思悟所得。當然，這些書的完成，又會是幾年後的事。好在我的心情已與幾年前不同；身體雖壞，也已經習而安之。晚年以著作自娛，本是中國知識份子的通例，則也不必憂慮來不及寫了。

以上主要是交代一下第三卷所以會延至今日纔出版的原因。此外，關於這本書的內容，也還有些應加說明的地方。

第一：這本書在格式上與前兩卷有個不同處，就是用了各章後附註文的形式，而不像前兩卷是隨文作註。這雖然是無關重要的事，但不免使讀者有各卷格式不同之感。本來我所以這樣做，也沒有甚麼確定理由，不過因爲開始寫時，順手將註文寫在另一張紙上，於是就這樣寫下去。後來自然不想再改了。其實，在我看來，這兩種註法既都能記明引用資料的來源，則在研究方面的功能應該并無多大差異。一時風氣如何，又是另一回事。那麼，這種格式上的不同也就不必重視了。

第二：由於這本書是「中國哲學史」，所以重點在於展示中國哲學思想的演變過程，而不在於其中某一支，某一派。因此，一切評述只能順著一條主脈進行。許多在一般思想史中可以詳加討論的問題，或者在特殊學派的研究中應作詳細析述的問題，在這本哲學史中則只能涉及其大畧，甚至根本畧而不談。這是理論範圍及工作範圍的限制。倘若離開這種限制，則一本書就很可能失去主題而輕重倒置了。例如，明代末葉流行的混合信仰，在思想史上可能是一個極可注意的論題。但就哲學史看，則這種信仰從未有一個比較可取的理論來支持它，因此，在哲學標準下，講「三敎合一」或「儒佛合一」等等說法，就不能看作「哲學思想」，因之也就不能成爲哲學史論述的對象。我在第三卷後半雖用了不少篇幅講「明末清初」的「哲學思想」，却并未特別敍述混合信仰，理由卽在此。

又如佛敎思想甚爲複雜，倘若寫一本「佛敎思想史」，則有許多地方都應該詳加考辨。但在「中國哲學史」中，則只能講到幾個基本問題，因爲只是這些地方與中國哲學的演變有關。不能爲了誇耀博學而弄得輕重不明，這也是治學者應該了解的。有些研究佛敎文獻的人，曾經對我的哲學史第二卷表示過一種意見，認爲我敍述印度空有二宗，似乎太簡畧。我想，這就是由於以「佛敎思想史」的標準來看「中國哲學史」，而忘記佛敎敎義與中國哲學只有一定限度內的關聯；而一本「中國哲學史」中，只能有一小部份涉及佛敎。不然，就會如我上面所說的那樣輕重倒置了。

第三：近些年來，有些關心中國文化傳統的學人，每每因爲想强調中國文化的優越可貴處，因此就在論及中國哲學思想的時候，一味只稱讚古人，而不重理論得失的客觀評定。這些先生們的用心，自然是不難了解的。可是，我寫「中國哲學史」却不能取這種態度。我大致上是以客觀了解與批評爲主要工作。於是，書中所論，就自然不能與上述的那些學人們的論調相合了。特別是關於宋明儒學的評估析論，我相信許多人看了我的講法，很可能覺得與傳統舊說或時賢新說，都大不相同，或許會認爲我有意作翻案文章。但我願意在這裏特別申明：我向無故意作翻案文章的興趣。我這種講法確是我自己所學所思的結果。讀我的書的人，可以就「歷史標準」與「理論標準」兩面下手，客觀地評其得失；却不可以離開理論本身，去做題外文章。

說到這裏，我特別懷念逝世不久的唐君毅先生。唐先生最後一次和我晤談的時候，我由於談「五行」觀念，又談到宋明儒學說中某些封閉語言的問題。唐先生正屬於强調古人長處而避免深切批評其短處的學人——而且可說是最有代表地位的人物，但他對我的議論仍和平時一樣平心以聽，未表示任何反感。當然，我明白他內心中對我的論調不能契合，也是一向如此。可是，他很顯然知道我並非故立異說，也就不强求其同。於是，我們間這種談論，也和往日一樣，數語卽過；下面就轉到別的話題上去了。那時，我這本第三卷哲學史已將脫稿；以爲成書以後，自有與他詳加商論的機會。誰知唐先生忽捐館舍。現在這本書出版，而唐先生逝世已經兩年。這本書，唐先生竟不及見了。世事茫茫，眞不可料。

我對中國哲學的前途的看法，是中國哲學必須經過一番提煉淘洗，在世界哲學的配景中重新建構，排去那些封閉成分而顯現其普遍意義。這個觀點却是唐先生屢屢印可的。我在全書結尾，曾經强調這個看法，現在仍然提出這一點來結束這篇短短的「後記」。要補充的是：就這個重建中國哲學的大目標說，寫中國哲學史至多只是一種預備性的工作。不過，我所以會寫「中國哲學史」，却正因爲我自己在面對着這個大目標想作一點努力。如果讀者對這一點有所了解，則看我的理論時，便可以消除根本的隔閡了。

一九八〇，三月。

校後記

我的「中國哲學史」，最近由臺北三民書局出臺灣版。我將全稿親校一遍，竟然發現仍有許多港版淸校時未改正的錯字，足見昔人所謂：「校書如掃落葉」，或「校書如掃塵」，確是大有道理的。

許多年前，「中國哲學史」第一卷由崇基學院出版的時候，我自己也看過校稿；可是，結果排印方面的錯誤，多得出人意料之外。錯字之多固然不待說，甚至講「老子」的一段中，有一整頁與另一頁先後顚倒。弄得幾乎「不可讀」了。此外，另有將已刪去的附註之文，誤留下幾個字，然後又誤入正文的；可謂錯得千奇百怪，令人氣結。記得第一卷出版後不久，有一天中文系的龍宇純先生和我談到書中一處誤印的地方，我告訴他原稿是如何如何的，他就開玩笑說：「這可以算是校勘上的新問題了」。我們相向大笑。

第一卷這些古怪錯誤，在再版時有部份的改正；但某些脫漏，由於主事者要利用原紙型，仍然未能改妥。其時，第二卷也已經出版。第二卷比第一卷排印稍好，至少沒有整頁顚倒的大錯；可是，錯字仍然很多。我記得談「易傳」的一段中，「彖」字與「象」字就錯了好幾處，結果又是使讀者難以明白文意了。總之，第一二卷的排印特別差，初版尤甚。

至於第三卷，由友聯公司出版；校對方面比前兩卷是好得多了。我自己看淸校稿，也特別用心，希望能儘量不要弄出錯字。然而現在再看三民書局的臺灣版校稿，仍然發現不少應加改正的地方。這就使我有如掃落葉之感了。

從前研究版本和從事校勘工作的學人或文人，總是重視「原版初刻」；談到古籍，便以「宋元版本」爲貴。這一方面固然與崇拜古代的風氣有關，另一方面也有歷史事實的根據。舉例說，明朝的書商就最喜歡改編古書，或者給古書換名字。甚至將某甲之作冒認爲某乙之作。這樣，弄得資料大亂。顧炎武在「日知錄」中便有「改書」一條，痛論這種惡劣作風（見日知錄卷十八）。清人杭世駿也在他的「欣託齋藏書記」中歷數許多「明人妄行改竄」的實例（見道古堂集卷十八）。而黃廷鑑在「校書說(一)」中，就下斷語說：「妄改之病，唐宋以前謹守師法，未聞有此。其端肇自明人，而盛于啓禎之代。」（見第六絃溪文鈔卷一）。他們都特別注意明代人這種擅改古書的作風，因之，很自然地，就重視早出的版本了。

但明代改書，造成混亂，固然是事實。明代以前的版本，却也並非一定可靠。卽以宋本而論，精粗優劣，彼此相去甚遠。凡稍知版本的人，大約都知道「麻沙本」的惡劣。南宋陸游就曾經記述有關「麻沙本」的笑話。「老學庵筆記」有一段說：「三舍法行時，有教官出易義題云：乾爲金，坤又爲金，何也？諸生乃懷監本易至簾前請云：……先生恐是看了麻沙本，若監本，則坤爲釜也。」（見老學庵筆記卷七）案這是「說卦」第十一章之文。「麻沙本」竟然將坤爲「釜」誤印爲「金」字，以致不大讀書的教官據此出題。眞是可笑了。

而「麻沙本」這類的謬誤，並不完全由於「手民之誤」，一部份實在也是由亂改而來。顧千里就曾經說：「南宋時，建陽各坊，刻書最多。惟每刻一書，必請偃不知誰何之人任意增刪改易、標立新奇名目，冀以衍價，而古書多失其眞。」（見思適齋集卷十，重刻古今說海序）。可知宋人刻書，也已經有「妄改」之病。顧炎武，杭世駿等人專責明人改書，可說是未得其實了。

倘若我們明白任何一時代的版本，都有優劣之分，就不必對「原版初刻」看得太重。這還是就古書說。如果就現代著作講，恐怕愈是多經原作者校閱過的重版書，愈少脫誤；因爲原作者本人改正的地方纔最能代表原文的本意；而作者的校閱也每每是不免先有遺漏，以後纔發覺。即以我自己校這本哲學史而言，港版一、二卷的「初刻」，錯誤最多；再版稍好一些，現在臺灣版又更多改正之處。第三卷的港版，我雖然注意校閱過，可是現在看臺灣版校稿，又發覺有不少應改正的地方。還是那句話：「校書如掃落葉」。每多掃一次，就會多一些發現錯誤的機會。我因此悟到「原版初刻」之不可信；對於現代著作說，尤其是如此。

本來像「中國哲學史」這種書，只能供治學者的參考，該歸入冷門書一類；不料聽說在臺灣也有人盜印翻版。或許這是臺灣「讀書風氣好」的表現。但是，這些翻版書據說都是用港版來攝影的；這就不免「聰明反被聰明誤」，因爲港版的訛誤在這些翻版書中就一定不可能改正了。現在三民書局的臺灣版，則正式由我出讓版權；在許多方面，雖然似乎不如翻版者佔得便宜，可是，由我親自校改一遍，在書的內容上却又有不少改進，非翻版書可及了。足見人事總是利弊互見，天下沒有佔盡便宜的事。這是我校畢臺灣版全文後的一點感想，附記於此。

思光　庚申年除夕於沙田中大

答友人書

——論中國哲學研究之態度

××先生：

來函收到時正是假期，應閒而反忙碌，因此今天纔作覆。遲遲作覆的另一個原因是：你信中談到有關中國哲學的研究問題，觸發我不少感想；我不願匆匆說幾句敷衍話，而想乘此機會告訴你近年我自己的觀點，於是就不能隨手寫幾句了事了。

近些年來，國外談中國哲學或思想的外國朋友眞不少。六九至七〇年，我在美東和中部接談過的就不止五十人。他們之中，也頗有能作專精研究的哲學之士。不過，若問有否與我旨趣投合的人，則我只能說：尙無一人。原因是我的工作和他們的研究根本上有層面及角度的不同。

大體說來，歐美學人研究中國哲學思想，多半只是從事一種了解事實的工作。有的人甚至完全取民俗學的觀點在進行了解。在這個層面上着眼，他們并不關心中國哲學思想中那些部份「有價值」或「有意義」，也不想考慮某些學說是否能成立，而只是把這些資料當作中國人的「民俗」的一部份來作「描述的分析」(descriptive analysis)。換言之，他們只想對於「中國人有些甚麼想法」，「中國人怎樣會那樣想」，以及「這些想法發生過甚麼影響」等等多一些了解；并不將中國哲學思想當成一種理論或主張，而衡量其長短得失。例外的反是那些偏重宗教旨趣的人。如在波士頓的司密斯(Huston Smith)，在當年所寫「人類的宗敎」一書中，就採取了三支觀點來析論西方、中國及印度的宗敎思想；對於中國儒道二家的理論，都很用心求解，想找出其中的價值與意義所在。他後來發表的著作，也是持這種態度。他算是對「中國智慧」最有體會的西方學人之一，可是，基本上他將中國哲學思想的主流都當宗敎看；是否承認「中國哲學」的存在，都頗成問題了。

至於另一些青年，對神秘體悟特別有興趣的，或者學禪宗的「參禪」，或者捧著普林斯頓譯本的易經占卜，倒是很有「實踐」意味；但這些人根本不重視理論，雖然對「中國智慧」有某種親切感，却很難說與哲學研究有甚麼關係。

這樣，正如你所說，中國哲學的研究，在歐美始終未獲「獨立」的地位。談論中國哲學思想的人雖不少，但或者當作古史研究，或者當作民俗研究，或者當作宗敎研究；總之，并不當作「哲學」來研究。於是在美國就只看見史學家、社會學家、宗敎學家等等在談中國儒道思想；而哲學系中便很少有「中國哲學」這一科目。這或許就是你「頗多感慨」的原因了。

其實，我們也不能說以上所擧的種種研究態度，有甚麼「錯誤」。研究者原可以自己選定他研究的角度或注目的層面；這原沒有正誤可說。問題只在於所研究的對象是否有重要意義而由此遺漏。我們所以不願意接受以上種種研究中國哲學思想的態度，只因爲我們覺察到中國哲學思想最重要的意義，不能由此類研究接觸到而已。你念念不忘中國哲學的「獨立」的研究，理由想不外此。

但當我們想將「中國哲學」當作「哲學」來研究的時候，我們自己必須對於自己的主張所依的理據有一定程度的自覺；究竟我們主張怎樣研究中國哲學呢？爲甚麼要持這樣的主張呢？回答這些問題，就牽涉到我們對哲學的功能如何了解的問題，也牽涉到我們對「哲學」這個詞語如何使用的問題。

「哲學功能」的問題和「哲學定義」的問題相像而又不同。相像處是對「哲學功能」或「哲學定義」問題每提出一種答覆，實際上本身便表示一種哲學觀點；因此，對這兩種問題我們都不能作甚麼客觀決定。另一方面，「功能問題」與「定義問題」又有一個極不相同的地方，即是：「哲學定義」的問題，如取「本質定義」的意義，則可以不談（因爲可以代之以「實指定義」）；但「哲學功能」的問題，却是不能不談的。無論持甚麼理論立場談哲學，總不能不對「哲學能做甚麼」一問題作某種決定；儘管如上面所說，這種決定本身每每正是某種哲學觀點的表露，而不是所謂客觀描述。

我近年對於哲學功能的看法，漸漸有了比較確定的結論。我認爲哲學常常包含兩部份；一部份屬於「强迫性的知識」一面，另一部份則屬於「主張」。如果只包含前一部份，則它就與科學知識的模型極相近；但若涉及後一部份，則它就要求一種對人生有指引作用的功能。而就人類的哲學思想的發展過程看，則這種涉及主張的成分，正是歷代各傳統下的各種哲學思想的共同特色所在。儘管少數的哲學家或哲學理論可以極度地偏向於「强迫性知識」一面，但就哲學問題說，則它們原不能拘於這一個範圍，而必定涉及「主張」成分。這個問題現在或許不能說得很明白，但大意也不難了解。我的意見是：哲學不僅提供一種知識，而且常常提供一種人生態度；雖然有些哲學家想以某種科學爲模型而建立哲學理論，因之特別强調知識一面，但就人類關心的哲學問題說，却總是涉及人生態度的一面。這樣，我眼中的哲學，便應有兩種功能；其一是知識一面的，其二則是屬於主張一面。

談到中國哲學，只要我們面對歷史來講話，我想誰也不能有好理由否認中國哲學一向偏重人生態度一面。儘管當某個哲學家提出某種人生態度的時候，自然必須舉出一些理據—因此就涉及知識，但基本上中國哲學是一種以「主張」爲重的哲學。這可稱作："PHILOSOPHY AS PROPOSAL"。當然支持

「主張」的理論仍然會有，不過那并不表示只有這些理論方屬於中國哲學；反之，這些理論正是依於那個主張而獲得意義的。

我們這樣來了解哲學的功能，以及中國哲學的性質之後，不難引出某些觀點，而對中國哲學的研究態度有所判定。當然這又是另一層面上的主張了。

我并不反對別人從不同角度來研究中國的哲學思想，但作爲一個哲學工作者，我自己對研究中國哲學的態度自然有一定的主張。簡單說，這可以包括以下幾點：

第一點，中國哲學以「主張」爲重，因此，我們應該在這一方面定出一個有關「理論效力」的標準，來衡量這些主張的得失。通常人們一談到「理論效力」，就會想到「解釋的效力」；這自然不足爲奇，因爲大家講「科學的哲學」時，本來是依這種意義來談「理論效力」的。不過，我現在所謂「理論效力」，却是取一種比較廣義的用法。我認爲「解釋」與「指引」都是理論的功能。因此一個理論或學說的理論效力，可以分別由這兩面測定。"Explanatory power" 以外，另有 "Orientative power" 的問題。而當我們衡量一種「主張」的時候，就應注目這種實踐意義的「指引效力」，由此來確定所謂「長短得失」的意義。

第二點，中國哲學的主要學派—如儒道學說，原本以指引人生爲主，或說以「自我的轉化」爲主。在這個目標下，許多哲人又提出各種主張；而支持主張的又有一套套的理論。我們研究這些理論或主張時，可以處處測定其「理論效力」。即如宋明儒有種種工夫論；其中皆包括確定主張以及支持主張的理論。我們如果弄清楚這些主張落在實踐生活上會指引人去怎樣生活，然後即可立出一些設準，來衡度它們的理論效力。這樣不僅可以在評判前人學說時，可以使我們的判斷意義明確，而不陷入門戶意氣之爭，并且也可以由此遙遙顯出這種哲學思想對人生問題的普遍意義。

第三點，說到「普遍的意義」，我就要提到我近年的一個主要論點；這涉及對傳統文化成績的處理原則。我曾經用「開放」與「封閉」一對字眼來表述我的看法。其實，也可以用其他類似的字眼來表述。我的主要意思是强調一切理論的效力的變化問題。一個理論如是接觸到人生的眞問題的，則它必含有一些有普遍意義的成分；另一面，這個理論既成爲一個具體理論，也就一定有某些受特殊約制的成分。有普遍意義（或者謹愼點說，稱爲「較普遍意義」）的成分，有較長久的功能，又可以在不同的特殊條件下有不同的呈現方式，因此可稱作「開放成分」；另一面受特殊的歷史、社會、心理等等條件約制的成分，則其功能在特殊條件變化時卽不能保持。這卽可稱爲「封閉成分」。一個理論的「封閉成分」最容易失效，因此，歷代抨擊前人學說的論辯，大半都落在這種「封閉成分」上。可是，一個理論的某些部份失效是一事，是否它含有某種具普遍意義的成分又是另一事。我們如果能認眞區別一理論的「開放成分」及「封閉成分」，也就不致於只曉得去攻擊前人理論的失效部份，而不會承受那些有普遍意義的成績了。

第四點，也是這裏要說的最後一點，是關於對中國哲學的了解問題。了解中國哲學有一個最大的障碍，就是中國哲學中某些詞語的指涉，每每是日常生活中所無，而只在工夫過程中呈現的；因此，如果一個治哲學的人自己根本未致力於任何工夫過程，則他很容易覺得找不到那些詞語的指涉何在。倘若他就此止步，而斷言中國哲學中這些詞語無意義可說，則他就不能了解中國哲學了。

總之，我覺得今天我們中國的學人若是想認眞研究中國哲學本身，則至少應注意到以上所說的各點。否則，維護傳統固然不能給中國哲學帶來新生機，一味否定傳統也徒然拋棄先人的智慧成果。此外，不求甚解或强作解人，也都只會使中國哲學研究風氣日趨敗壞；比起外國學人只作發生的研究或外緣的研究，反而更多惡果了。

我去年寫完了「中國哲學史」；後來與友人們談論過幾次有關中國哲學研究的問題，頗多感想；恰好你來信提到中國哲學的「獨立」研究的問題，因此，順便談談我近年形成的想法。T君在某報發行的刊物上評論中國哲學研究者那段談話，我也看過。正如你所說，他對我講中國哲學時所持的批評態度，似乎頗加稱許。可惜我已經好幾年不見他了，不曾告訴他以上所說的這些意見；不然，他或許會了解更多一點，進一步知道我對中國哲學研究工作的正面主張。……………

光啓　一九八一年二月

三民大專用書書目

國父遺教

國父思想	涂子麟 著	中山大學
國父思想	周世輔 著	前政治大學
國父思想新論	周世輔 著	前政治大學
國父思想要義	周世輔 著	前政治大學

法　律

中國憲法新論	薩孟武 著	前臺灣大學
中國憲法論	傅肅良 著	中興大學
中華民國憲法論	管歐 著	東吳大學
中華民國憲法逐條釋義(一)～(四)	林紀東 著	臺灣大學
比較憲法	鄒文海 著	前政治大學
比較憲法	曾繁康 著	臺灣大學
美國憲法與憲政	荆知仁 著	政治大學
國家賠償法	劉春堂 著	輔仁大學
民法概要	鄭玉波 著	臺灣大學
民法概要	董世芳 著	實踐學院
民法總則	鄭玉波 著	臺灣大學
判解民法總則	劉春堂 著	輔仁大學
民法債編總論	鄭玉波 著	臺灣大學
判解民法債篇通則	劉春堂 著	輔仁大學
民法物權	鄭玉波 著	臺灣大學
判解民法物權	劉春堂 著	輔仁大學
民法親屬新論	黃宗樂 等著	臺灣大學
民法繼承新論	黃宗樂 等著	臺灣大學
商事法論	張國鍵 著	臺灣大學
商事法要論	梁宇賢 著	中興大學
公司法	鄭玉波 著	臺灣大學
公司法論	柯芳枝 著	臺灣大學

公司法論	梁宇賢 著	中興大學
票據法	鄭玉波 著	臺灣大學
海商法	鄭玉波 著	臺灣大學
海商法論	梁宇賢 著	中興大學
保險法論	鄭玉波 著	臺灣大學
民事訴訟法釋義	石志泉 原著 楊建華 修訂	輔仁大學
破產法	陳榮宗 著	臺灣大學
破產法論	陳計男 著	行政法院
刑法總整理	曾榮振 著	臺中地院
刑法總論	蔡墩銘 著	臺灣大學
刑法各論	蔡墩銘 著	臺灣大學
刑法特論（上）（下）	林山田 著	政治大學
刑事政策（修訂版）	張甘妹 著	臺灣大學
刑事訴訟法論	黃東熊 著	中興大學
刑事訴訟法論	胡開誠 著	臺灣大學
行政法（改訂版）	林紀東 著	臺灣大學
行政法	張家洋 著	政治大學
行政法之基礎理論	城仲模 著	中興大學
犯罪學	林山田 等著	政治大學等
監獄學	林紀東 著	臺灣大學
土地法釋論	焦祖涵 著	東吳大學
土地登記之理論與實務	焦祖涵 著	東吳大學
引渡之理論與實踐	陳榮傑 著	外交部
國際私法	劉甲一 著	臺灣大學
國際私法新論	梅仲協 著	前臺灣大學
國際私法論叢	劉鐵錚 著	政治大學
現代國際法	丘宏達 等著	馬利蘭大學等
現代國際法基本文件	丘宏達 編	馬利蘭大學
平時國際法	蘇義雄 著	中興大學
中國法制史	戴炎輝 著	臺灣大學
法學緒論	鄭玉波 著	臺灣大學
法學緒論	孫致中 著	各大專院校

強制執行法	陳榮宗 著	臺灣大學
法院組織法論	管 歐 著	東吳大學

政治・外交

政治學	薩孟武 著	前臺灣大學
政治學	鄒文海 著	前政治大學
政治學	曹伯森 著	陸軍官校
政治學	呂亞力 著	臺灣大學
政治學概要	張金鑑 著	政治大學
政治學方法論	呂亞力 著	臺灣大學
政治理論與研究方法	易君博 著	政治大學
公共政策概論	朱志宏 著	臺灣大學
公共政策	曹俊漢 著	臺灣大學
公共政策	朱志宏 著	臺灣大學
公共關係	王德馨 等著	交通大學
中國社會政治史㈠～㈣	薩孟武 著	前臺灣大學
中國政治思想史	薩孟武 著	前臺灣大學
中國政治思想史（上）（中）（下）	張金鑑 著	政治大學
西洋政治思想史	張金鑑 著	政治大學
西洋政治思想史	薩孟武 著	前臺灣大學
中國政治制度史	張金鑑 著	政治大學
比較主義	張亞澐 著	政治大學
比較監察制度	陶百川 著	國策顧問
歐洲各國政府	張金鑑 著	政治大學
美國政府	張金鑑 著	政治大學
地方自治概要	管 歐 著	東吳大學
國際關係——理論與實踐	朱張碧珠 著	臺灣大學
中美早期外交史	李定一 著	政治大學
現代西洋外交史	楊逢泰 著	政治大學

行政・管理

行政學（增訂版）	張潤書 著	政治大學
行政學	左潞生 著	中興大學
行政學新論	張金鑑 著	政治大學

行政管理學	傅肅良 著	中興大學
行政生態學	彭文賢 著	中興大學
各國人事制度	傅肅良 著	中興大學
考詮制度	傅肅良 著	中興大學
交通行政	劉承漢 著	成功大學
組織行為管理	龔平邦 著	前逢甲大學
行為科學概論	龔平邦 著	前逢甲大學
行為科學與管理	徐木蘭 著	臺灣大學
組織行為學	高尚仁 等著	香港大學
組織原理	彭文賢 著	中興大學
實用企業管理學	解宏賓 著	中興大學
企業管理	蔣靜一 著	逢甲大學
企業管理	陳定國 著	臺灣大學
國際企業論	李蘭甫 著	中文大學
企業政策	陳光華 著	交通大學
企業概論	陳定國 著	臺灣大學
管理新論	謝長宏 著	交通大學
管理概論	郭崑謨 著	中興大學
管理個案分析	郭崑謨 著	中興大學
企業組織與管理	郭崑謨 著	中興大學
企業組織與管理（工商管理）	盧宗漢 著	中興大學
現代企業管理	龔平邦 著	前逢甲大學
現代管理學	龔平邦 著	前逢甲大學
事務管理手册	新聞局 著	
生產管理	劉漢容 著	成功大學
管理心理學	湯淑貞 著	成功大學
管理數學	謝志雄 著	東吳大學
品質管理	戴久永 著	交通大學
可靠度導論	戴久永 著	交通大學
人事管理（修訂版）	傅肅良 著	中興大學
作業研究	林照雄 著	輔仁大學
作業研究	楊超然 著	臺灣大學
作業研究	劉一忠 著	舊金山州立大學

系統分析	陳　進　著	前聖瑪麗大學

社　會

社會學	蔡文輝　著	印第安那大學
社會學	龍冠海　著	前臺灣大學
社會學	張華葆　主編	東海大學
社會學理論	蔡文輝　著	印第安那大學
社會學理論	陳秉璋　著	政治大學
社會心理學	劉安彥　著	傑克遜州立大學
社會心理學	張華葆　著	東海大學
社會心理學	趙淑賢　著	安柏拉校區
社會心理學理論	張華葆　著	東海大學
政治社會學	陳秉璋　著	政治大學
醫療社會學	廖榮利　等著	臺灣大學
組織社會學	張苙雲　著	臺灣大學
人口遷移	廖正宏　著	臺灣大學
社區原理	蔡宏進　著	臺灣大學
人口教育	孫得雄　編著	東海大學
社會階層化與社會流動	許嘉猷　著	臺灣大學
社會階層	張華葆　著	東海大學
西洋社會思想史	張承漢　等著	臺灣大學
中國社會思想史（上）（下）	張承漢　著	臺灣大學
社會變遷	蔡文輝　著	印第安那大學
社會政策與社會行政	陳國鈞　著	中興大學
社會福利行政（修訂版）	白秀雄　著	臺灣大學
社會工作	白秀雄　著	臺灣大學
社會工作管理	廖榮利　著	臺灣大學
團體工作：理論與技術	林萬億　著	臺灣大學
都市社會學理論與應用	龍冠海　著	前臺灣大學
社會科學概論	薩孟武　著	前臺灣大學
文化人類學	陳國鈞　著	中興大學

勞工問題	陳國鈞	著	中興大學
少年犯罪心理學	張華葆	著	東海大學
少年犯罪預防及矯治	張華葆	著	東海大學

教　育

教育哲學	賈馥茗	著	臺灣師大
教育哲學	葉學志	著	彰化教院
普通教學法	方炳林	著	前臺灣師大
各國教育制度	雷國鼎	著	臺灣師大
教育心理學	溫世頌	著	傑克遜州立大學
教育心理學	胡秉正	著	政治大學
教育社會學	陳奎憙	著	臺灣師大
教育行政學	林文達	著	政治大學
教育行政原理	黃文輝	主譯	臺灣師大
教育經濟學	蓋浙生	著	臺灣師大
教育經濟學	林文達	著	政治大學
工業教育學	袁立錕	著	彰化教院
技術職業教育行政與視導	張天津	著	臺灣師大
技職教育測量與評鑒	李大偉	著	臺灣師大
高科技與技職教育	楊啟棟	著	臺灣師大
工業職業技術教育	陳昭雄	著	臺灣師大
技術職業教育教學法	陳昭雄	著	臺灣師大
技術職業教育辭典	楊朝祥	編著	臺灣師大
技術職業教育理論與實務	楊朝祥	著	臺灣師大
工業安全衛生	羅文基	著	
人力發展理論與實施	彭台臨	著	臺灣師大
職業教育師資培育	周談輝	著	臺灣師大
家庭教育	張振宇	著	淡江大學
教育與人生	李建興	著	臺灣師大
當代教育思潮	徐南號	著	臺灣師大
比較國民教育	雷國鼎	著	臺灣師大
中等教育	司琦	著	政治大學
中國教育史	胡美琦	著	文化大學

中國現代教育史	鄭世興	著	臺灣師大
中國大學教育發展史	伍振鷟	著	臺灣師大
中國職業教育發展史	周談輝	著	臺灣師大
社會教育新論	李建興	著	臺灣師大
中國社會教育發展史	李建興	著	臺灣師大
中國國民教育發展史	司琦	著	政治大學
中國體育發展史	吳文忠	著	臺灣師大
如何寫學術論文	宋楚瑜	著	臺灣大學
論文寫作研究	段家鋒	等著	政戰學校等

心理學

心理學	劉安彥	著	傑克遜州立大學
心理學	張春興	等著	臺灣師大等
人事心理學	黃天中	著	淡江大學
人事心理學	傅肅良	著	中興大學

經濟・財政

西洋經濟思想史	林鐘雄	著	臺灣大學
歐洲經濟發展史	林鐘雄	著	臺灣大學
比較經濟制度	孫殿柏	著	政治大學
經濟學原理（增訂新版）	歐陽勛	著	政治大學
經濟學導論	徐育珠	著	南康涅狄克州立大學
經濟學概要	歐陽勛	等著	政治大學
通俗經濟講話	邢慕寰	著	前香港大學
經濟學（增訂版）	陸民仁	著	政治大學
經濟學概論	陸民仁	著	政治大學
國際經濟學	白俊男	著	東吳大學
國際經濟學	黃智輝	著	東吳大學
個體經濟學	劉盛男	著	臺北商專
總體經濟分析	趙鳳培	著	政治大學
總體經濟學	鐘甦生	著	西雅圖銀行
總體經濟學	張慶輝	著	政治大學
總體經濟理論	孫震	著	臺灣大學

數理經濟分析	林大侯 著	臺灣大學
計量經濟學導論	林華德 著	臺灣大學
計量經濟學	陳正澄 著	臺灣大學
經濟政策	湯俊湘 著	中興大學
合作經濟概論	尹樹生 著	中興大學
農業經濟學	尹樹生 著	中興大學
工程經濟	陳寬仁 著	中正理工學院
銀行法	金桐林 著	華南銀行
銀行法釋義	楊承厚 著	銘傳管理學院
商業銀行實務	解宏賓 編著	中興大學
貨幣銀行學	何偉成 著	中正理工學院
貨幣銀行學	白俊男 著	東吳大學
貨幣銀行學	楊樹森 著	文化大學
貨幣銀行學	李穎吾 著	臺灣大學
貨幣銀行學	趙鳳培 著	政治大學
現代貨幣銀行學	柳復起 著	新南威爾斯大學
現代國際金融	柳復起 著	新南威爾斯大學
國際金融理論與制度（修訂版）	歐陽勛等編著	政治大學
金融交換實務	李麗 著	中央銀行
財政學	李厚高 著	逢甲大學
財政學（修訂版）	林華德 著	臺灣大學
財政學原理	魏萼 著	臺灣大學
商用英文	張錦源 著	政治大學
商用英文	程振粵 著	臺灣大學
貿易契約理論與實務	張錦源 著	政治大學
貿易英文實務	張錦源 著	政治大學
信用狀理論與實務	蕭啟賢 著	輔仁大學
信用狀理論與實務	張錦源 著	政治大學
國際貿易	李穎吾 著	臺灣大學
國際貿易實務詳論	張錦源 著	政治大學
國際貿易實務	羅慶龍 著	逢甲大學

國際貿易理論與政策（修訂版）	歐陽勛等編著	政治大學
國際貿易政策概論	余德培 著	東吳大學
國際貿易論	李厚高 著	逢甲大學
國際商品買賣契約法	鄧越今 編著	外貿協會
國際貿易法概要	于政長 著	東吳大學
國際貿易法	張錦源 著	政治大學
外匯投資理財與風險	李麗 著	中央銀行
外匯、貿易辭典	于政長 編著 張錦源 校訂	東吳大學 政治大學
貿易實務辭典	張錦源 編著	政治大學
貿易貨物保險（修訂版）	周詠棠 著	中央信託局
貿易慣例	張錦源 著	政治大學
國際匯兌	林邦充 著	政治大學
國際行銷管理	許士軍 著	新加坡大學
國際行銷	郭崑謨 著	中興大學
行銷管理	郭崑謨 著	中興大學
海關實務（修訂版）	張俊雄 著	淡江大學
美國之外匯市場	于政長 譯	東吳大學
保險學（增訂版）	湯俊湘 著	中興大學
人壽保險學（增訂版）	宋明哲 著	德明商專
人壽保險的理論與實務	陳雲中 編著	臺灣大學
火災保險及海上保險	吳榮清 著	文化大學
市場學	王德馨 等著	中興大學
行銷學	江顯新 著	中興大學
投資學	龔平邦 著	前逢甲大學
投資學	白俊男 等著	東吳大學
海外投資的知識	葉雲鎮 等譯	
國際投資之技術移轉	鍾瑞江 著	東吳大學

會計・統計・審計

銀行會計（上）（下）	李兆萱 等著	臺灣大學等
初級會計學（上）（下）	洪國賜 著	淡水工商
中級會計學（上）（下）	洪國賜 著	淡水工商
中等會計（上）（下）	薛光圻 等著	西東大學等

會計辭典	龍毓聃	譯	
會計學（上）（下）	幸世間	著	臺灣大學
會計學題解	幸世間	著	臺灣大學
成本會計（上）（下）	洪國賜	著	淡水工商
成本會計	盛禮約	著	淡水工商
政府會計	李增榮	著	政治大學
政府會計	張鴻春	著	臺灣大學
稅務會計	卓敏枝	等著	臺灣大學等
財務報表分析	洪國賜	等著	淡水工商等
財務報表分析	李祖培	著	中興大學
財務管理	張春雄	著	政治大學
財務管理（增訂新版）	黃柱權	著	政治大學
商用統計學（修訂版）	顏月珠	著	臺灣大學
商用統計學	劉一忠	著	舊金山州立大學
統計學（修訂版）	柴松林	著	政治大學
統計學	劉南溟	著	前臺灣大學
統計學	張浩鈞	著	臺灣大學
統計學	楊維哲	著	臺灣大學
統計學	顏月珠	著	臺灣大學
統計學題解	顏月珠	著	臺灣大學
推理統計學	張碧波	著	銘傳管理學院
應用數理統計學	顏月珠	著	臺灣大學
統計製圖學	宋汝濬	著	臺中商專
統計概念與方法	戴久永	著	交通大學
審計學	殷文俊	等著	政治大學
商用數學	薛昭雄	著	政治大學
商用數學（含商用微積分）	楊維哲	著	臺灣大學
線性代數（修訂版）	謝志雄	著	東吳大學
商用微積分	何典恭	著	淡水工商
微積分	楊維哲	著	臺灣大學
微積分（上）（下）	楊維哲	著	臺灣大學
大二微積分	楊維哲	著	臺灣大學

機率導論	戴久永 著	交通大學

新　聞

傳播研究方法總論	楊孝濚 著	東吳大學
傳播研究調查法	蘇衡 著	輔仁大學
傳播原理	方蘭生 著	文化大學
行銷傳播學	羅文坤 著	政治大學
國際傳播	李瞻 著	政治大學
國際傳播與科技	彭芸 著	政治大學
廣播與電視	何貽謀 著	輔仁大學
廣播原理與製作	于洪海 著	中廣
電影原理與製作	梅長齡 著	前文化大學
新聞學與大眾傳播學	鄭貞銘 著	文化大學
新聞採訪與編輯	鄭貞銘 著	文化大學
新聞編輯學	徐旭 著	新生報
採訪寫作	歐陽醇 著	臺灣師大
評論寫作	程之行 著	紐約日報
新聞英文寫作	朱耀龍 著	前文化大學
小型報刊實務	彭家發 著	政治大學
廣告學	顏伯勤 著	輔仁大學
媒介實務	趙俊邁 著	東吳大學
中國新聞傳播史	賴光臨 著	政治大學
中國新聞史	曾虛白 主編	
世界新聞史	李瞻 著	政治大學
新聞學	李瞻 著	政治大學
新聞採訪學	李瞻 著	政治大學
新聞道德	李瞻 著	政治大學
電視制度	李瞻 著	政治大學
電視新聞	張勤 著	中視文化公司
電視與觀眾	曠湘霞 著	政治大學
大眾傳播理論	李金銓 著	明尼西達大學
大眾傳播新論	李茂政 著	政治大學

大眾傳播與社會變遷	陳世敏	著	政治大學
組織傳播	鄭瑞城	著	政治大學
政治傳播學	祝基瀅	著	
文化與傳播	汪　琪	著	政治大學

歷史・地理

中國通史（上）（下）	林瑞翰	著	臺灣大學
中國現代史	李守孔	著	臺灣大學
中國近代史	李守孔	著	臺灣大學
中國近代史	李雲漢	著	政治大學
中國近代史（簡史）	李雲漢	著	政治大學
中國近代史	古鴻廷	著	東海大學
隋唐史	王壽南	著	政治大學
明清史	陳捷先	著	臺灣大學
黃河文明之光	姚大中	著	東吳大學
古代北西中國	姚大中	著	東吳大學
南方的奮起	姚大中	著	東吳大學
中國世界的全盛	姚大中	著	東吳大學
近代中國的成立	姚大中	著	東吳大學
西洋現代史	李邁先	著	臺灣大學
東歐諸國史	李邁先	著	臺灣大學
英國史綱	許介鱗	著	臺灣大學
印度史	吳俊才	著	政治大學
日本史	林明德	著	臺灣師大
日本現代史	許介鱗	著	臺灣大學
近代中日關係史	林明德	著	臺灣師大
美洲地理	林鈞祥	著	臺灣師大
非洲地理	劉鴻喜	著	臺灣師大
自然地理學	劉鴻喜	著	臺灣師大
地形學綱要	劉鴻喜	著	臺灣師大
聚落地理學	胡振洲	著	中興大學
海事地理學	胡振洲	著	中興大學
經濟地理	陳伯中	著	前臺灣大學
都市地理學	陳伯中	著	前臺灣大學